一流本科专业一流本科课程建设系列教材

# 审计案例与实务

主 编　郑艳秋　李　明

参 编　蒲春燕　姚世斌　江　林

机 械 工 业 出 版 社

本书横向涉及民间审计、内部审计和政府审计 3 个层次,纵向涉及审计理论、审计业务承接、总体审计策略、业务循环、内部控制、工程项目、合同管理、融资行为、经济效益评价、财政资金管理等多个企业或单位关注的重点领域。书中以新近发生的一些审计事件为案例进行分析讲解,每个案例均介绍了被审计单位存在的管理问题或舞弊形态,以及审计中的关键环节。这些案例既独立又相互关联,整体且系统,通过问题挖掘、线索分析、技术方法运用、建议与反思等多维度指导审计实务工作。

本书可用于高等院校相关专业(如会计学、财务管理以及审计学)课程教学,作为专业特色教材拓展学生的知识面;帮助审计及财务工作者解决实际问题;帮助企业管理者完善治理结构以及关注财务管理和审计的重点领域。

**图书在版编目(CIP)数据**

审计案例与实务/郑艳秋,李明主编 . —北京:机械工业出版社,2023.5

一流本科专业一流本科课程建设系列教材

ISBN 978-7-111-73155-9

Ⅰ.①审… Ⅱ.①郑… ②李… Ⅲ.①审计学–高等学校–教材 Ⅳ.①F239.0

中国国家版本馆 CIP 数据核字(2023)第 083343 号

机械工业出版社(北京市百万庄大街 22 号 邮政编码 100037)
策划编辑:常爱艳          责任编辑:常爱艳 马新娟
责任校对:张爱妮 陈 越   封面设计:鞠 杨
责任印制:李 昂
河北鹏盛贤印刷有限公司印刷
2023 年 9 月第 1 版第 1 次印刷
184mm×260mm · 20 印张 · 481 千字
标准书号:ISBN 978-7-111-73155-9
定价:59.80 元

电话服务                      网络服务
客服电话:010-88361066    机 工 官 网:www.cmpbook.com
        010-88379833    机 工 官 博:weibo.com/cmp1952
        010-68326294    金 书 网:www.golden-book.com
**封底无防伪标均为盗版**    机工教育服务网:www.cmpedu.com

党的二十大报告提出，教育、科技、人才是全面建设社会主义现代化国家的基础性、战略性支撑。教育是国之大计、党之大计；要落实立德树人根本任务，培养德智体美劳全面发展的社会主义建设者和接班人。报告明确提出要加强教材建设和管理，教材建设首次出现在党代会的报告之中。

进入 21 世纪后，美国发生了一系列重大审计事件，如安然公司、世界通讯公司、施乐公司等著名上市公司财务信息造假事件。近年来，我国发生了雅百特、康美药业、康得新以及金亚科技等严重财务舞弊及审计违规事件。这些事件动摇了社会公众对资本市场和审计有效性的信心，对审计实务的操作产生了强烈冲击，对审计行业造成了一定的消极影响。

审计本身是一门实践性学科，更多强调将理论应用于实践，强调实务性。本书通过案例分析，帮助读者学习如何找出问题与根源，总结经验与教训。从行业角度出发，民间审计发展趋于成熟的阶段，会计师事务所的质量体系也日渐完善，但事务所与被审计单位之间的关系并未完全理顺，治理机制仍存在欠缺；内部审计处于成长与成熟的跨越时期，内部审计地位有待进一步提升。2021 年 10 月，第十三届全国人民代表大会常务委员会第三十一次会议通过了修正后的《中华人民共和国审计法》，凸显了政府审计的监督地位，对于公共资金、政府投资项目、经济责任等方面的作用日益突出。《中华人民共和国审计法》的修订进一步增强了审计的权威性。

涉及审计案例的教材也应与时俱进。本书以新近发生的真实的审计案例为分析对象，借鉴新的审计政策与审计依据，依据审计理论和技术方法，深层次挖掘审计核心问题，并找到有效的解决措施，从而探索审计实践的规律。本书的特点主要体现在以下两个维度。

1）内容上。①选用最近几年的真实案例，从审计过程与方法的角度系统分析存在的问题并提供解决措施，具有非常鲜明的实践意义和参考价值。②横向涉及民间审计、内部审计和政府审计，纵向涉及审计理论、审计业务承接、总体审计策略、业务循环、内部控制、工程项目、合同管理、融资行为、经济效益评价、财政资金管理等多个企业或单位关注的重点领域。

2）形式上。①务实性，利用案例进行分析，内容具有较强的应用性与实践性。②全面性，内容包含审计理论和各类审计业务，各章逻辑严谨、衔接紧密。③启发性，每部分结尾提出启示，引导读者在某个方面或某个领域进行更深层次的思考。

本书分为四篇，共十五章，其基本写作思路如下：

第一篇，审计理论，包括第一章和第二章。以审计的基本理论为起点，结合新审计准则的要求，介绍了民间审计准则（注册会计师执业准则）、内部审计准则和国家审计准则框架，以及审计方法的运用、审计证据的类型与审计工作底稿的要素，让读者对于审计的基本框架有所了解。

第二篇，民间审计，包括第三章至第六章。其中，第三、四章主要介绍了会计师事务所审计业务承接案例应注意的事项，以及总体审计策略的重点关注内容；第五、六章对现金流自体循环式审计、销售与收款审计、生产与存货审计案例进行细节分析，令读者知晓如何判断审计风险的可接受水平，以及识别企业业务活动舞弊容易出现的环节与可操纵的空间。

第三篇，内部审计，包括第七章至第十一章。本部分主要涉及内部审计比较关注的方向，包括内部控制审计、人力资源审计、设备管理审计、合同管理审计、工程项目审计、投资审计及融资审计等。通过案例介绍，使读者既掌握了企业的经营活动和管理活动，也了解了内部审计的各种方法与思路。

第四篇，政府审计，包括第十二章至第十五章。本部分案例是政府审计部门所涉及的审计工作，如经济责任审计、财政预算执行审计、扶贫资金审计、政府投资项目绩效审计，从经济责任、预算、专项资金等不同角度提供了新的审计思路。

本书涉及内容较为广泛，案例各具特点，故在写作体例上存在一定的差异性，但总体目标是一致的，均旨在培养读者的审计基本理论素养及实际操作技能，使其掌握审计理论与实务的最新动态。每个案例均介绍了被审计单位或被审计对象存在的问题及其查证技术、方法，着重分析案例的具体内容，并突出审计过程中的关键环节，从审计发现的问题和挖掘的线索、审计方法的运用与创新等多角度全方位进行详细解析，从而有效地指导审计实务工作。

本书涉及审计理论、民间审计、内部审计和政府审计，对不同的使用者均能提供可借鉴的价值，其适用对象包括但不限于以下几类：①高等院校会计学、财务管理以及审计学等相关专业的学生。本书作为专业特色教材可以拓展学生的知识面。②审计及财务工作者。本书可以结合企业及组织的真实情况，进行全过程梳理，帮助该领域人员解决实际问题。③企业或单位的管理者。本书可以帮助他们完善治理结构，使其关注财务管理及审计的重点领域。

西华大学郑艳秋老师承担了全书的总体设计、大纲制定和修改定稿工作，并撰写了第三篇内部审计，即第七章至第十一章；西华大学李明老师承担了第二篇民间审计，即第三章至第六章的撰写工作；西华大学蒲春燕老师承担了第一篇审计理论，即第一章和第二章的撰写工作；西华大学江林老师撰写了第四篇政府审计的第十二、十三章；西华大学姚世斌老师、李明老师、郑艳秋老师共同撰写了第四篇政府审计的第十四、十五章。

案例剖析在我国审计理论与实务中是一个需要继续深入的领域，我们对此的研究还有待进一步提升。本书虽经过较长时间的酝酿与撰稿，仍略显仓促与粗糙，恳请各位专家和读者不吝赐教。

本书在编写过程中参阅了大量的相关文献和研究成果，并得到机械工业出版社的大力支持，在此表示衷心感谢！

编　者
2023 年 3 月

# 目 录

## 第四篇　政　府　审　计

第一篇

# 审 计 理 论

# 第一章

## 审计准则框架

　　审计准则又称审计标准或执业准则，是用来规范审计人员执行审计业务，获取审计证据，形成审计结论，出具审计报告的最高行为准则。它是审计人员在执行审计业务时必须遵循的行为规范和指南，还是衡量审计工作质量的尺度与标准，又是审计工作质量的权威性判断标准。

　　审计准则包括民间审计准则、内部审计准则和国家审计准则。其中，民间审计准则又称注册会计师执业准则，是指由中国注册会计师协会制定的，用以规范中国注册会计师执业行为的审计准则；内部审计准则是指各内部审计组织制定的，用以规范内部审计人员执业行为的审计准则；国家审计准则是指由国家审计部门根据国家审计的工作性质和工作范围等特点而制定的，用以对国家审计人员执业行为进行规范的审计准则。

### 第一节　民间审计准则（注册会计师执业准则）框架

#### ▶▶ 一、注册会计师执业准则的定义、目标和作用

##### （一）注册会计师执业准则的定义

　　注册会计师执业准则是用来规范注册会计师执行审计业务，获取审计证据，形成审计结论，出具审计报告的专业标准。它是注册会计师执业规范体系的重要组成部分，是注册会计师在执行独立审计业务过程中必须遵循的行为准则，也是衡量注册会计师审计工作质量的权威性标准。只要注册会计师执行审计业务是以发表审计意见为目的的，均应遵照执行。注册会计师执行其他相关业务可以参照执行。

　　通过实施执业准则，会计信息使用者可以了解注册会计师审计工作的基本情况，帮助审计报告使用人判断审计报告的质量。

##### （二）注册会计师执业准则的目标

　　我国制定注册会计师执业准则的目标主要有 4 个：第一，建立执行独立审计业务的权威性标准，规范注册会计师的执业行为，促使注册会计师恪守独立、客观、公正的基本原则，有效地发挥注册会计师的鉴证和服务作用。第二，促使各会计师事务所和注册会计师按照统一执行准则执行审计业务，提高审计工作质量，提高业务素质和执业水平。第三，明确注册会计师的责任，维护社会公众利益，保护投资者和其他利害关系人的合法权益，促使社会主义市场经济的健康发展。第四，建立与国际审计准则体系相衔接的中国注册会计师执业准则。

　　我国的注册会计师执业准则既对注册会计师的业务素质提出了要求，同时也向社会提供了审计质量保证。注册会计师执业准则是通过注册会计师执行审计业务体现出来的。因

此，在注册会计师执业准则中，对注册会计师及其他从业人员的业务素质、业务能力、工作操守和执业态度都进行了严格的规定。

国外的注册会计师执行准则是 20 世纪 40 年代开始出现的。美国的民间审计准则称为《一般公认审计准则》，从 1947 年就开始研究和制定。它主要适用于民间审计所从事的财务报表审计。这个准则除为美国民间审计所遵循外，还对民间审计领域以外的各种审计以及国家审计准则的建立产生了巨大的影响。日本于 1964 年制定了审计准则。国际会计师联合会下属的国际审计实务委员会于 1980 年 6 月至今，先后颁布了数十项国际审计准则文件。这些文件可分为一般准则、工作准则和报告准则 3 个部分。澳大利亚、加拿大、英国等国家目前也已经基本形成了各自独立的注册会计师执业准则体系。

（三）注册会计师执业准则的作用

注册会计师执业准则的实施，使注册会计师及其他从业人员在执行审计业务时有了规范和指南，便于考核审计工作质量，对审计职业的发展起着重要的作用，具体表现在以下几个方面：

1. 可以指导注册会计师的工作，使审计工作规范化

执业准则确立了注册会计师审计工作的规范，使注册会计师在执业过程中有章可循，减少了不必要的审计失误和无效的重复劳动，同时也为注册会计师审计赢得社会公众的信任提供了保证。注册会计师在财务报表审计报告中一般均要写明"我们按照中国注册会计师审计准则的规定执行了审计工作"，这就是向委托单位的股东、债权人和其他利益相关者等有关方面表明，审计工作已达到了规定的质量标准，审计工作获取了充分、适当的审计证据，可以充分信赖审计结论，以此来取信社会公众。

2. 可以提高注册会计师的工作质量

执业准则对注册会计师及其他从业人员的任职条件、业务能力、审计工作的基本程序和方法以及审计报告的撰写方式和要求等都做了详细的规定，这就要求注册会计师及其他从业人员应依法执业，谨慎执业，充分考虑审计风险和审计重要性，从而提高审计工作质量。

3. 可以维护会计师事务所和注册会计师的合法权益

执业准则规定了注册会计师的工作氛围和规则，注册会计师只要能严格按照执业准则的要求执业，就算是尽到了职责，就可以最大限度地降低审计风险。当审计委托人与注册会计师发生纠纷并诉求于法律时，执业准则就成为判明是非、划清责任界限的重要依据。

4. 可以促进国际审计经验的交流

执业准则是注册会计师审计实践经验的总结和升华，是审计理论的重要组成部分。执业准则的科学与完善，已成为各国职业框架组织竞相追求的目标，成为各国注册会计师审计事业发展水平的重要标志。通过各国执业准则的协调，便于推动各国审计经验的交流，从而促进全球经济的共同繁荣和发展。

▶ 二、中国注册会计师执业准则体系的演进

中国注册会计师执业准则的建设主要经历了以下 4 个阶段：

**（一）制定执业规则阶段**（1991—1993 年）

中国注册会计师协会成立后，非常重视执业规则的建设。从 1991 年开始，到 1993 年为止，我国先后发布了《注册会计师检查验证会计报表规则（试行）》等 7 个执业规则，这些执业规则对我国注册会计师行业走向正规化、法制化和专业化起到了积极作用。由于当时我国注册会计师处于行业发展初期，对执业准则与规则仍处于探索阶段，因此这 7 个规则是零散的、不成体系的，只是为了满足行业的迫切需要而出台的，但还是起到了一定的作用。

**（二）建立准则体系阶段**（1994—2005 年）

1993 年 10 月 31 日，第八届全国人民代表大会常务委员会第四次会议通过了《中华人民共和国注册会计师法》，该法规定注册会计师协会依法拟订执业准则、规则，报国务院财政部门批准后施行。经财政部批准同意，注册会计师协会自 1994 年 5 月开始起草独立审计准则，并于 1995 年形成了独立审计准则征求意见稿，次年 1 月 1 日正式颁布施行。从 1995 年到 2005 年，中国注册会计师协会先后制定了 6 批独立审计准则，包括 1 个准则序言、1 个独立审计基本准则、28 个独立审计具体准则、10 个独立审计实务公告和 5 个执业规范指南，此外还包括 3 个相关基本准则（职业道德基本准则、质量控制基本准则和后续教育基本准则），共计 48 个项目。

**（三）与国际审计与鉴证准则趋同阶段**（2006—2011 年）

随着独立审计准则体系的基本建立，制定工作转向完善独立审计准则体系与提高准则质量并重。特别是自 2005 年以来，在财政部的领导部署下，中国注册会计师协会根据变化的审计环境、国际审计准则的最新发展和注册会计师执业的需要，有计划、有步骤地制定和修订审计准则，特别是加速实现与国际审计与鉴证准则趋同，拟订了 22 项新准则，并对 26 项已颁布的准则进行了必要的修订和完善，已于 2006 年 2 月 15 日由财政部发布。这 48 个准则已自 2007 年 1 月 1 日起在所有会计师事务所施行。这些准则的发布标志着我国已建立起一套适应社会主义市场经济发展要求、顺应国际趋同大势的中国注册会计师执业准则体系。

**（四）与国际审计与鉴证准则全面趋同阶段**（2012 年至今）

中国注册会计师审计准则体系自 2007 年正式实施以来，总体运行情况良好。但由于当前审计环境发生了重大变化，注册会计师审计实务面临一些新问题和新困难。同时，我国执业准则也需要和国际准则实行持续全面趋同。中国注册会计师协会于 2009 年开始着手研究并启动中国审计准则的修订工作。2010 年 11 月 1 日，财政部发布修订后的 38 项中国注册会计师执业准则，并自 2012 年 1 月 1 日起施行。

为了提高注册会计师审计报告的信息含量，满足资本市场改革与发展对高质量会计信息的需求，保持我国审计准则与国际准则的持续全面趋同，2016 年 12 月 23 日，财政部发布了《中国注册会计师审计准则第 1504 号——在审计报告中沟通关键审计事项》等 12 项准则。对于 A+H 股公司出具的审计报告，应于 2017 年 1 月 1 日起执行本批准则。对于股票在沪、深交易所交易的上市公司其财务报表审计业务，应于 2018 年 1 月 1 日起执行本批准则。对于股票在全国中小企业股份转让系统公开转让的非上市公众公司（新三板公司）中的创新层挂牌公司、面向公众投资者公开发行债券的公司财务报表审计业务，应于2018年1月1日起执行本批准则。

为了满足资本市场改革与发展对高质量会计信息的需求，保持我国审计准则与国际准则的持续全面趋同，规范和指导注册会计师应对审计环境和注册会计师利用内部审计人员的工作、应对违反法律法规行为、财务报表披露审计等方面审计实务的新发展，中国注册会计师协会修订了《中国注册会计师审计准则第1101号——注册会计师的总体目标和审计工作的基本要求》等18项审计准则（以下统称本批审计准则），于2019年7月1日起施行。

本批审计准则生效实施后，《财政部关于印发〈中国注册会计师审计准则第1101号——注册会计师的总体目标和审计工作的基本要求〉等38项准则的通知》（财会〔2010〕21号）及《财政部关于印发〈中国注册会计师审计准则第1504号——在审计报告中沟通关键审计事项〉等12项准则的通知》（财会〔2016〕24号）中，相应的18项审计准则同时废止。

2020年11月19日，财政部印发了《会计师事务所质量管理准则第5101号——业务质量管理》等3项行准则。

为了回应社会各界对审计质量的关切，指导会计师事务所建立健全质量管理体系，提高会计师事务所质量管理能力，提升审计质量，防范审计风险，中国注册会计师协会拟订（修订）了会计师事务所质量管理相关准则。本次拟订（修订）的准则包括3项，分别是《会计师事务所质量管理准则第5101号——业务质量管理》（修订）、《会计师事务所质量管理准则第5102号——项目质量复核》（拟订）以及《中国注册会计师审计准则第1121号——对财务报表审计实施的质量管理》（修订）。有关事项通知如下：

1）对于从事证券服务业务的会计师事务所，应于2023年1月1日起执行本批准则，即2023年1月1日起建立完成适合本事务所的质量管理体系并开始运行，自运行1年之内开始对该体系运行情况进行评价。

2）对于不从事证券服务业务的会计师事务所，应于2024年1月1日起执行本批准则，即2024年1月1日起建立完成适合本事务所的质量管理体系并开始运行，自运行1年之内开始对该体系运行情况进行评价。

3）允许和鼓励提前执行本批准则。

本批准则生效实施后，《财政部关于印发〈中国注册会计师审计准则第1101号——注册会计师的总体目标和审计工作的基本要求〉等18项审计准则的通知》（财会〔2019〕5号）中，相应的《质量控制准则第5101号——会计师事务所对执行财务报表审计和审阅、其他鉴证和相关服务业务实施的质量控制》和《中国注册会计师审计准则第1121号——历史财务信息审计的质量控制》同时废止。

《会计师事务所质量控制准则第5101号——业务质量管理》：把"质量控制制度"改为"质量管理体系"，提出风险导向的质量管理新方法，详述质量管理体系的八大要素，规范了领导层责任。

《会计师事务所质量控制准则第5102号——项目质量复核》：明确了项目质量复核的目标与定位，对复核人员的专业技能、权威性、客观性等方面提出了更高的要求，规范了具体复核工作和记录要求。

《中国注册会计师审计准则第 1121 号——对财务报表审计实施的质量管理》：强化与细化了项目合伙人在审计业务质量管理方面的责任。

在审计与鉴证准则的内容上，我国审计与鉴证准则体系充分采用了国际审计与鉴证准则所有的基本原则和核心程序，在审计的目标与原则、风险的评估与应对、审计证据的获取和分析、审计结论的形成和报告，以及注册会计师执业责任的设定等所有重大方面，均与国际审计与鉴证准则保持一致。质量管理准则也涵盖了国际质量管理准则的所有要求和内容，绝大多数条款都与国际准则保持一致，某些条款虽与国际准则存在细微差异，或国际准则中没有对应条款，但也都属于国际准则中的原则在中国运用的具体化，有助于将国际准则的精神与我国注册会计师行业的实际相结合（赵际喆、张妍，2021）。

## ▶ 三、中国注册会计师执业准则体系的框架结构

### （一）执业准则体系的框架结构

中国注册会计师执业准则与注册会计师职业道德准则并列。执业准则体系包括注册会计师鉴证业务准则、相关服务准则和会计师事务所质量控制准则。注册会计师鉴证业务准则是注册会计师执行各类业务所应遵循的标准；注册会计师相关服务准则是用以规范注册会计师执行除鉴证业务以外的其他相关服务业务所应遵循的标准；会计师事务所质量管理准则是会计师事务所为了保证各类业务的质量以及明确会计师事务所及其人员在保证质量中的责任应当遵循的标准。

### （二）注册会计师执业准则的主要内容

我国的注册会计师执业准则是用来规范注册会计师执行审计业务、获取审计证据、形成审计结论、出具审计报告的专业标准，即《中国注册会计师执业准则》，于 2007 年 1 月 1 日执行，2010 年、2016 年、2019 年和 2021 年进行了修订。它主要包括注册会计师业务准则和会计师事务所质量管理准则。

**1. 注册会计师业务准则**

注册会计师业务准则包括鉴证业务准则和相关服务准则。

（1）鉴证业务准则

鉴证业务准则是为确定审计准则、审阅准则、其他鉴证业务准则适用的业务类型而做的规范。它由鉴证业务基本准则统领，根据鉴证业务提供的保证程度和鉴证对象可分为审计准则、审阅准则、其他鉴证业务准则。其中，审计准则是整个业务准则体系的核心。

1）鉴证业务基本准则。《中国注册会计师鉴证业务基本准则》共 9 章 60 条，分别从鉴证业务的定义和目标，业务承接，鉴证业务的三方关系，以及鉴证对象、标准、证据、鉴证报告这 7 个方面给出了注册会计师执行鉴证业务的基本原则、态度和规范。注册会计师执行历史财务信息审计业务、历史财务信息审阅业务和其他鉴证业务时，应当遵守该准则及依据该准则制定的审计准则、审阅准则和其他鉴证业务准则。如果一项鉴证业务只是某项综合业务的构成部分，该准则仅适用于该业务中与鉴证业务相关的部分。

注册会计师执行司法诉讼中涉及会计、审计、税务或其他事项的鉴定业务时，除有特定要求者外，应当参照该准则办理。注册会计师执业准则体系如图 1-1 所示。

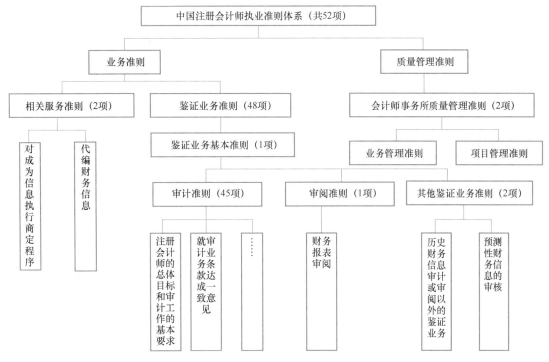

图 1-1　注册会计师执业准则体系

某些业务可能符合《中国注册会计师鉴证业务基本准则》第五条中关于鉴证业务的定义，使用者可能从业务报告的意见、观点或措辞中推测出某种程度的保证，但如果满足下列所有条件，注册会计师执行这些业务不必遵守该准则：

① 注册会计师的意见、观点或措辞对整个业务而言仅是附带性的。

② 注册会计师出具的书面报告被明确限定为仅供报告中所提及的使用者使用。

③ 与特定预期使用者达成的书面协议中，该业务未被确认为鉴证业务。

④ 在注册会计师出具的报告中，该业务未被称为鉴证业务。

2）审计准则。审计准则是用以规范注册会计师执行历史财务信息的审计业务。在提供审计服务时，注册会计师对所审计信息是否不存在重大错报提供合理保证，并以积极方式提出结论。审计准则共45项，即1101号~1633号，涉及审计业务的一般原则与责任、风险评估与应对、审计证据、利用其他主体的工作、审计结论与报告、特殊领域6个方面。

① 一般原则与责任（9项），具体包括：《中国注册会计师审计准则第1101号——注册会计师的总体目标和审计工作的基本要求》（2019年）；《中国注册会计师审计准则第1111号——就审计业务约定条款达成一致意见》（2016年）；《中国注册会计师审计准则第1121号——对财务报表审计实施的质量管理》（2020年）；《中国注册会计师审计准则第1131号——审计工作底稿》（2016年）；《中国注册会计师审计准则第1141号——财务报表审计中与舞弊相关的责任》（2019年）；《中国注册会计师审计准则第1142号——财务报表审计中对法律法规的考虑》（2019年）；《中国注册会计师审计准则第1151号——与治理层的沟通》（2019年）；《中国注册会计师审计准则第1152号——向治理层和管理层通报内部控制缺陷》（2010年）；《中国注册会计师审计准则第1153号——前任注册会

计师和后任注册会计师的沟通》（2010 年）。

② 风险评估与应对（6 项），具体包括：《中国注册会计师审计准则第 1201 号——计划审计工作》（2010 年）；《中国注册会计师审计准则第 1211 号——通过了解被审计单位及其环境识别和评估重大错报风险》（2019 年）；《中国注册会计师审计准则第 1221 号——计划和执行审计工作时的重要性》（2019 年）；《中国注册会计师审计准则第 1231 号——针对评估的重大错报风险采取的应对措施》（2019 年）；《中国注册会计师审计准则第 1241 号——对被审计单位使用服务机构的考虑》（2010 年）；《中国注册会计师审计准则第 1251 号——评价审计过程中识别出的错报》（2019 年）。

③ 审计证据（12 项），具体包括：《中国注册会计师审计准则第 1301 号——审计证据》（2016 年）；《中国注册会计师审计准则第 1311 号——对存货、诉讼和索赔、分部信息等特定项目获取审计证据的具体考虑》（2019 年）；《中国注册会计师审计准则第 1312 号——函证》（2010 年）；《中国注册会计师审计准则第 1313 号——分析程序》（2010 年）；《中国注册会计师审计准则第 1314 号——审计抽样》（2010 年）；《中国注册会计师审计准则第 1321 号——审计会计估计（包括公允价值会计估计）和相关披露》（2010 年）；《中国注册会计师审计准则第 1323 号——关联方》（2010 年）；《中国注册会计师审计准则第 1324 号——持续经营》（2016 年）；《中国注册会计师审计准则第 1331 号——首次审计业务涉及的期初余额》（2019 年）；《中国注册会计师审计准则第 1332 号——期后事项》（2016 年）；《中国注册会计师审计准则第 1341 号——书面声明》（2016 年）；《中国注册会计师审计准则第 1401 号——对集团财务报表审计的特殊考虑》（2019 年）。

④ 利用其他主体的工作（2 项），具体包括：《中国注册会计师审计准则第 1411 号——利用内部审计人员的工作》（2016 年）；《中国注册会计师审计准则第 1421 号——利用专家的工作》（2019 年）。

⑤ 审计报告与结论（6 项），具体包括：《中国注册会计师审计准则第 1501 号——对财务报表形成审计意见和出具审计报告》（2019 年）；《中国注册会计师审计准则第 1502 号——在审计报告中发表非无保留意见》（2019 年）；《中国注册会计师审计准则第 1503 号——在审计报告中增加强调事项段和其他事项段》（2019 年）；《中国注册会计师审计准则第 1504 号——在审计报告中沟通关键审计事项》（2016 年）；《中国注册会计师审计准则第 1511 号——比较信息：对应数据和比较财务报表》（2019 年）；《中国注册会计师审计准则第 1521 号——注册会计师对其他信息的责任》（2016 年）。

⑥ 特殊领域（10 项），具体包括：《中国注册会计师审计准则第 1601 号——对按照特殊目的编制基础编制的财务报表审计的特殊考虑》（2010 年）；《中国注册会计师审计准则第 1602 号——验资》（2006 年）；《中国注册会计师审计准则第 1603 号——对单一财务报表和财务报表特定要素审计的特殊考虑》（2010 年）；《中国注册会计师审计准则第 1604 号——对简要财务报表出具报告的业务》（2010 年）；《中国注册会计师审计准则第 1611 号——商业银行财务报表审计》（2006 年）；《中国注册会计师审计准则第 1612 号——银行间函证程序》（2006 年）；《中国注册会计师审计准则第 1613 号——与银行监管机构的关系》（2006 年）；《中国注册会计师审计准则第 1631 号——财务报表审计中对环境事项的考虑》（2006 年）；《中国注册会计师审计准则第 1632 号——衍生金融工具的审计》（2006 年）；《中国注册会计师审计准则第 1633 号——电子商务对财务报表审计的影响》（2006 年）。

3）审阅准则。审阅准则是用以规范注册会计师执行历史财务信息的审阅业务。在提供审阅服务时，注册会计师对所审阅信息是否不存在重大错报提供有限保证，并以消极方式提出结论。目前执业体系中只有1项审阅准则，即《中国注册会计师审阅准则第2101号——财务报表审阅》（2006年）。该准则对审阅范围和保证程度、业务约定书、审阅计划、审阅程序和审阅证据、结论和报告等内容进行了重点说明，明确了审阅报告应包括的要素，规定审阅报告的结论包括无保留结论、保留结论、否定结论和无法提供任何保证几种类型，并说明了每种结论的适用情况。

4）其他鉴证业务准则。其他鉴证业务准则是用以规范注册会计师执行历史财务信息审计或审阅以外的其他鉴证业务，根据鉴证业务的性质和业务约定的要求，提供有限保证或合理保证。它主要包括《中国注册会计师其他鉴证业务准则第3101号——历史财务信息审计或审阅以外的鉴证业务》（2006年）和《中国注册会计师其他鉴证业务准则第3111号——预测性财务信息的审核》（2006年）。

（2）相关服务准则

相关服务准则是用以规范注册会计师执行除鉴证业务以外的其他相关服务业务，主要包括代编财务信息、执行商定程序，提供税务咨询、管理咨询等其他业务。在提供相关服务时，注册会计师不提供任何程度的保证。它主要包括《中国注册会计师相关服务准则第4101号——对财务信息执行商定程序》（2006年）和《中国注册会计师相关服务准则第4111号——代编财务信息》（2006年）。

### 2. 会计师事务所质量管理准则

会计师事务所质量管理准则包括《会计师事务所质量管理准则第5101号——业务质量管理》《会计师事务所质量管理准则第5102号——项目质量复核》和《中国注册会计师审计准则第1121号——对财务报表审计实施的质量管理》3项内容，前两项准则不仅适用于财务报表审计业务，还适用于财务报表审阅、其他鉴证业务、相关服务业务，是在事务所层面对全所的质量管理进行的规范；后一项准则可以看作上述两项准则中的相关理念和方法在财务报表审计业务中的具体运用，该准则只适用于财务报表审计业务，是在审计项目层面对质量管理进行的规范。

《中国注册会计师审计准则第1121号——对财务报表审计实施的质量管理》规范了在审计项目层面如何实施质量管理，着重强化和细化了包括项目合伙人在内的审计项目组在审计业务质量管理方面的责任，要求项目合伙人应当充分参与整个审计过程，并对指导、监督和复核项目组成员的工作做出了细化规定；《会计师事务所质量管理准则第5101号——业务质量管理》主要规范了会计师事务所在设计、实施、运行和评价质量管理体系，并将该体系分解为会计师事务所的风险评估程序、治理和领导层、相关职业道德要求、客户关系和具体业务的接受与保持、业务执行、资源、信息与沟通以及监控和整改程序8个组成要素；《会计师事务所质量管理准则第5102号——项目质量复核》是会计师事务所按照《会计师事务所质量管理准则第5101号——业务质量管理》的规定设计和实施的一项应对措施。项目质量复核由项目复核人员在项目层面代表会计师事务所实施。项目质量复核是对项目组做出的重大判断和据此得出的结论做出的客观评价，项目质量复核人员对重大判断的评价是在适用的法律法规和职业准则框架下做出的。然而，项目质量复核并不旨在评价整个项目是否遵守了适用的法律法规和职业准则的规定，或者会计师事务所的政策和程序。项目质量复核人员不是项目组成员。执行项目质量复核，并不改变项目合伙人对项目实施质量管理以高质量执行业务的责任，以及对项目组成员进行指导和监督并复核其工作的责任。项目质量复核人员并不需要获取证据以支持项目的意见或结论，但是，项目组在回应项目质量复核过程中提出的问题时可能获取进一步证据。《会计师事务所质量管理准则第 5102 号——项目质量复核》规定了会计师事务所的目标，以及会计师事务所和项目质量复核人员为实现这些目标而需要满足的要求。

需要特别注意的是，项目质量复核和项目组内部复核是两个不同的概念，二者的区别见表 1-1。

表 1-1 项目质量复核和项目组内部复核的区别

| 区　别 | 复核执行主体 | 适用的业务范围 | 复核的内容 |
|---|---|---|---|
| 项目质量复核 | 独立于项目组的项目质量复核人员执行 | 仅适用于上市实体财务报表审计业务、法律法规要求实施项目质量复核的审计业务或者其他业务，以及会计师事务所政策和程序要求实施项目质量复核的审计业务或者其他业务 | 项目组做出的重大判断，以及根据重大判断得出的结论 |
| 项目组内部复核 | 由项目合伙人及其他项目组成员执行，通常包括多个复核层级 | 适用于所有业务 | 复核涉及项目的各个方面 |

## 四、质量管理领导层案例

本示例旨在为会计师事务所建立健全质量管理领导层框架提供参考，并不强制要求会计师事务所按照本示例设计其质量管理领导层框架。实务中，会计师事务所应当根据本所及其业务的具体情况设计适合本所的质量管理领导层框架，以明确责任，并确保其切实有效地发挥作用。在本示例框架下，会计师事务所质量管理领导层包括主要负责人、质量管理主管合伙人、职业道德主管合伙人、独立性主管合伙人、各业务条线的主管合伙人、监控和整改主管合伙人等角色。如无特别说明，本示例中的各个角色包括在该角色授权下承担相关责任的人员。

### (一)主要负责人

会计师事务所主要负责人（如首席合伙人、主任会计师或者同等职位的人员，下同）对会计师事务所的质量管理体系承担最终责任，并履行下列职责：

1）提名或委任会计师事务所质量管理领导层的其他成员，保障其具备充分的时间、资源、胜任能力和权限履行职责，并对其进行指导、监督、评价和问责。

2）建立并有效运行以质量为导向的合伙人管理机制。

3）合理保证质量管理体系健全并在会计师事务所全所范围内有效运行。

4）通过审核与监控和整改程序相关的报告等方式，每年至少一次对质量管理体系做出评价，并定期评价相关人员的业绩，落实问责和整改措施。

5）领导并决定对质量管理具有重大影响的其他事项。

### (二)质量管理主管合伙人

质量管理主管合伙人（或同等职位的人员）具体负责质量管理体系的设计、实施和运行，并履行下列职责：

1）建立、完善并有效运行会计师事务所质量管理政策和程序，确保会计师事务所持续满足法律法规、职业准则和监管要求。

2）全面参与业务质量管理决策，形成工作记录。

3）对监控和整改程序的运行提供督导，就质量管理存在的问题提出整改措施，并向主要负责人报告。

4）就与重大风险相关的事项提供咨询。

5）会计师事务所其他质量管理职责。如果会计师事务所成立质量管理委员会或类似机构履行质量管理主管合伙人的职责，该委员会的主任委员或类似职位的成员可以参照质量管理主管合伙人承担领导责任。

（三）职业道德主管合伙人

职业道德主管合伙人（或同等职位的人员）具体负责会计师事务所与职业道德有关的事务，并履行下列职责：

1）制定与职业道德相关的工作计划以及与该计划相关的年度绩效目标，并对职业道德计划的所有方面承担明确的责任。

2）根据相关职业道德要求，建立、完善并有效运行与职业道德相关的政策和程序，包括与违反职业道德后果相关的政策和程序，以确保会计师事务所持续满足相关职业道德要求。

3）计划和组织针对全体合伙人、执业人员以及其他人员的职业道德培训，以增强这些人员对职业道德和职业价值观的认识和理解。

4）建立专门的渠道，供会计师事务所所有人员就职业道德相关问题进行咨询和报告职业道德相关事项和情况，并对这些咨询和报告保密。

5）建立与解决具体职业道德问题相关的流程，确保能够恰当应对所有已识别出的职业道德问题。

6）向主要负责人报告所有与职业道德相关的重大事项。

7）获取会计师事务所所有人员就其遵守职业道德情况的确认，包括已阅读并了解相关职业道德要求，以及是否存在违反相关职业道德要求的情况等。

8）至少每年一次向主要负责人报告与职业道德相关的政策和程序、事件和结果，以及后续计划。

9）会计师事务所其他职业道德管理职责。

（四）独立性主管合伙人

独立性主管合伙人（或同等职位的人员）具体负责会计师事务所与审计、审阅和其他鉴证业务独立性有关的事务，并履行下列职责：

1）统筹会计师事务所所有与独立性相关的重大事项，包括设计、实施、运行、监督与维护与独立性相关的监控程序。

2）建立和完善与独立性相关的咨询机制，保证提供咨询的人员具备适当的时间、经验、专业胜任能力、客观性、权威性和判断能力。

3）建立和维护相关信息系统，以提供会计师事务所人员禁止投资清单、受限制实体清单、关键审计合伙人执业年限清单等信息，并制定相关政策和程序，以确保这些信息真实、准确和完整。

4）指导、监督和复核会计师事务所独立性相关政策和程序的运行情况。

5）就独立性相关事务开展监控活动。

6）至少每年一次向主要负责人报告与独立性相关重大事项，如会计师事务所开展独立性监控活动的结果、违反独立性要求的情况、即将实施的独立性政策、法律法规和相关职业道德要求的变化情况、就违反独立性情况做出的处分等。

7）及时识别法律法规、职业准则、监管机构对适用的独立性要求做出的修订，并考虑是否更新会计师事务所相关流程。

会计师事务所可以根据本所的实际需要，将职业道德主管合伙人和独立性主管合伙人的职责进行合并。

### （五）各业务条线的主管合伙人

会计师事务所可以根据本所业务的实际情况和质量管理的需要划分业务条线，例如，可以根据业务的性质、客户所处行业或地区等划分业务条线。各业务条线的主管合伙人负责所主管业务的总体质量，并履行以下职责：

1）确定本业务条线相关计划，包括资源的需求、获取和分配计划，并合理地获取和分配资源。

2）督导项目合伙人有效执行质量管理体系中的政策和程序，并遵守相关职业道德要求。

3）委派或授权他人委派具有足够专业胜任能力、时间与良好诚信记录的项目合伙人执行业务。

4）按照会计师事务所内部规定参与本业务条线中有关业务质量的重大事项的讨论以及意见分歧的解决，发表意见并形成工作记录。

5）会计师事务所其他质量管理职责。如果会计师事务所建立业务条线管理委员会或类似机构履行业务条线主管合伙人职责，该委员会的主任委员或类似职位的成员需要参照业务条线主管合伙人承担领导责任。

### （六）监控和整改主管合伙人

监控和整改主管合伙人（或同等职位的人员）对质量管理体系"监控和整改"要素的运行承担责任，具体如下：

1）领导与监控和整改相关的政策和程序的设计、实施和运行，并提供适当督导。

2）领导业务检查和其他监控活动的设计、实施和运行工作，并提供适当督导。

3）就业务检查和其他监控活动的结果与主要负责人和质量管理体系中的相关负责人进行及时沟通。

4）会计师事务所其他监控和整改管理职责。

## 第二节　内部审计准则框架

### ▶▶ 一、内部审计准则的定义和目标

#### （一）内部审计准则的定义

内部审计准则是对内部审计行为所做的规范，是衡量内部审计质量的尺度，是提升内

部审计公信力的重要手段，是内部审计发展的内在要求，是内部审计职业成熟的标志。

### （二）内部审计准则的目标

1）贯彻落实《中华人民共和国审计法》（简称《审计法》）、《审计署关于内部审计工作的规定》以及相关法律法规，加强内部审计工作，实现内部审计的制度化、规范化和职业化。

2）促使内部审计机构和人员按照统一的内部审计准则开展内部审计工作，保障内部审计机构和人员依法行使职权，保证内部审计质量，提高内部审计效率，防范审计风险，促进组织的自我完善与发展。

3）明确内部审计机构和人员的责任，发挥内部审计在强化内部控制、改善风险管理、完善组织治理结构、促进组织目标实现的作用。

4）建立与国际内部审计准则相衔接的中国内部审计准则。

## ▶ 二、内部审计准则的发展

### （一）制定规定阶段（1985—2002 年）

与西方国家内部审计的产生不同，我国内部审计不是自发产生的，其产生离不开政府审计的推动，早期的内部审计相关规定散见于政府审计的法规之中。1983 年 8 月，《国务院批转〈审计署关于开展审计工作几个问题的请示〉的通知》明确了"对下属单位实行集中统一领导或下属单位较多的主管部门，以及大中型企业事业组，可根据工作需要，建立内部审计机构，或配备审计人员，实行内部审计监督"。1985 年 8 月，国务院发布《国务院关于审计工作的暂行规定》，要求国务院和县级以上地方各级人民政府各部门、大中型企事业单位应当建立内部审计监督制度，根据审计业务需要，分别设立审计机构，配备审计人员，在本部门、本单位主要负责人领导下，负责本部门、本单位财务收支及其经济效益审计，内部审计的业务要受国家审计机关的领导。1985 年 12 月，《审计署关于内部审计工作的若干规定》明确了内部审计机构的主要任务、职权和程序。1988 年 11 月，国务院发布《中华人民共和国审计条例》，对内部审计的机构设置、人员职责、工作范围和领导关系做出了明确规定。20 世纪 90 年代以后，随着市场经济体制改革的推进，对设立内部审计制度的要求散见于国家经济体制改革委员会⊖发布的《股份有限公司规范意见》和《有限责任公司规范意见》。1994 年 8 月颁布的《审计法》用列举法进一步明确了内部审计机构的设置要求及其与审计机关的关系。为落实《审计法》关于内部审计的规定，1995 年审计署发布了《审计署关于内部审计工作的规定》，1999 年修订的《会计法》也对会计资料提出了定期审计的要求。2006 年新修订的《审计法》采用描述法进一步扩大了内部审计机构的设置要求，2010 年国务院发布的修订后的《审计法实施条例》强化了审计机关对内部审计的指导和监督。

---

⊖ 1982 年 5 月 21 日，国家经济体制改革委员会正式成立。1998 年 3 月 10 日，设立国务院经济体制改革办公室，作为国家经济体制改革委员会的办事机构。2003 年 3 月 18 日，国务院经济体制改革办公室的职能并入国家发展和改革委员会。

## （二）建立准则体系阶段（2003 年至今）

2003 年，审计署发布了修订后的《审计署关于内部审计工作的规定》（审计署 4 号令），之后中国内部审计协会陆续发布了系列内部审计准则。2003—2009 年，中国内部审计协会分 6 批陆续发布了 1 个内部审计基本准则、1 个内部审计职业道德规范和 29 个内部审计具体准则。与此同时，2004 开始，中国内部审计协会开始发布内部审计实务指南，到 2011 年陆续发布了 5 个内部审计实务指南（其中，2019 年对《第 3101 号内部审计实务指南——审计报告》进行了修订）。到 2011 年，我国内部审计规范体系基本建成。随着我国经济社会的发展，各类组织对内部审计的重视程度日益提高，内部审计迎来了新的发展机遇和挑战，对内部审计准则也提出了新的要求。2012 年开始，中国内部审计协会对原准则进行了全面、系统的修订，2013 年 8 月发布的中国内部审计准则包括 1 个基本准则、1 个职业道德规范和 20 个内部审计具体准则。准则修订后，审计署 4 号令《审计署关于内部审计工作的规定》也纳入修订日程，2018 年 1 月，审计署发布了修订后的《审计署关于内部审计工作的规定》。2016 年 1 月 22 日，中国内部审计协会发布了 2 个具体准则，包括 1 个业务准则《第 2205 号内部审计具体准则——经济责任审计》和 1 个管理准则《第 2308 号内部审计具体准则——审计档案工作》。2019 年 5 月 6 日，中国内部审计协会发布了 1 个管理准则，即《第 2309 号内部审计具体准则——内部审计业务外包管理》。2020 年 5 月 1 日，教育部发布了《教育系统内部审计工作规定》。为了进一步完善内部审计准则体系，指导信息系统审计实践，中国内部审计协会组织制定了《第 3205 号内部审计实务指南——信息系统审计》，自 2021 年 3 月 1 日起施行。截至 2021 年 3 月，内部审计具体准则增加至 23 个，内部审计实务指南增加至 6 个。

## ▶▶ 三、内部审计准则的框架

中国内部审计准则是中国内部审计工作规范体系的重要组成部分，由内部审计基本准则、职业道德规范、内部审计具体准则、内部审计实务指南 4 个层次组成。

第一个层次是内部审计基本准则。内部审计基本准则是内部审计准则的总纲，是内部审计机构和人员进行内部审计时应当遵循的基本规范，是制定内部审计具体准则、内部审计实务指南的基本依据。

第二个层次是职业道德规范。职业道德规范是指内部审计人员在从事内部审计活动时应当遵守的职业道德的规范。

第三个层次是内部审计具体准则。内部审计具体准则是依据内部审计基本准则制定的，是内部审计机构和人员在进行内部审计时应当遵循的具体规范。

第四个层次是内部审计实务指南。内部审计实务指南是依据内部审计基本准则、内部审计具体准则制定的，为内部审计机构和人员进行内部审计提供的具有可操作性的指导意见。

其中，第一、二、三个层次是内部审计机构和人员进行内部审计的执业规范，内部审计机构和人员应该遵照执行；第四个层次是为内部审计机构和人员从事内部审计业务提供的操作性指导意见，内部审计机构和人员可以参照执行。

目前，中国内部审计准则体系具体如下：

（一）基本准则（1个）

《中国内部审计准则第 1101 号——内部审计基本准则》。

（二）职业道德规范（1个）

《中国内部审计具体准则第 1201 号——内部审计人员职业道德规范》。

（三）具体准则（23个）

1）《第 2101 号内部审计具体准则——审计计划》。

2）《第 2102 号内部审计具体准则——审计通知书》。

3）《第 2103 号内部审计具体准则——审计证据》。

4）《第 2104 号内部审计具体准则——审计工作底稿》。

5）《第 2105 号内部审计具体准则——结果沟通》。

6）《第 2106 号内部审计具体准则——审计报告》。

7）《第 2107 号内部审计具体准则——后续审计》。

8）《第 2108 号内部审计具体准则——审计抽样》。

9）《第 2109 号内部审计具体准则——分析程序》。

以上为作业准则。

10）《第 2201 号内部审计具体准则——内部控制审计》。

11）《第 2202 号内部审计具体准则——绩效审计》。

12）《第 2203 号内部审计具体准则——信息系统审计》。

13）《第 2204 号内部审计具体准则——对舞弊行为进行检查和报告》。

14）《第 2205 号内部审计具体准则——经济责任审计》。

以上为业务准则。

15）《第 2301 号内部审计具体准则——内部审计机构的管理》。

16）《第 2302 号内部审计具体准则——与董事会或者最高管理层的关系》。

17）《第 2303 号内部审计具体准则——内部审计与外部审计的协调》。

18）《第 2304 号内部审计具体准则——利用外部专家服务》。

19）《第 2305 号内部审计具体准则——人际关系》。

20）《第 2306 号内部审计具体准则——内部审计质量控制》。

21）《第 2307 号内部审计具体准则——评价外部审计工作质量》。

22）《第 2308 号内部审计具体准则——审计档案工作》。

23）《第 2309 号内部审计具体准则——内部审计业务外包管理》。

以上为管理准则。

（四）实务指南（6个）

1）《内部审计实务指南第 1 号——建设项目内部审计》。

2）《内部审计实务指南第 2 号——物资采购审计》。

3）《第 3101 号内部审计实务指南——审计报告》。

4）《第 3205 号内部审计实务指南——信息系统审计》。

5）《内部审计实务指南第 4 号——高校内部审计》。

6）《内部审计实务指南第 5 号——企业内部经济责任审计指南》。

## 四、内部审计准则的特点

### (一) 提升了准则体系结构的科学性和合理性

新准则将具体准则分为作业类、业务类和管理类，在分类的基础上，对准则体系采用 4 位数编码进行编号。内部审计基本准则和内部审计人员职业道规范为第一层次，千位数为 1；具体准则为第二层次，千位数为 2；实务指南为第三层次，千位数为 3。新的编号方式借鉴了国际内部审计准则的经验，体现了准则体系的系统性和准则之间的逻辑关系，也为准则未来发展预留了空间。同时，针对部分准则存在的内容交叉、重复，个别准则不适应内部审计最新发展等问题，新准则对准则体系结构和内容进行了调整。

### (二) 反映了内部审计的最新发展理念

结合国际、国内内部审计理念和实务的最新发展变化，新准则将内部审计定义为"一种独立、客观的确认和咨询活动，它通过运用系统、规范的方法，审查和评价组织的业务活动、内部控制和风险管理的适当性和有效性，以促进组织完善治理、增加价值和实现目标"，基本上实现了与国际内部审计师协会（IIA）定义的接轨。将"监督和评价"职能改为"确认和咨询"职能，拓展了内部审计的职能范围，突出了内部审计的价值增值功能；明确了内部审计在提升组织治理水平、促进价值增值以及实现组织目标方面的重要作用；将风险导向审计理念全面贯彻于整个准则体系中，强调内部审计机构和人员应当全面关注组织风险，以风险为基础组织实施内部审计业务等。

### (三) 增强了准则的适用性和可操作性

新准则立足于内部审计实践的发展，对部分准则的内容进行了调整、充实和完善，进一步增强了适用性和可操作性。例如，将经济性、效率性和效果性 3 个具体准则合并修订为《第 2202 号内部审计具体准则——绩效审计》；将遵循性审计、风险管理审计、内部审计的控制自我评估法 3 个准则进行调整和补充，形成修订后的《第 2201 号内部审计具体准则——内部控制审计》，并与《企业内部控制基本规范》及其配套指引相衔接，进一步增强了准则的适用性。再如，进一步细化了内部审计人员职业道德中有关诚信正直、客观性、专业胜任能力和保密等具体要求，删除了关于舞弊的预防、协助董事会或最高管理层工作等不易操作的内容。

## 第三节　国家审计准则框架

## 一、国家审计准则的定义和意义

### (一) 国家审计准则的定义

国家审计准则又称政府审计准则，是审计机关和审计人员履行法定审计职责的行为规范，是执行审计业务的职业标准，是评价审计质量的基本尺度。它是由政府审计部门制定的，用以规定政府审计人员应有的素质和专业资格，规范和指导其执业行为，衡量和评价其工作质量的权威性标准。国家审计准则适用于各级审计机关和审计人员执行的各项审计业务和专项审计调查业务。同时，其他组织或者人员接受审计机关的委托、聘用，承办或者参加审计业务，也应当适用《中华人民共和国国家审计准则》（简称《国家审计准则》）。

### （二）国家审计准则的意义

《国家审计准则》经审计署审计长会议审议通过，于 2010 年 9 月 1 日刘家义审计长签署审计署 8 号令予以公布，自 2011 年 1 月 1 日起施行。

《国家审计准则》的修订和颁布是继《审计法》和《审计法实施条例》修订后我国审计法制建设的又一件大事，是完善我国审计法律制度的重大举措，是国家审计准则体系建设史上一个重要的里程碑，对规范审计机关和审计人员执行审计业务的行为、保证审计质量、防范审计风险、发挥审计保障政府经济和社会健康运行的"免疫系统"功能有十分重大的意义。《国家审计准则》适用于审计机关开展的各项审计业务，对执行审计业务基本程序做了系统规范，体现了很强的综合性；《国家审计准则》以贯彻落实科学发展观为指针，坚持运用科学的审计理念和先进的审计技术方法，体现了很强的科学性；《国家审计准则》系统总结了我国政府审计 20 多年来的实践经验，将行之有效的做法确定下来，体现了很强的实用性；《国家审计准则》充分借鉴国际审计准则的内容和国外审计机关有益做法，体现了很强的国际性。

## 二、国家审计准则的发展

我国国家审计准则的研究和制定始于 20 世纪 90 年代。国家审计准则的构建经历了一个由起步到深化再到基本建成准则体系的过程。从审计准则的形式上看，可以分为 3 个发展阶段。

### （一）审计准则与行政规定并存的阶段（1996—1999 年）

审计机关成立之初，受当时国家审计发展水平所限，审计工作的很多方面难以完全按照科学的准则进行规范，而只能以行政规定做出要求。这些规范性文件中有的具有准则性质，有些则是工作制度、办法和规定。1996 年年底，审计署发布了 38 个审计规范。这些规范的发布和贯彻执行，对于推进审计工作基础建设、规范审计行为、保证审计质量、促进提高效率发挥了积极作用。

### （二）分层次审计准则与质量控制办法并行的阶段（2000—2004 年）

从 1999 年起，审计署在上述 38 个审计规范的基础上，开始构建审计准则体系。2000 年以来，审计署陆续以 4 个审计署令发布了《中华人民共和国国家审计基本准则》等 20 个审计准则。这个准则体系由 3 个层次构成：第一个层次是国家审计基本准则；第二个层次是具体审计准则和专业审计准则；第三个层次是审计指南。

为了进一步提高审计质量，2004 年 2 月，审计署发布了《审计机关审计项目质量控制办法（试行）》（审计署令第 6 号）。至此，中国审计准则形成了分层次审计准则与质量控制办法并存的状况，而在其后实际执行过程中，质量控制办法事实上替代了审计准则。

### （三）单一审计准则阶段（2005 年至今）

随着我国社会经济形势发生了深刻变化，审计工作也得到了深入发展。一是《审计法》和《审计法实施条例》修订后，原有准则需做相应修订，以便与审计法律法规保持一致。二是近年来，各级审计机关深入贯彻落实科学发展观，树立科学审计理念，不断加大审计监督力度，创新审计监督方式方法，积累了许多经验，需要加以总结并通过准则予以规定。三是审计实践证明，原有准则中的一些规定不能完全适应新形势下审计工作发展要求，同时，原有准则体系比较庞杂，有些准则之间部分内容存在交叉重复。原有的准则和规定不能适应审计工作要求，需要加以修订。

2008 年 7 月 18 日，审计署印发了《关于成立国家审计准则咨询专家组和修订工作组的通知》，这标志着新的审计准则的修订工作正式启动。经过两年的工作，《中华人民共和国国家审计准则》经审计署审计长会议审议通过，以审计署 8 号令予以公布，自 2011 年 1 月 1 日起施行。

### ▶▶ 三、《国家审计准则》的框架结构

《国家审计准则》包括总则、审计机关和审计人员、审计计划、审计实施、审计报告、审计质量控制和责任、附则。

#### （一）总则

总则规定了国家审计准则的目的、依据、适用范围及对审计机关和审计人员的基本要求。

#### （二）审计机关和审计人员

该部分规定了审计机关和审计人员应具备的资格条件和执业要求。

#### （三）审计计划

该部分规定了审计机关应当编制年度审计项目计划、编制年度审计项目计划的步骤、年度审计项目计划的内容和形式以及审计方案的内容等。

#### （四）审计实施

审计实施包括审计实施方案、审计证据、审计记录和重大违法行为检查。

##### 1. 审计实施方案

审计实施方案规定了：①审计机关应当在实施项目审计前组成审计组；②审计机关应当依照法律法规的规定，向被审计单位送达审计通知书；③审计通知书的内容；④审计组应当调查了解被审计单位及其相关情况，评估被审计单位存在重要问题的可能性，确定审计应对措施，编制审计实施方案；⑤审计实施方案的内容；⑥审计组调查了解被审计单位及其相关情况，为做出职业判断提供基础；⑦审计人员从 10 个方面调查了解被审计单位及其相关情况；⑧审计人员可以从内部控制五要素（内部环境、风险评估、控制活动、信息与沟通、内部监督）方面了解被审计单位相关内部控制及其执行情况；⑨审计人员可以从一般控制和应用控制两个方面调查了解被审计单位信息系统控制情况；⑩审计人员调查了解被审计单位及其相关情况的方法；⑪审计人员根据审计目标和被审计单位的实际情况，运用职业判断确定调查了解的范围和程度；⑫审计人员选择职业判断的依据的标准；⑬审计人员应当运用职业判断，根据可能存在问题的性质、数额及其发生的具体环境，判断其重要性，根据重要性判断的结果，重点关注被审计单位可能存在的重要问题，并评估存在重要问题的可能性，以确定审计事项和审计应对措施；⑭审计组在分配审计资源时，

应当为重要审计事项分派有经验的审计人员和安排充足的审计时间，并评估特定审计事项是否需要利用外部专家的工作；⑮一般审计项目的审计实施方案应当经审计组组长审定，并及时报审计机关业务部门备案。

**2. 审计证据**

审计证据规定了：①审计证据的定义和特征（充分性和适当性）；②审计人员对审计证据进行相关性分析时应当关注的方面；③审计人员判断审计证据可靠性的方面；④在审计事项包含的项目较多，需要对审计事项某一方面的总体特征做出结论时，审计人员可以进行审计抽样；⑤获取审计证据的方法；⑥审计人员应当依照法律法规规定，取得被审计单位负责人对本单位提供资料真实性和完整性的书面承诺；⑦审计人员取得证明被审计单位存在违反国家规定的财政收支、财务收支行为以及其他重要审计事项的审计证据材料，应该由提供证据的有关人员、单位签名或盖章，不能取得签名或盖章不影响事实存在的，该审计证据仍然有效，但审计人员应当注明原因。

**3. 审计记录**

审计记录规定了：①审计人员应当真实、完整地记录实施审计的过程、得出的结论和与审计项目有关的重要管理事项；②审计记录包括调查了解记录、审计工作底稿和重要管理事项记录；③记录相关内容；④审计组起草审计报告前，审计组组长应当对审计工作底稿相关项目进行审核，并应当根据不同情况提出不同意见。

**4. 重大违法行为检查**

重大违法行为检查规定了：①审计人员执行审计业务时，应当保持职业谨慎，充分关注可能存在的重大违法行为；②重大违法行为的定义；③审计人员检查重大违法行为，应当评估被审计单位和相关人员实施重大违法行为的动机、性质、后果和违法构成；④审计人员调查了解被审计单位及其相关情况时，可以重点了解可能与重大违法行为有关的事项，并判断可能存在的重大违法行为；⑤审计人员根据被审计单位实际情况、工作经验和审计发现的异常现象，判断可能存在重大违法行为的性质，并确定检查重点；⑥发现重大违法行为的线索，审计组或者审计机关可以采取的应对措施。

（五）审计报告

审计报告包括审计报告的形式和内容、审计报告的编审、专题报告与综合报告、审计结果公布、审计整改检查。

（六）审计质量控制和责任

审计质量控制和责任包括审计机关建立审计质量控制制度的目标、内容、分级质量控制、审计组成员、组长、主审、审计机关业务部门和审计机关审理机构的工作职责、审计机关建立审计项目档案管理制定、审计机关实行审计业务质量检查制定等。

（七）附则

附则包括审计机关和审计人员开展相关工作，不适用本准则的规定；地方审计机关可以根据本地实际情况，在遵循本准则规定的基础上制定实施细则；本准则由审计署负责解释；本准则至2011年1月1日起施行。

# 第二章

## 审计依据与审计证据

### 第一节 审计依据

审计是一项客观、公正的工作，提出审计意见，做出审计结论，必须有明确的依据。审计依据是提出审计意见、做出审计结论的衡量尺度。有依据的审计意见和结论才能令人信服，才能被社会公众接受。

▶▶ **一、审计依据概述**

**（一）审计依据的定义**

审计依据是指对所查明的被审计单位的行为和事实做出判断的根据，是据以做出审计结论、提出审计意见的标准。

**（二）审计依据与审计准则的联系和区别**

审计依据与审计准则是两个既有联系又有区别的概念。审计依据与审计准则的关系是：审计依据包含审计准则，审计准则是审计依据的重要组成部分。二者的区别见表 2-1。

表 2-1　审计依据与审计准则的区别

| 区　　别 | 审 计 依 据 | 审 计 准 则 |
| --- | --- | --- |
| 解决的问题不同 | 解决审计人员根据什么标准去判别被审计单位的财务状况、经营成果和现金流量的合法或非法、公允或非公允，并据以做出审计结论、提出审计意见和建议的根据 | 解决如何进行审计的问题，是审计人员行动的指南和规范 |
| 范围不同 | 外部制定的审计依据和内部制定的审计依据 | 主要是指外部制定 |
| 包含内容不同 | 包括法律法规、规章制度、预算、计划、合同、业务规范、技术经济标准等 | 主要包括法律、法规和规章制度 |
| 运用的原则不同 | 审计人员选用合适的审计依据时应从实际出发，把握实质问题，确保所运用的依据准确可靠 | 审计准则是指审计人员在实施审计工作时所必须恪守的行为规范及专业指南，是判断审计工作质量的权威性准绳 |

在整个审计工作过程中，存在一个评价判断问题，特别是在审计工作从实施阶段到完成阶段，必须对被审计单位的经济活动及其结果进行评价、判断，得出结论，提出有益的意见和建议。在审计实施阶段，按照审计准则的要求，把被审计单位的被审计项目、问题和情况查实了、查清了，证据确凿了，如何对这些查清、查实了的被审计事项进行评价、判断它们是否真实、合法、合理，是否有效及有效的程度，这就必须有一套合适的审计依

据。审计人员根据审计依据提出审计意见，得出审计结论，才能令人信服，取信于社会公众，才能提高审计组织和审计人员的威望，有利于审计事业的发展。因此，审计人员在实施审计行为时，除了要根据审计准则进行审计工作，还需要一套科学、合理的审计依据。

开展财政财务审计，审计人员在审计工作结束时对被审计单位的财务报表及其反映的财务收支和经济活动的合法性、公允性做出判断时，必须有一套判断是非、高低、优劣、合法与非法的标准。由于经济活动是错综复杂的，因此审计依据也应是多方面的，如会计准则是判断财务报表和会计记录合法性、公允性的依据；各项财经法规是评价经济活动合法性的依据；各种经济指标如流动比率、速动比率、资产负债率、毛利率、资产净利率、成本费用率、权益报酬率等财务指标和非财务指标，是评价企业偿债能力和盈利能力等财务状况优劣的依据。由此可见，审计依据对于被审计单位进行客观判断和评价具有重要的意义。

## 二、审计依据的种类

由于审计的目的不同，因此各种类型的审计所遵循的审计依据也不相同。不同种类的审计依据有不同的用途，进行适当的分类，有利于审计人员选用。

审计依据可以按不同标志进行分类。如按其来源，可分为被审计单位自己制定的审计依据和外部单位制定的审计依据。按其性质、内容可分为：宪法、法律、法规政策；规章制度；预算、计划、经济合同；业务规范、技术经济标准等。但是，从审计实践看，审计依据主要是按审计目的进行分类，可以分为评价经济活动合法性的审计依据、评价经营管理活动效益性的审计依据和评价内部控制系统有效性的审计依据。

### （一）评价经济活动合法性的审计依据

#### 1. 国家颁布的法律和各种财经法规

法律是指由国家立法机关颁布的，由国家强制执行的行为规则。在我国，用作审计依据的主要有公司法、证券法、票据法、外商投资企业法，以及各种税法、会计法、企业破产法、民事诉讼法等，此外还有企业会计准则等国务院及其所属部门颁发的规范性文件。国际机构制定的各种适用的经济法规则是涉外经济审计的重要审计依据。

#### 2. 地方和主管部门颁布的财经法规

地方财经法规是由地方各级立法机构和人民政府依照国家颁布的经济法规，结合本地区的实际情况加以制定的；国务院各主管部门和地方各级主管部门，也可根据本部门的实际情况制定有关的经济政策、指示和规定。这些都可以作为审计的依据。

#### 3. 规章制度

规章制度包括两种：一种是政府主管部门和上级单位制定的规章制度，如行业性的财务管理制度及各种管理办法等；另一种是被审计单位根据国家财经法规、地方财经法规并结合企事业单位生产经营管理的特点自行制定的规章制度。这些也是审计依据的重要组成内容。

### （二）评价经营管理活动效益性的审计依据

除合法性审计外，现代审计的另一个重要活动领域是对被审计单位的经营管理活动的效益性进行评价。这方面的审计依据主要包括以下几个方面：

**1. 可比较的历史数据**

可比较的历史数据包括两种：一种是反映被审计单位经营管理活动效益性的历史数据，如应收账款周转天数、存货周转率、应收账款回收率等，可以用作判断和评价被审计期间经营管理活动效益性好坏的依据；另一种是与被审计单位同行业中的经营性质、规模与其相近的单位的历史数据，可以将可比较单位的有关资料和数据作为判断和评价被审计单位经营管理活动效益性好坏的重要依据。

**2. 计划、预算和经济合同**

被审计单位编制的计划和预算、被审计单位与其他单位签订的经济合同等的完成与否，都是判断被审计单位经济管理活动效益性好坏的重要依据。

**3. 业务规范、技术经济标准**

被审计单位制定的原材料消耗定额、能源消耗定额、工时定额、生产设备利用定额、废品率、各种技术标准、产品质量标准等，都可以作为判断和评价被审计单位经营管理活动效益性的重要依据。

**（三）评价内部控制系统有效性的审计依据**

审计人员在进行审计时，要审查和评价被审计单位的内部控制系统的有效性，这是现代审计的一个重要特征。评价内部控制系统有效性方面的审计依据主要包括以下几个方面：

**1. 内部管理控制制度**

内部管理控制制度是指根据规定的经营方针，为合理有效地进行经济活动而建立的各种控制制度，主要包括预算控制制度、信息管理制度、责权控制制度等。这些制度是否被科学有效地执行，是评价内部控制系统有效性的重要依据。

**2. 财务报告内部控制制度**

建立财务报告内部控制制度，设置凭证的传递程序、账簿的核对制度、实物的盘点制度等，这些都是为了保证财务报告资料的正确性和可靠性而建立的控制制度。这些制度是否被有效执行是评价内部控制系统有效性的又一重要依据。

**3. 内部审计制度**

内部审计具有控制的功能，它要检查和评价其他各项内部控制要素的质量与效果，同时它本身又作为整个内部控制系统的一个组成部分，与其他各项内部控制一起，共同实现内部控制的各项目标。因此，内部审计制度是否被有效执行也成为评价内部控制系统有效性的依据。

## ▶▶ 三、审计依据的特点

审计依据既不是捉摸不定的，又不是固定不变的。在一定的时间、地域和范围内，它是明确的和可行的，但审计依据会随着形势的发展、时间的推移和环境的变化而发展变化。因此，掌握审计依据的特点，有利于更好地开展审计工作。审计依据的特点主要有权威性、层次性、相关性、时效性、地域性。

**1. 权威性**

权威性，即任何审计依据都具有一定的权威性，否则不足以引用为依据。国家为了保证审计的权威性，通过了如公司法、证券交易法、企业破产法等，从法律上赋予审计在整个市场经济中的监督权。

审计人员均具有较高的专业知识和政治素质，加之审计职业规范体系对审计人员执行审计业务也做了严格要求，这就保证了审计人员所从事的审计工作具有较高的准确性、科学性。因此，审计人员的工作结果具有一定的社会权威性，使得利益各方乐于接受，故审计依据具有权威性。

**2. 层次性**

根据适用范围和效力大小，设定单位管辖区域。审计依据具有不同的层次，其顺序如下：

1）国家和中央政府颁布的法律、法规，如法律、条例等。

2）国务院各部门颁布的各种规章和制度。

3）地方各级人民政府制定和颁发的地方性法规等。

4）被审计单位上级主管部门制定的规章制度，下达的计划和提出的技术经济指标等。

5）被审计单位的股东代表大会、董事会等所做的决议，以及本单位各职能部门所制定的规章制度，做出的计划和决议。

从规章制度的制定过程来看，低层次的规章制度不能违反高层次的法律法规，只能在高层次法律法规原则规定的基础上，结合本地区和本部门的具体情况加以补充和具体化。也就是说，法规的层次越高，其覆盖面就越大；而层次越低的规章制度等，其具体适用性却越强。因此，审计人员应注意尽量完整地收集有关被审计单位的具体法律法规和规章制度，这样才有利于正确地判断所查明事实的是非曲直。但如遇低层次的规定与高层次的规定相抵触时，则应以高层次的规定为准，做出评价和判断。所以，审计依据具有层次性。

**3. 相关性**

审计依据的相关性是指审计依据要与审计结论相关联，审计人员可以利用审计依据提出审计意见和建议，并做出审计结论。审计依据的相关性是由审计工作的本质特性所决定的。因为审计工作的目的是对被审计单位所承担的受托经济责任做出评价，如果审计依据不利于审计人员评价受托经济责任，与审计结论无关，审计依据就失去了意义。因此，审计人员选用审计依据，一定要与做出的审计结论以及提出的审计意见和建议密切相关。如果有多种审计依据可供选择时，必须认真分析，深入解剖矛盾，抓住主要矛盾和矛盾的主要方面，选择最能揭示被审计单位有关事项本质的审计依据。所以，审计依据具有相关性。

**4. 时效性**

各种审计依据都有一定的时效性，不是任何时期和任何条件下都能适用的。作为经济业务行为规范的各种审计依据，属于上层建筑。上层建筑要适应经济基础的不断发展变化而相应发展变化，各种审计依据就不可能是一成不变的，必然随着时间的推移而加以修订和变更。作为经济业务技术规范的各种审计依据，也会随着科学技术水平的发展而发生变化。所以，审计证据具有时效性。

### 5. 地域性

从空间上看，许多审计依据还要受到地域的限制。各个国家的社会经济制度和生产力发展水平不同，其审计依据的内容当然各不相同。因此，我们不能不加分析地照搬别国的审计依据。即使在国内，不同地区、不同行业部门的发展水平也不尽相同，各地区、各行业部门都根据自己的实际情况和特点，制定了只适用于本地区、本行业部门的政策和规章。因此，审计依据具有地域性。

## ▶▶ 四、运用审计依据的原则

审计人员选用审计依据时，除应注意审计依据的权威性、层次性、相关性、时效性和地域性等特点外，还应注意掌握下列各项原则：

### （一）具体问题具体分析的原则

在市场经济条件下，企业经济活动日益多样化和复杂化，合法的经济活动不一定是合理的；反之，有些突破了现有规章制度的合理的改革措施可能是不合法的。所以，审计人员选用审计依据时，必须从实际出发，具体问题具体分析，做出客观公正的评价。在遇到问题时，应坚持以下3个原则：

#### 1. 有法依法

有法律法规作为审计依据的，应该严格依法，这是毋庸置疑的。

#### 2. 无法可依从理

没有法律法规作为审计依据的，要重视一些经济行为的合理性和创造性的依据。判断一个单位的经济行为是否合理，应看其是否符合科学发展的大方向，是否促进了生产的发展和经济效益的提高。

#### 3. 地方法规与国家法规发生矛盾时要慎重处理

正常情况下，应将国家法规作为主要的审计依据。当地方法规与国家法规不一致时，应贯彻凡是符合改革精神，有利于促进地区经济繁荣，有利于调动各方面的积极性，而对宏观经济、全局利益又无妨的地方法规应作为审计依据的原则；凡违背国家法律法规、损害国家利益或侵犯企业合法权益的，要坚决抵制。

### （二）辩证分析问题的原则

企业经济活动是错综复杂的，经济情况也是瞬息万变的，影响经济活动的因素是多方面的、可变的。对某项被审计单位的经济活动，如果几种审计依据均适用，就要认真仔细地进行研究，辩证地分析问题，分析该项经济活动的主要影响因素和主要影响因素的主要方面，并分析该经济活动的结果和影响，要善于抓住主要矛盾，把握问题的实质，然后决定选用哪一项审计依据，并据以提出审计意见和建议，得出审计结论。

### （三）利益兼顾原则

在运用审计依据时，要贯彻利益兼顾的原则，全面地分析问题。

**1. 国家、企业和个人利益兼顾**

在审查评价被审计单位受托经济责任时，审计依据必须坚持国家、企业和个人利益兼顾的原则，维护各方的合法权益，处理好各方面的经济利益关系。为此，对企业单位自己制定的审计依据，就应进行适当选择，如果审计依据有弹性，要注意掌握分寸。

**2. 眼前利益与长远利益兼顾**

选用审计依据，不能只考虑眼前利益，还要考虑长远利益。在选用成本、费用开支标准和利润分配时，不能只考虑眼前的经济利益，还要考虑企业今后的发展和增强企业实力。只有处理好眼前利益和长远利益之间的关系，才能保证企业的发展和职工的长远发展利益，才能使企业更好地发展下去。

**（四）真实可靠原则**

审计依据必须真实可靠，金额要准确，凡是引用的被审计单位的金额数据，一定要经过亲自重新计算、认真核对，切记直接照搬；凡是列举的技术标准，必须调查核实，均有真实可靠的文件资料，切勿主观推断；对于内部管理和控制制度，要深入查对，必须是合理、合法的凭据，否则不能作为审计依据；凡是法律法规，一定要找到法律法规的原文，认真领会其精神，并抄录文字，切不可断章取义，盲目推论；一般的决议、指示等，如有必要，还应复印列示于审计工作底稿中。

总之，合理地运用审计依据，对于得出客观公正的评价和正确的结论，以及促进审计质量的提高，都有重要的意义。如果审计依据运用不当，将会造成判断失误、结论错误，影响审计工作质量。

## 第二节　审计证据

审计的全过程，就是收集充分、适当的审计证据，并根据审计证据形成审计结论和出具审计意见的过程。因此，收集、评价和推断审计证据是审计工作的核心内容。《中华人民共和国国家审计准则》《第 2103 号内部审计具体准则——审计证据》和《中国注册会计师审计准则第 1301 号——审计证据》对审计证据都有规范，但《中国注册会计师审计准则第 1301 号——审计证据》对审计证据的规范最全面、最具有代表性，因此本节内容主要根据《中国注册会计师审计准则第 1301 号——审计证据》完成。

### 一、审计证据的概念及分类

**（一）审计证据的概念**

《国家审计准则》所规范的审计证据是指审计人员获取的能够为审计结论提供合理基础的全部事实，包括审计人员调查了解被审计单位及其相关情况和对确定的审计事项进行审查所获取的证据。

《第 2103 号内部审计具体准则——审计证据》所规范的审计证据是指内部审计人员在实施内部审计业务中，通过实施审计程序所获取的，用以证实审计事项，支持审计结论、意见和建议的各种事实依据。

《中国注册会计师审计准则第 1301 号——审计证据》所规范的审计证据是指注册会计师为了得出审计结论、形成审计意见而使用的信息，包括构成财务报表基础的会计记录所含有的信息和其他来源获取的信息。

从以上 3 个定义可以看出，不同的审计人员应该获取充分、适当的审计证据，以得出合理的审计结论，作为形成审计意见的基础。审计证据对于整个审计工作而言是至关重要的。审计证据是证明各类审计人员审计工作质量的重要依据，其获取哪些种类的审计证据，是如何获取的，这些证据的证明力怎么样，对审计结论的影响如何等，都会通过审计证据反映出来。

（二）审计证据的分类

**1. 按内容分类**

审计证据按内容进行分类，可以分为会计记录的信息和其他信息。

（1）会计记录的信息

会计记录是指对初始会计分录形成的记录和支持性记录，如原始凭证、记账凭证、总分类账和明细分类账、未在记账凭证中反映的对财务报表的其他调整，支持成本分配、计算、调节和披露的手工计算表和电子数据表。电子形式的会计记录可能只能在特定时间获取，如果不存在备份文件，特定期间之后有可能无法再获取这些记录。

（2）其他信息

其他信息是指审计人员从除被审计单位会计记录之外获取的信息，如被审计单位会议记录、内部控制手册、函证回函、分析师的报告、与竞争者的比较数据等，审计人员获取的存货存在性的证据，注册会计师编制的各种计算表、分析表等。

**2. 按形式分类**

审计证据按形式进行分类，可以分为实物证据、书面证据、口头证据以及环境证据。

（1）实物证据

实物证据是指审计人员通过实地观察或监督盘点所取得的，以确定某些实物资产是否真实存在的证据。它通常适用于库存现金、有价证券、存货、固定资产等有实物形态的资产的审计。例如，可以通过实地监督盘点来对库存现金的数额进行验证，也可以通过实地清点各种存货和固定资产来验证是否确实存在。

实物证据是证实资产是否存在的最佳证据，但其不能证实资产的所有权；另外，也难以证实资产的价值与质量。因此，审计人员在取得实物证据的同时，还应取得与所有权归属及价值状况的其他证据。

（2）书面证据

书面证据是指审计人员获取的各种以书面文件为形式的一种证据。它包括与审计有关的各种原始凭证、记账凭证、账簿资料、财务报表等会计资料，还包括与审计有关的各种会议记录、文件、合同、往来函件、声明书和报告等。书面证据是审计人员搜集证据的主要领域，也是形成审计意见的重要基础，是审计证据的主要组成部分，也称为基本证据。

书面证据从来源角度可分为外部证据和内部证据。

1）外部证据。外面证据包括 3 种：其一，被审计单位以外的机构或人士编制，并由其直接递交审计人员的外部证据；其二，由被审计单位以外的机构或人士编制，但为被审计单位持有并提交审计人员的书面证据；其三，审计人员为证明某个事项而自己动手编制的各种计算表、分析表等。从证明力来看，以上 3 种证据的证明力由强到弱，说明审计证据的证明力与被审计单位对审计证据的控制程度有关。

2）内部证据。内部证据包括被审计单位的会计记录、被审计单位管理层声明书，以及其他各种由被审计单位编制和提供的有关书面文件。

（3）口头证据

口头证据是指由被审计单位职员或其他人员对审计人员的提问做出的口头答复所形成的一类证据，如被审计单位人员对存货盘亏的解释等。一般而言，口头证据本身不足以证明事情的真相，但审计人员可以从中发掘需要审计的情况，提供获取其他证据的线索，并可作为其他证据的佐证材料。

在审计过程中，审计人员应把询问的口头证据形成书面记录，并注明何时、何人、在何种情况下所做的口头陈述，并由被询问者签名确认。但不管口头证据是否形成书面记录，仍不能作为基本证据，其证明力依然较差。但如果不同人员对同一问题所做的口头陈述一致时，则口头证据具有较高的可信性。

口头证据通过询问的方式取得，但证明力有限，往往需要得到其他相应证据的支持。

（4）环境证据

环境证据也称状况证据，是指对被审计单位产生影响的各种环境事实。

环境证据主要包括以下几种情况：

第一，有关内部控制的情况。被审计单位的内部控制的情况直接影响审计工作的效果，其完善程度还决定审计人员收集审计证据的数量。内部控制设计越合理、执行越严谨，所需要的其他相应审计证据就越少；反之，就必须获得更多其他的审计证据。

第二，被审计单位管理人员的素质。被审计单位管理人员的素质越高，其提供的证据发生差错的可能性就越小，证据的可靠程度就越高。

第三，各种管理条件和管理水平。如果被审计单位内部管理严格，管理水平较高，那么其提供的审计证据的可靠性也就越高。

环境证据可以帮助审计人员了解被审计单位及其经济活动所处的环境，是审计人员进行判断所必须掌握的资料。环境证据主要用于判断被审计单位的总体状况。环境证据不是基本证据，只能起佐证的作用，它所证明的事项还需要其他证据来进行证实。

**3. 按相关程度分类**

审计证据按相关程度进行分类，可分为直接证据和间接证据。

（1）直接证据

直接证据是指审计事项具有直接证明力，能单独、直接地证明审计事项真相的资料和事实。如在审计人员亲自监督实物和现金盘点情况下的盘点实物和现金的记录，就是证明实物和现金实存数的直接证据。审计人员有了直接证据，无须再收集其他证据，就能根据直接证据得出审计事项的结论。

（2）间接证据

间接证据又称旁证，是指对审计事项只能起间接证明作用，需要与其他证据结合起来，经过分析、判断、核实才能证明审计事项真相的资料和事实。如应证实事项是销售收入的公允性，就应收账款而言，虽然应收账款是与销售收入相关的资料，但仅凭应收账款还不能证明销售收入的公允性，还需要结合销售合同、产成品出库单和发运凭证等证据，所以应收账款是销售收入公允性证明的间接证据。

在审计工作中，单凭直接证据就能直接影响审计人员的意见和结论的情况并不多见。一般情况下，在直接证据以外，往往需要一系列的间接证据才能对审计事项做出完整的结论。当然，直接和间接是相对的，仍以凭证为例，凭证对于财务报表是间接证据，而对于会计账簿则直接证据。

## 二、审计证据的特征

### （一）审计证据的充分性

审计证据的充分性是对审计证据数量的衡量，是指审计结论具有说服力而使人们完全相信所需要的审计证据的数量。或者说，充分性体现在审计人员为形成合理的审计意见所需要审计证据的最低数量要求，一般审计人员在评估存在重大错报的可能性（评估的重大错报风险越高，需要的审计证据可能越多；评估的重大错报风险越低，需要的审计证据越少）和审计证据质量（审计证据的质量越高，需要的审计证据越少；审计证据的质量越低，需要的审计证据越多）的基础上，决定应当获取审计证据的数量。但是，审计人员仅靠获取更多的审计证据可能无法弥补审计证据质量上的缺陷。

### （二）审计证据的适当性

审计证据的适当性，是对审计证据质量的衡量，即审计证据在支持审计意见所依据的结论方面具有的相关性和可靠性。相关性和可靠性是审计证据适当性的核心内容，只有相关且可靠的证据才是高质量的。

#### 1. 审计证据的相关性

相关性是指审计证据的信息与审计目标的相关认定之间存在逻辑联系，所反映的内容能够支持审计结论和建议。例如，仅凭原材料账簿记录，很难令人相信原材料的存在性，而请购单、订购单、验收单、供应商发票、采购合同、原材料收发存记录以及原材料监督盘点记录等一起才能构成完整的证据链条，才能令人信服。

审计证据的相关性受到测试方向和不同来源信息的影响。

1）审计证据的相关性可能受测试方向的影响。测试方向包括逆查与顺查两个方向。例如，如果某审计程序的目的是测试应付账款的计价高估，则从已记录的应付账款追查到形成应付账款的原始凭证（即逆查）可能是相关的审计程序。再如，测试应付账款的计价低估，则测试已记录的应付账款显然不是相关的审计程序，相关的审计程序可能是从形成应付账款的原始凭证（如订购单、供应商发票、采购合同、未支付发票等）追查到应付账款的账簿记录（即顺查）、发票未到的收货报告单、测试期后支出等。

2）审计证据的相关性可能受不同来源获取审计证据或者获取不同形式的审计证据的影响。例如，银行存款函证是证实资产负债表日的银行存款是否存在的重要审计程序，同样，银行存款对账单和银行存款余额调节表也是提供资产负债表日所列银行存款是否真实的审计证据。

**2. 审计证据的可靠性**

审计证据的可靠性是指证据的可信程度，即审计证据能够真实反映被审计事项的客观事实。

判断审计证据的可靠性时，通常会考虑以下方面：

1）外部独立来源获取的审计证据比其他来源审计证据可靠。

2）内部控制健全有效情况下形成的审计证据比内部控制缺失或者无效情况下形成的审计证据更可靠。

3）直接获取的审计证据比间接或推论得出的审计证据可靠。

4）以文件、记录形式（纸质、电子或其他介质）存在的审计证据比口头审计证据可靠。

5）从原件获取的证据比从传真件、复印件或通过拍摄、数字化或其他方式转化成电子形式的文件获取的审计证据更可靠。

不同来源和不同形式的审计证据存在不一致或者不能相互印证时，审计人员应当追加必要的审计措施，确定审计证据的可靠性。

**（三）充分性和适当性之间的关系**

充分性和适当性是审计证据的两个重要特征，两者缺一不可，只有充分且适当的审计证据才是有证明力的。

审计人员需要获取审计证据的数量受审计证据质量的影响。审计证据质量越高，需要的审计证据数量可能越少。也就是说，审计证据的适当性会影响审计证据的充分性。例如，被审计单位内部控制健全时收集的审计证据更可靠，审计人员只需要获取相应数量的审计证据，就可以为发表审计意见提供合理的基础。

需要注意的是，尽管审计证据的充分性和适当性相关，但如果审计证据的质量存在缺陷，仅靠获取更多的审计证据可能无法弥补其质量上的缺陷。例如，审计人员应当获取与应付账款完整性相关的证据，实际获取到的却是有关应付账款存在性的证据，审计证据与审计完整性目标不相关，即使获取的证据再多，也证明不了应付账款的完整性。同样，如果审计人员获取的审计证据不可靠，那么审计证据数量再多，也难以起到证明作用。

**（四）评价充分性和适当性时的特殊考虑**

**1. 对文件记录可靠性的考虑**

审计工作通常不涉及鉴定文件记录的真伪，审计人员不是鉴定信息记录真伪的专家，但应当考虑用作审计证据的信息的可靠性。

如果识别出的情况使注册会计师认为文件记录可能是伪造的或文件记录中的某些条款已发生变动，应做出进一步调查，包括向第三方函证，或考虑利用专家的工作以评价文件记录的真伪。例如，如果发现应收账款询证函回函有伪造或篡改的痕迹，审计人员应考虑是否存在舞弊的可能性，必要时可以邀请专家介入工作。

**2. 对审计证据重要性的考虑**

审计证据的重要性是鉴定审计质量的一个标准。审计证据的重要性与该证据影响审计结论的程度有关，重要的审计证据能影响审计人员做出审计结论；反之亦然。区分审计证据的重要性程度往往以价值大小作为评价的依据。例如，审计人员在对价值 50 万元的原材料进行审查时，发现短缺的价值为 0.1 万元，则通常认为这种情况是微不足道和不重要的，不会影响审计人员关于存货计价的结论。事实上，金额大小只是衡量重要性的一个方面，除了金额大小因素，更应该考虑审计证据的性质。在某些情况下，价值虽然较低的错报也可能会对财务报表产生重大影响。例如，一项金额不大但违法或舞弊的项目，从性质上判断，这类审计证据是重大的。

### 3. 审计证据相互矛盾时的考虑

如果从不同来源获取的审计证据不一致，表明某项审计证据可能不可靠，应当追加必要的审计程序。如果不同来源的审计证据能够相互印证，则具有更强的说服力。例如，审计人员通过检查委托加工协议发现被审计单位有委托加工材料，且委托加工材料占存货比重较大，经发函询证后证实委托加工材料确实存在。委托加工协议和回函这两个不同来源的审计证据相互印证，证明委托加工材料真实存在。

### 4. 对成本的考虑

审计意见的形成必须建立在有足够数量的审计证据的基础上，但并不是说审计证据越多越好，因为获取审计证据需要审计成本，所以要考虑成本效益原则，使审计更有效率。审计人员在考虑获取审计证据的成本时，不应以获取审计证据的难易程度和成本的高低为由减少不可替代的审计程序。例如，存货的监盘是证实存货存在性认定的不可替代的审计程序，审计人员不得以检查成本高和难以实施为由而不执行该程序。

## 三、获得审计证据的方法

### 1. 检查

检查是指审计人员对以纸质、电子或其他介质形式存在的记录和文件进行审查，或对资产进行实物审查。

1）检查记录或文件获得的审计证据的可靠程度取决于记录或文件的性质和来源。检查的内部记录或文件的可靠性取决于相关内部控制的有效性。

检查书面文件适用于风险评估程序、控制测试程序和实质性程序 3 个环节，也是常用的证据取得方式，主要可搜集书面证据。

2）检查有形资产可为其存在提供可靠的审计证据，但不一定能够为权利和义务或计价等认定提供可靠的审计证据。检查有形资产主要适用于存货、现金、有价证券、应收票据和固定资产等。这种检查实际上是监盘或盘点，仅适用于实质性程序，可获得实物证据。

### 2. 观察

观察是指注册会计师察看相关人员正在从事的活动或执行的程序。

观察提供的审计证据仅限于观察发生的时点，并且在相关人员已知被观察时可能与日常的做法不同，从而会影响注册会计师对真实情况的了解，削弱了审计证据的相关性。因此，有必要获取其他类型的佐证证据。观察适用于风险评估程序、控制测试程序和实质性程序 3 个环节，可获得环境证据，在实物观察时也可获得实物证据。

**3. 询问**

询问是指注册会计师以书面或口头方式，向被审计单位内部或外部的知情人员获取财务信息和非财务信息，并对答复进行评价的过程。

询问本身不足以发现认定层次存在的重大错报，也不足以测试内部控制运行的有效性，还应实施其他审计程序以获取充分、适当的审计证据。询问适用于风险评估程序、控制测试程序和实质性程序3个环节，可获得口头证据作为佐证证据。

**4. 函证**

函证是指注册会计师为了获取影响财务报表或相关披露认定的项目的信息，通过直接来自第三方的对有关信息和现存状况的声明，获取和评价审计证据的过程。通过函证获取的证据可靠性较高，函证是受到高度重视并经常被使用的一种重要程序。

函证仅适用于实质性程序，可取得书面证据。

**5. 重新计算**

重新计算是指注册会计师以人工方式或使用计算机辅助审计技术，对记录或文件中的数据计算的准确性进行核对，如重新计算销售发票和存货的总金额、重新加总日记账和明细分类账、重新计算折旧费用和预付费用、重新计算应纳税额等。

重新计算仅适用于实质性程序，可取得书面证据。

**6. 重新执行**

重新执行仅适用于控制测试程序。

重新执行是指注册会计师以人工方式或使用计算机辅助审计技术，重新独立执行作为被审计单位内部控制组成部分的程序或控制。例如，发票复核问题或验证发票复核的效果。

**7. 分析程序**

分析程序是指注册会计师通过研究不同财务数据之间以及财务数据与非财务数据之间的内在关系，对财务信息做出评价。分析程序还包括调查识别出的与其他相关信息不一致或与预期数据严重偏离的波动或关系。

分析程序适用于风险评估程序和实质性程序，可取得书面证据和环境证据。

# 第三节　审计工作底稿

《中华人民共和国国家审计准则》《第2104号内部审计具体准则——审计工作底稿》和《中国注册会计师审计准则第1131号——审计工作底稿》对审计证据都有规范，但《中国注册会计师审计准则第1131号——审计工作底稿》对审计证据的规范最全面、最具有代表性，因此本节内容主要根据《中国注册会计师审计准则第1131号——审计工作底稿》完成。

审计工作底稿是指注册会计师对制订的审计计划、实施的审计程序、获取的相关审计证据，以及得出的审计结论做出的记录。审计工作底稿是审计证据的载体，是注册会计师在审计过程中形成的审计工作记录和获取的资料。它形成于审计过程，也反映整个审计过程。

## ▶ 一、基本内容

### (一) 审计工作底稿的目的

注册会计师应当及时编制审计工作底稿，以实现下列目标：

1) 提供充分、适当的记录，作为审计报告的基础。审计工作底稿是注册会计师形成审计结论，发表审计意见的直接依据。及时编制审计工作底稿有助于提高审计工作的质量，便于在出具审计报告之前，对取得的审计证据和得出的审计结论进行有效复核和评价。

2) 提供证据，证明其按照中国注册会计师审计准则的规定执行了审计工作。在会计师事务所因执业质量而涉及诉讼或有关监管机构进行执业质量检查时，审计工作底稿能够提供证据，证明会计师事务所是否按照审计准则的规定执行了审计工作。

### (二) 审计工作底稿的作用

#### 1. 审计工作底稿是联结全部审计工作的纽带

审计工作经常由多个注册会计师进行，他们之间存在不同的分工协作。审计工作在不同阶段有不同的测试程序和实现目标。审计工作底稿可以把不同人员的审计结果、不同阶段的审计结果有机地联系起来，使得各项工作都围绕对会计报表发表意见这一总体目标来进行。

#### 2. 审计工作底稿是形成审计结论、发表审计意见的依据

审计工作底稿是审计证据的载体，它不但记录了审计证据本身的反映内容，而且记载了注册会计师对审计证据的评价分析情况以及得出的审计结论。这些审计证据和注册会计师的专业判断是形成审计结论、发表审计意见的直接依据。

#### 3. 审计工作底稿是评价审计责任、专业胜任能力和工作业绩的依据

评价审计责任通常是评价注册会计师对审计报告所负的真实性和合法性责任。如果注册会计师严格依据独立审计准则进行审计，据实发表意见，并把这些情况记录于审计工作底稿上，那么在任何时候依据审计工作底稿进行评价都有利于解脱或减除审计责任。注册会计师专业能力的强弱、工作业绩的好坏表现在选择何种程序、有无科学的计划、专业判断是否恰当等方面。这些因素可以通过评价审计工作底稿来体现和衡量。

#### 4. 审计工作底稿为审计质量控制与质量检查提供了基础依据

开展审计质量控制通常是由会计师事务所为确保审计质量符合独立审计准则的要求而制定和运用的控制政策和程序，主要包括：指导和监督注册会计师选择实施审计程序，编制审计工作底稿，并对审计工作底稿进行复核。换言之，审计工作底稿既可以作为审计质量控制的对象，又可以作为审计质量控制的依据。审计质量检查通常是由注册会计师协会或其他有关单位组织进行，其核心工作就是对审计工作底稿规范程度的检查。因此，离开审计工作底稿，审计质量检查就会成为无本之木无源之水。

#### 5. 审计工作底稿具有参考价值

由于审计工作有很密切的联系性和连续性，前一年度的审计情况经常可以作为后一个

年度开展审计业务的参考、借鉴；另外，前任注册会计师的审计业务也可以作为后任注册会计师开展审计业务的参考、备查。这些参考、借鉴和备查作用往往是通过调阅审计工作底稿而得以实现。因此，审计准则不仅要求注册会计师认真编制和复核审计工作底稿，还要求注册会计师必须妥善保管审计工作底稿，并要求会计师事务所建立与保管有关的保密、调阅等管理制度。

### （三）审计工作底稿的内容与分类

审计工作底稿通常包括总体审计策略、具体审计计划、分析表、问题备忘录、重大事项概要、询证函回函、管理层声明书、核对表、有关重大事项的往来信件（包括电子邮件），以及对被审计单位文件记录的摘要或复印件等。此外，审计工作底稿通常还包括业务约定书、管理建议书、项目组内部或项目组与被审计单位举行的会议记录、与其他人士（如其他注册会计师、律师、专家等）的沟通文件及错报汇总表等。

审计工作底稿一般分为综合类工作底稿、业务类工作底稿和备查类工作底稿。

#### 1. 综合类工作底稿

综合类工作底稿是指注册会计师在审计计划阶段和审计报告阶段，为规划、控制和总结整个审计工作并发表审计意见所形成的审计工作底稿。它主要包括审计业务约定书、审计计划、审计总结、未审会计报表、试算平衡表、审计差异调整汇总表、审计报告、管理建议书、被审计单位管理当局声明书以及注册会计师对整个审计工作进行组织管理的所有记录和资料。

#### 2. 业务类工作底稿

业务类工作底稿是指注册会计师在审计实施阶段为执行具体审计程序所形成的审计工作底稿。它包括控制测试中形成的内部控制问题调查表和流程图、实质性测试中形成的项目明细表、资产盘点表或调节表、询证函、分析性测试表、计价测试记录、截止测试记录等。

#### 3. 备查类工作底稿

备查类工作底稿是指注册会计师在审计过程中形成的、对审计工作仅具有备查作用的审计工作底稿。它主要包括被审计单位的设立批准证书、营业执照、合营合同、协议、章程、组织机构及管理人员结构图、董事会会议纪要、重要经济合同、相关内部控制制度、验资报告的复印件或摘录。备查类工作底稿随被审计单位有关情况的变化而不断更新，应详细列明目录清单，并将更新的文件资料随时归档。注册会计师在将上述资料归为备查类工作底稿的同时，还应根据需要，将其中与具体审计项目有关的内容复印、摘录、综合后归入业务类审计工作底稿的具体审计项目之后。通常，备查类工作底稿是由被审计单位或第三者根据实际情况提供或代为编制，因此，注册会计师应认真审核，并对所取得的有关文件、资料标明其具体来源。

## 二、审计工作底稿的要素及编制要求

### （一）审计工作底稿的要素

一般来说，每张审计工作底稿必须同时包括以下基本内容：

**1. 被审计单位名称**

每张审计工作底稿都应该写明被审计单位全称，如果被审计单位下面有分（子）公司或者内部的车间、部门，则应同时注明分（子）公司或内部车间、部门的名称。

**2. 审计项目名称**

每张审计工作底稿都应写明审计的内容。例如，审计销售收入报表项目，项目名称应填"主营业务收入"。

**3. 审计项目时间或期间**

资产负债表项目应写明审计内容发生的时点，损益表类项目应写明审计内容涵盖期间。

**4. 审计过程记录**

审计人员应将其实施的审计程序、获得的审计、形成的专业判断记录于审计工作底稿中。审计人员还应将分散在不同审计工作底稿中的有关重大事项的记录汇总在重大事项概要中，以帮助审计人员集中考虑重大事项对审计工作的影响，还便于审计工作的复核人员全面、快速地了解重大事项。其中，审计过程记录主要记录以下事项：

1）记录特定项目或事项的识别特征。

2）重大事项。

3）记录针对重大事项如何处理矛盾或不一致的情况。

**5. 审计结论**

审计工作底稿的过程记录必须由审计人员专业判断得出结论，包括未发现问题的结论和已发现问题的结论。对已发现问题的结论，应说明得出结论所依据的规定和标准。

**6. 审计标识及其说明**

审计工作底稿中可使用各种审计标识，但应说明其含义，并保持前后一致。在实务中，审计人员可依据实际情况运用更多的审计标识。常用审计标识见表2-2。

表2-2 常用审计标识

| 顺序号 | 审计标识 | 标识含义 | 顺序号 | 审计标识 | 标识含义 |
|---|---|---|---|---|---|
| 1 | ∧ | 纵加核对 | 6 | S | 与明细账核对一致 |
| 2 | < | 横加核对 | 7 | T/B | 与试算平衡表核对一致 |
| 3 | B | 与上年结转数一致 | 8 | C | 已发询证函 |
| 4 | T | 与原始凭证核对一致 | 9 | C \ | 已收回询证函 |
| 5 | G | 对总账核对一致 | 10 | ? | 疑问待查 |

**7. 索引号及页次**

通常，审计工作底稿需要注明索引号，以便审计工作底稿的整理，相互印证和日后查询，使之保持清晰的勾稽关系。审计工作底稿索引号在审计准则中并未统一规定，如何编制索引号与会计师事务所的制度或注册会计师的习惯有关。审计工作底稿索引号示例见表2-3。

表 2-3　审计工作底稿索引号示例

| 序　号 | 索　引　号 | 含　义 |
| --- | --- | --- |
| 1 | A | 资产类工作底稿 |
| 2 | B | 负债类工作底稿 |
| 3 | C | 所有者权益类工作底稿 |
| 4 | D | 收入类工作底稿 |
| 5 | E | 成本费用类工作底稿 |
| 6 | X | 备查类工作底稿 |
| 7 | Y | 综合类工作底稿 |

**8. 编制者姓名及编制日期**

审计工作底稿的编制者是审计工作底稿的记录者，需要在编制的审计工作底稿上签名并注明日期。

**9. 复核者姓名及复核日期**

审计准则规定审计工作底稿必须执行复核制度，每张审计工作底稿均须有复核人的签名及复核日期，以明确责任。

**（二）审计工作底稿的编制要求**

审计工作底稿作为注册会计师在整个审计过程中形成的审计工作记录资料，在编制上应满足以下两个方面的要求：其一，在内容上应做到资料翔实、重点突出、繁简得当、结论明确；其二，在形式上应做到要素齐全、格式规范、标识一致、记录清晰。

1）资料翔实。记录在审计工作底稿上的各类资料来源要真实可靠，内容完整。每一份具体审计事项应单独编制一份审计工作底稿。

2）重点突出。审计工作底稿应力求反映对审计结论有重大影响的内容。

3）繁简得当。审计工作底稿应当根据记录内容的不同，对重要内容详细记录，对一般内容简单记录。

4）结论明确。按审计程序对审计项目实施审计后，注册会计师应在审计工作底稿中对该审计项目明确表达其最终的专业判断意见。

5）要素齐全。构成审计工作底稿的基本内容应全部包括在内。

6）格式规范。审计工作底稿所采用的格式应规范、简洁。虽然审计准则未对审计工作底稿格式做出规范设计，但有关审计工作底稿的执业规范指南给出了参考格式。

7）标识一致。审计符号的含义应前后一致，并明确反映在审计工作底稿上。

8）记录清晰。审计工作底稿上记录的内容要连贯，文字排版要端正，计算要准确。对尚待解决的事情应在备忘录中记录。

**（三）几种常见的审计工作底稿**

**1. 审计程序表**

初步业务活动程序表见表 2-4。

表 2-4　初步业务活动程序表

| 被审计单位： | 编制： | 日期： | |
|---|---|---|---|
| 报表截止日： | 复核： | 日期： | 项目： |

一、注册会计师的目标

确定是否接受业务委托；如果接受业务委托，确保在计划审计工作时达到下列要求：

(1) 注册会计师已具备执行业务所需要的独立性和胜任能力

(2) 不存在因管理层诚信问题而影响注册会计师承接或保持该项业务意愿的事项

(3) 与被审计单位不存在对业务约定条款的误解

二、审计工作核对表

| 初步业务活动程序 | 索引号 | 执行人 |
|---|---|---|
| 1. 与被审计单位面谈，讨论下列事项： | | |
| (1) 审计的目标与范围 | | |
| (2) 审计报告的用途 | | |
| (3) 管理层的责任，包括：<br>1) 按照适用的财务报告编制基础编制财务报表，并使其实现公允反映（如适用）<br>2) 设计、执行和维护必要的内部控制，以使财务报表不存在由于舞弊或错误导致的重大错报<br>3) 向注册会计师提供必要的工作条件，包括允许注册会计师接触与编制财务报表相关的所有信息（如记录、文件和其他事项），向注册会计师提供审计所需要的其他信息，允许注册会计师在获取审计证据时不受限制地接触其认为必要的内部人员和其他相关人员 | | |
| (4) 适用的财务报告编制基础 | | |
| (5) 计划和执行审计工作的安排，包括项目组的构成等 | | |
| (6) 拟出具的审计报告的预期形式和内容，以及对在特定情况下出具的审计报告可能不同于预期形式和内容的说明 | | |
| (7) 对审计涉及的被审计单位内部审计人员和其他员工工作的安排 | | |
| (8) 对利用其他注册会计师和专家工作的安排 | | |
| (9) 与前任注册会计师（如存在）沟通的安排 | | |
| (10) 收费的计算基础和收费安排 | | |
| (11) 对审计结果的其他沟通形式 | | |
| (12) 其他需要达成一致意见的事项 | | |
| 2. 对于首次接受审计委托的业务，在征得被审计单位书面同意后，与前任注册会计师沟通，并对沟通结果进行评价 | | |
| 3. 初步了解被审计单位及其环境，或其发生的重大变化，并予以记录 | | |
| 4. 对于连续审计业务，查阅以前年度审计工作底稿，如果以前年度在审计报告中发表了非无保留意见，评价导致对上期财务报表发表非无保留意见的事项对本期的影响，了解以前年度在与治理层的沟通函中提及的值得关注的内部控制缺陷是否已得到解决等 | | |
| 5. 对于连续审计业务，考虑是否需要修改业务约定条款，以及是否需要提醒被审计单位注意现有的业务约定条款 | | |
| 6. 如为集团审计业务，确定是否担任集团审计的注册会计师 | | |
| 7. 评价是否具备执行该项审计业务所需要的独立性和能力 | | |
| 8. 完成业务承接评价表或业务保持评价表 | | |
| 9. 签订审计业务约定书（适用于首次接受业务委托，以及连续审计中修改长期审计业务约定书条款的情况） | | |

## 2. 审计差异调整表

审计差异调整表——调整分录汇总表见表2-5。

表2-5 审计差异调整表——调整分录汇总表

被审计单位名称＿＿＿＿＿＿＿＿＿＿＿ 索引号＿＿＿＿＿＿ 页 次＿＿＿＿＿＿

审计项目名称＿＿＿＿＿＿＿＿＿＿＿ 编 制＿＿＿＿＿＿ 日 期＿＿＿＿＿＿

会计期间或截止日＿＿＿年＿＿月＿＿日 复 核＿＿＿＿＿＿ 日 期＿＿＿＿＿＿

| 序号 | 索引号 | 调整分录及说明 | 资产负债表 | | 损益表 | | 被审计单位调整情况及未调整原因 |
|---|---|---|---|---|---|---|---|
| | | | 借 方 | 贷 方 | 借 方 | 贷 方 | |
| | | | | | | | |
| | | | | | | | |
| ⋮ | ⋮ | ⋮ | ⋮ | ⋮ | ⋮ | ⋮ | ⋮ |

## 3. 银行存款余额调节表

银行存款余额调节表见表2-6。

表2-6 银行存款余额调节表

| 被审计单位： | | 索引号 | 4100-7 | 页次 | |
|---|---|---|---|---|---|
| 项目：银行存款/其他货币资金余额调节表 | | 编制人 | ×× | 日期 | |
| 财务报表截止日/期间： | | 复核人 | ×× | 日期 | |
| 开户银行： | 银行账号： | 币种 | | | |
| 项目 | | 金额 | 调节项目说明 | 是否需要审计调整 | |
| 银行对账单余额 | | | | | |
| 　加：企业已收银行尚未入账合计金额 | | | | | |
| 　　其中：1. | | | | | |
| 　　其中：2. | | | | | |
| 　减：企业已付银行尚未入账合计金额 | | | | | |
| 　　其中：1. | | | | | |
| 　　其中：2. | | | | | |
| 调整后银行对账单余额 | | | | | |
| 企业银行存款日记账余额 | | | | | |
| 　加：银行已收企业尚未入账合计金额 | | | | | |
| 　　其中：1. | | | | | |
| 　　其中：2. | | | | | |
| 　减：银行已付企业尚未入账合计金额 | | | | | |
| 　　其中：1. | | | | | |
| 　　其中：2. | | | | | |
| 调整后企业银行存款日记账余额 | | | | | |

经办会计人员（签字）： 　　　　　　　　　会计主管（签字）：

### 三、审计工作底稿的整理、复核、保管及归档后的变动

#### （一）审计工作底稿的整理

对审计工作底稿的分类整理和汇集归档构成审计工作底稿整理工作的全部内容。审计档案是注册会计师在规划审计工作、实施审计程序、发表审计意见和签署审计报告过程中形成的记录，并综合整理分类后形成的档案资料。审计档案是会计师事务所的重要历史资料和宝贵财富，应妥善管理。

审计档案分为永久性审计档案和当期审计档案两种。永久性审计档案是指那些记录内容相对稳定、具有长期使用价值，并对以后的审计工作具有重要影响和直接作用的审计档案，如备查类工作底稿和综合类工作底稿中的审计报告、管理意见书。当期审计档案是指那些记录内容经常变化，只供当期审计使用和下期审计参考的审计档案，如业务类工作底稿和综合类工作底稿的其他部分资料。

#### （二）审计工作底稿的复核

由于一张单独的审计工作底稿往往由一名注册会计师编制完成，难免造成在资料引用、专业判断和计算分类方面的误差。因此，对已经编制完成的审计工作底稿必须安排有关专业人员进行复核，以保证审计意见的正确性和审计工作底稿的规范性。

根据审计准则的要求，会计师事务所应该对审计工作底稿进行复核的人员级别、复核程序与要点、复核人职责做出明文规定，形成一项制度。通常，根据我国会计师事务所的组织规模和业务范围，可以实行对审计工作底稿的三级复核制度。审计工作底稿三级复核制度是指以主任会计师、部门经理和项目负责人（或注册会计师）为复核人，依照规定的程序和要点对审计工作底稿进行逐级复核的制度。三级复核制度目前已成为较为普遍采用的形式，对于提高审计工作质量、加强质量控制具有重要的作用。

三级复核制度的第一级复核称为详细复核，由项目经理（或注册会计师）负责，对下属各注册会计师编制或取得的审计工作底稿逐张进行复核。详细复核的目的在于按照准则的规范要求，发现并指出问题，督促审计人员及时加以修正完善。

三级复核制度的第二级复核称为一般复核，由部门经理（或签字注册会计师）负责，在详细复核的基础上对审计工作底稿中重要会计账项的审计程序实施情况、审计调整事项和审计结论进行复核。一般复核实质上是对项目经理负责的详细复核的再监督，其目的在于按照有关准则的要求对重要审计事项进行把关、监督。

三级复核制度的第三级复核也称重点复核，是由主任会计师或指定代理人负责的，在一般复核的基础上对审计过程中的重大会计问题、重大审计调整事项和重要的审计工作底稿进行复核。重点复核是对详细复核结果的二次监督，同时也是对一般复核的再监督。重点复核的目的在于使整个审计工作的计划、进度、实施、结论和质量全面达到审计准则的要求。通过重点复核后的审计工作底稿方可作为发表审计意见的基础，然后归类管理。

#### （三）审计工作底稿的保管

审计工作底稿按照一定的标准归入审计档案后，应交由会计师事务所档案管理部门进行管理。会计师事务所应建立审计档案保管制度，以确保审计档案的安全、完整。

会计师事务所应当自审计报告日起，对审计工作底稿至少保存 10 年。如果注册会计师未能完成审计业务会计师事务所应当自审计业务中止日起，对审计工作底稿至少保存 10 年，在完成最终审计档案的归整工作后，注册会计师不应在规定的保存期届满前删除或废弃任何性质的审计工作底稿。

### （四）审计工作底稿归档后的变动

**1. 需要修改审计工作底稿的情形**

一般情况下，在审计报告归档之后不需要对审计工作底稿进行修改或增加。注册会计师发现有必要修改现有审计工作底稿或增加新的审计工作底稿的情形主要有以下两种：

1) 注册会计师已实施了必要的审计程序，取得了充分、适当的审计证据并得出了恰当的审计结论，但审计工作底稿的记录不够充分。

2) 审计报告日后，发现例外情况，要求注册会计师实施新的或追加审计程序，或注册会计师得出新的结论。例外情况主要是指审计报告日后发现与已审计财务信息相关，且在审计报告日已经存在的事实，该事实如果被注册会计师在审计报告日前获知，可能影响审计报告。例如，注册会计师在审计报告日后才获知法院在审计报告日前已对被审计单位的诉讼、索赔事项做出最终判决结果。例外情况可能在审计报告日后发现，也可能在财务报表报出日后发现，注册会计师应当按照《中国注册会计师审计准则第 1332 号——期后事项》第四章"财务报表报出后发现的事实"的相关规定，对例外事项实施新的或追加的审计程序。

**2. 变动审计工作底稿时的记录要求**

在完成最终审计档案的归整工作后，如果发现有必要修改现有审计工作底稿或增加新的审计工作底稿，无论修改或增加的性质如何，注册会计师均应当记录下列事项：

1) 修改或增加审计工作底稿的时间和人员，以及复核的时间和人员。

2) 修改或增加审计工作底稿的具体理由。

3) 修改或增加审计工作底稿对审计结论产生的影响。

【案例】　审计工作底稿的归档与修改

M 会计师事务所于 2020 年 2 月 1 日承接了 A 公司 2019 年度财务报表审计业务，甲注册会计师负责该项业务，2020 年 3 月 1 日完成审计工作，签署审计报告，3 月 3 日将审计报告交给委托方，并决定不再继续承接该公司的审计业务。3 月 20 日，甲注册会计师在整理审计工作底稿时发现，一张存货计价测试的审计工作底稿顺序混乱且页面潦草，甲注册会计师重新誊写了一张，并将原审计工作底稿附在新的审计工作底稿后面，以备审核。5 月 2 日，审计工作底稿归档完毕。

5 月 5 日，乙注册会计师在复核该审计工作底稿时发现，在审计报告日前收到的一张应收账款函证回函原件并没有加入审计工作底稿，只是将同笔应收账款回函传真件整理到了审计工作底稿中。乙注册会计师认为有必要修改现有的审计工作底稿，将该原件替代传真件整理到审计工作底稿中，并将传真件销毁，除此之外未做任何其他处理。M 会计师事务所决定自 2020 年 3 月 3 日起保存该审计工作底稿 10 年。

要求：指出 M 会计师事务所（包括审计项目组以及各注册会计师）在审计工作中存在的问题，并简要说明理由。

**分析：**

M 会计师事务所（包括审计项目组以及各注册会计师）在审计工作中主要有两大方面的错误。

1. 时间错误

1）审计工作底稿归档时间错误。按照规定，审计工作底稿的归档期限为审计报告日后 60 天。审计报告日为 3 月 1 日，归档时间为 5 月 2 日，时间显然已经超过 60 天。

2）审计档案保管时间错误。按照规定，审计档案保管应从审计报告日起至少保管 10 年，该案例中审计报告日是 3 月 1 日，而不是 3 月 3 日。

2. 审计工作底稿变更错误

1）按照规定，审计工作底稿在归档前，审计工作底稿的草稿、财务报表的草稿、对不全面或初步思考的记录、存在印刷错误或其他错误作废的文本，以及重复的文件记录等，不应作为审计工作底稿，因此，对于替换下来的审计工作底稿应废弃，而不应附在审计工作底稿后面。存货计价测试的审计工作底稿草稿不应附在新审计工作底稿之后，可直接替代，但应履行相应程序。

2）按照规定，审计工作底稿归档后的变动需要以添加或增加的方式进行修改，而不能将原件删除或修改。除此之外，在变动审计工作底稿时，应该记录变动审计工作底稿的时间、人员以及复核的时间和人员，变动的具体理由以及对审计结论产生的影响。应收账款函证回函不能替代原来的传真件，而应该增加在审计工作底稿中，也应履行相应程序。

第二篇

# 民 间 审 计

# 第三章

## 审计业务承接案例——瑞华会计师事务所

注册会计审计是受托审计，业务承接通常是注册会计师审计业务的起点，注册会计师承接审计业务必须以会计师事务所为载体承接，不能以个人名义承接，接受审计业务委托前应当初步了解业务环境。会计师事务所承接业务委托时的风险不仅来自客户的诚信状况及其经营风险，还可能来自注册会计师及其会计师事务所本身的胜任能力和独立性。在审计市场上，客户和业务会随着市场经济的发展而不断开拓，但对于注册会计师和会计师事务所来讲，不能为了业务的开拓，任何业务和客户都承接，必须在客观评价自身独立性和胜任能力的情况下，谨慎地承接业务。

▶▶ 一、案例背景介绍

（一）瑞华会计师事务所介绍

截至 2018 年年底，瑞华会计师事务所拥有 8986 名员工、2266 名注册会计师、360 多名合伙人。2019 年，瑞华会计师事务所在爆出涉嫌上市公司康得新财务造假后，被证监会立案调查。随后，瑞华会计师事务所余震不断，其旗下公司的 IPO 项目全部被终止，合伙人也大批出走。2022 年 9 月 20 日，上海金融法院在中国裁判文书网发布的执行裁定书显示：瑞华会计师事务所已无可执行财产，并已被限制消费。

（二）瑞华会计师事务所客户情况

瑞华会计师事务所的客户包括 40 多家国务院国资委直属中央企业、340 余家上市公司，以及多家 A+H 股、A+S 股企业，常年审计客户已累计高达 4000 余家。客户行业涉及房地产、建筑、制造、电力、水利、医药、文化娱乐、银行保险、新闻出版等。

（三）因康得新财务造假案被立案调查

康得新财务造假的曝光，可以说给了瑞华会计师事务所"致命一击"。2019 年，证监会认定，康得新涉嫌在 2015—2018 年通过虚构销售业务等方式虚增营业收入，并通过虚构采购、生产、研发费用和产品运输费用等方式虚增营业成本、研发费用和销售费用。通过上述方式，康得新共虚增利润总额达 119.21 亿元。除虚增利润外，康得新在 2014—2018 年年度报告中还存在未披露控股股东非经营性占用资金的关联交易、未披露为控股股东提供关联担保、未如实披露募集资金使用等情况。

作为康德新的审计机构，瑞华会计师事务所除了 2018 年出具"无法表示意见"的审计报告，其余 5 年均出具"标准无保留意见"，使得其被推上风口浪尖。2019 年 7 月 8 日，证监会披露康得新案中介机构瑞华会计师事务所已被立案调查。

事件发生后，大量由瑞华会计师事务所审计的 IPO 项目遭到终止，更有大批上市公司陆续与瑞华会计师事务所解约，更换年审机构。瑞华会计师事务所官网数据显示，2018 年瑞华会计师事务所审计的 A 股上市公司多达 315 家，而 2019 年暴跌至 31 家。根据中国注册会计师协会（简称中注协）发布的"上市公司 2020 年度财务报表审计机构变更情况明细表"统计发现，截至 2021 年 3 月 31 日，这 31 家上市公司已全部更换了审计机构，并且在中注协的公告中，没有新的上市公司选择瑞华会计师事务所作为 2020 年度财务审计机构。也就是说，瑞华会计师事务所现在已陷入无上市公司可审的境地。

客户流失的同时，瑞华会计师事务所的合伙人也开始纷纷退伙。据报道，2019 年 10 月中旬瑞华会计师事务所曾一次性有 190 个合伙人提出退伙。合伙人和注册会计师的出走，已让瑞华会计师事务所无力支撑其业务。

## ▶▶ 二、问题梳理与审计实况

### （一）瑞华会计师事务所受处罚情况

瑞华会计师事务所在 2013 年合并扩张迅速发展后，风险也随之而来。从 2015 年开始，受到 6 次来自证监会的行政处罚，其中 2016 年 1 次、2017 年 3 次、2018 年 1 次、2019 年 1 次。另外，瑞华会计师事务所在各地的分所也多次被出示了警示函。

**1. 行政处罚情况**

2016 年 12 月 6 日，瑞华会计师事务所在对键桥通讯（现名为亚联发展）2012 年的年报审计过程中未勤勉尽责，遭到证监会的处罚，责令其进行整改。

2017 年 1 月 6 日，在对亚太实业 2013 年的年报审计过程中，瑞华会计师事务所出具了虚假的审计报告，被证监会严厉处罚，责令暂停承接新的证券业务，限期进行整改。

2017 年 2 月 28 日，瑞华会计师事务所在 2014 年对勤上光电（现已更名为勤上股份）货币资金的审计中，知晓勤上光电用来掩盖关联交易的 28 个虚拟账户，但在审计后，并没有如实披露这些关联交易。因此，瑞华会计师事务所及签字的注册会计师一并受到处罚，证监会责令其暂停承接新的证券业务并限期整改。

2017 年 3 月 13 日，瑞华会计师事务所作为振隆特产 IPO 审计机构，为其 2012—2014 年的财务报表进行审计，未勤勉尽责，出具了"标准无保留意见"的审计报告。瑞华会计师事务所及签字注册会计师均受到监管处罚。

2018 年 12 月 29 日，瑞华会计师事务所在华泽钴镍 2013 年度、2014 年度财务报表审计过程中未勤勉尽责，出具了存在虚假记载的审计报告，再次遭到证监会的处罚。

2019 年 8 月 15 日，瑞华会计师事务所在审计零七股份 2014 年财务报表时发表不恰当审计报告意见、未勤勉尽责等，深圳证监局对瑞华会计师事务所责令改正。

**2. 收到地方证监局警示函情况**

2016 年 1 月 20 日，收到中国证监会贵州监管局警示函。

2016 年 6 月 24 日，收到中国证监会江苏监管局警示函。

2016 年 11 月 14 日，收到中国证监会深圳监管局警示函。

2017 年 3 月 3 日，收到中国证监会四川监管局警示函。

2017 年 9 月 25 日，收到中国证监会陕西监管局警示函。

2017 年 11 月 2 日，收到中国证监会天津监管局警示函。

2018 年 1 月 30 日，收到中国证监会厦门监管局警示函。

2018 年 3 月 20 日，收到中国证监会山东监管局警示函。

2018 年 5 月 23 日，收到中国证监会广东监管局警示函。

2018 年 11 月 12 日，收到中国证监会云南监管局警示函。

2018 年 12 月 28 日，收到中国证监会山东监管局警示函。

2019 年 11 月 22 日，收到中国证监会浙江监管局警示函。

2020 年 1 月 22 日，收到中国证监会广东证监局警示函。

2020 年 8 月 10 日，收到中国证监会厦门监管局警示函。

2020 年 8 月 19 日，收到中国证监会北京监管局警示函。

2020 年 10 月 29 日，收到中国证监会浙江证监局警示函。

2021 年 3 月 16 日，收到中国证监会深圳证监局警示函。

从瑞华会计师事务所近几年收到的行政处罚单和警告函的情况能够看出，瑞华会计师事务所存在比较严重的审计质量问题。与国内其他事务所相比，瑞华会计师事务所受到处罚的频率明显偏高，这与其自身的质量控制和风险管理有着密不可分的关系。会计师事务所的质量控制包括业务的承接与保持控制、业务执行阶段的控制和业务完成阶段的控制。业务承接和保持是审计业务的起点。由于瑞华会计师事务所是重组合并而来的，一些事务所将其在合并前的一些上市公司审计业务直接带到了瑞华会计师事务所，如康得新审计业务 2012 年由深圳鹏程承接，2013 年因事务所合并变更为国富浩华，而深圳鹏程已并入国富浩华，且其最终都成了瑞华会计师事务所的一部分，可以说康得新 2012—2018 年的年报审计服务都是由瑞华会计师事务所提供的。这就导致瑞华会计师事务所在业务承接时没有保持应有的职业谨慎，没有对自身是否具备执行业务所需的独立性和能力进行合理评价，没有对管理层诚信问题进行合理评价，这些问题也导致其业务执行阶段和业务完成阶段质量控制出现了问题。本部分将主要对瑞华会计师事务所在业务承接阶段的问题进行分析，业务执行阶段和业务完成阶段的问题不再做分析。

**（二）瑞华会计师事务所业务承接和保持方面的控制**

**1. 实行统一管理、适当监控模式**

合伙人负责业务的承接与保持以及客户关系的维护。业务管理合伙人及业务发展部负责对业务与客户的统一管理，基本按照"谁承接、谁承做"原则委派项目合伙人。风险管理合伙人和质量监管部以适当方式监控重点业务的承接和保持。

**2. 将业务划分为 A、B、C 三类**

瑞华会计师事务所的业务分类主要按照总部制定的《业务分类管理办法》，将业务分为 A、B、C 三类，对不同类别的业务实行不同的风险管理。

A 类业务包括：①证券、期货相关业务；②金融、保险相关业务；③特大型企业相关业务。A 类业务不包括：①集团财务公司、股权投资基金、保险经纪公司等的鉴证业务；②合并资产总额低于 10 亿元的金融、保险企业的鉴证业务；③验资业务。

B 类业务包括：①合并资产总额不低于 50 亿元的国有企业相关业务、外商投资企业（含港澳台）相关业务；②资金总额不低于 50 亿元的财政预算资金相关业务；③资产或资金总额不低于 50 亿元的非营利机构及其组织相关业务；④合并资产总额或资金总额不低于 50 亿元的其他客户的相关业务；⑤未划入 A 类业务的金融保险相关鉴证业务；⑥未划入 A 类业务的验资业务；⑦新三板公司中期财务报表审计业务。

C 类业务包括未划入 A、B 类的业务。

业务类别不同，进行承接审批和决定的人员也不尽相同。A 类业务主要由项目合伙人决定，然后经风险管理合伙人审批并进行公示；B、C 两类业务可以直接由项目合伙人决定是否承接，而且在决定承接前还需要进行自身风险评估，评价是否具备承接新业务的专业能力、人力资源和时间等。为了尽可能地规避和降低风险的发生，在承接新客户业务时，要先对客户进行充分了解，合理考虑客户经营环境状况、内部控制情况以及客户是否诚信等，并进行风险评估，对重大风险业务实施风险防范程序，对一般风险业务进行简单风险评估。在承接新客户时，项目负责人应及时规范整理其评估业务风险时获取的有效信息并进行记录，最终将信息完善地记录于业务承接评价表中，而且在决定承接某项业务后，应与客户沟通讨论相关事宜，在达成一致后，与客户签订相关纸质协议。

如果面对的是老客户，应先了解客户的经济环境、业务相关的法律规范是否发生变化，前期是否存在未解决的重大分歧等，然后进行自身风险评估、业务风险评估，充分考虑是否应该承接其新业务或继续保持已有业务，也将了解的信息形成文字记录，并由项目合伙人等确认签字。

### 3. 对客户与业务的承接和保持

在风险评估的基础上，承接新客户的业务，承接现有客户的新业务，保持现有客户的业务。具体规定如下：

（1）合伙人自我风险评估

合伙人自我风险评估包括但不限于与前任会计师沟通，是否具有承接新业务的专业胜任能力、时间和人力资源，是否具备独立性，客户管理层是否诚信，项目收费与工作量及业务风险是否匹配等。

（2）24 小时系统公示制度

新承接的 A 类业务，自我风险评估审计工作底稿须在管理系统公示 24 小时，接受全体合伙人监督。B、C 类业务无须公示，由业务管理合伙人授权的人员审核即可。

（3）评估小组独立风评

实施《业务承接风险评估小组议事规则》：凡有 8 名及以上合伙人的分所，应设立评估小组，新承接的 A 类业务须经评估小组初评；分所质量监管部对业务承接审计工作底稿形式审核后，随机抽取 5 名小组成员召开风评会议，经 2/3 及以上成员同意即为通过。

（4）总部执行审核审批

经评估小组初评通过后，若业务发展部认为必要，在审核审批环节可根据项目情况进一步核查。如遇特殊情况，须经重大专业判断分歧处理小组批准后方可承接。

（5）实行承接禁止性规定

例如，以前年度被出具非无保留意见，或经监管机构检查或被中注协做出风险提示，或经人举报或媒体披露公司存在重大风险，但相关事项未得到妥善处理且不能按照获取的审计证据发表审计意见的业务；最近 3 年治理层或管理层因舞弊行为被查处且相关人员未予更换的业务；审计收费低于规定金额的"新三板"业务；公司存在重大审计风险事项且不能按照获取的审计证据发表审计意见的业务；无法获取充分适当的审计证据或没有适当专家支持的，如农林牧副渔业项目。

（6）存量 A 类定期风评

每年 11 月 15 日前，风险管理合伙人均组织执业经验丰富的合伙人集中对存量 A 类业务进行风评。

（7）洽谈签署业务合同

若决定承接，应与客户就业务约定相关条款达成一致，并签署合同。为保持独立性，要求不得存在或有收费条款。

## ▶▶ 三、案例分析

### （一）案例中审计存在的问题

从以上可以看出，瑞华会计师事务所虽然制定了相关质量控制制度，但是在审计过程中并未严格执行，本书通过研究瑞华会计师事务所审计受到处罚的情况，从业务承接与保持阶段分析其在审计中存在的主要问题。

#### 1. 初次承接业务未保持应有的谨慎性

决定承接或连续承接某业务是审计流程中的第一个环节。成本效益原则下，注册会计师在对客户进行充分了解之后做出权衡，或者在它超过预计承受限度时拒绝这项审计任务，或者能够在成本效益原则内将检查风险控制在合理的水平内。通过研究涉罚企业可知，瑞华会计师事务所在接受业务委托前，客户就存在明显较高的舞弊风险。仅从受处罚前一年的亏损情况看，"新三板"企业优能控股存在亏损。华泽钴镍在处罚年份之前名为聚友网络，并连续几年亏损，处在退市边缘，处罚当年经过资产重组成为华泽钴镍。亏损的企业为了免于退市，其财务报表存在重大错报的风险很高，属于 A 类高风险企业，承接业务之后该公司又连续两年营业净利润为负，同样具有极高的审计风险。零七股份自 2008 年以来一直"股东权益为负"，资不抵债，具有强烈的财务造假动机。由此可见，上述公司都具有极高的审计风险，但瑞华会计师事务所仍然对上述公司来者不拒，在承接业务的过程中没有进行丝毫的风险控制。

瑞华会计师事务所分所存在未经评估便承接高风险业务的行为。瑞华会计师事务所的合伙人在业务活动中经常具有全权决定的权力，无论是通过招标或与客户协商的方式获得业务，还是对业务协议进行审计的工作，通常由合伙人做出最终决定，尽管瑞华会计师事务所分所的业务需要上传至内部系统进行统一归档报备管理，但除了大量的主要业务，总公司对分支机构的业务不会过多地人为干预，这就导致部分业务在某些方面变成了合伙人的"个人"业务。为了获得个人短期利益，合伙人将绕开可能导致业务承接受到影响的风险评估机制，这使公司审计质量控制体系徒有虚名，难以实施。

#### 2. 连续审计使得事务所丧失独立性

表 3-1 所列为瑞华会计师事务所对部分上市公司连续审计情况，从中可以发现，瑞华会计师事务所与被处罚公司都有多年的承接关系，尤其是被证监会行政处罚的几家公司大多是 10 年以上的老客户，华泽钴镍甚至合作了 16 年。这种长时间的业务关系，对事务所的独立性早已产生影响。

表 3-1 瑞华会计师事务所对部分上市公司连续审计情况

| 公司名称 | 审计年限 | 审计时长 |
|---|---|---|
| 华泽钴镍 | 2001—2016 年 | 16 年 |
| 零七股份 | 2001—2014 年 | 14 年 |
| 勤上光电 | 2008—2019 年 | 12 年 |
| 智慧松德 | 2007—2018 年 | 12 年 |
| 键桥通讯 | 2006—2016 年 | 11 年 |
| 恒星科技 | 2007—2016 年 | 10 年 |
| 奋达科技 | 2009—2018 年 | 10 年 |
| 辅仁药业 | 2012—2019 年 | 8 年 |
| 博天环境 | 2012—2018 年 | 7 年 |
| 亚太实业 | 2009—2014 年 | 6 年 |
| 瑞星信息 | 2013—2018 年 | 6 年 |
| 世纪天鸿 | 2013—2018 年 | 6 年 |
| 坚瑞沃能 | 2011—2016 年 | 6 年 |

数据来源：根据同花顺数据中心整理。

连续审计不仅影响事务所的独立性，可能还会影响注册会计师的独立性。对于被处罚的这几家上市公司，瑞华会计师事务所签字会计师的连续审计时长虽然都符合 2003 年证监会、财政部发布的《关于证券期货审计业务签字注册会计师定期轮换的规定》中不得超过 5 年的规定，但是在其被处罚之前，注册会计师通常已连续审计三四年。例如，勤上光电的签字注册会计师孙某，从公司 2011 年上市到 2014 年被处罚，均是签字注册会计师；零七股份截至 2014 年被处罚时，李某已连续审计 3 年，易某更是从 2010 年开始，连续审计 5 年之久。虽然连续审计可以对被审计单位更了解，有助于注册会计师识别被审计单位可能存在重大错报的领域，但是现实并非如此。勤上光电大客户异常变化，2008—2011 年的大客户甚至没有重复的，连续审计的注册会计师本应因为熟悉公司而第一时间引起重视，但直到 2014 年勤上光电被证监会立案调查时，注册会计师依然出具了标准无保留意见的审计报告。这不禁令人怀疑，多年的连续审计，到底是让注册会计师过于信赖"合作伙伴"，还是注册会计师的独立性已经受到影响。

**3. 审计收费偏低**

会计师事务所在进行初步业务活动时，会与被审计单位签订《审计业务约定书》，其中会约定审计收费，瑞华会计师事务所的审计收费相比行业平均值偏低。从中注协公开的资料来看，2018 年瑞华会计师事务所以 2266 名注册会计师位居注册会计师数量榜首，但其业务收入仅有 287 855.10 万元，而普华永道中天会计师事务所仅依靠 1153 名注册会计师便收入 517 228.23 万元。

对会计师事务所而言，审计收费是其主要收入来源，这不仅直接关系着事务所的生存，更是执行审计工作的保证，毕竟在工作过程中需要投入一定的人力、物力。较低的审计报酬可能使事务所通过减少部分审计程序、招聘实习生工作等方式来降低工作成本，实习生虽然在学校中已经学习了一些专业知识，但是因为没有真正实践过，不具备丰富的实践经验，专业胜任能力不足，这加大了审计风险，影响审计质量。

### 4. 人力资源不足

事务所在承接业务时要考虑是否具有承接业务相应的能力，人力也是一种重要的资源，要充分考虑。如果人力资源不足，将会导致其胜任能力不足。表 3-2 所列为国际四大会计师事务所和瑞华会计师事务所在审计每家客户的人力资源分配情况。

表 3-2　审计人员分配情况　　　　　　　　　（单位：人）

| 事 务 所 | 2016 年 | | 2017 年 | | 2018 年 | |
|---|---|---|---|---|---|---|
| | 每家公司分配的注册会计师 | 每家公司分配的执业人员 | 每家公司分配的注册会计师 | 每家公司分配的执业人员 | 每家公司分配的注册会计师 | 每家公司分配的执业人员 |
| 普华永道 | 17 | 114.4 | 16.6 | 126.4 | 15 | 122.9 |
| 德勤 | 18.1 | 120 | 14.8 | 107.8 | 18.4 | 116.6 |
| 安永 | 17.5 | 92.9 | 17.8 | 102.3 | 15.8 | 88.1 |
| 毕马威 | 30.9 | 193.5 | 27.1 | 186.3 | 24.2 | 153.7 |
| 瑞华 | 6.9 | 23.8 | 7.3 | 21.4 | 7.2 | 28.6 |

数据来源：根据中注协和证监会官方数据整理。

从表 3-2 中可以看出，瑞华会计师事务所给每个审计项目平均分配的注册会计师人数和执业人员并不多。与国际四大会计师事务所相比，瑞华会计师事务所在执行审计工作时，给每家上市公司能够分配的注册会计师人数和执业人员人数普遍较低。虽然被审计公司的规模大小不同，国际四大会计师事务所审计的公司规模要大一些，但是从均值来看，瑞华会计师事务所分配的人数明显低于国际四大会计师事务所。可以说，与国际四大会计师事务所相比，瑞华会计师事务所在承接业务时其胜任能力存在一定问题。

除了审计人员数量，审计人员质量也存在一定问题。在年审的时候，各大会计师事务所都会招聘大量实习生。国际四大会计师事务所在招聘实习生时要求较严，如进行全英文网申，简历筛选出部分人员进入网上测评，参加群面、经理面，最后择优录取，入职前还有业务培训。相比之下，瑞华会计师事务所对实习生应聘人员的要求并不高，尤其是年审期间时间紧、任务重，应聘人员简单面试甚至仅投递简历便可入职，通常只是被简单培训一下。尽管该事务所已经建立了相关的培训系统，但并没有严格执行。对于项目实施，员工通常在项目实施前几天集中精力进行突击培训。由于项目众多且任务繁重，因此让他们直接在项目实践中学习。另外，由于人员流动，后续培训也不具有完整性，加上瑞华会计师事务所提供的大多数培训都是小组培训，而不是分层培训，这通常会使一些员工接受内容相同的重复培训。这就导致一些人员的业务胜任能力不足，出现对存在明显异常情况的函证没有职业怀疑、审计工作底稿内容缺失或错误的情况。

### 5. 注册会计师的专业胜任能力不足

事务所在承接业务的时候，需要对自身的专业胜任能力进行综合评估，确保自己能够做好该业务，确保自己具有充足的时间与资源来做该业务，并充分掌握合伙人的实际情况。在业务承接过程中，瑞华会计师事务所没有严格按照相关程序要求对自身的专业胜任能力进行评估，大大增加了审计质量风险。

例如，银江股份的签字注册会计师许某和谭某，通过查询 Wind 数据库发现，两人这些年只签字了银江股份这一家上市公司，其中谭某签字更多的是"新三板"公司。银江股份审计过程出现失误的 2018 年，谭某签字的公司有 8 家，并且这 8 家公司属于多个不同行业，注册会计师可能无法做到对每个行业的特点都很了解。两人审计的信息及软件行业公司相对较多，本应比较敏感，但瑞华会计师事务所及签字注册会计师仍然收到了警示函，说明注册会计师的专业胜任能力可能存在问题。

再如，鑫秋农业主要经营的是棉花种子这一特殊物品，瑞华会计师事务所审计人员对这一物品的质量测量方法并不是特别了解，在承接业务时并没有考虑自身的专业胜任能力。2014—2015 年，鑫秋农业存货金额均出现了很大幅度的下降，公司对这一现象做出了以下解释：因为收储政策取消，棉花种植面积大幅减少，棉花种子市场中的竞争也变得越来越激烈，鑫秋农业的经营成本及经营风险提高，所以鑫秋农业出现了大量的库存积压，存货价值也出现了大幅下降，进而导致存货金额的下降。由于棉花种子具有很大的特殊性，审计人员因为没有学习过专业的农业知识，在审计过程中很难做出专业化判断，这就导致了审计风险的增加。

### 6. 未恰当评估管理层诚信问题

会计师事务所在进行初步业务活动时，除了要评估事务所是否具备执行业务所需的独立性和能力，还要评价是否存在因管理层诚信问题而影响注册会计师保持该项业务意愿的事项。在瑞华会计师事务所承接的审计失败的项目中，就有明显未恰当评估管理层诚信的问题。如早在 2012—2014 年，零七股份董事长练某飞就曾因为在媒体上发表误导性言论，信息披露违规而多次受到深交所、证监会的批评、处罚，说明其早已不可信赖。如果事务所在承接业务时认真评估管理层诚信，并不难发现其中的蛛丝马迹。

### 7. 审计人员对客户了解不够充分

根据瑞华会计师事务所对康得新连续审计 4 年的服务年限，以及深圳鹏城在被瑞华会计师事务所合并前也是康得新的审计机构，基本可以认定瑞华会计师事务所已经对康得新有一定程度的了解，包含经营状况、行业特征和以往管理层信誉等方面。但实际是，熟络的审计关系可能会导致审计人员盲目自信、过度信任，对客户的了解不够客观。比如，事务所合伙人在承接业务时，会根据客户的业务性质，将审计人员划分成不同的审计部门，专人负责对应的项目，每个人完成自己的一部分工作就好。倘若长期着重于某个特定行业的审计工作，必然会对该行业了解深入且透彻，或者每个人像生产线上的一个齿轮一样工作，仅专注于自己的环节，顾前不顾后。虽然看似更加有效率，但这样的分工也存在弊病，会不可避免地导致该审计组的成员对其他行业或者其他环节的了解相对较少，经验匮乏，缺乏大局意识和整体思维能力。随着客户数量的不断增加，瑞华会计师事务所需要完成大量的审计业务，但时常需要各部门之间进行相互支援配合，来抢夺时间，导致注册会计师往往在未能充分了解客户及其相关环境，包括经济环境、所在行业情况及特殊性、同业竞争的状况下，便匆忙开展审计业务。

### 8. 审计业务约定书签订不规范

审计业务约定书是决定承接业务之后的重要程序，有利于双方敲定和明晰彼此的界限和职责范围，避免模糊职责而产生的争执，方便以后工作的开展。瑞华会计师事务所在对辅仁药业的审计中，审计业务约定书的签订时期晚于报告日期，可见这一环节并未发挥其应有的控制效用。

### （二）存在问题的原因分析

#### 1. 事务所对分所管控不到位

瑞华会计师事务所存在部分分所未经严格的事前业务承接评估，便擅自承接高风险业务的情况，尽管瑞华会计师事务所对分所有详细的管理制度和管理办法，但实际管理明显与制度不符。合并以后的瑞华，由于扩张快速，其分所的执业水平随着发展也在逐年下降。另外，总所对分所的管控显而易见是十分不到位的，瑞华会计师事务所分所众多，尽管瑞华会计师事务所会对分所进行统一管理，但是由于资源有限和管理落后，一些分所尚未形成完善的审计质量控制体系，外加经验不足、人员有限等问题，瑞华会计师事务所总所无法实施审计质量控制体系。通常，分所规模较小，管理机制和质量控制体系相对简单，没有压力和主观意愿来实施相对烦琐、严格的审计质量控制，从而影响了瑞华会计师事务所的整体审计质量水平。

根据中国证监会和财政部对瑞华会计师事务所的检查结果，公司总部的综合管理存在一些问题，这也是导致其审计质量控制缺陷产生的主要原因。根据《分所管理办法》，分所的人力资源、财务体系、业务质量、内部控制制度和信息管理必须与总部实现相同的管理水平，目的是加强分支机构的管理并提高审计质量。从瑞华会计师事务所的情况来看，尚未实现人力资源、财务和业务的综合管理。在人力资源管理方面，瑞华会计师事务所目前的做法是通过自己的分支机构招聘所需的员工。关于员工的等级评定、培训、考核、奖惩和撤职，虽然已经制定了相关制度，但并未实施。部分分所合并仍存在未任命负责人的情况。显然，瑞华会计师事务所在人力资源管理上存在的问题，导致很难保证员工的执业水平。考核和薪酬制度的不一致也会产生部分员工对事务所不满意的情况，这将使大量员工难以集中精力完成工作。

在业务管理方面，瑞华会计师事务所分所可以在一定程度上脱离总所的控制，自行承接并开展审计业务，并且在尚未建立完整一体化的业务风险评估体系和分类管理体系的情况下，一些审计项目负责人仍是分所人员。复核人员也未能实施总所要求的人员轮换制度，也未向总所报告需要报告的某些高风险业务。此外，瑞华会计师事务所对新成立的分所或新加入的团队的控制不足，某些分所的管理基础相对薄弱。在人员配备、岗位分离、印章管理和合伙人评估等制度体系方面存在一定的缺陷。一些分所的质量控制人员严重不足，在数量不足的前提下，其专业能力也存在一定的不足，这将导致不能有效履行其监督职能，甚至个别项目中，质量控制人员直接参与审计项目，这就更加难以保证其审计质量。

#### 2. 市场评价以收入为主

目前国内诸多企业将排名视作招投标的重要考虑因素，而收入又是影响排名的第一要素，这样的评价标准一直被认为存在较多问题，中注协也尝试改变评分标准中各指标的量化比例，除收入规模外，调整了内部治理、执业质量、人力资源、国际业务等各方面因素占比，但由于这些指标量化难度较大，最终还是只能以收入为主。表 3-3 所列为 2017—2019 年会计师事务所收入前十的情况。

表 3-3　2017—2019 年会计师事务所收入前十情况　　　　（单位：万元）

| 排名 | 2017 年 | | 2018 年 | | 2019 年 | |
|---|---|---|---|---|---|---|
| | 事务所名称 | 营业收入 | 事务所名称 | 营业收入 | 事务所名称 | 营业收入 |
| 1 | 普华永道 | 516 595.15 | 普华永道 | 517 228.23 | 普华永道 | 564 639.27 |
| 2 | 德勤华永 | 402 977.04 | 德勤华永 | 446 654.24 | 安永华明 | 437 464.46 |
| 3 | 立信 | 369 015.54 | 安永华明 | 389 583.73 | 德勤华永 | 410 181.98 |
| 4 | 安永华明 | 332 337.36 | 立信 | 366 794.73 | 毕马威华振会 | 336 219.56 |
| 5 | 毕马威华振会 | 312 685.02 | 毕马威华振会 | 336 189.57 | 天健 | 247 119.31 |
| 6 | 瑞华 | 287 998.62 | 瑞华 | 287 855.10 | 立信 | 373 863.79 |
| 7 | 天健 | 223 706.96 | 天健 | 221 541.43 | 信永中和 | 204 112.95 |
| 8 | 大华 | 155 012.11 | 致同 | 183 621.01 | 致同 | 198 981.18 |
| 9 | 致同 | 154 902.36 | 大华 | 170 954.38 | 天职国际 | 199 668.68 |
| 10 | 信永中和 | 134 831.36 | 天职国际 | 166 213.53 | 大华 | 199 035.34 |

数据来源：根据中国注册会计师协会官网数据整理。

根据当时的《会计师事务所综合评价办法》，排名得分=业务收入指标得分+综合评价其他指标得分−处罚和惩戒指标应减分值。其中，业务收入与综合评价及其他各占一半比例，基本分都为 1000 分，而处罚和惩戒则是在前两项的分数折算基础上进行 2~8 分的减分。虽然考虑到了综合评价及其他中有关事务所的基本情况、内部治理、执业质量、人力等多方面因素和处罚情形，体现了中注协希望能够多维度、较全面对事务所进行评价的初衷，但是从表 3-3 可知，在 2017—2019 年的前 10 名中，只有 2019 年的立信没有根据其当年业务收入占据排行榜的第 4 名，营业收入还是在排名中起了决定作用。市场评价以收入为主的模式，使得行业内多数事务所存在规模越大、业务越多的普遍认知，业务收入越多，能占据评价榜的名次更优，在承接业务中更能发挥事务所的优势；反之，小规模事务所的生存空间会不断被挤压。

因此，事务所在业务承接时更多会从增加事务所收入的角度来考虑是否承接业务，而不会考虑自身的胜任能力、被审计单位管理层诚信等。

**3. 注册会计师审计市场竞争激烈**

随着我国审计行业发展速度的不断加快，会计师事务所越来越多，市场供需变得不平衡，市场竞争也变得日益激烈，瑞华会计师事务所为了扩大市场以及在市场竞争中占据有利地位，一方面会采用降低收费标准的方式来吸引客户，另一方面在业务承接时尽量承接较多的客户，不会对自身的胜任能力以及被审计单位情况做较多评估。这样虽然有助于吸引客户的目光，但是会导致客户的质量降低，并且利润也会大幅降低，增加了事务所的审计风险。

同时，事务所为了减少成本消耗，承接业务时没有综合考虑自身情况，承接了大量的审计业务，却没有足够的执业注册会计师去开展审计工作，于是聘用大量实习生或者专业化水平较低的审计人员，这些工作人员并不具备丰富的实践经验，在审计过程中很容易出现漏审、错审现象，严重影响审计质量。

#### ▶ 四、建议及启示

##### (一) 严控业务承接

###### 1. 充分了解被审计单位

根据审计准则的规定，事务所在进行业务承接时需要对被审计单位的信誉状况与经营成果进行了解。首先，事务所可以通过国家工商总局的全国企业信用信息公示系统与行业口碑以及证监会处罚公告来了解企业是否存在违规行为，了解企业以及管理层的诚信状况。其次，可以通过银行系统、证券公司、公司的财务指标来了解企业的经营状况。再次，通过企业的公司章程来了解企业的组织结构与业务内容，从而推测该企业的内部控制制度是否到位，该行业可能存在哪些导致审计失败的风险点。最后，充分利用和前任审计师的沟通，发挥人际沟通能力，知晓被审计单位与前任注册会计师解聘的原因，获悉其对被审计单位的关键风险点的认识和对管理层诚信的评价。

进行具体业务的接受与保持，以及客户关系的拓展与维护时，应当充分考虑诸多因素后再做决定，如事务所是否拥有足够的时间和资源开展业务、执行审计业务的人员是否具备足够专业胜任条件并且能够保持不会违背基本的审计准则和职业道德等，不应不考虑后期风险而盲目接受。特别是连续承接业务时对客户经营情况要重新进行考量。

###### 2. 建立风险等级制度

瑞华会计师事务所在承接客户时应该区别对待，将客户按照风险等级划分成不同层次，再根据客户所在的层次来安排不同的审计人员执行审计工作。事务所在划分客户的风险等级时可以参考以下因素：是否有财务舞弊的历史、经营环境是否持续恶化、是否无理由地频繁更换会计师事务所、是否经常无理由地拖欠审计费用尾款、是否因经营需要存在强烈的购买审计意见动机等。在参考上述因素之后，可以根据不同的客户划分不同的风险等级，然后根据划分等级的不同以及其他因素，如公司规模、业务的复杂程度等，收费并分配审计人员。

###### 3. 充分考虑执业人员委派

审计人员作为审计业务的真正执行者，其业务素质对于执业质量的高低起着关键性的作用。被任命承接项目的审计小组是整个项目的执行人及质量控制的直接负责人。所以，组建一个高效且专业的团队并充分发挥其各自的专长能够有效地控制审计质量。因此，在考虑是否承接该业务时，要充分考虑项目的复杂程度、可能的审计风险、审计人员需具备的专业知识与技能、执业人员的职业道德精神、拟执行的时间等。事务所合伙人在对拟承接的被审计单位调查了解以及对本单位审计人员胜任能力方面进行综合考虑之后，做出判断。

###### 4. 对于高风险客户要敢于拒绝

事务所在承接客户时，会比较该业务的风险和收益。当被审计单位的风险远远超过事务所的风险等级时，事务所会立即解除与该客户的合作关系，拒绝承接该业务。但是瑞华会计师事务所因为是地方分所独立承接业务，所以遇到高风险的客户，仍然会承接业务。因此，事务所在承接业务阶段应该建立一套机制，一旦客户的风险超过预定的风险等级就立即解除合作关系。

### 5. 了解客户解雇前会计师事务所的原因

如果新客户最初选择了另一家会计师事务所，但出于各种原因最终选择了与瑞华会计师事务所合作，在审计此类客户时，有必要与先前负责客户审计的注册会计师沟通，以了解客户变更的原因。

### 6. 统一员工招聘标准，提高员工胜任能力

若要持续保持专业胜任能力，需要拥有高素质的专业人才。全所应建立统一的招聘标准，把好招聘入口关。招聘标准如下：第一，以校园招聘为主，优先"双一流"院校及其他重点财经院校学生，参考高考各科成绩，实习满3个月方可申请留用；第二，以社会招聘为辅，仅考虑注册会计师（或国外同类资格）考试至少通过3科且工作年限3年以内的人员；第三，人事关系简单，原则上不接受内外部人员推荐。分所在招聘员工时，须遵循上述标准，将拟聘人员的学历证书、专业资格证书等资料向总部人力资源部报备。凡不符合既定标准者，总部不得分配业务系统账号和邮箱等员工配套号码。

健全考核及晋升机制，牵引和激励全体员工不断进步，实现个人和部门的共同提升。员工的薪酬基础部分应该保持在行业内相同水平事务所的平均标准，同时增加考核绩效的评比指标，除了业绩水平外，还应添加执业质量、对事务所的贡献程度等因素，通过占比的调整，打破单一的业务分成局面，避免团队内的利益划分，引导员工思维变化，改善工作质量。瑞华会计师事务所内部层级较多，会使员工产生晋升困难、道路曲折的想法，应该通过调整晋升标准、细化相关的规章条例，在简化层级划分的同时保证收获与付出成正比，充分调动员工的积极性。在对员工的培养方面，会计师事务所应该投入足够的资源，为提高员工执业能力提供支持，双管齐下，不仅是培养一个符合行业规章、有职业道德的人才，还要培养属于瑞华会计师事务所的人才。构建完整的培训体系，针对事务所人才的培训内容，一方面是满足对所内规章制度、职业标准的了解、执行、考核和参与调整，另一方面应该配合事务所一段时期的发展战略，有针对性地根据业务方向来调整，甚至可以开辟精品路线，定向培养专业化人才，开拓审计人员在审计行业做专做精的道路，增加事务所在特定领域的业务占比和竞争力。

除了正式的审计人员，瑞华会计师事务所对实习生的招聘也需要引起重视，在招聘上更加严格，或者对实习生进行一定的培训。通常，实习生进入事务所，刚开始都会做一些基本的、对专业知识要求不高的工作，比如抽取凭证、收发函证，这些工作内容虽相对简单却也很重要，很多明显的异常现象都在这些科目，而实习生可能并不知道需要核对哪些项目，对函证的异常情况也无法给予应有的关注。因此，如果时间紧张，最好明确实习生的工作范围，有针对性地制作视频资料或者印发相关的工作注意事项手册，使实习生的工作有据可循。

### （二）改善事务所规模化发展带来的问题

#### 1. 整顿、融合事务所内部资源

在大量客户和从业人员流失的情况下，瑞华会计师事务所的众多分所难以为继，甚至不得不注销止损，重新整合事务所内部资源已经势在必行，可以从分所布局、资源分配等

方面着手。

分所布局方面，在现有分所基础上，对各分所的业务规模、业绩水平、人员配置、执行情况、当地市场占有份额等情况进一步了解，分析各分所在事务所战略布局中发挥的作用和维护成本，以之后的发展战略为前提，借鉴国际四大会计师事务所"中心辐射区域"的布局策略，注销业务水平低、行业声誉差、维护成本高的分所，在业务空白但有发展潜力的地区新建分所、合并业务重合度高的分所，形成分所之间相互呼应、互不倾轧的局面。一方面，经营分所所在城市的业务；另一方面，辐射周边城市，增大各分所的辐射效能，在尽可能减少不必要重复成本的前提下，创造总分所之间最大的联合价值。

在瑞华会计师事务所发展战略规划范围下，确定总所的统筹地位，以整合后的分所布局为基础，针对各分所的战略地位，重新构建分所业务结构、客户规模、人员配置等。业务发展是事务所发展需要达到的目标，在保证新布局的情况下，在各分所运营良好的前提下，应加大瑞华会计师事务所总所权限控制、人员配置等，保证总所能在分所的资源分配、制度制定、统一执行、持续监督方面发挥主要作用。

**2. 协调总所和分所之间的利益划分**

协调瑞华会计师事务所总分所之间的利益划分需要打破各分所原有的各行其政的局面，加强总所的领导地位，统一总分所标准，加大对分所的考核。

要平衡总分所地位，确定总所能够掌握所内资源信息并能够统筹优化地进行划分，对业务的划分应该考虑地域位置、风险难度、分所承担压力等因素。

如果能够做好分所地域位置布局，尽量减少各分所的业务重合，就能适用就近原则，划分业务归属；风险难度关系到业务水平的高低，对于一些风险程度较高，需要专业能力更强的审计人员实施的，可以划分到总所进行；如果一段时间内分所承接的业务超过了能负担的范围，可以在辐射范围内就近分配给合适的分所。

以上都需要瑞华会计师事务所建立制度体系，以统一的标准在事务所总分所范围内实施，并能够保证落实度。为此，可将各分所对所内统一的制度、标准的执行程度纳入年度考核条款，同时根据年度考核情况调整下一年度的业务分配。

**（三）完善政府监管**

**1. 改进以审计质量为主的评价指标体系**

在中注协 2019 年评比中使用的《会计师事务所综合评价和排名办法》（简称《办法》）中，可以看到评分细则的调整，改变了之前主要通过业务收入多少对会计师事务所进行评比、排名的规则，而是从收入规模、内部治理、资源、处理处罚 4 个方面、9 个指标切入，拓宽了评价维度，对会计师事务所进行了较为全面、客观的评估。其中，值得关注的是评分细则相关权重的变化，收入指标权重为 40%，而处理处罚（近 3 个）情况占比 30%，有了很大的提升，体现了质量导向的倾向，表示了对审计高质量发展的重视，力求引导事务所完善内部治理，加强审计质量控制。

《办法》的实施指明了监管机构对于审计行业以质量为导向的要求和期望，并不断对相关条例进行调整，以引导会计师事务所的发展方向。

**2. 完善审计收费制度**

为约束审计行业收费现状，稳定审计收费市场，政府可以从以下几个方面建立一个统一的标准和规范，使审计收费在合理范围内波动：

第一，监管机构制定合理有效的收费标准。政府部门首先应构建一个统一的框架标准，在此基础上对不同的审计内容分门别类，制定一个上下浮动比例，允许因具体情况导致的双方费用的协商，同时尽量避免过低价与过高价中存在的审计风险。

第二，发挥市场机制作用，完善审计收费资源配置。在政府构建的框架内，充分调动市场的积极性，引导以质量为导向的审计收费，审计对象因寻求高质量的审计结果愿意支付更高的审计费用，而事务所在考虑声誉的情况下，也愿意以一个更高的价格给审计对象提供高质量的审计服务，审计行业的发展最终形成市场机制主导、政府手段辅助的局面，促进审计行业健康发展。

第三，加强行业不当行为的监管。在政府和市场的双重作用下，对于仍然存在的一些偏离大势的、低价竞争的行为要严格监管，坚决杜绝，降低审计过程的风险，把审计收费制度的管理落到实处。

# 第四章

## 总体审计策略确定案例——A 公司

总体审计策略用于确定审计范围、时间安排和方向，并指导具体审计计划的制订与执行。确定总体审计策略时不仅要考虑审计业务的特征、行业背景，还需要明确审计业务的报告目标，以及影响审计业务的重要因素。在制定总体审计策略时，注册会计师还应考虑初步业务活动的结果，以及为被审计单位提供其他服务的经验。

### ▶▶ 一、案例背景介绍

审计计划是指注册会计师为了完成各项审计业务，达到预期的审计目标，在具体执行审计程序之前编制的工作计划。审计计划工作非常重要，如果没有恰当的审计计划，不仅无法获取充分适当的审计证据，影响审计目标的实现，而且还会浪费有限的审计资源，影响审计效率。因此，对于任何一项审计业务，注册会计师在执行具体审计程序之前，都必须根据具体情况制订科学、合理的审计计划，使审计业务以有效的方式得到执行。

审计计划通常分为总体审计计划和具体审计程序两个方面，虽然制定总体审计策略的过程通常在具体审计计划之前，但是两项计划具有内在紧密联系，对其中一项的决定可能会影响甚至改变对另外一项的决定。

#### 1. 总体审计策略

注册会计师应当为审计工作制定总体审计策略，总体审计策略用于明确审计范围、时间安排和方向，并指导具体审计计划的制订，在制定总体审计策略时，应当考虑以下几个方面：

第一，审计范围。

第二，报告目标、时间安排及所需沟通的性质。

第三，审计方向。

第四，审计资源。

#### 2. 具体审计计划

具体审计计划是依据总体审计策略制订的，具体审计计划比总体审计策略更加详细，其内容包括为获取充分、适当的审计证据以将审计风险降至可接受的低水平，项目组成员拟实施的审计程序的性质、时间安排和范围。

具体审计计划的基本内容包括：审计目标、审计程序、执行人及执行日期、审计工作底稿的索引号和其他有关内容。

具体审计计划可按预先统筹安排的先后顺序来执行，同时也便于不同执行者或小组进行协调与沟通。

总体审计策略和具体审计计划紧密联系，注册会计师应当针对总体审计策略中识别的不同事项，制订具体审计计划，并考虑通过审计资源以实现审计目标。值得注意的是，虽然编制总体审计策略的过程通常在具体审计计划之前，但是两项计划活动并不是孤立的，对其中的一项决定可能会影响甚至改变对另一项的决定。

## 二、案例分析

ZH 会计师事务所是本土十大会计师事务所之一，2018 年 11 月 ZH 会计师事务所受委托，对 A 公司按照企业会计准则编制的财务报表，包括 2018 年 12 月 3 日合并及母公司资产负债表、2018 年度合并及母公司利润表、2018 年度合并及母公司现金流量表、2018 年度合并及母公司股东权益变动表以及财务报表附注进行审计。

ZH 会计师事务所的责任是在执行审计工作的基础上对 A 公司的财务报表发表审计意见，对 A 公司的财务管理提出管理建议书。根据中国注册会计师审计准则的规定，执行审计工作是会计师事务所的职业责任。注册会计师要按照审计准则的要求，遵守职业道德，计划和执行审计工作，以对财务报表是否不存在由于舞弊导致的重大错报获取合理保证。

### （一）ZH 会计师事务所简介

ZH 会计师事务所成立于 2000 年 1 月，是一家专业化、规模化、具有从事证券服务业务资质的会计师事务所，在四川省会计师事务所综合排名中名列前茅。

ZH 会计师事务所总部设在成都，在遂宁、绵阳、宜宾、自贡、射洪、蓬溪、凉山、乐山、贵州设立了分所。具有雄厚的专业技术力量，凝聚了一大批具备深厚专业素养、丰富实践经验、良好沟通能力及团队精神的行业精英，审计的客户有上市公司、"新三板"企业，大型国有企业和大型民营企业，审计对象为财务报表审计、内部控制审计、经济责任审计、竣工决算审计、工程项目全过程跟踪审计以及管理咨询等专业服务，涉及行业包括化工、食品饮料、商业、医药、造纸、建材、饲料、金属制品、纺织、通信及电子设备、房地产、建筑、传媒、交通运输、投资、金融证券等。

ZH 会计师事务所成立以来打造出了一支经验丰富、专业水平高的队伍。截至 2021 年年底，ZH 会计师事务所有执业人员 253 人，执业注册会计师 110 人；具有高级职称专业技术人员 10 人，具有中级专业技术职称人员 52 人。四川省 2018 年度会计师事务所综合评级中，它被评为 AAA 级。

### （二）A 公司简介

A 公司隶属于汽车零部件行业，是高新技术企业、全国创新型企业、全国劳动关系和谐企业、全国重合同守信用企业、全国标准化良好行为 AAA 企业、"全国模范职工之家""全国工人先锋号"、四川省科技创新先进单位，中国橡胶工业协会表彰其为"中国胶管十强企业"。

A 公司的主营业务为汽车、摩托车用橡塑软管及总成的研发、设计、制造和销售。A 公司是国内从事汽车、摩托车用橡塑软管及总成专业生产的企业，目前已经构建了自有品牌、自营销售网络、自主研发设计及制造生产基地的体系。A 公司经过多年积累，配方设计及工艺制造技术经验成熟，产品质量稳定。

A 公司主要产品：公司主要产品范围涵盖汽车燃油系统胶管及总成、汽车冷却系统胶管及总成、汽车附件、制动系统胶管及总成、汽车涡轮增压管路总成、汽车真空制动管路总成、汽车天窗排水管路、汽车模压管路总成、摩托车胶管及总成等八大系列，是国内规模较大的专业汽车胶管供应商之一，同时也是国内摩托车胶管系列产品的主要供应商之一。

目前我国汽车胶管的生产仍处于发展的初级阶段，汽车胶管企业数量众多，但规模相对较小。企业的内部管理水平、技术水平存在一定差异，产品质量参差不齐，价格承受能力有一定差距。总体来看，国内汽车胶管生产厂家的规模、质量、品种、能级和系列化配套能力普遍与市场需求相差较远，尚不能全部为国产品牌及合资引进的高档轿车配套各类汽车胶管。近年来，特种橡胶和新材料的发展也为汽车胶管的发展提供了空间。当前，伴随汽车轻量化的发展趋势，塑料管路的市场规模在不断扩大，当前的供应体系以外国独资或国内合资等大型企业为主，市场拓展空间较大。这也导致了目前该行业的潜在进入者较多，市场竞争压力较大。

### （三）总体审计策略

**1. 确定审计范围**

A 公司位于成都市，本次审计要求本公司财务报表出具审计报告。

A 公司遵循企业会计准则；以权责发生制为记账基础；以 1 月 1 日至 12 月 31 日为会计年度；遵守《中国注册会计师审计准则》等准则；无与财务报告相关的行业特别规定；未提及审计技术。总体审计策略见表 4-1。

表 4-1　总体审计策略

| 报 告 要 求 | 标 准 |
| --- | --- |
| 适用的财务报告准则 | 企业会计准则 |
| 适用的审计准则 | 中国注册会计师审计准则 |
| 与财务报告相关的行业特别规定 | 《上市公司新股发行管理办法》《上市公司信息披露管理办法》 |
| 需审计的集团内组成部分的数量及所在地点 | 无 |
| 需要阅读的含有已审计财务报表的文件中的其他信息 | 上市公司年报 |
| 制定审计策略需考虑的其他事项 | 无 |

**2. 审计时间安排**

2019 年 1 月 1 日：项目组预备会议。

2019 年 1 月 4 日：与 ABC 公司管理层、治理层沟通。

2019 年 1 月 5 日：对总体审计策略的制定、对具体审计计划的编制。

2019 年 1 月 6 日—8 日：制订具体审计计划。

2019 年 1 月 9 日—12 日：实施风险评估程序。

2019 年 1 月 13 日—25 日：实施进一步审计程序。

2019 年 2 月中旬：向 A 公司提交审计报告草稿，组织项目组总结会议。

**3. 影响审计业务的重要因素**

（1）财务报表初步分析

未进行财务报表分析相关工作。

（2）确定重要性水平

通过对 A 公司的具体情况、相关的一些外部环境信息、确定的审计目标、报表各项目之间关系的了解，项目经理仅采用利润法来确定重要性标准，以利润总额作为重要性水平的基数，A 公司为连续审计单位，故重要水平设为 5%。2018 年税前利润为 15 320.45 万元，计算财务报表整体重要性金额为 7 660 225 元。对于特别类别的交易、账户余额或披露的一个或多个重要性水平（如适用），由于是连续审计，实际执行的重要性定为报表整体重要性的 75%，明显微小错报的临界值为报表整体重要性的 3%。

判定本期是否存在特别类别的交易、账户余额或披露，通常应考虑以下因素：①法律法规或适用的财务报告编制基础是否影响财务报表使用者对特定项目计量或披露的预期（如关联方交易、管理层和治理层的报酬）；②与被审计单位所处行业相关的关键性披露（如制药公司的研究与开发成本）；③财务报表使用者是否特别关注财务报表中单独披露的业务的特定方面（如新收购的业务）。事务所经过了解，认为 A 公司 2018 年度未发生关联方交易活动，管理层及治理层的薪酬虽然与企业业绩挂钩，但整体薪酬属于行业高管薪酬的中等水平，且管理模式及经济业务上未发生重大转变，故本期财务报表审计不适用特别类别的交易、账户余额或披露的一个或多个重要性水平。主要审计工作底稿见表 4-2 ~ 表 4-5。

表 4-2　财务报表整体重要性

| 基　　准 | 本　期　数 | 比　　率 | 本期重要性水平参考值 |
|---|---|---|---|
| 利润总额 | 153 204 500 元 | 5% | 7 660 225 |
| 选择基准时考虑的因素 | 连续审计 | | |
| 计算的财务报表整体的重要性 | 7 660 000 元（取整） | | |
| 确定的财务报表整体的重要性 | 7 660 000 元（取整） | | |

表 4-3　实际执行的重要性

| 占重要性比率 | 计算的实际执行的重要性 | 确认的实际执行的重要性 | 说　　明 |
|---|---|---|---|
| 75% | 5 745 000 元 | 5 745 000 元 | 连续审计 |

表 4-4　特定类别的交易、账户余额或披露的一个或多个重要性水平

| 是否存在特定类别的交易、账户余额或披露，其发生的错报金额虽然低于财务报表整体的重要性，但合理预期可能影响财务报表使用者依据财务报表做出的经济决策？ | | | 否 |
|---|---|---|---|
| 交易、账户余额或披露 | 较低的重要性水平 | 较低的实际执行的重要性 | 考虑的因素 |
| 无 | | | |

表 4-5　明显微小错报的临界值

| 比　　率 | 计算的明显微小错报的临界值 | 确认的明显微小错报的临界值 | 说　　明 |
|---|---|---|---|
| 3% | 229 800 元 | 229 800 元 | |

（3）可能存在较高重大错报风险的领域

通过分析，ZH 会计师事务所认为 A 公司存在审计风险较高的领域为营业收入、应收

账款和研发费用。判断原因如下：

1）营业收入。2018年中国汽车市场遭遇28年来的首次负增长，汽车消费动力不足。受宏观经济增速放缓、中美贸易摩擦、消费者信心下降、房地产挤出效应等多重因素综合影响，2018年汽车市场终端零售2611万辆，较上年同期相比下滑6.9%，首次出现年度性负增长。同时，公司受中国汽车市场"回冷"的影响，营业收入比上年下降。

公司在客户所在地附近设立中转仓库或使用客户指定的中转仓库，并按照客户要求对中转仓库实行安全库存管理，公司根据自身生产需要从中转仓库领用产品，公司与客户定期（通常为每月）对领用的数量进行核对并确认，然后根据双方确认的产品名称、数量及金额确认销售收入。出口业务根据与国外客户签订的合同安排产品出库并组织报关，在产品完成出口报关手续后，以海关电子口岸数据系统内查到的报关单数据确认销售收入。收入确认是否适当对A公司的经营成果有着重大影响，收入确认可能存在较高的重大错报风险。

2）应收账款。公司属于汽车零部件行业，核心业务是为各主机厂配套车用橡胶软管。由于主机厂大都采取"零库存"的原材料库存管理模式，公司按照行业惯例一般先发货给客户装车使用合格后开具发票，发票送达客户审批挂账后，主机厂按付款周期2~3个月滚动式结算方式，因此公司销售回款需要一定的周期。随着公司销售收入的持续增长和客户数量的增加，应收账款余额一直保持在较高水平。公司的应收账款水平较高，受宏观经济影响回收和违约的风险较大，其重大错报风险较高。

3）研发费用。A公司属于高新技术公司，近些年研发费用逐年增加，目前公司已形成多层次研发格局，不断开展新材料、新工艺、新产品的研发。研发费用是公司的一个重要支出项目，公司的研发费用虽然稳步增长，但是其研发人员数量较上一年度有明显减少，且该公司研发费用支出项目种类繁多，因此其重大错报风险较高。

4）营业成本。一是公司车用胶管产品生产的主要原材料为各类橡胶，橡胶价格波动受上游石油、天然气价格变动影响较大。报告期内，各类橡胶平均价格出现了一定幅度的上下波动。二是本年度内A公司加大了环保投入、精益管理投入、工装投入、智能设备投入改造，公司将面临制造费用成本的上升。三是公司生产汽车零部件，属于劳动密集型，人工成本始终处于上升的发展状态，将进一步挤压企业的生产利润。以上因素加大了公司的营业成本的重大错报风险。

表4-6所示为相关审计工作底稿。

表4-6 可能存在重大错报风险较高的领域

| 可能存在较高重大错报风险的领域 | 索 引 号 |
| --- | --- |
| 营业收入 | |
| 应收账款 | |
| 研发费用 | |
| 营业成本 | |

### 4. 人员分工安排

2018年参与审计项目初定6人，主任会计师1人，项目经理2人，审计员2人，审计助理 2 人。在职责划分方面，依照事务所通用的方式，进行了大概分工。主任会计师复核项目经理的审计报告，并对重大会计问题、重大审计调整事项及其重要的审计工作底稿进行复核。项目经理（注册会计师）主要负责初步业务活动、风险评估控制测试、试算、附注及复核审计员底稿、审计报告、附表。审计员和审计助理主要负责具体的细节测试及完成相应审计工作底稿。项目组主要成员见表 4-7。

表 4-7　项目组主要成员

| 姓　名 | 职　级 | 主　要　职　责 |
| --- | --- | --- |
| 张某 | 主任会计师 | 复核项目经理的审计报告，对重大会计问题、重大审计调整事项及其重要的审计工作底稿进行复核 |
| 李某 | 项目经理 | 主要负责初步业务活动、风险评估控制测试、试算、附注 |
| 李某 | 项目经理 | 复核审计员底稿、审计报告、附表 |
| 于某、李某 | 审计师 | 各类交易和账户余额的审计 |
| 杨某、王某 | 审计助理 | 审计资料收集、审计工作底稿编制 |

**5. 对专家工作的利用**

A 公司为连续年度被审计单位，2018 年管理层人员及经营状况与以前年度相比无重大变化，暂时无须邀请专家审计。

**（四）具体审计计划**

ZH 会计师事务所根据总体审计策略，制定了具体审计策略，包括风险评估程序的性质、时间安排和范围，以及进一步审计程序的性质、时间安排和范围。

针对报表层次的错报风险，计划增加审计程序，选派有经验的审计助理执行审计程序，由项目经理进行更多的指导和复核；针对认定层次的重大错报风险，总体方案是增加细节测试。

**（五）ZH 会计师事务所总体审计策略存在的问题**

审计计划在整个审计过程中占据着相当重要的地位，不适当、不明确的审计计划不仅会导致执行审计程序时毫无头绪，审计目标的实现也会受到影响，而且还会浪费有限的审计资源，使其不能得到有效、合理的分配，并可能增加审计成本，影响审计工作的效率。因此，在所有审计业务的开始阶段，注册会计师都应根据业务实际情况来制订合理的审计计划，以确保审计业务能够按照既定的计划和策略高效地执行下去。目前，ZH 会计师事务所和注册会计师在制定总体审计策略时主要存在以下问题：

**1. 重要性确定不严谨**

《中国注册会计师审计准则第 1221 号——计划和执行审计工作时的重要性》要求注册会计师在制定总体审计策略时，确定财务报表整体的重要性和适用于这些交易、账户余额或披露的一个或者多个重要性水平，并确定实际执行的重要性。重要性金额设定的精确程度对于降低审计风险、保证审计质量和提高审计效率有很大的作用。重要性水平包括财务报表层次的重要性水平和认定层次的重要性水平，以应对财务报表层面的审计风险以及特定认定层次的审计风险。注册会计师在确定重要性水平时，需要考虑对被审计单位的了解、审计的目标、财务报表各项目性质及对应的金额。但在 ZH 会计师事务所的审计工作底稿中发现，该事务所仅因连续审计就判定重要性为利润总额的 5%，这样确定过于随意。

在确定实际执行的重要性时，也仅因为连续审计就判定为总体重要性的 75%，判定依据不够严谨。根据审计准则的规定，连续审计项目且以前年度审计调整较少，项目总体风险为低到中等，以前期间的审计经验表明内部控制运行有效时，实际执行重要性才可以判定为总体重要性的 75%。可见，项目组只考虑了连续审计，没有考虑其他因素，这样明显是不合适的。

**2. 缺少与内部审计的沟通**

在 ZH 会计师事务所的审计工作底稿中可以看出，总体审计策略主要包括审计范围、审计业务时间安排、重要性的确定、人员安排、审计报告的要求、适用的会计准则和会计制度。但 ZH 会计师事务所在实际执业过程中并没有考虑内部审计工作的可获得性、注册会计师拟信赖内部审计工作的程度和对利用以前审计工作中获取的审计证据的预期等事项。

**3. 人员委派随意，协调性不强**

ZH 会计师事务所在编制审计策略进行人员委派时，并未根据 A 公司的性质、风险级别、难易程度等委派项目负责人，也没有根据员工的资历、执业经验和专业能力等选派项目组成员，只是根据 A 公司的规模随机选派了几个成员，这些成员里面还包括两名实习成员，这就可能导致后期的审计过程中涉及高新技术企业专业化强的内容缺少有经验的审计人员。当审计人员被委派到完全不擅长的行业领域时，特殊领域的陌生感将阻碍审计工作的顺利开展。在这种情况下，项目组成员内部缺乏协调性与互补性，项目组负责人就要耗费大量的时间和精力来沟通、协调和指导，这将严重降低审计业务执行的效率。

**4. 三级复核制度不完善**

第一，缺少三级复核。三级复核制度是指审计工作底稿应由项目经理、部门总监和主任会计师对审计工作底稿进行逐级复核的一种复核制度，具体见表 4-8。

表 4-8　三级复核制度

| 职　位 | 复核级别 | 复核简称 | 复核对象 | 复核内容 |
|---|---|---|---|---|
| 项目经理 | 一级复核 | 详细复核 | 项目助理的工作 | 审计助理人员形成的审计工作底稿逐张复核，发现问题并及时指出，督促审计人员及时修改完善 |
| 部门总监 | 二级复核 | 一般复核 | 项目经理复核内容 | 重要会计账项的审计、重要审计程序的执行以及审计调整事项 |
| 主任会计师 | 三级复核 | 重点复核 | 前两级复核的再监督 | 重大会计问题、重大审计调整事项及其重要的审计工作底稿 |

在对 A 公司 2018 年度审计过程中，部门总监未对整个项目的审计工作底稿进行复核，也就是说，仅实施了一级复核和三级复核，这不仅违反了三级复核制度的规定，同时也无法保证审计质量。

第二，一级复核出现疏漏。一级复核是三级复核制度中业务量最多的一关，要求项目经理逐张复核审计工作底稿。A公司2018年度审计范围为公司的年度财务报表，审计的工作内容较多，项目经理根本无法做到逐张检查每个助理的审计工作底稿。

虽然审计助理上岗前会经过培训，但在实际审计过程中，个别审计助理还是会经常出现重复操作审计内容、审计证据获取不足、审计工作底稿记录不完善等情况，所以在A公司的审计项目中，审计助理就起到了至关重要的作用，但原有审计策略并未明确每个审计助理的详细责任。这种项目组内层级职责划分不明的情况，极易造成一级复核出现疏漏，对审计质量和效率会产生很大的影响。

### 三、建议及启示

#### （一）根据实际情况确定重要性水平

第一，确定报表整体重要性水平。在制定公司重要性水平时，需要了解公司的情况，然后根据职业判断来确定。ZH会计师事务所需要对A公司近几年的财务状况及其他情况（如行业环境、市场环境等）进行分析，通过对A公司情况的分析可知，A公司近3年税前利润波动较大，因此在确定财务报表整体重要性时，选择近3年的平均利润作为参考值，近3年平均税前利润比率确定为5%。

第二，确定实际执行的重要性水平。实际执行的重要性通常为财务报表整体重要性的50%~75%。其中，接近财务报表整体重要性50%的情况为：①首次接受委托的审计项目；②连续审计项目且以前年度审计调整较多；③项目总体风险较高（如处于高风险行业、管理层能力欠缺、面临较大市场竞争压力或业绩压力等）；④存在或预期存在值得关注的内部控制缺陷。接近财务报表整体重要性75%的情况为：①连续审计项目且以前年度审计调整较少；②项目总体风险为低到中等；③以前期间的审计经验表明内部控制运行有效。通过对A公司行业发展情况分析可知，目前我国汽车胶管的生产仍处于发展的初级阶段，汽车胶管企业数量众多，但规模相对较小，A公司目前面临的市场竞争压力较大，且A公司的利润波动较大，盈利情况不稳定，因此在确定实际执行的重要性时，采用财务报表整体重要性的50%。

#### （二）利用内部审计工作

根据审计准则的规定，当注册会计师与治理层沟通计划的审计范围和时间安排的总体情况时，应当包括其计划如何利用内部审计工作。

审计人员在审计过程中，通常需要了解和测试被审计单位的内部控制，而内部审计是被审计单位内部控制的一个重要组成部分。因此，审计人员应当考虑内部审计活动及其在内部控制中的作用，以评估财务报表重大错报风险及其对注册会计师审计程序的影响。审计人员通过了解与评估内部审计工作，利用可信赖的内部审计工作相关部分的成果，可以减少不必要的重复劳动，提高审计工作效率。

如果存在下列情形之一，审计人员不得利用内部审计的工作：①内部审计在被审计单位的地位以及相关政策和程序不足以支持内部审计人员的客观性；②内部审计人员缺乏足够的胜任能力；③内部审计没有采用系统、规范化的方法（包括质量控制）。

通过对A公司的了解可知，该公司设有内部审计部门，内部审计隶属于审计委员会，负责对公司的日常经营情况进行监督管理，因此，ZH会计师事务所可以根据A公司的内部审计已执行和拟执行工作的性质和范围，以及这些工作与注册会计师总体审计策略和具体审计计划的相关性，来确定能够利用内部审计工作的领域和程度。表4-9可以作为利用内部审计工作的一个审计工作底稿。

表4-9　利用内部审计的工作

| 利用领域 | 拟利用的内部审计工作 | 索引号 |
|---|---|---|
| 存货 | 内部审计部门对各仓库的存货每半年至少盘点一次。在中期审计时，项目组已经对内部审计部门盘点步骤进行观察，结果满意，因此项目组将审阅年底的盘点结果，并缩小存货监盘的范围 | |
| 生产成本、制造费用 | 内部审计部门对公司财务报表进行的年度审计，其中成本与费用审计部分的审计程序与方法较为科学、合理与合规，所做的审计工作底稿较完整与健全，结论有一定的可信度，注册会计师可以利用 | |

### （三）合理分配审计人员

ZH会计师事务所应在综合了解A公司类型、审计难度、规模、所需时间、风险程度的基础上，按照成本效益原则，根据审计人员的个人特征（如经验、专长、独立性、轮换年限等）进行委派和分工，既要考虑人与人之间的协调性，也要考虑人与项目之间的匹配程度，确保构建出业务知识充足、人员匹配协调、专业技能熟练的项目组团队。另外，也可以编制审计人员的从业履历表，将员工按照行业专长、从业经验等标准进行科学划分，并记录审计人员的可支配时间，每天更新统计出既具备专业技能又具有充足时间的员工，以便安排到合适的项目中，确保人员委派具有计划性、合理性。

### （四）严格执行三级复核制度

ZH会计师事务所在对A公司制定审计策略时，要严格执行三级复核制度，在执行三级复核制度时要遵循以下原则：

1）认真执行一级复核。因为审计助理的能力参差不齐，为了尽快完成审计项目，一级复核经常出现疏漏情况，同时也因为无完善且具体的复核制度，导致职责划分不明确。具体权责分工应为：审计助理应该按照审计工作底稿编制指南，真实、完整地记录相关信息，并为负责科目写出审计结论，在交给一级复核前，在时间允许的情况下，最好能做到组内交换复核，避免出现低级错误；一级复核（项目经理）需要对审计助理的审计工作底稿进行仔细查阅，审计工作底稿中的审计说明及审计结论要求语言使用规范，格式正确统一，财务数据和非财务数据的结合使用要有明确的勾稽关系，保证每个科目的审计结论都有据可依，逐项检查后签署复核意见。一级复核后的审计工作底稿不得有变动，审计助理在修改时应另行编制，保留错误记录。这样才能如实反映原始工作记录和一级复核审定的过程，准确执行审计准则的各项规定，也便于在出现复议诉讼的情况下掌握详细情况，规避审计风险，分清责任。

2）二级复核主要侧重于审计报告、重要会计账项的审计、重要审计程序的执行以及审计调整事项。由于制度不完善和风险意识薄弱，致使二级复核大多流于形式，所以不仅要严格要求二级复核的实施，同时应明确二级复核的内容，主要应为：①仔细审查提交的审计报告，询问报告附注中披露信息的依据，并以书面形式反馈修改意见；②对重大调整事项进行询问，查看相应的审计工作底稿资料；③一、二级复核的所有修改意见不得改动，一并交给三级复核。

3）三级复核要对提交的审计修改意见、审计报告、审计工作底稿进行全面复核，其主要工作是：①是否按照审计策略开展审计工作；②重大调整事项和特殊披露内容的审计证据是否具有客观性、相关性、充分性和合法性；③审计结论是否准确；④审计程序是否按照相关规定执行等。充分检查后，出具三级复核意见书。值得注意的是，三级复核如果对审计结论存在异议，应当组织事务所内部会议进行讨论后，方可认定。

# 第五章

## 购销活动审计案例

采购与付款是企业采购商品或接受劳务支付款项的过程，是企业生产经营管理中一个重要环节。一般来说，该环节业务发生较为频繁、采购品种繁杂零星且工作量大，特别是在管理及运行环节容易出现漏洞。通过审计活动，可以保证采购业务在内外部各环节的运行畅通且效率提升，保证采购业务的会计信息真实。

### ▶ 一、案例背景介绍

#### （一）万福生科公司介绍

万福生科公司的前身为湖南省桃源县湘鲁万福有限责任公司，成立于 2003 年。经过 6 年的发展，2009 年 10 月 7 日，公司整体变更为现在的万福生科湖南农业开发股份有限公司，并于 2009 年 10 月 28 日在工商行政管理局登记注册，注册资本为 5000 万元，法定代表人是龚某福。龚某福和妻子杨某华各自持有公司 29.99% 的股份。

2011 年 9 月 15 日，公司在深圳证券交易所首次公开发行 1700 万股，每股面值 1.00 元，发行价格为 25.00 元，并于当年 9 月 27 日在深交所创业板挂牌上市。2011 年 10 月 17 日，常德市工商行政管理局为公司换发企业法人营业执照，公司注册资本由原来的 5000 万元增加到 6700 万元。

#### （二）万福生科造假手段分析

通过调查，2013 年证监会公布了万福生科以下违法事实：万福生科在 2008 年至 2010 年虚增的销售收入分别为 1.23 亿元、1.5 亿元、1.9 亿元，虚增的营业利润分别为 2851 万元、3857 万元、4590 万元。在 2012 年的半年报中，万福生科隐瞒了重要的披露事项，2012 年上半年虚增了销售收入 16 549 万元，同时隐瞒了部分生产线的停产事项。实际上，万福生科从 2008 年至 2011 年实际净利润总额只有 2000 万元左右，90% 的利润都是虚构的，其造假手段如下：

**1. 虚增销售收入**

万福生科的虚增收入手段主要依靠以下两种方式：

方式一：伪造虚假合同。为了证实销售额的真实性和合理性，万福生科伪造了 5 份销售合同，主要涉及的下游客户为东莞樟木头花苑粮油公司（2 份）和湖南傻牛食品厂（3 份）。

方式二：伪造虚假上下游客户。与万福生科类似的农产品加工企业的上下游客户很难集中，尤其是下游销售客户大多为较小的企业或者个体经营者，容易混淆公众视听。万福生科在 2012 年半年财务数据中提到的大客户大多为伪造的客户信息，相关的销售往来账务均为虚构。在万福生科所提供的主要下游客户中，基本一半以上的客户存在虚假交易嫌疑，并且销售额均为捏造。具体的对比数据详见表 5-1。在万福生科披露的主要客户中，湖南傻牛食品早在几年之前已经停产歇业；另外一家东莞常平的粮油企业经过实际调查发现仅仅是个体经营户，经营面积仅 $50m^2$；津市中意糖果并非披露的 1341.95 万元，实际交易额仅为 118.73 万元；怀化的小丫丫食品在经过调查曝光以后凭空消失；湖南的另外一家企业祁东佳美食品同样由实际的 222.80 万元虚增至 1415.61 万元。

表 5-1　2012 年中报"万福生科"前 5 名客户的营业收入情况　（单位：万元）

| 单位名称（调整前） | 主营业务收入（调整前） | 单位名称（调整后） | 主营业务收入（调整后） |
| --- | --- | --- | --- |
| 湘盈粮油经营部 | 1694.20 | 湘盈粮油经营部 | 1694.20 |
| 祁东佳美食品 | 1415.61 | 亿德粮油贸易行 | 634.00 |
| 湖南傻牛食品 | 1380.39 | 祁东佳美食品 | 222.80 |
| 津市中意糖果 | 1341.95 | 津市中意糖果 | 118.73 |
| 小丫丫食品 | 1340.64 | 焦作市菲爱诗 | 90.70 |
| 合计 | 7172.79 | 合计 | 2760.43 |

### 2. 虚增预付账款

在 2011 年年底报表中，万福生科的预付账款借方余额为 1.2 亿元，同比增长了 449.44%。在 2012 年的中期报表中，预付账款又增加了 10 100.72 万元，再次虚增 4468.83 万元。公司的解释为：公司在不断地增加厂房及生产设备投资，增加预付账款所致。经过调查发现，预付账款是将资金流向中转方，再由中转方回到公司。资金回流后，万福生科财务将其计入现金。通过中转增加现金流动，万福生科就是这样利用预付账款等往来科目来遮掩实际情况的。

首先，万福生科为在建工程虚拟支付在建工程资金，使企业减少了现金，在建工程的预付款项借记在建工程，虚增了在建工程。同时，将在建工程转包给虚拟承包方，在付款时将银行内的现金转出作为工程款。这个虚拟客户再从万福生科购货，那么其账户中的资金又回到了万福生科的银行存款账户中。现金就这样经历了一个"万福生科账户—承包单位账户—万福生科账户"的流转过程。在这个过程中，万福生科现金科目余额不变，而现金流、在建工程与利润虚增，构成了一个看似合理的闭合循环。

### 3. 虚增在建工程

在建工程作为企业的一项非流动性资产，可以较好地导出利润，以虚有的在建工程来运作，可以消耗虚增的利润。在 2012 年中报中，万福生科在建工程的借方余额竟然高达 1.8 亿元，而上期借方发生额仅 8700 万元。短短半年的时间，该企业的在建工程增加额达到了上亿元，对于一个企业，在上市初期扩建厂房，筹建大量的工程项目也说得过去，因此，他们在在建工程上做手脚不易被发现。对于万福生科的在建工程，认真探究后会发现很多问题。

第一，2012 年与 2011 年相比，工程在持续投入资金，按理来说，工程进度应该得到相应提升，但是万福生科的有些工程进度不升反降。比如，淀粉糖改扩工程由 2011 年年报的 90% 降至 2012 年半年报的 30%。

第二，工程项目不具有连续性。淀粉糖扩改工程 2012 年半年报的投入金额比 2011 年年报增长了 12.5 倍，工程进度不升反降，由 90% 降至 30%，更离奇的是，该工程在 2012 年年报中消失了，难以探究其真实性。

第三，在建工程用款情况存在问题。一项在 2011 年年报和 2012 年半年报中没有任何记录的生产线技改项目，2011 年年报的期末金额为 151 万元，在 2012 年，其更是大手笔地投入了 6973 万元。在 2012 年 4 月 16 日平安证券发布的专项核查报告中，却看到了不同的说法，报告中称 2011 年对该稻米精深加工生产线技改项目投资金额是 7058 万元，与 2011 年年报中的期末金额 151 万元不符。在该公司 2013 年 4 月发布的专项报告中，2012 年对该项目投资了 11 605 万元，与 6973 万元相差更多。说法前后几次大相径庭，显然是非真实数据，前后不一。

第四，工程凭空虚增。2012 年半年报显示，万福生科新增一项在建工程，用于污水处理，他们打算投入的资金是 8000 万元，然而对于这么大预算投入的污水处理工程，招股书中却没有任何提及，那么到底这项工程是否真实发生，还是临时拿来虚增在建工程，值得怀疑。

### 4. 隐瞒重大交易或事项

万福生科隐瞒关联交易。万福生科 2012 年上半年第二大客户是黄某义，系龚某福妻子的妹夫，公司从未在任何公开信息中披露，其另一个身份是公司大米广东区的销售负责人。万福生科前五大客户具体包括亿德粮油、华源粮油、洪鲁粮油、湘盈粮油和民生粮食。其中，除中山民生粮食为企业外，其他几家均为个体户。只有黄某义控制的亿德粮油生产 "畒福" 牌大米，其他几大客户并不销售，而亿德粮油公司注册地空无一人，但是公司每天都有销售进出记录。2010 年万福生科发布的公告称向民生公司销售 1727.34 万元，实际是 1061.60 万元，虚增 665.74 万元。

对万福生科经营过程中有关公司经营规划和经营政策变动的情形并未做出公布，经调查发现，其经济型稻米深加工项目由于技术缺陷需要改进而停滞不前，因此整个生产线处于停产状态，各种大米产品的生产均受到影响，出现了不同程度上的停产损失，普通大米生产线在 2012 年上半年累计停产 123 天，精制大米生产线整个上半年累计停产 81 天，淀粉糖生产线在 3 月 17 日至 5 月 23 日期间实际停产 68 天，三类产品上半年平均停产天数累计超过 100 天。在 2012 年第二季度末，该稻米深加工生产线的技改工作基本结束，进入生产前的调试工作，停产造成的损失对万福生科来说是巨大的。但是，万福生科并没有向有关投资人和社会公众做出通知，在其披露的企业经营信息中同样没有体现。

### 5. 虚假宣传

万福生科一向标榜以诚信经营取胜，并号称获得了 "中国驰名商标" 等荣誉，从而使自己的品牌美誉度提高，从而获得品牌溢价。然而，万福生科公司的明星产品——占其营业收入 60% 的 "畒福" 牌大米，在多个大米批发商处都不见踪迹，与该公司的宣传截然不同。

通过对万福生科经营状况的了解，可以发现 "畒福" 牌大米仅在公司上市前昙花一现，各大超市的货架上铺满了万福生科的产品，伪造出了企业销售业绩很高的假象，然而在公司上市之后，超市里再也看不到这个品牌的商品。综上，该公司存在虚假宣传行为。

**（三）万福生科 2008—2012 年获得审计意见分析**

由表 5-2 可以看出，万福生科在 2008—2010 年上市前 3 年及上市后第一年（2011 年）的审计工作均由中磊会计师事务所有限公司（简称中磊会计师事务所）承担，均出具了标准无保留审计意见。

表 5-2　万福生科历年审计意见类型及内容

| 审计期间 | 审计事务所 | 审计意见类型 | 非无保留意见涉及事项 |
| --- | --- | --- | --- |
| 2008 年 | 中磊会计师事务所有限责任公司 | 标准无保留审计意见 | — |
| 2009 年 | 中磊会计师事务所有限责任公司 | 标准无保留审计意见 | — |
| 2010 年 | 中磊会计师事务所有限责任公司 | 标准无保留审计意见 | — |
| 2011 年 | 中磊会计师事务所有限责任公司 | 标准无保留审计意见 | — |
| 2012 年 | 中磊会计师事务所有限责任公司 | 保留意见加事项段 | 存在虚假记载和重大遗漏 |

数据来源：中国证监会〔2013〕49 号行政处罚文件。

通过以上对万福生科财务分析以及湖南省证监局工作人员的调查反馈信息来看，万福生科审计失败并非万福生科财务总监的造假手段高明或者隐蔽性极强造成的，也不是证监局人员审计权限之大才发现的此次财务造假事件，而是本案例中相关会计师事务所以及拥有专业能力的审计人员未能勤勉尽责，包庇被审计单位的造假行为造成的，因此，中磊会计师事务所也受到了监管处罚。

**（四）万福生科造假处罚情况**

万福生科违反了《中华人民共和国证券法》（简称《证券法》）相关规定，通过财务造假的方式骗取 IPO 发行的核准。同时，某些造假行为违法了《中华人民共和国刑法》（简称《刑法》）的相关规定，2014 年 12 月 29 日，根据湖南省长沙市中级人民法院的审理结果，万福生科欺诈发行股票罪罪名成立，对企业相关负责人处以罚金和刑事处罚。

**1. 对中磊会计师事务所的处罚**

2012 年 9 月，万福生科财务造假案件被立案调查以来，引起证监会的高度重视，在最终调查取证后对负责审计的中磊会计师事务所进行了处罚。证监会对中磊会计师事务所及签字会计师的处罚情况见表 5-3。

表 5-3　证监会对中磊会计师事务所及签字会计师的处罚情况

| 相关责任方 | 行　政　处　罚 | 处　罚　期　限 | 罚款金额（万元） |
| --- | --- | --- | --- |
| 中磊会计师事务所 | 撤销中磊会计师事务所证券服务业务许可 | 终身 | 没收收入 98 万元、罚款 196 万元 |
| 王某 | 警告、证券市场禁入 | 终身 | 10 |
| 黄某华 | 警告、证券市场禁入 | 终身 | 10 |
| 邹某文 | 警告 | | 2 |

其中，对于中磊会计师事务所和签字会计师的处罚公告第〔2013〕49 号文件中，依据《证券法》第二百二十三条的规定，处罚如下：

1）责令中磊会计师事务所改正违法行为，没收业务收入98万元，并处以196万元罚款。

2）对王某、黄某华给予警告，并分别处以10万元罚款。

在中国证监会2013年发布的〔2013〕14号市场禁入处罚决议书、〔2013〕52号文件中，追加对中磊会计师事务所因未能履行勤勉尽责义务，依据《证券法》第二百二十三条的规定，分别做出对王某、黄某华终身证券市场禁入和撤销中磊会计师事务所证券服务业务许可的处罚。

**2. 对万福生科的处罚**

万福生科作为被审计单位，为谋求上市而不择手段，通过舞弊财务及隐瞒重大事件，致使事务所在审计过程中未能勤勉尽责地完成审计工作，造成如此重大的社会影响，证监会在调查取证后同样做出行政处罚，相关处罚情况见表5-4。

表5-4　证监会及司法部门对万福生科欺诈发行股票的处罚情况

| 相关责任方 | 行政处罚 | | 刑事处罚 | |
| --- | --- | --- | --- | --- |
| | 处罚类型 | 处罚金额（万元） | 处罚期限 | 罚金（万元） |
| 万福生科 | 警告、责令整改违法行为 | 30 | | 850 |
| 龚某福 | 警告 | 30 | 有期徒刑3年6个月 | 10 |
| 覃某军 | — | — | 有期徒刑2年2个月 | 2 |
| 杨某华、彭某雪 | — | — | 有期徒刑1年6个月，缓刑2年 | — |
| 严某贵 | 警告 | 25 | — | — |
| 蒋某初等11人 | 警告 | 20 | — | — |
| 马某啸 | 警告 | 15 | — | — |
| 黄某等5人 | 警告 | 10 | — | — |
| 杨某华 | 警告 | 5 | — | — |

资料来源：证监会官网、万福生科公告。

万福生科从2008年起，为达到上市目的，公司创始人、最大股东龚某福授命财务总监覃某军利用职务之便伪造各种银行回单、虚假合同等财务信息，涉嫌财务数额巨大，在证监会给予行政处罚后，龚某福、覃某军及龚某福妻妹移交司法部门，因涉嫌欺诈发行股票均被做出刑事判决。其他涉案人员均被证监会处于罚款、警告。

▶▶ **二、案例分析**

**（一）中磊会计师事务所胜任能力分析**

万福生科的审计事务所是中磊会计师事务所，该事务所成立于2000年，至本次审计失败发生也已经发展了12年时间。在这期间，该所不断壮大，年审计意见出具量也在不断增加，客户由成立初期年审计量只有3家发展到2011年的47家。据报道，在2012年审计失败发生后，中国证监会发布公告，要求中磊会计师事务所当年审计的12家拟IPO公司、44家上市公司、19家新三板项目以及15个债券项目，共计90个项目全部更换事务所，从侧面也可以看出，中磊会计师事务所业务量已经初具规模，且涉及面比较广。

2000—2012 年，中磊会计师事务所共对 67 家上市公司的年报进行审计，共出具了 368 份审计报告，其中出具的标准无保留意见共计 309 份，占比 83.97%，具体情况见表 5-5。

表 5-5　中磊会计师事务所 2000—2012 年审计意见类型

| 时　　间 | 标准无保留审计意见（份） | 审计意见合计（份） | 标准无保留审计意见占比 |
|---|---|---|---|
| 2000 年 | 3 | 3 | 100% |
| 2001 年 | 11 | 13 | 84.62% |
| 2002 年 | 10 | 15 | 66.67% |
| 2003 年 | 13 | 17 | 76.47% |
| 2004 年 | 17 | 19 | 89.47% |
| 2005 年 | 18 | 24 | 75% |
| 2006 年 | 30 | 36 | 83.33% |
| 2007 年 | 33 | 40 | 82.5% |
| 2008 年 | 37 | 43 | 86.05% |
| 2009 年 | 26 | 32 | 81.25% |
| 2010 年 | 30 | 35 | 85.71% |
| 2011 年 | 42 | 47 | 89.36% |
| 2012 年 | 39 | 44 | 88.64% |
| 合计 | 309 | 368 | 83.97% |

数据来源：CSMAR 数据库。

从表 5-5 可以看出，在经中磊会计师事务所出具的 368 份审计意见中，年平均标准无保留审计意见占比为 83.97%，其中比例最低的一年（2002 年）为 66.67%，整体来说，标准无保留审计意见占比没有出现偏高的情况。为了更好地比较中磊会计师事务所标准无保留审计意见占比的高低，这里列出了 2000—2012 年全国标准无保留审计意见占比情况，详见表 5-6。

表 5-6　2000—2012 年全国标准无保留审计意见占比情况

| 时　　间 | 标准无保留审计意见（份） | 审计意见合计（份） | 标准无保留审计意见占比 |
|---|---|---|---|
| 2000 年 | 914 | 1092 | 83.70% |
| 2001 年 | 1013 | 1169 | 86.66% |
| 2002 年 | 1070 | 1235 | 86.64% |
| 2003 年 | 1189 | 1296 | 91.74% |
| 2004 年 | 1231 | 1382 | 89.07% |
| 2005 年 | 1205 | 1377 | 87.51% |
| 2006 年 | 1313 | 1463 | 89.75% |
| 2007 年 | 1452 | 1576 | 92.13% |
| 2008 年 | 1514 | 1627 | 93.05% |
| 2009 年 | 1663 | 1781 | 93.37% |
| 2010 年 | 2017 | 2135 | 94.47% |
| 2011 年 | 2253 | 2368 | 95.14% |
| 2012 年 | 2403 | 2493 | 96.39% |
| 总计 | 19 237 | 20 994 | 91.63% |

数据来源：CSMAR 数据库。

通过对比分析可以发现，中磊会计师事务所可以说是审计比较严格的事务所，标准无保留审计意见的占比比全国平均水平低 8% 左右，但为何在万福生科审计过程中会出现如此严重的审计事件？下面将做进一步分析。

中磊会计师事务所在 2006—2010 年共审计 54 家上市公司，共涉及农林牧渔服务业、采矿业、制造业、电力热力燃气及水生产和供应业、建筑业、交通运输仓储和邮政业、零售业、公共设施服务业、综合类等九大行业。可以说，中磊会计师事务所涉及行业广，客户群体庞大，尤其是万福生科所在的农产品加工行业，客户数量有 31 家。其中，正邦科技与万福生科所在行业类型完全相同，审计时间为 2007—2011 年，较万福生科早一年接受中磊会计师事务所审计。可以说，中磊会计师事务所在审计万福生科所在行业有一定的经验，对万福生科资产规模如此小的企业有足够的专业胜任能力（正邦科技 2011 年资产规模 31.98 亿元；万福生科 2011 年资产规模 10.53 亿元）。在会计师事务所拥有一定的审计经验及专业胜任能力的情况下，万福生科审计失败的原因主要有两个：一是万福生科舞弊形成了现金流自体循环，具有一定的隐蔽性；二是审计人员的"人为因素"。

### （二）现金流自体循环舞弊分析

#### 1. 舞弊思路分析

现金流自体循环式舞弊是以虚增利润为目的，具有明确的目的和详细的计划，需要跨数年时间进行的大型财务舞弊。现金流自体循环式舞弊的关键在于保持两个平衡：第一，会计借贷方向平衡；第二，资金流入流出平衡。基于这两个平衡，现金流自体循环式舞弊的原理是这样的：

第一个平衡：借方＝贷方（利润）。

公司的利润是记录在贷方的。因此，虚构利润的时候，贷方就会存在一个多余的虚构数目。由于会计的借、贷方相等，因此，必然需要同时在借方虚计一个与之对应的资产负债科目。同时，要保证这个资产负债科目虚计的数目会长期存在，需要有理由长期挂账，且短期内不影响损益。要满足这样的条件，在贷方、借方的处理上，各有以下几种可选择的方法：

根据贷方，即利润的来源，可以分为营业利润模式和非营业利润模式两种。营业利润模式是通过虚构营业收入，虚构营业成本，将其中的差额作为虚构营业利润，从而导致利润增加的方法。非营业利润模式又有两种：一种是增加额外的非营业收入，如投资收益、营业外收入等；另一种是扣减必要的费用支出，如扣减管理费用等。在实践中，非营业利润模式由于业务特殊，容易引起关注，使用较少，而危害较大、影响较广的是营业利润模式。

根据借方，有三种可以选择的借方匹配科目。一是匹配流动资产，选择预付账款、其他应收款、可供出售金融资产等。舞弊主体资金流出形成往来挂账，或者伪造合同等形成投资款。由于需要长期挂账，预付账款需要在当期故意制造一些发生额，以使得账龄似乎变短，而其他应收款、可供出售金融资产可以解释为对外的非正规投资活动。二是匹配非流动资产，选择在建工程、固定资产、无形资产等。由于这些长期资产的价值难以衡量，这样的匹配方式更加隐蔽。这三者存在共同点，即都是将支出资本化，然后按期计提折旧或摊销，可以在以后年度悄无声息地逐渐消化，是一种较为有利的匹配方式。三是匹配负债的借方，如冲销应付账款，这种做法更为复杂，需要关联方进行配合，在实际上，使得应付关联方款项应当逐年增大，而账面上通过虚构的业务将增大的部分冲掉，账面上保持余额基本不变。

第二个平衡：资金流入＝资金流出。

要实现现金流自体循环式财务舞弊，至少需要三个舞弊实体：一是公司实体，也就是财务舞弊的主体；二是"供应商"实体；三是"客户"实体。舞弊实体可以是公司的关联方，还可以是公司操纵的账户，还可以是公司与其串通好的其他公司。公司要实现利润，需要有现金流的配合，因此，资金从"客户"实体打入公司。如果仅仅如此，那么就不算现金流自体循环，而是单纯的体外"输血"。现金流自体循环式舞弊较为特别的是，公司需要将资金打入"供应商"实体，然后在默契的安排下，由"供应商"实体打入"客户"实体，形成资金的闭环。由于要形成利润，"客户"打入公司的资金数额（伪装成收入），需要大于公司打入"供应商"的资金（伪装成成本），因此，公司还需要额外再打一笔资金到"供应商"，以实现资金流入和资金流出的平衡。在资金流入、流出平衡的循环形成后，资金就像血液一样，沿着一个方向循环往复，而根本不需要额外的资金来"输血"。现金流自体循环式舞弊的规模做得多大，与资金的流动速度相关，而与资金的量并不相关。即使只有 500 万元的资金用于舞弊，理论上只要疯狂地一年周转 20 次，也可以做出高达 1 亿元的虚构收入。

**2. 万福生科现金流自体循环舞弊分析**

万福生科首先进行财务舞弊的准备工作，与重要客户、设备供应商进行串通，合谋进行财务舞弊；而对工程建设方、原材料供应商，则自己开立账户，伪装成这些往来单位。在进行工程建设时，往往可以承包给施工队，采购大米等原料也完全可以农户的身份进行采购，因此，当取得对方身份证后，可以开立个人账户来进行操纵。由于施工队、农户都不是单位，账面上也可以理所应当地挂在个人名下。

万福生科财务舞弊的第一步是将资金从公司账户打出至工程建设方、设备供应商的账户。这里的账户一部分是经过串通的单位的账户，另一部分是自己开立的个人账户。在账面上确认为预付账款和在建工程。然后通过在建工程，在合适的时候转为固定资产，最后通过折旧慢慢消化。由于工程建设方、设备供应商要么是已经串通好的，要么是虚构的，因此注册会计师函证的审计程序要么取得了串通单位"金额相符"的回函；要么不能取得回函，而公司可以解释为供应商为农户，不知道怎么回函。于是，注册会计师只好采用替代程序，检查往来的进账单等证据。由于公司是"真金白银"式的操作，确实存在现金流，拿得出真实的进账单、转账存根等证据，因此注册会计师在这一环节难以发现问题。

财务舞弊的第二步是将资金从公司账户打出至原材料供应商的账户。财务造假部分的资金流，大部分进入了自己开立的个人账户。在账面上，确认为采购原材料。原材料入库之后，再按照既定的单耗，配比出相应的产品。在采购的环节，与虚构在建工程一样，公司"真金白银"地操作，确实存在现金流，拿得出外部证据来证明；在生产环节，一系列的生产步骤所采用的证据都是诸如入库单、检验单、领料单、成本分配表等内部证据，注册会计师只能进行核对、分析其合理性，而很难检查生产的真实性。由于万福生科确实有真实的生产，只是在数量上做假，注册会计师通过现场观察无法发现是否存在数量上的造假。

财务舞弊的第三步是虚构生产的人工成本。为了使舞弊更加逼真，在生产成本中加入一些人工成本。从调账的数字来看，存货调整为1.47亿元，而人工成本仅调整了33万元，人工成本的比例远远不够。这是因为公司将正常生产的人工成本也分摊到了虚构生产的产品之中。万福生科在计提工资时有两套工资表，一套是真实的，另一套是真实和虚构的产品进行合并的。注册会计师进行审计时，只看得到真实和虚构产品进行合并的工资表，从工资表中，几乎不能发现什么端倪。如果历年都一直这样进行伪装，且虚构的产品量基本相同，那么每年的单位人工与上年相比也不会有太大变动。

财务舞弊的第四步是虚构销售。万福生科事先与重要客户进行了串通，此时，分两步走：第一步，从公司控制的、伪装成供应商和施工队的个人账户，转款至重要客户的账户。这一步不在万福生科的账面上体现。第二步，重要客户将收到的这些资金再打入万福生科的账户，万福生科作为收入确认。此时，万福生科不惜多缴增值税，对这些收入全部都开具发票，同时附有公司内部的出库单。在第一步中，注册会计师不能检查供应商、客户的财务资料，无法发现其中的猫腻。在第二步中，按照一般的会计师事务所对待IPO审计项目的要求，注册会计师一般要向客户函证收入情况，此时，由于客户已经串通好，因此函证也是取得"金额相符"的回函，不能发现收入造假的情况。在这里，注册会计师没有查验公司发运单据或客户的签收单据等外部证据，或者万福生科提供了伪造的外部证据，而注册会计师没有发现。因为作为客户，公司能够配合进行资金流的操作，已经相当"给面子"了，不太可能再对每一笔销售都配合地进行验收、签收。当然，如果万福生科自己伪造客户的签收签章，那么注册会计师也很难验证客户签章的真伪。在销售之后，万福生科与之前的财务舞弊案不同，并不是挂在应收账款下，而是绝大部分进行了转账支付，可以通过银行对账单、进账单、转账存根等外部证据来证明。因此，在产品已出库、发票已开具、对方已签收、货款已支付，甚至对方回函确认的情况下，注册会计师很容易说服自己，认为营业收入方面不存在重大错报。

财务舞弊的第五步是将多余的资金通过各种方式循环到体内或体外。从前四步来看，万福生科虚构的业务中，都是通过"真金白银"进行操作的，有一项资金流入，即销售产品；有两项资金流出，一是采购原材料，二是形成预付账款、在建工程。这样大规模的资金流入流出，不太可能完全平衡，因此会形成一个差额。万福生科所需要的就是将这个差额做平，以使得货币资金项目能够平衡。在前面的调整分录中可以看到，万福生科2012年上半年有9300多万元的资金从公司账户中流出，流入到公司控制的其他账户中。2012年中报更正时，这些都被中磊会计师事务所调整到了大股东龚某福的名下，形成其他应收款。单从调整报表中，很难分析出到底是通过什么样的名目，从公司流入外部账户的。这可能是预付工程款、设备款，或采购原材料的一部分，被中磊会计师事务所识别出来，这纯粹是万福生科操纵的一部分账户，这样的款项既不能算作万福生科的货币资金，也不能算作在建工程，于是调整到其他应收款暂挂。

另外，可能是由于部分产品的毛利率已经倒挂，中磊会计师事务所在原报数中确认了一个资产减值损失，在更正时将其冲回，同时冲回的还有递延所得税资产。

从万福生科整个造假链条可以看出来，万福生科的财务舞弊是经过精心策划的，同时需要很大的工作量来编写各种表格，填制入库单、出库单，在银行进行大量的转账，最后使得这些数据能够相互勾稽。

### （三）中磊会计师事务所审计失败的原因

**1. 未有效执行函证程序**

从中国证监会对万福生科的处罚书可以看出，中磊会计师事务所未对万福生科2008年年末、2009年年末的银行存款、应收账款余额进行函证，也未执行恰当的替代审计程序。其中，银行存款函证程序的缺失，导致中磊会计师事务所未能发现万福生科虚构一个桃源县农信社银行账户的事实，万福生科2008年以该银行账户虚构资金发生额2.86亿元，其中包括虚构收入回款约1亿元；应收账款函证程序的缺失，导致中磊会计师事务所未能发现万福生科2008年、2009年虚增收入的事实，中磊会计师事务所及其注册会计师在对万福生科2010年年末和2011年6月30日的往来科目余额进行函证时，未对函证实施过程保持控制。中磊会计师事务所审计工作底稿中部分询证函回函上的签章并非被询证者本人的签章等行为违反了《证券法》的规定。

**2. 未充分实施风险评估程序**

了解被审计单位及其环境是现代风险导向审计中的最基本的必要程序。如果中磊会计师事务所按照审计准则执行风险评估，应该可以了解到我国稻米加工行业从2009年下半年开始，由于上游原料不足导致大面积停产，一直持续到2011年上半年，我国的稻米加工行业才开始有所转变，从而可以轻易地发现万福生科财务报告中关于销售收入迅速增长的谎言。然而，中磊会计师事务所始终没有充分关注我国稻米加工行业的重大变化，导致其没能从原材料供应的角度发现万福生科业绩高增长的谎言。

**3. 未有效执行分析程序**

分析程序包括比较分析法、比率分析法、趋势分析法。能否全面执行分析程序在现代风险导向审计中对于发现重大错报起着至关重要的作用。

通过同行业公司或行业平均水平的比较分析，可以直观地感受到目标公司的经营状况。从表5-7中我们可以看到，万福生科上市前三年，毛利率分别高于同行业的西王糖业和鲁洲生物的两三倍。这明显存在重大错报风险，而中磊会计师事务所未在审计报告中提及，因此中磊会计师事务所未执行或未有效执行此项分析程序。

表5-7　2008—2010年万福生科与同行业毛利率比较

| 公　　司 | 2008 年 | 2009 年 | 2010 年 |
|---|---|---|---|
| 万福生科 | 27.70% | 29.39% | 28.31% |
| 西王糖业 | 8.64% | 12.76% | 14.50% |
| 鲁洲生物 | 8.72% | 8.64% | 9.80% |

## ▶ 三、思路与启示

### （一）针对现金流自体循环舞弊的审计思路

第一步，对于任何重点审计项目，都需要加强实质性分析程序的细致程度，将实质性分析程序作为突破口。现金流自体循环式审计由于做到各项指标配比，因此从风险评估程序很难发现舞弊风险。在控制测试中，由于舞弊公司有意地美化、规范化，提供一系列内部控制的证据，因此很难发现舞弊公司控制薄弱之处。另外，如前文所述，进行现金流自体循环式舞弊，必须在资产负债上进行配比，那么如果实质性分析程序足够细致，有很大机会发现舞弊的端倪。因此，将实质性分析程序作为现金流自体循环式舞弊的突破口。

第二步，当实质性分析程序发现疑虑时，应当综合各个实质性分析程序的信息，进行风险评估的修正，考虑被审计单位的特征是否符合现金流自体循环式舞弊的特征。由于这种舞弊的特殊性，单一的实质性分析程序很可能无法发现舞弊的全貌，而如果将多种实质性分析程序的结果进行比较，则更易发现其中的操纵逻辑。在发现舞弊端倪之后，需要重新评估是否将现金流自体循环式舞弊所涉及的报表项目列为特别风险领域，修正重大错报风险的评估结果，修正需从实质性分析程序中获取的保证程度。

第三步，对已发现存在舞弊风险的项目，加强细节测试。审计不同于财务报表分析，需要抓住审计证据，从而得出审计结论。如果仅仅是猜测，必然不能得到被审计单位的认同，也无法证实自己找到了被审计单位的舞弊，反而使自己陷入不利的局面。因此，必须从细节测试中找到对方进行舞弊的真凭实据。在重点的报表项目，如货币资金、存货、在建工程、营业收入、营业成本等项目，要额外进行一些实质性程序。这些实质性程序的具体实施方法，将在后面进行详细阐述。

这样的舞弊审计流程，与普通的审计流程有一定的不同。首先，普通的审计流程是按照审计准则进行"风险评估—控制测试—实质性程序"。虽然审计准则要求风险评估应贯穿审计全过程，但是在实务中，极少根据获得的进一步情况修改风险评估的结论。根据现金流自体循环式财务舞弊的特点，在第一轮的风险评估程序中是无法发现舞弊信号的。因此，必须强调在审计过程中对风险评估结论重新修改的重要性。其次，普通的审计流程中，控制测试是重要的一个环节。一般来讲，风险控制薄弱的环节是错报容易发生的环节。但是，在现金流自体循环式财务舞弊中，被审计单位精心策划，很容易想到伪造一系列的内部控制良好的证据，每一项内部控制都有相当的控制支撑。当审计人员评价内部控制时，很容易得出内部控制良好的结论。因此，在针对现金流自体循环式舞弊的过程中，不能过于依赖控制测试对控制有效性的评价结论。最后，普通审计的细节测试主要检查会计记录是否正确、原始凭证是否充分、原始凭证和会计记录是否相符、记录时间是否恰当等。但是，在现金流自体循环式舞弊中应该以高度质疑的态度对待审计证据。尤其在现金流入、流出时，要对对方账户、名称有所关注，是否多笔收入或采购业务表现为同一地点或同一客户。另外，对凭证的真实性要有所留意。

### (二) 审计中的职业谨慎

第一，不能存在"利润与现金流配比，那么舞弊可能性较小"的先入为主的观念。近年来，万福生科、天能科技、新大地、紫鑫药业等案例表明，越来越多的财务舞弊倾向于将利润与现金流人为操纵成较为配比的情况，这是当下财务舞弊的一种新趋势。利润、现金流较为一致的财务舞弊，已经使得多家会计师事务所、多名注册会计师"马失前蹄"。因此，若利润、现金流不一致，那么通过应收款项进行收入舞弊的可能性较大；若利润、现金流一致，那么通过现金流自体循环式舞弊的可能性较大。

第二，项目负责人在审计中不应拘泥于审计工作底稿，而是应当对项目组发现的所有异常情况进行实时汇总，将风险评估贯穿于项目始终。当前的风险评估程序往往只在审计开始时做一次，在审计结束时再做一次，这样的安排不利于根据现场发现的线索调整审计方向，合理安排审计资源。在实务中，财务舞弊的线索往往是通过分析性程序发现的。

第三，应当重视实质性分析程序且现场完成。先行完成分析程序，意味着对全局有一个把握，可以发现趋势和疑点。在细节测试的时候，可以一边检查，一边思考其合理性。例如，先行对材料采购价格进行分析，发现本期采购价格下降，而在细节测试的时候，往往根据金额抽取样本，此时发现单价不降反升，那么就会发现异常的情形，从而引起警惕，可以怀疑是否是现金流自体循环式财务舞弊中事先安排的虚构交易，在价格上没有能够跟随市场的变化。事实上，理解财务舞弊的逻辑之后，在很多地方都可以发现问题，毕竟财务舞弊不可能做到面面俱到。如万福生科案例，如果对单位人工进行分析，可能就会发现异常情况。

第四，应当减少对细节的盲目抽查，在达到样本量的要求的前提下，对一些业务进行仔细检查。审计人员应当减少盲目抽查，应当检查的地方审计投入不足，不需要详查的地方审计投入过度，应解决这二者之间的双向矛盾。在分析的前提下，进行有针对性的检查，发现问题的效率更高。事实上，如果没有方向地检查，样本量再大也没有什么意义，只是做了一台"复印机"或"照相机"的工作。审计中，应当鼓励在收集的审计证据达到样本量要求的前提下，对部分的证据仔细检查，进行真实性鉴别，这是应对舞弊的非常有力的手段。

### （三）现金流自体循环舞弊审计中的实质性程序

#### 1. 让流水核对发挥功效

万福生科案例中，由于稽查人员获得了资金流水台账，从而取得了案件的突破口。证监会的稽查和财务核查很多时候都是通过检查资金流水发现问题线索的，这一点应值得注册会计师学习。

情况不同的是，证监会等稽查部门有足够的权限直接要求银行提供真实的对账单，更有权限要求供应商、客户提供对账单，与被稽查单位的往来进行一一核对。而注册会计师则处于明显弱势的地位，不仅没有权力调取供应商、客户的对账单，也没有明确要求被审计单位必须提供银行对账单，因此连被审计单位的对账单都不一定能够获取。从另一个角度来看，一旦取得了银行对账单，就要好好利用，让银行对账单的流水核对程序发挥功效。

一般企业造假可能存在收款不走企业银行账户，而是收到"小金库"中，或者是企业已收款，却故意不做账的情况。在这种情况下，核对银行流水是一个有效的方法。但是类似万福生科的造假，是通过"真金白银"的，现金流的发生额都是正确的，如果是通过设立关联公司，通过关联公司账户交易，一般的核对就完全失去了意义。因此，怎样才能有效运用银行对账单是值得思考的问题。

一般银行对账单的格式包括日期、摘要、流水号、发生额、余额这几栏，并没有对方账号和对方名称，因此，核对流水似乎只能核对金额。其实不然，流水核对程序，不仅可以作为发生和完整性认定的检查，也可以作为真实性检查的一个程序。核对时，不仅要将对账单与银行明细账进行核对，还应该进一步抽取凭证，核对银行进账单的日期、机构、柜员号、流水号等，可以双向检查银行对账单、进账单的真实性。这种检查程序看上去比较费时费力，但是对于货币资金存在高风险的审计项目，即使抽取的样本不多，也是一项有效的检查。在我国已经被揭发的财务舞弊案例中，有许多舞弊公司都伪造了银行对账单、进账单，在伪造过程中，主要关注的是银行、金额，而对流水号等这些细节很难做到天衣无缝。另外，通过这样的细致检查，很可能会发现一些蛛丝马迹。例如，在新大地案件中，舞弊者采取了更隐蔽的手段，但仍然有迹可循。证监会在检查新大地虚假回款时多次发现"同一天、同一银行网点、同一经办人"的"三同"现象：2011年11月、12月，新大地以采购货物、支付劳务费名义向其控制使用的个人账户转入资金，之后全额或部分取出，先后于取现当日以178个客户销售回款的名义存入新大地银行账户。共有14天存在上述存取款业务在同一天、同一银行网点由新大地同一经办人办理，存取金额全部或基本相同的情形。

因此，在流水核对程序中，从银行对账单核对至进账单，将具有更好的效果。

**2. 函证不能止于"金额相符"**

函证是注册会计师审计中非常重要的一个审计程序，通过回函可以直接获得外部证据的支持。但是，注册会计师在执业过程中，有相当一部分的项目并没有严格对函证实施过程保持控制。审计准则规定，注册会计师必须亲自发函，亲自收函。部分项目将函证的控制情况进行了一定的放宽。这虽然有一定的客观原因，但是必须保持底线，即收函必须是亲自收函。因为如果不亲自收函，对方将有篡改回函的机会。

同时，执业人员不能停留在有回函的要求上，对重要函证的回函真实性也应进行检查，查看是否有可疑之处，如收件人是否为审计人员，函证对象地址是否与寄出地址（邮局属地）一致，寄件人是否为被审计单位人员，询证函上的印章是否清晰可辨，笔迹是否与其他函证相似等。这种检查方式并不限于函证，有时也可用于其他方面，如重要合同、协议的公章，签字笔迹是否可疑，房地产购房合同上的签字与收房记录上的签字笔迹是否相符等。

**3. 加强在建工程审计**

在会计处理中，在建工程几乎可以包罗万象，往来款可以作为工程款，其中，存货可以作为耗费、领料，人工薪酬可以作为修筑费用，利息支出可以作为资本化利息。在审计实务中，对于在建工程的审计往往较为简化。在建工程的价值中，最主要的两项来源是工程款结算和工程物资的领料，因此，实务中往往检查工程合同、建筑发票、工程结算、工程物资领料，就基本上完成了在建工程的增加检查，然后对转固的在建工程进行减少检查，在建工程循环就做完了。

如果仅仅到此为止，那么在建工程审计将很难发现问题。由于各个公司的在建工程各不相同，没有形成标准的在建工程实地观察程序和分析程序。然而，这并不代表这两项审计程序没有必要做，或者没有办法做。在实地观察时，可以记录在建工程大致的占地面积、功能、主要设备，与其他的在建工程进行对照，来发现计价是否虚高。在同一单位历年都存在在建工程的情况下，这就更加方便，因为同一单位的在建工程很可能具有同质性。

如果这一期的在建工程粗略估算的单位成本比上期高，就有可能是现金流自体循环式财务舞弊的征兆。对于可能具备核算单价条件的在建工程，应当计算单价，判断其合理性，例如钢结构厂房，在全国的造价相差不大，此时与其他项目的钢结构厂房的单位造价进行比较，就能够发现其中可能存在的舞弊迹象。

### 4. 对存货和成本进行仔细分析

存货和成本是审计的一个重点，基于这个循环的特点，对于生产成本的分析是必不可少的。一般常规的分析包括存货余额的分析、生产成本结构的分析等。不过，类似万福生科这样的财务舞弊案例，如果只是粗略的分析，就发现不了其中的问题。万福生科的生产成本至少存在两个漏洞：第一，人工成本不配比，万福生科虚构的产品中的人工成本大部分是从真实的人工成本中分离出去的，因此产品中包含的单位人工成本必然偏少。第二，水电费不配比，万福生科很难操作水电费的数据，在虚构产量的时候，单位水电费必然偏少。在万福生科虚构生产越来越多的时候，单位人工成本和单位水电费也将出现越来越少的趋势，如果分析到这里，虚构生产的线索也就浮现出来了。

对存货和成本进行分析，很大程度上是比拼细心和耐心。被审计单位的产品种类有很多，而其中可能只有一两项存在问题。审计人员需要很大的耐心去选择具有重要性的种类，逐项进行分析。对于制造费用，可以使用透视表等工具，分析出各月、各产品、各性质的支出，对比发现异常的情况。

### 5. 收入的对方确认

收入的审计是审计项目最为重要的组成部分之一。越来越多的注册会计师倾向于采纳外部的审计证据。交付产品的，检查至发运单、对方提货单、对方验收单；出口的，检查至报关单、装船单；提供服务的，检查至对方验收单或服务产品；施工建筑的，检查双方共同的验收单和监理方的证明。由于这些凭证一般并未作为财务单据进入财务部，需要联系被审计的其他部门配合，有时候会比较麻烦。因此，注册会计师更喜欢对收入进行函证，对方回函确认，那么就相当于一次性取得了相当金额的外部证据。

但是，从万福生科案例来看，对收入函证的审计程序很可能失效，因为对方要么是受公司控制的，要么是串通的，要么是关联方，都可能获得证明信息相符的回函。因此，并不是说，回函就是证明力最强的审计证据，与收入相关的外部审计证据由于零散琐碎，如果是虚构的，对方一般不愿意配合作假，因此反而具有更强的说服力。

审计人员应当抽取一定的样本检查收入的外部证据，样本并不需要很多，但是对每一个样本需要落实。缺乏外部证据的，要审慎考虑没有外部证据的合理性，联系生产情况考虑是否存在实物流。

## 第二节　销售与收款审计案例——瑞幸咖啡

销售与收款循环包括销售与收款两个环节，是企业销售商品或提供劳务并收回资金的过程。它也是企业利润的主要来源，这是所有企业销售与收款业务循环的共性。但不同行业的不同企业在具体销售方式收款方式及业务流程等方面存在较大差异。在整个审计业务活动中，收入循环审计属于最重要的环节，做好收入循环审计，审计失败将会大大下降。做好收入循环审计，需要了解企业的规模、所处的行业背景，然后估计价格和推算数量，检查利润表和现金流量表，评估业务可能发生的风险。

## ▶ 一、案例背景介绍

### （一）瑞幸咖啡公司简介

瑞幸咖啡由神州优车原首席运营官（COO）钱治亚创立，2017 年 10 月第一家瑞幸门店在银河 SOHO 开业，2018 年 1 月分别于上海、北京等 13 个地区开始经营，经过 4 个月产品、流程与运管体系的磨合，于 2018 年 5 月步入正轨。

瑞幸咖啡分别于 2018 年 7 月和 12 月完成 A 轮和 B 轮融资，并于 8 月涉足轻食市场。2019 年 4 月，瑞幸咖啡向美国提交 IPO 申请，5 月 16 日确定 IPO 发行价，5 月 17 日在纳斯达克挂牌上市，股票代码 LK。其 IPO 共计发行 3300 万份 ADS（美国存托股票），每份定价为 17 美元。瑞幸咖啡从创立到 IPO 仅仅耗费 18 个月的时间，创造了当时全球最快 IPO 公司的纪录，总市值达 42 亿美元。到 2019 年年底，瑞幸咖啡的直营门店的规模已经达到 4507 家，交易用户规模也突破了 4000 万名大关。

### （二）瑞幸咖啡事件概述

#### 1. 遭"浑水"做空，予以否认

美国浑水调研（Muddy Waters Research）公司（简称浑水）在 2020 年 1 月 31 日发布了关于瑞幸咖啡的做空报告，该报告对瑞幸咖啡 2019 年财报中虚报营业收入的情况进行了极为细致的分析，指出瑞幸咖啡的商业模式存在重大缺陷。

瑞幸咖啡在 2 月 3 日出面坚决否认浑水的所有指控。4 日，中金公司作为瑞幸咖啡的主承销商以及投资方对此事发布公告，公告认为浑水机构做空报告的论证方式存在缺陷。同时，海通国际作为瑞幸咖啡的另一承销商也发布报告称，浑水机构的做空报告缺乏有效证据，没有可信性。

#### 2. 自曝财务欺诈，停牌休市

浑水机构发布对瑞幸咖啡的做空报告后，一些美国的律师事务所宣布开始针对与瑞幸咖啡有关的投资者进行民事诉讼受理程序。与此同时，浑水机构的做空报告也引起了负责瑞幸咖啡会计年度审计业务的安永会计师事务所的高度警觉，安永会计师事务所立即对瑞幸咖啡展开详细调查，并最终发现其通过大客户购置巨额咖啡代金券等方式进行财务造假。于是，安永会计师事务所在掌握了关键性证据后，将其内部关联交易汇报给了瑞幸咖啡的审计委员会。由于瑞幸咖啡 2019 年第四季度及全年的财务报告披露期限临近，但迟迟未能进行披露再次引发了大众的关注，瑞幸咖啡在 2020 年 4 月 2 日迫于多重压力，自曝其存在财务造假行为。

#### 3. 收退市通知，申请听证会

2020 年 5 月 19 日，瑞幸咖啡发布公告称，已于 15 日收到了来自纳斯达克上市资格审查部的摘牌退市通知。根据美国退市程序中听证制度的相关规定，瑞幸咖啡向美国相关部门提出了举行听证会的要求。这项制度规定瑞幸咖啡将继续保留上市资格直至听证会结束。

#### 4. 二次收退市通知，摘牌退市

6 月 23 日美股盘前，瑞幸咖啡发布公告称，由于公司未能在规定截止日期前提交

2019 年年度报告，公司收到了纳斯达克交易所的书面退市通知。这是自 5 月 15 日由于披露的虚假交易消息引发公众担忧，纳斯达克交易所决定将其摘牌后，瑞幸咖啡第二次收到退市通知。

最终，美国时间 6 月 29 日，瑞幸咖啡因为财务造假，在纳斯达克正式停牌，进行退市预案。

## 二、案例分析

### （一）瑞幸咖啡造假手段分析

#### 1. 虚增销售收入

一般来说，咖啡行业日均营业收入＝日均订单数量×每笔订单的商品数量×单价。根据浑水的做空报告和瑞幸咖啡的财务季度报告可以发现，瑞幸咖啡主要通过以下 2 种方式来实现虚增营业收入：

（1）虚增商品数量

瑞幸咖啡财报数据夸大了单个门店每日销售商品的数量，每日销售的商品数量即"每日订单数×每个订单商品数"。浑水机构的调查报告显示，瑞幸咖啡对 2019 年第三季度的门店销量夸大了 69%，同时，每家门店第四季度的日销量也至少虚增了 88%。其中，订单数量虚增的具体方法是人为提升 App 中在线订单的数量。顾客在瑞幸咖啡的 App 或者小程序中下单后会得到一个 3 位数的取餐码，取餐码即代表了该门店一天的订单数量。但是浑水通过实地调研发现，瑞幸咖啡的取餐码排列存在"跳号"的现象，即取餐码不是按照正常递增顺序进行排列的，而是会随机增加，例如 175 号订单的下一个可能是 183 号。虚增范围一般在 34～232 单，所以瑞幸咖啡平均一天的虚增订单数量就在 106 单左右。相比于在财务记录中编造更多的订单数，这是一种更加隐蔽的造假手段。同时，根据调查，瑞幸咖啡每笔订单的实际商品数量也出现了下降，从 2019 年第一季度的 1.74 件下滑至 2019 年第四季度的 1.14 件。因此，根据浑水调查数据，瑞幸咖啡单个门店每日平均订单数为 230 件，将其乘以每个订单的商品数 1.14 份，得出的单个门店每天销售的商品数实际应为 262.2 份。

（2）夸大实际销售单价

调查人员通过收集 25 843 张顾客收据，发现瑞幸咖啡每件商品的实际净售价为 9.97 元，而不是官方报告的 11.20 元，这表明瑞幸咖啡夸大了自身销售单价的 12.3%。此外，瑞幸咖啡还刻意隐瞒其提高促销力度的行为，除新用户外，瑞幸咖啡从 2019 年第四季度开始向现有用户发放免费优惠券。这一行为在不考虑免费产品的情况下，有效销售价格仍停滞在 10 元左右。

在不包含免费产品的情况下，瑞幸咖啡的鲜制饮料和其他产品的售价分别为 10.94 元和 9.16 元，分别高于官方报告价格的 12.3% 和 32.0%，其实际销售价格是上市价格的 46%，而不是管理层声称的 55%。瑞幸咖啡通过夸大实际销售单价进行财务造假，掩盖其销售收入不佳的现状。表 5-8 所示为瑞幸咖啡销售单价实际情况与报告情况对比。

表 5-8  瑞幸咖啡销售单价实际情况与报告情况对比

| | 官方报告数据（元） | 实际调查数据（元） | 虚增值（元） | 虚增占比 |
|---|---|---|---|---|
| 包含免费产品 | | | | |
| 实际净售价 | 11.20 | 9.97 | 1.23 | 12.3% |
| 不包含免费产品 | | | | |
| 鲜制饮料 | 12.29 | 10.94 | 1.35 | 12.3% |
| 其他产品 | 12.09 | 9.16 | 2.93 | 32.0% |
| 实际净售价 | 12.24 | 10.83 | 1.41 | 13.0% |

数据来源：浑水机构做空报告。

据美国华尔街日报 2020 年 5 月底的调查，在花了近两个月的时间，查阅分析了大量公司内部和公开信息之后，揭露瑞幸咖啡主要通过代金券的虚假销售来虚增收入。2019 年 4 月，瑞幸咖啡的员工通过手机号注册了个人账户，购买了兑换数千万杯咖啡的代金券，使得瑞幸咖啡虚增收入 2 亿~3 亿元。同年 5 月，中国各地的数十家公司开始重复购买大量代金券，如青岛志炫商务咨询有限公司一次性购买了价值 96 万元的咖啡代金券。在 2019 年 5 月至 11 月期间，这家公司购买了 100 多次代金券。与此同时，为了匹配虚增的收入，瑞幸咖啡还向提供原材料和配送服务关联方公司支付了款项。这些批量购买和付款逐渐形成了一个交易循环，使得瑞幸咖啡可以利用相对较少的资金达到夸大销售收入的目的。

**2. 虚增广告费用**

瑞幸咖啡虚构收入势必会导致现金流的增长，为了隐瞒收入虚构行为，需要增加相匹配的费用。新零售商业模式企业在初创期通过大规模的广告推广以及高额补贴策略打开企业知名度，吸引新用户。在新零售这种高营销费用投入的商业模式下，销售费用的虚增是比较常见的造假方式。

通过将瑞幸咖啡主动公开的财报、招股书与浑水机构的调查报告进行对比，可以发现 2019 年第三季度瑞幸咖啡虚增了近 150% 的广告费用，特别是虚增了在分众传媒（Focus Media）上的广告费用。瑞幸咖啡在 2019 年第三季度财报中披露的广告费用为 3.82 亿元，但这与央视市场研究（CTR）的点击通过率数据存在出入。CTR 的数据显示，2019 年第三季度瑞幸咖啡通过分众传媒的广告渠道实际只投放了 4600 万元，仅占其披露金额的 12%，所以瑞幸咖啡在广告费用方面就虚增了 3 亿多元。

利润由收入和成本的差值计算而来，收入和成本的同步增加一般不会导致利润的大幅提升，那么为什么瑞幸咖啡会选择增加广告费用呢？这其实是新零售商业模式的新型造假手段。

新零售商业模式以大规模的营销为初始打开市场的策略，所以在初创前几年，由于成本的高额投入，企业并不会实现盈利。投资者相对于集团层面的盈利数据，更关注门店的发展潜力、市场份额等。所以，新零售企业的利润分为两个层面：第一层面是集团层面的利润，另一层面是门店层面的利润。门店的利润是由收入减去成本、租金和员工收入计算而来，销售费用的支出则被归为集团层面。在信息不对称的情况下，门店的盈利情况给市场传递出好的导向，给投资者更多信心。根据浑水机构报告的数据，2019 年第三季度，瑞幸咖啡公示的广告费用比实际追踪的广告费用多 3.36 亿元，极为巧合的是，当季门店层面利润虚增了 3.97 亿元，两个数据非常相近，极有可能存在将广告费用的支出转入到门店层面利润的情况。

### 3. 隐瞒关联交易

首先，瑞幸咖啡与神州旗下公司存在虚假业务往来。瑞幸咖啡的董事长陆某耀早年通过创立神州租车起家，氢动益维作为神州租车的分支机构，与瑞幸咖啡通过虚构业务的方式伪造财务报表数据。具体过程是，瑞幸咖啡先通过虚假的业务将公司资金输送至氢动益维，然后氢动益维通过购买瑞幸咖啡公司产品等方式将这部分资金转回到瑞幸咖啡，这样使得瑞幸咖啡的财务报表上有亮眼的销售成绩，从而吸引更多投资者。

其次，瑞幸咖啡与关联方公司进行利益输送。瑞幸咖啡董事长陆某耀曾在 2019 年 3 月通过收购宝沃汽车将 1.37 亿元的资产输送给其同学王某因。另外，王某因在同年 8 月成立的征者国际贸易有限公司（以下简称征者）的主营业务是与瑞幸咖啡的产品链高度吻合的咖啡机销售及食物原材料供应，并且瑞幸咖啡发展新战略所需要购买的无人咖啡机和无人售卖机，均来自其关联方王某因的公司，而且征者的注册地在地理位置上与瑞幸咖啡总部非常近。此外，王某因还于 2019 年 12 月担任过中成世纪供应链管理有限公司（以下简称中成）的法人，中成的情况与征者相类似，不仅主营业务是与瑞幸咖啡产业链相关的食物原材料供应，而且注册地址也恰好在瑞幸咖啡总部的同栋同单元。然而，瑞幸咖啡的公开报表中并未披露以上相关交易。

### （二）瑞幸咖啡造假特点分析

瑞幸咖啡通过虚增收入，隐瞒关联交易，最终目的都是增加公司的销售收入，而虚增广告费用是为了掩盖虚增的收入。可以看出，公司主要是通过销售与收款这一环节进行造假的。因此，下文将主要从销售与收款这一环节对公司的审计活动展开分析。

## ▶ 三、思路与建议

### （一）瑞幸咖啡销售与收款环节存在的审计风险分析

#### 1. 订单支付系统内部控制重大错报风险水平高

瑞幸咖啡不设线下收银台，所有的交易都在线上完成。通过在线上自助下单，平台记录了所有财务信息。新零售商业模式的核心是获取和维持客户流量，这是新零售商业模式企业财务造假的高风险环节。财务信息的安全性、准确性和完整性与信息系统的一般控制直接相关，新零售商业模式下审计人员需要关注信息系统的人员权限、系统访问逻辑和业务连续性的控制是否到位。

在瑞幸咖啡财务造假事件中，瑞幸咖啡门店内订单的连续性在人为干预的情况下遭到了破坏，取餐码突破了按顺序增加的限制，根据管理层对订单量的预设随机变化。以浑水机构在 2019 年第四季度调查的某个门店为例，公示的数据显示该日预计日销量在 483 ~ 506 件，但是根据现场监控调查，实际的日销量仅为 263 件，虚构了将近一倍的销售数量。浑水机构随机选取的 151 家店铺都存在这样的情况，通过对调查数据进行处理分析可以看出，瑞幸咖啡平均每个门店在一天内通过跳单的方式虚增的交易数量为 106 个。企业将虚增数量的范围确定后，能够在造假的同时防止投资者追踪订单导致造假事件的曝光。

瑞幸咖啡信息系统的内部控制风险不仅体现在通过"跳单"行为虚增交易数量上，还体现在人为改变产品售价上。浑水机构报告中通过对收集到的 25 843 张小票统计分析，发现瑞幸咖啡将产品的售价提高了 12.3%。以第三季度为例，与瑞幸咖啡公开的现磨咖啡和其他产品的售价相比，两者的实际售价仅为 10.94 元和 9.16 元，是公开数据的 87.7% 和 68%。根据实际的销售价格计算，瑞幸咖啡门店层面并没有真正达到盈亏平衡，而是依然有 24.7%~28% 的损失。

瑞幸咖啡将信息的录入完全交给互联网，而没有设置相配备的互联网监督管理部门来应对信息技术发展大环境下这种新型数据统计方式所带来的挑战。另外，不断扩张的门店需要匹配和招募新的工作人员，对新工作人员的岗前培训不到位使得其对信息系统内在逻辑以及信息录入存在不清晰的认知，增加了信息系统内部控制风险。

**2. 销售业务量庞大不方便核查引起的财务报表层次重大错报风险**

瑞幸咖啡门店众多且分布广泛。截至 2019 年年底，瑞幸咖啡在全国一共开设了 4507 家直营门店，遍布 26 个省 74 个城市。4000 多家门店时时刻刻都在进行订单交易，会产生数量庞大的交易流水数据，审计师在审计时很难全部覆盖、面面俱到。同时，瑞幸咖啡属于流通零售企业，其销售业务面向的是广大个体消费者，大量的、小额度的收款交易不容易同银行发函询证。不同于传统制造企业，可以针对某些大额资金向对方企业或银行进行函证来验证交易是否真实。瑞幸咖啡存在因销售业务量庞大不方便核查引起的财务报表层次重大错报风险。

**3. 收入认定重大错报风险**

收入是利润的来源，对于财务报告使用者来说，上市公司的销售收入和利润是其最关心的财务指标，在当前的财务造假案例中，涉及收入确认造假的公司占很大比例，收入已经成为会计师事务所审计的高风险项目。

由表 5-9 可知，瑞幸咖啡单店收入（收入/门店数）在 2019 年第二季度和第三季度实现了大幅增长，从之前的 20 万元左右直接上升到 30.7 万元和 41.9 万元；与此同时，瑞幸咖啡的门店数量也在增长。一般来说，新兴门店要占领市场需要一个爬坡期，单个店铺的收入应该是下降的，但瑞幸咖啡在新店持续扩张的同时仍然实现了单店收入的增长，说明瑞幸咖啡老门店的收入增长速度更快，这显然是不合常理的，对此瑞幸咖啡的高层也没有给予合理的解释说明。

表 5-9　瑞幸咖啡和星巴克单店收入对比

| 项　　目 | 2018 年第二季度 | 2018 年第三季度 | 2018 年第四季度 | 2019 年第一季度 | 2019 年第二季度 | 2019 年第三季度 |
|---|---|---|---|---|---|---|
| 瑞幸咖啡收入（亿元） | 1.22 | 2.41 | 4.65 | 4.79 | 9.09 | 15.42 |
| 瑞幸咖啡门店数（家） | 624 | 1189 | 2073 | 2370 | 2963 | 3680 |
| 瑞幸咖啡单店收入（万元） | 19.6 | 20.3 | 22.4 | 20.2 | 30.7 | 41.9 |
| 星巴克单店收入（万元） | 98.6 | 97.8 | 96 | 96.2 | 99 | 98.3 |

星巴克每个季度单个门店的收入变化不大，基本维持在 98 万元左右；2019 年第三季度，瑞幸咖啡公布的单个门店收入是星巴克的 42.62%，考虑到瑞幸咖啡的单杯产品售价在 11 元左右，星巴克的单杯产品售价在 30 元左右，可以估算出瑞幸咖啡的单店产品销量需要达到星巴克的 1.2 倍（不包括食品、甜点等）。星巴克目前在中国线下咖啡市场仍然处于强势领先的地位，因此对于瑞幸咖啡的收入情况应保持怀疑的态度，其中可能存在着高估收入的重大错报风险。

**4. 小样本抽样的局限性不能将检查风险降至可接受的水平**

截至 2019 年年底，瑞幸咖啡共有 4507 家直营店。浑水机构根据这 4507 家直营店城市和位置的分布情况，随机挑选出与直营店分布情况相一致的样本门店，共雇用了 1510 位在瑞幸咖啡门店工作的全职或者兼职人员作为主要调研人员，录制覆盖整个营业时间的门店销售场景。以 10 分钟为误差区间，录制的视频覆盖了 620 家门店，记录的时长包含了 981 个工作日。通过汇总自提的消费者数量和配送人员取走的纸袋数量得到每日的订单量，再与平均每笔订单的商品数量相乘，得到平均门店日销量的大概数据。通过实时监控，浑水机构发现线下自提时瑞幸咖啡存在跳单的现象，这在瑞幸咖啡运营店长群内有直接的聊天证明。另外，通过在瑞幸咖啡开始营业和当天结束营业时分别在线上下单得出线上订单数，与监控视频相对比，发现平均每天线上订单量被夸大 106 笔。除了录制监控视频，浑水机构还通过收集客户收据来分析平均单笔订单商品数。

通过分析浑水报告可知，浑水机构以实地调研为基础，通过录制监控视频、收集消费收据、索要增值税发票再进行后期数据分析的方式，发现企业财务造假的行为。新零售商业模式下企业造假的高风险环节是客户流量，由表 5-10 可知，浑水机构的调查方式把握住了新零售商业模式企业的审计重点，对原始数据的真实性进行审查。

表 5-10　浑水机构调查方式与风险导向审计模式的区别

| 项　　目 | 浑水机构调查方式 | 风险导向审计模式 |
| --- | --- | --- |
| 审计内容 | 原始数据 | 财务信息 |
| 审计重点 | 客户流量 | 财务报表的真实性、准确性 |
| 关键审计技术 | 实地调查、数据分析 | 检查、观察、询问、函证、重新计算、重新执行、分析 |
| 数据分析方法 | 数据分析（原始消费数据的分析） | 分析性测试（财务信息的复核） |

相比于浑水机构实地调查的方式，风险导向审计中注册会计师根据成本效益原则，选择通过审计抽样的方式选取样本，并根据重要性水平判断相关科目错报是否重大，对可能存在重大错报的科目实施进一步审计程序。但是像瑞幸咖啡这样采用新零售商业模式的企业，面对的终端消费为大量的个人消费者，单笔订单的交易额很小，达不到重要性水平，无法逐笔审查交易的真实性。这体现了传统审计方式中小样本抽样的局限性。

**5. 审计人员审计技能的局限性**

社会发展，尤其是互联网的变革改变了审计的环境，这需要审计人员更新审计方法和技能。不同商业模式的涌现也要求审计人员与时俱进，不断学习新商业模式的运行模式，了解其内在逻辑。新零售商业模式是 2016 年提出来的概念，发展时间短但运用广，实践的速度已经远远超过理论发展的速度。审计人员对新零售这个新的商业模式比较陌生，精准地把握住该商业模式的审计重点还存在难度。

瑞幸咖啡财务造假事件中，企业主要是运用虚构交易、虚增单价的方式改变企业的财务数据，而这一切都是基于信息系统。瑞幸咖啡的全部交易都是通过线上平台完成的，不设立线下收银台，财务数据全部自动记录在信息系统中。无纸化的电子记录容易被篡改且不留任何证据，这种线上付款的方式决定了财务信息的安全性、准确性和有效性依赖于内部控制，尤其是对信息系统的控制。以瑞幸咖啡为例，在管理层的默许下，门店工作人员人为干预收款平台，通过"跳单"的方式虚构订单量。一般审计人员大多是财务相关专业，对信息系统的运行不太了解，无法准确识别出信息系统控制的有效性。同时，掌握审计、会计等财务知识和计算机技能的综合性审计人才的缺乏，增加了新零售商业模式下的检查风险。

## （二）启示

### 1. 关注新零售商业模式经营风险

审计人员一般以企业提供的财务资料为依据，独立监督企业的财务情况以及评估企业其他经济活动是否真实存在且符合相关规定。如果审计人员对商业模式的分析不够充分，而商业模式的经营风险能够直接带来企业财务问题。因此，了解商业模式的经营风险能够帮助审计人员合理设置审计程序，提高职业怀疑水平，合理评估新零售商业模式企业审计的重大错报风险。

新零售商业模式的经营风险体现在企业的获客成本、客户黏性和现金流 3 个方面。审计人员在开始审计工作前，需要对新零售商业模式有整体的了解，评估企业门店的扩张和营销的大额投入是否能给企业带来规模效应，在市场占有率提高的情况下能否降低单个商品成本。核心竞争力影响客户黏性，审计人员需要分析在相关行业内，该新零售企业是否通过产品的衍生价值将流量转化为收益，创造出新的收益增长点。通过查看现金流量表，审计人员可以分析经营现金流变化趋势，以合理估计该企业对融资现金流的依赖程度。

对商业模式经营风险的分析要求审计人员在初步业务活动阶段分析和了解商业模式的内在运营逻辑，判断该企业发生财务造假事件的可能性，以此作为审计工作开展的基础。

### 2. 重点执行新零售商业模式企业信息系统内部控制审计

新零售商业模式下，原始数据的真实性是审计工作的重点，由于交易数据都是通过线上平台记录和存储的，因此审计人员需要重点关注企业信息系统内部控制的有效性。

在审计工作中，审计人员通过与各部门访谈，确定各个业务流程的关键控制点，了解在信息系统中这些关键控制点的处理方式和运作的流程。另外，对信息系统管理权限的审计也是信息系统内部控制审计中的重点。了解信息录入和更改的权限，判断人为篡改数据的可能性。结合穿行测试，分析信息系统的运行是否存在漏洞。针对瑞幸咖啡销售交易全部在线上进行的特点，要求审计师额外关注其订单支付系统内部控制的有效性，审计应对措施有对订单支付系统执行控制测试、对商品销售环节执行控制测试等。

（1）对订单支付系统执行控制测试

瑞幸咖啡有 App 支付和微信小程序支付两种线上支付方式，分别查看这两种支付方式与订单支付系统的匹配、嵌入情况。通过重新执行的方式，查看通过这两种方式支付的费用与系统中记录的费用是否一致，数据是否完整、可靠。查看订单支付系统工作是否有授权、计算机的软件、硬件是否有加密保护，来保障数据的安全性。采取询问和观察的方法，查看订单支付系统的运行是否有效，是否存在舞弊的机会。

（2）对商品销售环节执行控制测试

商品销售环节控制测试具体流程如图 5-1 所示。通过询问和观察，了解瑞幸咖啡商品销售环节的内部控制在设计和执行方面的有效性。查看系统是否存在防止、发现和纠正舞弊方面的控制设计。抽取少量交易进行重新执行，通过对交易从发生到最终反映在财务报表上的整个过程进行追踪和检查，来确定收款交易过程中的重大风险点。抽取瑞幸咖啡任意半个月的销售记录原始凭证信息，检查编号是否连续、有无缺号的情况。检查公司销售业务的发生是否真实、是否完整。

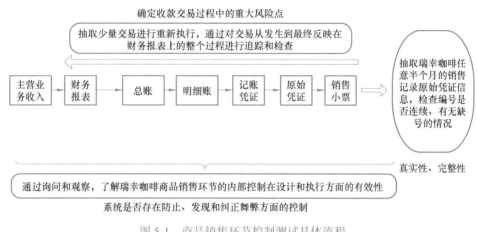

图 5-1　商品销售环节控制测试具体流程

### 3. 加快大数据审计的应用

目前，会计师事务所的审计工作仍然以传统审计方法为主，通过审查被审计单位的各类报表和账册获取审计证据。但是对于新零售企业而言，审计活动的重点应当在于原始销售数据以及信息系统。大数据审计的基础是信息系统的电子数据和内部控制，审计内容和范围不再局限于各类报表和账簿，而是扩大到所有可用的信息。以瑞幸咖啡为例，在浑水机构针对瑞幸咖啡的调查过程中，浑水机构收集的数据主要是瑞幸咖啡经营状况的原始数据，如门店营业录像、瑞幸咖啡 App 内的商品信息、顾客消费小票等。同时，浑水机构针对瑞幸咖啡门店单号的"跳单"行为，也对瑞幸咖啡信息系统的内部控制有效性产生了怀疑。随后，安永会计师事务所通过调查也发现了瑞幸咖啡财务舞弊的事实。与安永会计师事务所不同的是，浑水机构并没有接触到瑞幸咖啡的内部账簿、报表等财务资料，其调查活动完全依赖于搜集瑞幸咖啡外部数据完成，也揭露了瑞幸咖啡财务造假的情况，这说明数据式分析方法在新零售企业审计中的可行性。

因此，审计人员在审计过程中，可以将采购数据、原始销售数据、税务数据等录入信息数据库并进行初步整理，形成标准数据库进行分析，梳理出被审计单位销售业务的基本规律，确定各数据之间的关系，继而查找是否存在异常数据，之后再执行进一步的审计程序。此外，大数据与区块链技术的应用，使得信息可以及时共享，增加了随意篡改信息的难度，并且不受时间和地点的限制，在互联网平台上可以收集各个部门的数据，减少审计人员收集整理数据的时间，提高工作效率。

### 4. 对商品销售环节执行实质性程序

通过查看主营业务收入的总账、明细账是否存在大额的、异常的项目来确认已记录的销售交易是否真实。如果发现类似项目，通过追查主营业务收入明细账至销售小票及发货凭证的方式进行复核，查看入账价格是否正确，并检查交易价格是否公允。针对瑞幸咖啡在销售交易中给予大量补贴、优惠券销售折扣的行为，需要抽取部分销售小票，将销售小票列示的商品价格和价目表——核对，检查销售折扣是否合理。

### 5. 提高审计人员大数据审计能力

新兴的零售企业在信息化的时代下会存在更多的审计风险，在传统审计工作中，大部分的审计证据都是以纸为媒介的资料，而在大数据时代下，电子数据被应用到审计资料中，审计师可以在数据库中提取审计过程中所用到的审计数据与审计资料。但是就目前情况而言，还有许多审计人员没有相关专业的学习经验，从而缺乏调取、处理和分析数据的能力，尤其在面临一些复杂的信息环境情况下，许多审计师在数据的提取过程中会陷入困境。因此，为了缓解这种困境，寻找方法，加强审计人员信息系统审计能力以及提取相关数据能力是十分必要的。

会计师事务所可以通过两种方式来储备或培养信息系统审计方面的专业人才，即聘请专业的信息系统审计人员和对事务所内原有的审计人员进行专业技术的培训。对于新兴零售企业的审计，通过结合审计的风险点与信息系统审计，培养拥有良好的审计能力以及能够熟练操作信息化系统的复合型审计人才。此外，由于瑞幸咖啡会计信息系统有一定的复杂性，审计人员在审计中很可能出现对部分信息不熟悉的情况，可以邀请会计信息系统的相关专家来对其系统内部进行指导，这样能提高审计人员的专业技能并使其积累相关经验，有效地降低信息化带来的审计风险，大幅提升审计人员的相关信息系统的审计能力。

# 第六章

# 生产与存货审计案例——獐子岛存货之谜

对一般企业而言，存货在会计报表中有着特殊的地位，它既是资产负债表中流动资产的主要项目，也是现金流量表中影响营运资金的最大组成项目，同时存货计价的准确性还会对利润表产生较大的影响。在审计实务中，因存货成本计算的复杂性、数量和质量鉴定的特殊性，审计人员对存货的审计大部分停留在成本价值处于抽查测试材料费、人工费的原始凭证层面，数量和质量方面直接采信被审计单位的账面反映，不能满足审计目标的要求。因此，存货审计需要保持职业谨慎与审计技巧，才能取得较满意的审计结果。

▶ 一、案例背景介绍

（一）獐子岛公司介绍

獐子岛公司的前身是 1958 年成立的人民公社，獐子岛及其附属岛屿上的居民以海产品捕捞养殖等产业逐渐形成的以海上渔业为主的水产养殖类的集体企业。1992 年，原集体企业经长海县人民政府批复同意，成立了大连獐子岛渔业总公司。同年，大连市体改委批复同意将獐子岛主岛屿及其附属岛屿上的主要企业资产合并，组建大连獐子岛渔业集团。1998 年，大连獐子岛渔业集团经大连市体改委批准，改制为大连獐子岛渔业集团有限公司。2000 年 12 月 20 日，长海县獐子岛投资发展中心与其附属岛屿塔链岛、大耗岛和小耗岛上所属长海县獐子岛公司的经济发展中心分开，各自管理各自所属的集体资产。2001 年 4 月，原獐子岛渔业集团有限公司经有限公司的股东决议通过，后经大连市人民政府批复许可，变更为股份公司，为上市做好了充足的准备。2006 年，獐子岛集团在深圳证券交易所挂牌上市。2012 年，集团更名为獐子岛集团股份有限公司。

（二）大华会计师事务所

大华会计师事务所（特殊普通合伙），简称大华所，成立于 1985 年，是我国最具规模的八大会计师事务所之一，同时也是我国首批获准从事 H 股上市审计资质的会计师事务所。大华会计师事务所与獐子岛公司在 2019 年终止合作之前，一直担任獐子岛公司的审计工作。表 6-1 所列为 2011—2018 年大华所就獐子岛财报年审发表的审计意见。

表 6-1　2011—2018 年大华所就獐子岛财报年审发表的审计意见

| 时　间 | 审计意见类型 | 关键审计事项 | 认定关键审计事项的依据 |
| --- | --- | --- | --- |
| 2011 年 | 标准无保留审计意见 | — | — |
| 2012 年 | 标准无保留审计意见 | — | — |
| 2013 年 | 标准无保留审计意见 | — | — |
| 2014 年 | 标准无保留审计意见 | — | — |
| 2015 年 | 标准无保留审计意见 | — | — |

（续）

| 时　　间 | 审计意见类型 | 关键审计事项 | 认定关键审计事项的依据 |
|---|---|---|---|
| 2016 年 | 标准无保留审计意见 | — | |
| 2017 年 | 保留审计意见 | 生物资产的存在和损失确认 | 由于生物资产计量和存在的特殊，存在数量确认可能不准确的潜在错报，且可变现净值的确定需要管理层做出重大判断 |
| 2018 年 | 保留审计意见 | 生物资产的存在和损失确认 | 由于生物资产计量和存在的特殊性，存在数量确认可能不准确的潜在错报，且可变现净值的确定需要管理层做出重大判断 |

资料来源：獐子岛 2011—2018 年年度审计报告。

### （三）獐子岛 2014—2020 年"扇贝事件"概要

獐子岛 2014—2020 年共突发 3 次大规模扇贝受灾事件：第一次扇贝受灾原因系北黄海冷水团异动导致的水温异常，合计影响净利润 7.63 亿元；第二次扇贝受灾原因系降水减少、养殖规模扩大导致的饵料短缺，合计影响净利润 6.29 亿元；第三次扇贝受灾系养殖密度及规模不合理扩大、水温波动、饵料缺乏、水下病虫害问题等多方面因素综合作用的结果，合计影响净利润 2.91 亿元。

**1. 2014 年 10 月第一次扇贝受灾事件**

（1）事件的发生

2014 年 10 月，獐子岛发布公告称，因北黄海遭遇冷水团，公司在 2011 年和 2012 年播撒的 100 多万亩（1 亩 ≈ 666.67m²）即将进入收获期的虾夷扇贝绝收。随后，獐子岛即对公司的生物资产展开了盘点。在进行简单抽测以后，即将 2011 年和 2012 年播撒的账面成本约为 7.35 亿元的虾夷扇贝予以核销，计入营业外支出。本轮两次底播的虾夷扇贝成本账面明细见表 6-2。

表 6-2　2014 年扇贝受灾存货核销及计提跌价准备情况

| 资产名称 | 亩数（万亩） | 账面金额（万元） | | | | |
|---|---|---|---|---|---|---|
| | | 合　计 | 苗　种　费 | 海域使用金 | 资本化利息 | 其　他 |
| 2011 年底播虾夷扇贝 | 76.08 | 58 642.56 | 42 392.94 | 7209.80 | 6910.38 | 2129.44 |
| 2012 年底播虾夷扇贝 | 29.56 | 14 819.37 | 10 930.96 | 1845.28 | 660.93 | 1382.20 |
| 合计 | 105.64 | 73 461.93 | 53 323.90 | 9055.08 | 7571.31 | 3511.64 |

数据来源：獐子岛对 2014 年 11 月 3 日深交所《关于对獐子岛集团股份有限公司的问询函》（中小板问询函〔2014〕第 124 号）的回函。

（2）会计师事务所监盘情况及审计意见

在獐子岛公司对外公布这一消息前，大华会计师事务所根据有关法律法规，随机抽取獐子岛公司养殖的虾夷扇贝进行审计监盘工作。但是这次抽样盘点实际执行时，审计人员执行监盘程序的时间仅仅只有 3 天，参与盘点工作的只有獐子岛公司的会计人员、海上工作的船员。此次审计人员监盘核查的重点是在 2011 年度采取底播方式养殖的 757. 90 亩虾夷扇贝以及 2012 年度底播养殖的 740. 49 亩虾夷扇贝。监盘的详细结果见表 6-3。

表 6-3　大华会计师事务所 2014 年獐子岛存货盘点结果

| 底 播 年 度 | 抽测面积（亩） | 平均壳高/cm | 数量（枚） | 平均重量/g | 平均亩产/kg |
| --- | --- | --- | --- | --- | --- |
| 2011 年 | 757. 90 | 9. 2 | 14 667 | 101 | 1. 95 |
| 2012 年 | 740. 49 | 9. 8 | 12 272 | 141 | 2. 33 |

大华会计师事务所在执行审计监督的过程中，取得了与该项程序有关的审计证据。通过对审计证据的分析，大华会计师事务所认为獐子岛公司在对虾夷扇贝的会计处理中计提的核销金额与减值金额是准确的，并且审计意见中也发表了对盘点结果与实际养殖情况一致的结论。

在獐子岛公司于 2015 年 4 月 28 日披露的年度报告中，大华会计师事务所针对獐子岛 2014 年财务报表信息状况出具了标准无保留审计意见。

**2. 2018 年 1 月第二次扇贝受灾事件**

**（1）事件的发生**

2018 年 1 月 31 日，獐子岛突发 2017 年度业绩预告修正公告及重大事项停牌公告，表示其在进行年末底播虾夷扇贝存量盘点时，发现部分海域存货异常，可能对部分底播虾夷扇贝存货计提跌价准备或核销处理，目前正在对具体影响情况进行核查，预计可能导致獐子岛 2017 年度全年亏损。

2018 年 2 月 5 日，獐子岛发布关于底播虾夷扇贝 2017 年终盘点情况的公告，详细说明了此次扇贝受灾的发现过程、受灾原因以及影响金额。公告表示，獐子岛 2017 年度虾夷扇贝年底存货盘点结果显示亩产过低，预计核销成本和计提减值后，合计影响净利润 6. 29 亿元，具体核销及减值情况见表 6-4 和表 6-5。獐子岛公司在 2014 年底播的扇贝全部做了核销处理，这样处理的原因是底播的苗种亩产达不到预期，预计未来收益弥补不了采捕成本。与 2014 年的百分百核销相比，2015 年底播的虾夷扇贝只核销养殖数量的 61%，2016 年核销处理的底播虾夷扇贝占投苗数量的比率达到了 91%，这两年的底播虾夷扇贝核销的原因与 2014 年一样，都是因为满足不了预期收益。与此同时，獐子岛公司对 2015 年度、2016 年度的虾夷扇贝存货跌价金额共计为 5110 万元，比账面价值的 40% 还多。这两个因素加在一起，造成的利润亏损总额约 6. 29 亿元，并全部归到了 2017 年的业绩报告中。

表 6-4　2018 年扇贝受灾存货核销情况

| 资 产 名 称 | 面积（万亩） | 账面价值（万元） | 亩产/kg |
| --- | --- | --- | --- |
| 2014 年底播虾夷扇贝 | 21. 14 | 13 322. 79 | 0. 49 |
| 2015 年底播虾夷扇贝 | 30. 42 | 15 788. 37 | 0. 74 |
| 2016 年底播虾夷扇贝 | 55. 60 | 28 646. 79 | 0. 73 |
| 合计 | 107. 16 | 57 757. 95 | — |

表 6-5　2018 年扇贝受灾计提存货跌价准备情况

| 资产名称 | 面积（万亩） | 账面价值（万元） | 资产可回收金额（万元） | 跌价准备金额（万元） |
|---|---|---|---|---|
| 2015 年底播虾夷扇贝 | 19.10 | 9912.14 | 6815.48 | 3096.66 |
| 2016 年底播虾夷扇贝 | 5.20 | 2679.21 | 665.83 | 2013.38 |
| 合计 | 24.30 | 12 591.35 | 7481.31 | 5110.04 |

（2）会计师事务所监盘过程及审计意见

在本次大华会计师事务所的监盘工作中，审计人员与獐子岛公司参与盘点人员以及海洋专家一起执行的监盘程序。随机选取盘点的海域，对养殖的虾夷扇贝数量和规格进行盘点。根据相关信息的披露，执行盘点程序的时间有 11 天，且并不连续，具体包括 1 月 18 日、19 日、20 日、27 日、28 日、29 日、30 日、31 日，以及 2 月 1 日、2 日和 4 日。审计人员将抽取海域中采捕上来的虾夷扇贝的数量、重量进行了统计，具体见表 6-6。

表 6-6　大华会计师事务所 2018 年獐子岛盘点结果

| 底播年度 | 抽测面积（亩） | 平均壳高/cm | 数量（枚） | 平均重量/g | 平均亩产/kg |
|---|---|---|---|---|---|
| 2014 年 | 806.51 | 10.9 | 2463 | 159.45 | 0.49 |
| 2015 年 | 1044.16 | 9.4 | 52 237 | 141 | 4.37 |
| 2016 年 | 1615.89 | 7.7 | 23 036 | 87.34 | 0.84 |

同年，大华会计师事务所为獐子岛公司提供了一份保留意见的审计报告。对此，审计人员也表达了自己出具保留意见的依据：一方面是怀疑獐子岛公司能否继续运营下去。因其资产负债率达到89.78%，资金上的缺口达到了 12.12 亿元，但每股净资产却只有 0.49 元。另一方面是基于证监会对獐子岛公司执行了立案调查的程序。该事件的调查结果是否会对财务报表产生的影响还没有办法判断。若产生了影响，则会影响到什么程度等。因此，注册会计师持保留意见。

**3. 2019 年 11 月第三次扇贝受灾事件**

（1）事件的发生

2019 年 11 月 12 日，獐子岛突发扇贝秋测风险提示公告，表示獐子岛在进行例行秋季抽测的过程中发现底播虾夷扇贝出现大比例死亡情况，其中部分海域死亡贝壳比例占 80% 以上，且部分死亡贝壳中还存有软体，说明死亡时间距抽测时间相近，预计构成重大底播虾夷扇贝存货减值风险。此次核销和减值预计对 2019 年度业绩产生重大影响，具体核销及减值情况见表 6-7 和表 6-8。

表 6-7　2019 年扇贝受灾存货核销情况

| 资产名称 | 面积（万亩） | 账面价值（万元） | 亩产/kg |
|---|---|---|---|
| 2017 年底播虾夷扇贝 | 12.00 | 7526.76 | 0.13 |
| 2018 年底播虾夷扇贝 | 27.07 | 12 035.57 | 2.37 |
| 合计 | 39.07 | 19 562.33 | 1.68 |

表6-8　2019年扇贝受灾计提存货跌价准备情况

| 资产名称 | 面积（万亩） | 账面价值（万元） | 可变现净值（万元） | 跌价准备金额（万元） |
|---|---|---|---|---|
| 2017年底播虾夷扇贝 | 13.00 | 8153.99 | 343.96 | 7810.03 |
| 2018年底播虾夷扇贝 | 0.90 | 400.10 | 4.24 | 395.86 |
| 合计 | 13.90 | 8554.09 | 348.20 | 8205.89 |

2020年2月29日，獐子岛发布了《关于2019年度计提资产减值准备及核销部分资产的公告》，公告表示獐子岛方与年审会计师共同进行了年末存量盘点，盘点结果显示虾夷扇贝亩产过低，根据受影响海域存量情况共计核销成本、计提跌价准备2.91亿元。

（2）会计师事务所审计意见

扇贝消失事件再度引起证监会对獐子岛公司披露的2018年年度报告和2019年第一季度财务报告的高度关注。同时，獐子岛公司再次被证监会点名。2018年的审计报告已经由大华会计师事务所出具，并且是带有保留意见的审计报告。

獐子岛公司于2019年12月13日宣布终止与大华会计师事务所的长期合作关系。獐子岛公司2019年的会计报告由亚太会计师事务所进行审计。亚太会计师事务所继大华会计师事务所之后为獐子岛公司提供2020年度财务报告的审计服务，并发表了保留意见。

（四）事件影响

獐子岛连续发生的"扇贝消失"事件，除了让獐子岛股价直创新低，给投资者带来惨重损失外，也令审计行业反思，自身实力是否能够承受水产养殖业公司生物资产的高审计风险。2019年9月，大华所不堪中注协、证监会、市场及舆论的四重压力，停止与獐子岛合作；而獐子岛在3个月后才找到接替的审计机构亚太会计师事务所。审计机构因惧怕审计失败，而不愿意接手水产养殖业生物资产审计这个"烫手山芋"，有的水产养殖公司甚至出现了审计缺位的情况。

因此，必须对水产养殖公司的审计风险进行分析，以降低审计人员的审计风险。由于獐子岛公司审计风险的来源主要是存货和生产成本，下文将主要从生产成本和存货这两个方面来分析其审计风险。

## 二、案例分析

### （一）生产成本与存货报表层重大错报分析

#### 1. 股权结构失衡

20世纪80年代末，獐子岛仍是一家集体所有制企业。从1996年到2001年，吴某刚先后兼任獐子岛镇镇长、镇党委书记以及獐子岛公司总经理、董事长。这样政企不分的管理模式就有可能导致当地政府直接干预獐子岛公司的经营，阻碍獐子岛公司成为独立的法人实体。此外，政企职能错位、产权管理责任不清，这些弊端都会导致獐子岛日常低效率运营以及国有资产的流失，这样的运营模式也为之后獐子岛经营业绩下滑埋下了伏笔。

2001年，獐子岛完成了股份制改造，吴某刚辞去政府公职，正式走马上任，成为獐子岛公司的董事长。经过几年的发展，在2006年9月，獐子岛公司在深交所成功上市。在这一年，时任獐子岛公司董事长的吴某刚，持有公司848万股，持股比例为7.5%，是当时公司的第三大股东。除他之外，其他持股比例较大的股东都是集体所有制企业。比如背靠长海县獐子岛镇人民政府的长海县投资发展中心，持有5390.48万股，持股比例为47.66%，是当时公司的第一大股东。排在吴某刚前后的分别是长海县獐子岛褡裢经济发展中心和长海县獐子岛大耗经济发展中心，这两大股东都是獐子岛村民持股平台，均为集体所有制企业。这三大集体所有制企业长期占据獐子岛公司前三大股东的位置，直到2016年9月，由獐子岛部分董事、监事、高管以及员工参与认购的基金——和岛一号基金成了獐子岛第二大股东，持股比例为8.32%。截至2019年6月，上述三大集体所有制企业仍然占据獐子岛第一、三、四大股东的位置，持股比例近50%。这种长期的近绝对控股使得獐子岛公司的股权结构失衡，股权上缺乏有效的制衡。由于集体企业的产权并不明晰，因此其难以成为市场化、专业化的股东，这样集中的股权结构和较差的股东质量可能会使股东权利难以得到有效的限制和制衡，彼此之间缺乏牵制，就可能会出现企业内部控制受制于管理层，从而失去作用。可以说，獐子岛后期经营业绩下滑，甚至进行财务造假，控股股东难辞其咎。这为此次獐子岛财务造假提供了便利，也无形中增大了审计过程中的重大错报风险。

**2. 治理结构复杂**

獐子岛管理层变动频繁，治理层与管理层合二为一，在2014年扇贝事件发生前就被爆出过诸如采购环节收受贿赂等类似管理丑闻，前任董事长吴某刚的哥哥吴某敬、弟弟吴某记也曾分别担任主要分公司及业务环节的实际控制人，整体治理结构混乱，权责不明、利益交织。

獐子岛绵长的产业链也给整体企业组织结构设置和治理能力优化造成困难。獐子岛实行集分权制度，2014—2017年均采取总部若干职能中心加下设业务群的组织结构模式，总部设置审计监察部、职能中心等5个部门，总部下设海洋牧场业务群、新业态业务群、冷链物流业务群等业务群组；2018—2019年，在原有职能中心和业务群的结构下，在总部下又增设了贝类资源养护事业部、沿岸资源养护事业部以及海参资源养护事业部3个事业部；2020年因财务造假高管层"大洗牌"后，组织架构上总部职能中心由10个减少至6个，并取消了业务群，重组事业部，总部下设新零售事业部、供应链事业部、海外事业部、三倍体牡蛎事业部、海参与苗种资源事业以及增养殖事业部，试图减少管理层级，协同增效。但整体上，组织结构仍较为复杂，各业务群或各事业部之间的联系和协作能力较差，内部控制的综合适应性差。

综合来看，獐子岛治理结构呈现政企混合性，各大股东关联性较高，且业务结构复杂，多头管理，各业务部门协调性差，内部控制的有效设计和运行难度大，管理层凌驾于控制之上的风险高，整体重大错报风险水平高。

**3. 盲目扩张**

獐子岛公司自2006年上市以来，为了迅速抢占市场和目标客户，开始不断扩大经营规模，战略目标过于急功近利。公司的养殖海域面积已经由2006年的65.63万亩扩张到2014年的360余万亩，或许是受到扇贝苗投放数量的减少以及扇贝遭受海洋自然灾害的影响，近年来獐子岛的养殖海域面积已经缩减至300万亩以下。到2019年，獐子岛公司宣布将在2020年上半年前放弃海况相对复杂的养殖海域或暂停部分适用海域约150万亩，继续缩减养殖规模。在虾夷扇贝底播面积方面，獐子岛公司已由 2006 年的 56.15 万余亩增加到 2014 年的 183.68 万亩左右，受近几年公司经营业绩下滑的影响，2017 年、2018 年公司的虾夷扇贝底播面积已均不足 100 万亩。

獐子岛公司的养殖规模长期以来都非常大，如果部分养殖的虾夷扇贝超过该养殖区域的养殖容量的话，的确有可能导致扇贝大面积死亡。一旦出现海洋自然灾害等异常情况，这样的问题将会更加严重。即便是在正常的养殖状况下，海产品的养殖过程中仍然会面临很多风险，不论是气候异常，还是海水温度的变化，都会对养殖海产品造成一定程度的影响。獐子岛公司是我国首个在黄海北部开展虾夷扇贝规模化底播养殖的公司，黄海北部区域自然环境复杂，生态环境变化快，獐子岛公司尽管有先进的养殖技术，但仍然缺乏可以借鉴的同类型、同地区的养殖经验，这可能导致其对相关海域的自然风险不能被有效地监控。在这样的情况下盲目扩张，给公司的经营带来了较大风险。

### 4. 控制活动存在缺陷

獐子岛公司的控制活动存在一定的缺陷，这里以公司虾夷扇贝苗的采购环节为例。在 2012 年 3 月，大连市当地的公安机关就接到举报，对方表示獐子岛公司员工在收购虾夷扇贝苗种的过程中存在收受贿赂的行为，而举报此事的正是知道事件内情的獐子岛公司内部员工。随后这一事件不断发酵，引来了广大投资者和社会公众的关注和质疑。在公安机关的介入下，相关采购人员被执法部门调查，涉事会计被依法追究刑事责任，采购环节的主要负责人吴某记也受到了公司的内部处置，他的身份是时任獐子岛公司董事长、总裁吴某刚的弟弟。在此后的 2014 年和 2018 年，獐子岛相继曝出扇贝"逃跑"和大面积死亡的消息，而据事后调查以及相关知情人士透露，獐子岛所投放的扇贝苗质量低下、数量较少才是其死亡的根本原因。

2019 年 11 月，实地探访獐子岛公司扇贝采购和养殖情况的记者来到獐子岛公司虾夷扇贝的养殖场，该养殖场位于辽宁省大连市长海县。通过询问獐子岛扇贝苗供应商发现，獐子岛基层采购人员在收购扇贝苗时，的确存在缺斤少两和偷工减料的情况，公司负责基层采购的采购人员和负责记录的会计人员，与扇贝苗养殖户的关系非同一般，一个 50 斤的采购标准箱，即使没有装满，采购人员也经常不过称，而是直接按照满箱计算，在这个过程中，采购人员、会计记录人员和养殖户均"各取所需"。公司收苗的时候会用筛子进行筛选，太小的采购人员不要，长度至少要在 2.8cm，3cm 以上最好，但是如果基层采购人员和养殖户关系好，即使达不到这个标准，采购人员也会收购。这就导致獐子岛公司实际往海里投放的扇贝苗与计划数根本不符，扇贝苗的质量也难以得到保证。由此可以看出，不论是在扇贝苗采购的数量上还是质量上，均与獐子岛公司的原计划存在出入，基层采购人员和会计记录人员违背公司规章制度和会计制度的情况确实存在。

### 5. 扇贝特性致使固有风险高

虾夷扇贝作为獐子岛主要的生物性资产存货，具有生长周期性、环境敏感性以及生存区域深广等特殊属性。扇贝底播过程中，通常有 2~3 年的生长周期，生长期内扇贝的生长状况受海域环境变化而存在差异，缺氧、缺食、高温、敌害、台风、冷水团、气象异常等均会对扇贝的品质产生影响。值得关注的是，一方面，生存环境内各因素变动很难精准、及时地监测预警，且各因素变化与扇贝品质的关联性以及对其影响程度尚未有科学的标准依据，防控措施很难及时有效；另一方面，底播扇贝增养殖过程发生在水下，且不同底播区域扇贝的生长状况也存在较大差异，整体扇贝状况难以预估，往往需要通过年度内的打捞抽测，进行存货品质的测算，但除抽样风险外，拖网捕捞过程中，如果拖网工具未进行生态保护性的改良，捕捞过程就会对扇贝生存环境产生人为二次破坏，影响扇贝的生长。除此之外，虾夷扇贝的生长周期一般为 2~3 年，外貌特征相似，难以辨别，可以自由活动，盘点人员难以准确区分和确定生物资产所属哪一年度。这些都加大了对存货实地盘存的难度。综合来看，扇贝存货的生物属性致使整个审计过程多方面都不可控，固有风险高。

### 6. 生物资产存货的环境依赖性大

獐子岛公司的存货资产的产出在很大程度上依赖一个适宜且无灾无害的环境。为了能大规模、集约化的产出，獐子岛公司一直专注于海洋牧场的建设。以虾夷扇贝为主的消耗性生物资产，就养殖在海洋牧场里。獐子岛公司养殖的消耗性生物资产对海洋环境的要求比较严格。虾夷扇贝需要在淤泥少、地质硬的海底生长，而且海水深度在 20~30m 才是最合适的。海底地质过于坚硬或者湿软都会对苗种的存活和生长有严重的影响，海水的深度不够会使扇贝苗遭受风浪。除此之外，海水温度和含盐浓度、赤潮、核漏、养殖容量等都会对虾夷扇贝的存量带来巨大的威胁。审计人员在测算虾夷扇贝的数量和规格时会受到养殖环境和范围的影响，不可能亲自下水一一盘点清楚，只能通过抽样监盘的方式测算样本点虾夷扇贝的质量及数量，进而估算出整个海洋牧场养殖的数量与质量。若审计人员不够谨慎，就会被蒙蔽，得出错误的测算结果。

獐子岛公司在 2010 年度新增养殖面积 120 多万亩的养殖海域，海洋牧场的总面积达到了 285 万亩。其中，底播虾夷扇贝的养殖面积 120 多万亩，超过前两年的总和。到 2014 年扇贝死亡事件之前，獐子岛公司每年都会对海洋牧场的建设投入一定的资金。虾夷扇贝养殖规模的扩大，使得部分养殖海域的海水深度达到了 45m。到 2014 年，根据獐子岛公司披露的年报，深海底播的养殖面积已经达到了 20 多万亩，到 2016 年已经高达 60 万亩。所以，2014 年獐子岛公司虾夷扇贝的死亡原因到底是冷水团还是底播养殖的不合理，并不是特别确定。

### （二）生产成本与存货认定层重大错报分析

#### 1. 虚构营业成本

在 2016 年，獐子岛公司为了避免因连续亏损 3 年而面临退市的情况，虚构了当年的营业成本，主要涉及的就是底播虾夷扇贝的成本。獐子岛公司结转底播虾夷扇贝的成本本就具有较强的可操作性，具体来看，其虾夷扇贝的成本是以当月所有捕捞船只作业的捕捞区域内的底播虾夷扇贝为依据。但是，当年捕捞船只作业的捕捞区域这一关键性证据，獐子岛公司却是由人工填报的，具有较大的随意性，同时也缺乏捕捞船只的航海日志来进行相互印证。证监会在对此调查的过程中，对獐子岛公司虾夷扇贝的底播和捕捞进行了全过程的还原和追溯，运用北斗导航定位系统，通过专业机构的支持和帮助，还原了捕捞船只的真实航行轨迹，进而复原了公司真实的捕捞区域。经过第三方专业机构的测算，獐子岛公司所记录船只的捕捞区域与通过北斗导航定位系统复原的真实捕捞区域大相径庭。经过计算，獐子岛公司 2016 年度账面结转捕捞面积较实际捕捞面积少 13.93 万亩，由此，獐子岛公司 2016 年度虚减营业成本 6002.99 万元。通过上述违规操作，獐子岛公司在 2016 年"顺利"扭亏为盈，避免了退市。

到 2017 年，公司不得不开始填补上一年度财务造假的漏洞。运用北斗导航定位系统，证监会再一次还原了獐子岛公司在 2017 年的真实捕捞区域，结果不言自明，同样与其所记载的相去甚远。最后经测算，獐子岛公司 2017 年度账面结转捕捞面积较实际捕捞区域面积多 5.79 万亩。由此，獐子岛公司 2017 年度虚增营业成本 6159.03 万元。獐子岛公司将以前年度已采捕完毕未结转成本的虚假库存在本年度一次性核销，造成了当期营业成本的虚增。

**2. 虚构营业外支出**

运用同样的方法，证监会也查明了獐子岛公司在虚构营业外支出上的造假手段。证监会通过使用北斗导航定位系统，再加上獐子岛方面提供的 2016 年和 2017 年年初底播虾夷扇贝库存图，真相跃然纸上。在 2016 年年底，獐子岛公司对部分区域重新进行了底播，但是从北斗导航定位系统还原的捕捞船只轨迹来看，这部分区域并没有捕捞船只的航行轨迹，也就是说，该部分区域的虾夷扇贝在上一年并未进行捕捞，但在 2016 年再一次进行了底播。根据獐子岛公司的成本核算方式以及会计核算一贯性原则，上述区域已经重新底播但未捕捞的库存资产应做核销处理，计入营业外支出，但獐子岛并未有任何会计处理行为。由此经过计算，獐子岛公司 2016 年度虚减了营业外支出 7111.78 万元。

在 2017 年，獐子岛对已经重新底播但未捕捞的虾夷扇贝仍然没有做核销处理。这一次，獐子岛公司在 2017 年度虚减营业外支出 4187.27 万元。此外，除了虚减营业外支出，獐子岛公司还对营业外支出进行了虚增操作。根据獐子岛公司 2018 年 2 月 5 日发布的《关于底播虾夷扇贝 2017 年终盘点情况的公告》（以下简称《年终盘点公告》）和 2018 年 4 月 28 日发布的《关于核销资产及计提存货跌价准备的公告》（以下简称《核销公告》），证监会发现，獐子岛宣称的核销区域与捕捞船只实际作业区域存在重合之处。经测算发现，獐子岛公告中所披露的核销海域中，獐子岛盘点的 2014 年年底播区域的 70 个点位已全部实施捕捞；2015 年底播区域的 119 个点位已实际捕捞 80 个点位。2014 年、2015 年和 2016 年底播的虾夷扇贝分别有 20.85 万亩、19.76 万亩和 3.61 万亩已在以往年度采捕，不能作为核销的库存资产处理。由此，獐子岛公司在 2017 年度又虚增了营业外支出 24 782.81 万元，占核销金额的 42.91%。综上，2017 年度獐子岛公司合计虚增营业外支出 20 595.54 万元。

**3. 虚增资产减值损失**

獐子岛公司对资产减值损失的虚增与前文提到的手段一样。如果当年捕捞船只已经对某一区域进行过捕捞作业，那么该区域肯定不会再计提资产减值损失。但是獐子岛公司的《年终盘点公告》和《核销公告》显示，獐子岛对底播虾夷扇贝计提减值的区域与捕捞船只实际作业的区域存在重合之处。经第三方专业机构测算，在獐子岛对底播虾夷扇贝计提减值的区域中，2015 年和 2016 年底播虾夷扇贝分别有 6.38 万亩、0.13 万亩已在以往年度采捕，不存在计提存货减值准备的情况。由此，獐子岛公司 2017 年度虚增资产减值损失 1110.52 万元，占减值金额的 18.29%。

综合上述三点，獐子岛对营业成本、营业外支出和资产减值损失都存在不同程度的虚增或者虚减行为。受到这三方面的影响，獐子岛 2016 年、2017 年连续 2 年的利润存在严重失实，均存在不同程度的虚增或虚减。具体来看，2016 年，受到虚减营业成本和虚增营业外支出的影响，獐子岛公司虚增利润 13 114.77 万元，虚增利润占当期利润总额的 158.11%。2017 年，受到虚增营业成本、虚增营业外支出和虚增资产减值损失影响，獐子岛公司 2017 年年度报告虚减利润 27 865.09 万元，占当期披露利润总额的 38.57%。

（三）检查风险分析

**1. 控制测试执行不到位**

大华会计师事务所曾经在对深圳证券交易所问询函的回复中表示，大华会计师事务所已经履行了作为外部审计机构的监督职能，并认为在履行审计服务的过程中，为獐子岛公司设计和实施的审计程序是合理合规的。其中，针对消耗性生物资产内部控制的控制性测试程序符合审计准则的规定，主要包括以下几点：

（1）检验是否存在关于消耗性生物资源的内部控制措施

在询问书中，大华会计师事务所记录到，审计人员只获取了獐子岛公司内部使用的《虾夷扇贝三级苗种育成操作指导书》《虾夷扇贝底播增养殖作业指导书》等内部控制文件，并对文件内的内容进行了检查，但并没有具体披露如何实施控制性测试。如果獐子岛公司在上述文件中提到的内部控制措施实际上并不存在，或者这些内部控制措施存在但没有发挥应有的作用，那么将无法有效识别并预防重大错报风险。

（2）检查 2011—2016 年消耗性生物资产的相关数据

獐子岛公司的存货和其他企业存在很大的区别。虾夷扇贝等产品生存环境的特殊，决定了相关测量工作需要专业人士的参与，来确定存货的数量以及质量，进而判断是否达到采捕或销售的标准。《底播虾夷扇贝春季、秋季存量调查报告》等文件可以作为行为参考规范。

通过大华会计师事务所的回复函可知，大华会计师事务所很信任獐子岛公司公布的指导规范文件，但是并没有重视獐子岛公司在经营活动中是否遵循这些指导文件的规定，只有在 2017 年的内部控制审计报告中发表了否定意见。

**2. 监盘程序执行不合理**

根据审计准则的规定，审计人员从制订审计计划到完成审计工作出具报告，每个环节都需要获得可靠的审计证据，并依据所收集审计证据中反映的信息，结合相关准则与经验发表审计意见，最终由獐子岛公司披露审计报告。獐子岛公司生产经营的消耗性生物资产数量多、个头小，其本身的生长环境使得以生物资产为中心的财务信息造假行为难以被审计人员察觉。大华会计师事务所执行的针对消耗性生物资产监盘的程序存在时间、地点、样本量以及专业知识方面的不足，具体表现如下：

（1）抽样时间不合理

2014 年，獐子岛公司原定利用在一个月内完成消耗性生物资产的盘点工作。盘点开始之前，獐子岛公司还发布过公告召集参与盘点的人员。在具体执行盘点工作的 10 月，由于恶劣气候的影响，獐子岛公司仅在 18 日、20 日、25 日 3 天内仓促地进行了一次盘点，之后也没有执行补救程序。根据审计准则的规定，如果发生非人为原因导致的意外情况对审计人员的监盘行为产生了负面影响，那么审计人员应当评估其影响程度。若审计人员认为这种负面影响会加剧审计风险，就应当再次执行监盘以确定消耗性生物资产的数量及规格。但实际上，大华会计师事务所派遣的审计人员并没有再次组织监盘工作或实施替代程序。在之后的几年里，从獐子岛公司披露的公告或者回复函中可以找到关于实施监盘程序时间的信息，最长的时间是1个月、29天、11天不等。同时，考虑到獐子岛公司的养殖规模扩大到上百万亩，与之相对的是实施监盘的时间却不增反减。这正反映了在监盘工作期间，审计人员未能做到足够审慎，不严谨、不认真的态度加大了审计失败的风险。

（2）抽样地点不合理

消耗性生物资产的监盘工作是由獐子岛公司牵头的。首先獐子岛公司会发布公告，召集所有参与生物资产监盘的人员，确定抽取的采捕区域，规划科研船只的航行轨迹。但是在取样盘点时，抽取的样本海域主要集中在獐子岛公司的南部和西南部地区，而且抽取样本海域的面积加起来占整个养殖海域的比重还不到1%，取样点数量也不多。在整个盘点的过程中，獐子岛公司一直牢牢掌握着主动权，即使审计人员对监盘计划提出异议也起不到太大作用，导致审计人员发挥监督作用时受到了很大的限制。由于抽取的样本海域位置的不合理，使得抽样方法的随机性大大降低，也限制了样本海域对整个养殖区域的代表性。从这一方面讲，审计人员在监盘程序中获取的盘点结果并不可靠，审计结果的说服力也大打折扣。

（3）样本量选择不充分

对獐子岛公司的虾夷扇贝进行盘点时，被盘点海域的地点与面积的选择是由獐子岛公司主导的。盘点过程的计划方案也是獐子岛公司参考了其他单位参与人员的意见后制订的。可以说，獐子岛公司占据盘点工作的领导地位，审计人员能发挥的监督作用有限。以2017年虾夷扇贝的年末统计，年底的盘点工作抽取的总位数有334个。截至盘点工作结束，只有326个样本点被盘点。獐子岛公司发布的盘点结果显示，虾夷扇贝的养殖水域在2017年的总面积为131.46万亩，相比之下，虾夷扇贝的盘点工作中抽样调查的面积只有3466.56亩，连养殖面积的3‰都没有，抽取样本的比例太小了。相对于以万亩为单位的养殖海域来说，抽取的样本点太少是不可能具备代表性的。因此，审计人员依据虾夷扇贝的盘点结果推算整个养殖区域的实际情况，并不具备公信力。

**3. 存货计价测试不可靠**

存货成本计价测试方面，獐子岛底播虾夷扇贝成本构成为初始投入成本（主要为苗种费、播苗费用等）、增养殖过程成本（主要包括海域使用金、采购苗种资金对应的资本化利息等）及收获期成本（主要包括采捕费、运输费、看护费等）。底播虾夷扇贝成本除收获期成本按实际发生结转外，其他成本归集后在实际发生采捕作业时，按照收获亩数乘以每亩平均成本进行成本结转，故虾夷扇贝的成本一定程度上依赖于虾夷扇贝采捕面积的记录，而通过已披露的审计程序，审计人员针对采捕面积的确认，仅为核实采捕记录、底播图或部分航海日志等獐子岛内部记录，在獐子岛内部控制存在严重缺陷的情况下，内部记录的可信性差，故成本结转依赖的采捕面积信息不可靠，成本计价测试很难客观、有效。

存货跌价准备测试方面，相关计算公式为

獐子岛在养存货的可变现净值＝存货预计售价×年末实有存量−继续养殖费用−

销售费用等预计费用

审计人员执行的审计程序显示，预计售价的确定方面，主要参考以前年度的市场价格，而并未涉及对当年存货市场供求情况、存货品质进行评估和考量，预计售价的估计不够准确；年末实有存量的确定方面，主要依靠抽测得出的平均亩产乘以在养面积，而审计人员抽测点位少且点位代表性存疑，加之年度内突发性灾害的影响，亩产存在波动性，故年末存量的推算很难贴合实际；继续养殖费用等预计费用的确定方面，审计人员仅参考以前年度的数据情况，并观察是否存在较大的差异，而未对各类预计费用等进行实际的数据测算，没有衡量各类预计费用的基本标准和依据，测算结果可靠性差。

## 三、要点与建议

### （一）獐子岛审计风险高的原因

通过对獐子岛生物性资产存货审计过程的分析发现，一方面在审计过程中存在着部分审计程序执行不全面、不到位的问题，是审计充分性不足的客观反映；另一方面，虽然审计过程存在上述各类问题，但证监会的取证过程也异常困难，扇贝"逃跑"事件发生时不少网友也纷纷调侃发问"扇贝到底去哪了"，且在证监会的实际处罚决定书中，年审会计师事务所并未同时受到处罚，后续开展的投资者诉讼索赔中，也尚未出现要求年审会计师事务所承担连带赔偿责任的申诉，侧面说明了该类企业存货审计难点众多，审计可行性较差。故本部分将针对上述审计问题的成因展开分析。

#### 1. 存货的不确定性高

水产企业的存货主要是各种有生命的生物资产以及生物加工制品，从外部环境来看，此类存货受自然环境及生态环境的影响大，同一类型的存货往往因生存的地域环境、气候状况、饵料质量、年度气象条件等因素差异而呈现出不同的生长状况，故对于该类存货的标准化分类较难，审计时可供参考的同类数据或平均数据较少。此外，从存货自身来看，该类生物性资产存货通常具有自然增殖性和生生周期性，生长状况不可控，生长区域也往往是深海、大规模渔场等难以执行审计程序的环境，全面审计成本巨大，而抽样审计时，抽测点位的代表性难以客观衡量，抽样风险高，整体存货审计过程对审计人员专业知识要求高，若缺乏专家或先进审计技术的协助，则极易受制于被审计单位相关人员的陈述，很难实现审计目标。

此外，獐子岛每年一般在12月至次年2月间开展年末存货盘点工作，考虑该类水下存货的环境敏感性和自然增殖性，即便通过前溯或后推计算，其盘点结果是否能够代表12月31日该生物性资产存货的数量和状况有待考究。故综合来看，以虾夷扇贝为代表的獐子岛多数生物性资产存货对生存环境要求高，受海域自然环境影响大，目前现有的风险预警监测手段较为有限，且业内部分专家也表示存货海域各项环境指标的变化与存货生长状况的关联性没有科学公认的判断依据，整体存货不确定性大，审计过程中很难对存货品质、数量进行时点推算、抽样结果推算、横向行业对比以及数据勾稽核查。

#### 2. 传统审计技术方法难以获取有效审计证据

审计人员在对獐子岛审计过程中采取的审计技术方法主要有检查、观察、询问、分析程序以及借助水下摄影机和专家工作而开展的存货监盘程序。①通过检查相关收购发票、采捕记录等原始凭证以及捕捞船只、养殖工具等实物资产，可以对獐子岛的存货相关内部控制、业务流程、生产规模、经营范围进行初步了解和评估，但是由于缺少逐日采捕记录和航海日志等原始记录以供核查，很难判断其真实采捕面积、成本归集数据是否记录合理。②通过观察工作人员的工作状况、业务流程的审批执行以及各项存货资产的仓储运输，可以整体评估错报风险、通过实时性的现场观察发现风险点，但是由于獐子岛产业链绵长，业务流程繁杂且专业性强，单纯的观察很难发现错报和漏洞。③通过询问各环节工作人员、走访养殖农户、与管理层进行交流等，可以了解生产活动的实际情况、获取管理层的相关认定并判断相关信息的真实合理性，但是獐子岛系集体所有制企业转型而来，整体效益与各方的利益联系紧密，在易串通舞弊的行为下，询问显得很难发挥真实作用。④通过财务数据之间的逻辑分析，可以判断财务信息记录是否勾稽关系合理，底播苗种数据、饵料投放量、采捕区域记录以及定期存货盘点信息是否符合生产实质，但是针对獐子岛存货的特殊性，不同生存环境下各存货的品质、价格等往往存在差异，很难通过同类对比、业内平均数据或经验信息来进行对比分析。⑤通过财务数据与非财务数据之间比较分析，有助于发现是否存在错报风险，数据记录是否反映实际状况，但是对于獐子岛年度内突发性的存货消失事件，其真实受灾情况、整体减值核销金额是否合理，则很难通过有效的数据勾稽予以判断。⑥通过借助水下摄影机和专家工作，能够较为清晰地观察水下存货的外形和生存状态，并科学了解和判断存货的品质、类别以及被审计单位相关程序和表述的合理性，但是獐子岛多数水下存货品质很难通过外形判断，如死亡扇贝与活扇贝在外形上短时间内并无差异，加之獐子岛与业内专家普遍合作密切，要寻找独立客观且专业水平高于獐子岛方的专家难度大，故水下摄影和专家工作也很难保证全面有效。

故综合来看，传统的检查、观察、询问、分析程序以及借助审计工具和专家工作进行的监盘程序，在会计信息记录完整、年度内经营稳定、舞弊错报风险较低的年度或许可以获取充分、适当的审计证据，但是对于獐子岛年度内经营波动大、存货不确定性大且整体内部控制风险较高的审计环境，采取以上审计技术方法显然很难实现审计目标。

### 3. 成本投入难以确认

虾夷扇贝、海参、鲍鱼等养殖的产品生长周期长，獐子岛公司对其养殖的投入成本也是一个持续的过程。獐子岛公司归属于成本的费用在结转时采用的方式是根据自育苗种、底播养殖、浮筏养殖的分类使用不同的结转方法。归入成本的除了类似于直接人工、直接材料等直接分配的成本项目，还应该包括苗种费、日常设备的维护、看护费等间接费用。与这些费用有关的合同、单据、转账记录都是由獐子岛公司提供的，这些费用涉及的业务是否真实存在、金额是否准确都需要审计人员对其进行辨别。如果獐子岛公司提供的数据存在错漏甚至直接伪造，都会使审计人员花费更大的精力去求证。审计人员为了达到减少时间的浪费、降低审计成本花费的目的，可能会在工作中丧失谨慎性，增加了审计风险。

### 4. 监盘人员缺乏专业知识

在种类繁多的生物资产中，实施监盘程序最受限制的就是对生长在海洋环境中的各种产品进行数量和质量的检查。审计人员既不是养殖人员也不是獐子岛公司内部人员，对虾夷扇贝等消耗性生物资产及其生存环境的了解并不全面。所以，审计人员对于盘点结果的判断容易受他人干扰。通过搜集獐子岛公司不同年份的监盘公告可以知道，獐子岛公司年终接受审计时，监盘工作小组的人员包括驾驶船员、海上工作人员、财务人员、审计人员。直到扇贝突然死亡后的 2015 年，獐子岛公司才在盘点小组中加入了海洋产业专家。但因为海洋产业专家受到獐子岛公司的委托，所以专家的独立性也存在疑虑。审计人员在监盘过程中若参考专家的意见也会使审计结果受到一定的影响。这也说明了獐子岛公司委托的海洋产业专家在监盘过程中发挥的作用有限，并不能弥补审计人员对养殖情况了解不足的缺陷。除此之外，审计人员没有海上定位的经验，若前往的抽测点位置有偏差，审计人员也是察觉不到的，只能跟着獐子岛公司的"步调"走。

### （二）降低獐子岛公司生产与存货审计风险的对策

#### 1. 全面了解公司及其外部环境

獐子岛是一家大型农业类上市公司，规模大、业务范围广，而且近年来接连曝出一些不利于公司发展的消息。这更加要求注册会计师在对獐子岛公司进行审计之前，要重视风险评估程序的实施，将农业类企业特有的行业风险以及獐子岛公司可能进行财务舞弊的环节都考虑到位。注册会计师要对獐子岛的经营目标、总体发展趋势和相关业务活动予以全面了解，重点加强企业盈利能力方面的评估。注册会计师还要重点关注和了解影响獐子岛经营的外部环境，如竞争对手数量、市场需求、企业生产经营的季节性和周期性变化、国家针对农业行业新出台的法律法规、国家财政税收政策变化、国家对农业行业实施的宏观调控手段、当地的经济发展状况等。当然，也不能忽视对獐子岛公司内部控制的全面掌握，注册会计师可以重点对公司采购、养殖等方面的内部控制规范进行了解，确认公司日常流程是否符合内部控制规范，也需要注意公司管理层之间相互制衡的情况，是否存在互相牵制、影响，对公司股权结构的合理性也要予以重点了解。不能忽视这些可以反映獐子岛公司内部控制体系完善性、科学性的基本信息，注册会计师要做到从一个整体出发把握审计风险。

#### 2. 加强农业领域审计的专业性

首先，生物资产作为农业类上市公司经营的产品，其与一般的工业产品有着显著的差异。同时，生物资产在农业类上市公司的资产占比较高，对经营业绩也存在重要的支撑作用。这就要求注册会计师在工作时，需要审计开始之前对生物资产进行专门的研究。对于具有特定属性的生物资产，注册会计师在实施审计过程中可以借助外部资源，尤其注重有关产业专家。此外，审计人员可以与有关的农业学校、研究所等机构建立合作关系，并聘请其专业人员协助审计人员完成生物资产的审计工作。在挑选专业人员时，要特别重视专业人员的独立性，最好与被审计单位毫无关系，更能提高审计意见的公信力。

其次，审计人员可以主动培养学习农业知识的积极性。审计人员可以利用参与审计项目的时间及环境，在平时的工作中不断地获取农业类的知识。每次参与审计项目都可以对被审计农业公司的特点进行归纳总结，有不明白的地方还可以找公司的专家请教，更可以在审计工作中运用这些知识丰富自己的经验。除此之外，审计人员还可以通过利用碎片的时间阅读农业书籍和观看科普视频的方式进行学习，从而获得更多的知识。参与农业类企业审计项目的注册会计师不但要学审计知识，更要学农业知识。在实际工作中，审计人员如果能将两者结合在一起考虑，从而使审计工作更加精确、有效，则会改进审计工作的品质，防止审计失败。

最后，会计师事务所要自觉加强对审计人员与农业经济有关的教育培训。会计师事务所可以安排审计人员轮流接受农业知识的进修学习；选择具有丰富农业类企业审计经验的注册会计师为缺乏农业专业背景的审计人员进行指导并传授经验；鼓励年轻的审计人员接受农业类企业审计的培训，使其具备一定的知识基础，从事农业方面的审计工作，并报销相应的培训经费。

**3. 注重分析程序的运用**

分析程序通过研究不同财务数据之间以及财务数据与非财务数据之间的内在关系，对财务信息做出评价。分析程序广泛用于风险评估程序、实质性程序以及总体复核阶段。在风险评估过程中，通过实施分析程序，能够更明晰地了解被审计单位的环境与内部控制。在实质性程序中，分析程序一般被称为实质性分析程序，在很难完全执行细节测试的情况下，分析程序往往能够更加及时、有效地获取审计证据，控制检查风险。在总体复核阶段，通过对获取的审计证据进行综合分析，能够对财务报表整体合理性做最终把握，为判断是否存在未发现的重大错报以及是否需要追加审计程序提供依据。

在獐子岛风险评估过程中，年度内的不可控因素较多，加之连续性审计造成的固有印象容易使审计人员忽视异常变动，通过年度的纵向对比，以及同行业的横向数据分析，能够更客观地了解各环境因素的状况，更准确地识别评估重大错报风险。在实施实质性程序时，因底播面积大、水下存货数量多且分散以及海上环境不稳定等因素造成的审计困难，实施细节测试往往需要足够数量且有代表性的样本核查，实施具有不可预见性的频繁抽测等程序才能达到审计目的，但足够数量的样本抽测耗时耗力且成本高，不可预见性的抽测对于缺少出海经验和工具的审计人员来说又不具有可行性，故需要借助实质性分析程序，通过分析底播苗种数量、投饵量、上年度底播采捕结果，合理测算当年的养殖面积，通过分析周边同质海域的环境和养殖情况，辅助判断水下存货的质量及受环境影响的程度。在总体复核阶段，由于獐子岛产业链绵长，存货种类多样，受年度内自然环境变化的影响也需根据实际情况调整审计计划，改变审计程序，获取的审计证据往往庞杂琐碎，通过分析程序进行总体梳理，有助于综合分析审计证据的充分性和适当性，判断是否存在未发现的重大错报，保证出具的审计意见恰当、合理。

**4. 强化风险评估和控制测试**

针对獐子岛存货呈现出的底播海域面积广、养殖数量难核查、生长状况不可控、采捕记录难核验等问题，仅实施实质性审计程序很难获取充分、适当的审计证据，且获取的审计证据的有效性不足以弥补审计成本，故需要强化风险评估和控制测试程序，提升审计执行的有效性和经济性。

在承接业务后应全面执行风险评估和识别程序，通过了解被审计单位的环境和内部控制，识别评估重大错报风险。就獐子岛而言，其政企不分、管治一体的控制环境，权责不明，监控审批失效的控制活动以及形同虚设的风险评估监测预警机制和内部监督机构，都致使其重大错报风险水平高，应设置较低的重要性水平，全面识别重大错报风险领域，严谨制订审计计划。

在控制测试时，注册会计师需要获取獐子岛内部控制制度的具体文件并进行检查，观察其内部控制设计的规范性和合理性。在检查的过程中，注册会计师必须保持高度的职业怀疑态度，对于重大错报风险较高的科目，要扩大范围进行重点检查。例如前文提到的獐子岛公司在扇贝苗采购环节存在较大缺陷，基层采购人员、会计记录人员和养殖户串通一气，收受贿赂、扇贝苗缺斤少两、质量低下，这就需要注册会计师对其采购环节的内部控制进行重点检查。首先，注册会计师可以对獐子岛扇贝苗的入库单进行检查，随后要对扇贝的饲料喂养单进行检查，可以在公司管理层人员不知情的情况下，独自前往养殖现场询问獐子岛公司的投放员和饲养员，了解养殖水域的面积、扇贝苗及其饲料的投放数量和饲养密度，并检查扇贝在养殖过程中的定期盘点表和核销记录表，用多方数据和信息来计算和检查扇贝苗在采购过程中是否符合公司规定。在上述检查过程中，注册会计师需要检查这些凭证是否有经办人、审批人的签字和盖章。其次，注册会计师还可以通过向岛民、养殖户等公司外部人员了解情况，获取更加充分、真实的审计证据。如果在审计过程中正好赶上公司进行采购，注册会计师还可以跟随基层采购人员和会计记录人员亲自前往采购，观察其中是否存在违反公司规定之处。最后，根据判定依据和判定结果，对于像采购这样存在缺陷的内部控制制度，注册会计师应该在后续的实质性程序中进行重点关注。

**5. 强化审计过程中的实质性程序**

在本案例中，注册会计师所强化的实质性程序应该重点放在对存货数量的盘点、价值的确定以及营业成本的结转上。在存货数量的盘点上，由于獐子岛的生产性生物资产位于海底，盘点难度大，且该类资产数量多、占比大，因此存在重大错报的风险也较高，这就要求注册会计师必须对此类生产性生物资产实施有效的监盘程序，从而控制检查风险。以扇贝为例，在注册会计师对獐子岛的虾夷扇贝进行监盘前，可以先查阅以往的存货监盘审计工作底稿，并询问现场管理人员扇贝的基本情况，判断与管理层所说的是否一致。随后，注册会计师需要制订一个完备的监盘计划，并可以根据实际情况适时增加盘点范围和人员、延长盘点时间等。在盘点过程中，注册会计师需要确定獐子岛公司是否已经将全部海域纳入盘点范围；可以对同一区域和点位进行多次采捕，以推算出更加准确的存货数量；对于采捕起来的扇贝，注册会计师要亲自测量、称重；注册会计师还可以借助水下摄影机，判断采捕起来的扇贝是否能较为准确地反映区域的总体数量，并及时调整盘点数据。对于受制于自然条件，如风暴、大浪等无法进行采捕盘点的区域，可以考虑实施替代性审计程序，对一定周期内的扇贝苗投放量、饲料投入量和捕捞量进行分析，从而计算出区域内扇贝的大致数量。此外，还可以对扇贝苗的采购和扇贝的销售记录进行检查，必要时可以向供货商和客户发函进行询证。

在存货价值的确定上，注册会计师需要了解市场上不同大小、种类扇贝的价格，同时还需要了解这些种类的扇贝近期的价格变动情况，以确保同期扇贝价格的波动在合理的区间之内，这样在最后估计扇贝价值的时候才有一个合理的参考值。另外，底播虾夷扇贝难免会有一些死贝、残贝，针对此类非正常的扇贝，注册会计师还要了解这类扇贝的具体市场价格。之后，注册会计师可以选取合适的样本，对扇贝进行分层抽样，按照不同生长年限或大小进行抽样，随后在不同的区域采捕不同生长年限的扇贝，运用獐子岛公司的计价方法，对采捕上来的扇贝的大小、种类、完整性和鲜活程度进行记录，从而推算该区域不同大小或种类扇贝的整体价值。

在营业成本的结转上，獐子岛的营业成本主要是养殖成本，包括购买扇贝苗和饲料的成本，注册会计师在对这些存货进行审计时，需要重点对存货的采购合同和发票进行检查，同时还要对扇贝苗和饲料的投放记录进行核实。此外，将獐子岛公司当期的营业成本与前几个年度营业成本进行对比分析，观察其中是否存在较大的波动情况，以便从多个角度判断营业成本结转的准确性。

**6. 运用新兴技术收集审计证据**

目前，审计技术方法不断更新发展，无人机、北斗卫星、物联网等新兴技术都在为审计程序的优化助力，但是受成本效益原则的限制，审计技术并未广泛应用于各类审计程序中，大部分审计项目仍仅采取传统的审计技术方法开展审计工作。水产企业存货审计不同于其他行业的审计工作，尤其是獐子岛的生物性资产存货更加特殊，传统的审计技术方法很难实现全面有效的审计，此时审计人员应当积极寻求新兴审计技术方法的协助，通过购入专业技术服务、吸纳相关技术人才以及获取行业或政策支持等方式，保证审计技术的有效引入和应用。

第三篇

# 内 部 审 计

# 第七章

## 内部控制审计案例——辉山乳业

国家五部门——财政部、审计署、证监会、银监会、保监会<sup>⊖</sup>于 2008 年联合发布的《企业内部控制基本规范》是内部控制审计的重要依据。一般来说，由直属于董事会或者监事会的审计委员会、独立董事负责内部控制审计，也可以委托不负责年报审计的会计师事务所开展内部控制审计。内部控制审计是通过对被审计对象的内部控制进行审查、分析、评价，确定其可依赖程度，从而对内部控制是否健全及有效做出鉴定。

▶▶ **一、案例背景介绍**

**(一) 公司简介**

中国辉山乳业控股有限公司，即辽宁辉山乳业集团（简称辉山乳业），创建于 1951 年。企业总部坐落于辽宁沈阳，占据北纬 40°黄金玉米带及黄金奶源带地理优势。辉山乳业长期以来秉承"打造中国最值得信赖的乳品品牌"的企业理念，打造"从牧场到餐桌"的全产业链模式，不断提高生产技术，严格控制产品质量，做好奶制品在生产、加工、出厂等各个环节的把控。也正因如此，企业创立 70 余年，食品质量一直值得信赖，在东北地区一直有较强的市场号召力，也获得了众多消费者的认可。作为东北地区生产规模最大的泌乳牛养殖基地和乳制品加工企业之一，其全产业链发展模式涉及的企业近 80 家，立足辽宁省的资源优势，企业得到了迅速发展，在推动区域经济发展进程中发挥了重要的作用。企业财务报告显示，辉山乳业 2010—2012 年的净利润持续增长，增速高达 110%，正是凭借企业成功的经营理念和高速的业绩增长，2013 年 9 月 27 日，辉山乳业在香港交易及结算所有限公司（简称香港交易所或港交所）主板成功上市，IPO 募集资金总额达到 13 亿美元，公司首日市值达到 50 亿美元，一度成为香港历史上消费品行业首次发行企业募集金额前 3 名，并跻身全球有史以来消费品公司首次发行前 10 名。企业经营前景极其广阔，也曾有回归 A 股的计划。

2016 年 5 月，辉山乳业首个异地全产业链项目——江苏盐城工厂建成投产，自此辉山乳业形成的北沈阳、南盐城的"双城记"格局，进入新的发展阶段。

**(二) 辉山乳业事件始末**

2016 年 6 月，辉山乳业董事长杨某在振兴奶业高峰论坛上提出"奶业都心"模式——"以城市为核心布局工厂，以工厂为核心布局牧场"，依托城市集群建立全产业链模式，有效辐射低温新鲜奶品的销售半径，解决了从产品生产、质量检验、运输物流和销售配送的

---

⊖ 银监会和保监会在 2018 年进行了合并，两者合并后的全称为中国银行保险监督管理委员会，简称"银保监会"。2023 年 3 月 7 日，根据国务院关于提请审议国务院机构改革方案的议案，国家金融监督管理总局在中国银行保险监督管理委员会基础上组建，不再保留中国银行保险监督管理委员会。

系列难题，代表着中国奶业的发展方向。

2016 年的 12 月 16 日和 19 日，美国浑水机构接连发布了两篇做空辉山乳业的报告。

浑水机构称辉山乳业价值接近零，该公司最少自 2014 年以来一直发布不实的财务数据，包括盈利造假、夸大资本开支等，又称公司董事长杨某有可能挪用公司至少 1.5 亿元资产，真实数字或更大。

2016 年 12 月 19 日，浑水机构又发布了报告的第二部分，称辉山乳业收入造假，这份报告以国家税务总局增值税数据为证，显示辉山乳业存在大量欺诈性收入。

2017 年 3 月 24 日，资金链断裂危机终于传导至股价，辉山乳业 322 亿港元的市值 1 小时内灰飞烟灭，当日收盘仅剩 56.6 亿港元。在这期间，杨某通过冠丰公司（Champ Harvest）低价减持 2.5 亿股，套现数亿元港币，持股比例从 72.62% 降至 70.76%，港交所当即勒令将辉山乳业剔除恒生指数。12 月 4 日，辉山乳业发布公告，宣布经沈阳市中级人民法院裁定，对其名下两家主要的附属公司正式启动破产重组程序。这种"断臂求生"的举动势必会影响未来企业的生产经营及管理模式。

2018 年 3 月、2018 年 9 月、2019 年 5 月，港交所分别将辉山乳业置于除牌程序的第一、第二、第三阶段。在此期间，辉山乳业作为重组管理人发布了多次企业重组方案草案，试图通过引入重组方、资产剥离等方式完成自救，一度也有伊利、蒙牛等乳制品龙头企业与辉山乳业进行接洽，但最后都不了了之。

2019 年 12 月 23 日，因港交所仍未接到辉山乳业符合运作要求的复牌申请，辉山乳业的上市地位被取消。

## 二、审计的内容及流程

### （一）控制环境

#### 1. 股权结构

辉山乳业 2014—2016 年的财报显示，企业最大的控股股东为冠丰公司，并且该公司对辉山乳业的持股比例呈逐年增加的趋势（见表 7-1）。辉山乳业的两位董事会成员——杨某及葛某作为一致行动人（见表 7-2），拥有冠丰公司 100% 的股份，是该公司的实际控制人。

表 7-1　辉山乳业主要股东持有股份情况

| 主 要 股 东 | 2014 年 | | 2015 年 | | 2016 年 | |
| --- | --- | --- | --- | --- | --- | --- |
| | 股份数（亿股） | 占发行股比重 | 股份数（亿股） | 占发行股比重 | 股份数（亿股） | 占发行股比重 |
| 冠丰 | 66.39 | 46.08% | 73.86 | 51.58% | 98.09 | 72.79% |
| 平安银行 | — | — | — | — | 34.34 | 25.48% |
| 惠怡有限公司（WellEase Limited） | 12.94 | 8.98% | 10.35 | 7.23% | — | — |
| 挪威银行（Norges Bank） | 7.20 | 5.00% | 8.66 | 6.05% | — | — |

表 7-2　辉山乳业主要股东持股情况

| 股　东 | 实际控制人 | 持股股数（万股） | 占　比 |
|---|---|---|---|
| 冠丰 | 杨某、葛某一致行动人 | 980 919.23 | 72.79% |
| 杨某 | 杨某、葛某一致行动人 | 12 409.30 | 0.92% |
| 葛某 | 杨某、葛某一致行动人 | 200.00 | 0.01% |

**2. 董事会结构**

辉山乳业董事会下设 4 个董事委员会，分别为审核委员会、提名委员会、薪酬委员会、食品质量与安全咨询委员会（见图 7-1）。各委员会的分工不同，审核委员会负责委任或罢免外聘审计师、审核集团财务和会计制度、协调集团内部配合审计师的工作、检查公司财务报表和年度报告的真实性和完整性等；提名委员会负责提议董事会的构成和规模，对拟定变动的董事会相关事项提出建议、物色并提名可担任董事的人员、审核独立非执行董事的独立性等；薪酬委员会负责对董事及管理层的薪酬政策提出建议、讨论并批准执行董事及管理层因行为失当被解雇或罢免时须支付的赔偿数额等；食品质量与安全咨询委员会负责在企业内建立一套全面有效的食品质量控制系统、监督和评估产品的整体卫生情况、检查产品是否达到国家质量检测标准或取得质量体系认证、对可能出现的食品安全隐患进行预防并制定相应的解决方案等。

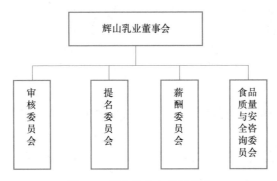

图 7-1　辉山乳业专业委员会

**3. 人力资源管理**

辉山乳业有一套完整的薪酬制度和培训制度。为全体员工缴纳社会保险，保证员工合法权益和相关福利，另外，企业非常注重人才培养，通过与美国管理协会（AMA）合作的"关键人才"培养项目和与思腾中国合作的"领导力远航"项目，为中高层领导者提供了系统的领导力提升平台。在员工培训方面，实行岗前培训与定期培训相结合的方式，围绕不同岗位的工作内容开展专项政策及实操培训。

**（二）风险评估**

辉山乳业结合企业自身发展情况，联合财务、人事、生产、销售、采购等各部门分类做好目标设定、风险识别和分析等工作，建立了风险评估机制，并制定了《部门风险管理制度》，要求各部门定期组织排查部门内部风险项目，收集和整理之后进行上报，尽可能做到风险的可预见性和可防范性，将生产和经营风险扼杀在萌芽阶段。但各部门的风险评估工作都相互独立，并没有进行整合，工作开展较为分散。另外，缺少风险识别后的风险应对策略容易错过风险解决的最佳时间。

除定期开展过往业务回顾和分析外，辉山乳业还对未来发展前景进行了展望，结合企业定位和长期发展目标制定不同年度的发展和战略目标，根据目标的变化将调整后的工作流程和风险防控措施传达给不同的生产部门，动态调整风险识别方式，保证风险评估的时效性。

（三）控制活动

审计人员了解到辉山乳业的控制活动管理主要包括以下几方面：

**1. 不相容职务分离控制**

辉山乳业在内部机构设置时遵循的不相容职务分离原则主要表现为业务执行与财务审批的分离、业务执行与监督的分离、资产保管与会计登记的分离等，但由于个别内部机构人员较少，会出现无法分离处理、一人肩负多职的情况。

**2. 会计系统控制**

会计系统控制应用广泛，几乎贯穿企业生产经营的各个环节，尤其在日常生产、筹融资、对外投资等方面。辉山乳业的会计系统控制表现为依据企业性质选择恰当的会计准则和制度、建立企业内部财务管理制度、根据业务需求进行会计岗位设置、做好会计记录和档案保管工作等。

**3. 财产保护控制**

作为乳制品加工企业，辉山乳业通过建立财产保护制度，加强对实物资产和金融资产的日常管理，建立财产档案记录各项资产的变动情况，妥善保管相关文字和电子资料。定期对企业的财产进行清查盘点，对财产的保管控制进行监督，保证账实相符。

（四）信息与流通

通过资料查询及询问，审计人员了解到辉山乳业的信息与沟通系统主要依托于 OA 办公系统，实现集团内部信息的电子化传递，基层员工将工作结果和问题反馈逐级上报至管理层，管理层将公司制度及会议精神传达给基层员工，并做到工作流程留痕。

辉山乳业业务涉及范围广，内部控制涉及人员众多，虽已有 OA 办公系统进行信息传递，但传统的内部控制观念及管理并未改变，并不适用于集团自身特点及内控信息管理要求，经常因人为干预导致数据传输较慢，降低了信息的时效性及可用性，经营管理效率低下。另外，内控信息系统具有周期性，系统规划、开发及维护都需要投入大量的人力、物力，无论是依托自身力量的自行开发还是成本昂贵的业务外包，辉山乳业当时信息沟通的状况并不良好。

（五）监督

在企业的日常管理中，辉山乳业没有建立专门的内部监督机制，通过企业管理章程，向全体干部宣传自我监督的意识，宣扬正直、诚信的品德，监督工作主要靠董事会和内部审计部门开展。

辉山乳业在董事会下设审核委员会，主要职责包含审核并向董事会报告内部控制工作开展情况，监督年度报告和会计账目的真实性、完整性。在财务部门设立内部审计部门，组织并参与企业日常审计工作，如果在审计过程中发现存在企业内部控制缺陷，及时将信息整合反馈给责任部门，并上报给上级领导。与此同时，内部审计部门会在财报规定期间配合外部审计单位开展审计工作，为外部审计单位提供必要的会计资料和财务报告等。

## ▶ 三、案例分析

### （一）控制环境的评价

#### 1. 管理者诚信

"重生产经营、轻文化建设；重短期绩效、轻长期规划"是辉山乳业的管理哲学与经营风格。高管崇尚过度借贷、盲目扩张，对经营业绩的改善情况认识不清；员工对企业风险控制工作所持的观念短视且狭窄；各部门内部控制重视程度不足。与年报中宣称自身遵守诚实守信的道德价值观相左，大股东和经理层频频造假、利益输送。危机全面爆发后，股价跌了90%左右，公司价值趋近于零，投资者损失惨重，管理层诚信缺失。

#### 2. 公司治理结构

辉山乳业大股东控股比重太大，企业活动难以得到有效监控。依据辉山乳业的公告，5名执行董事中杨某与葛某是一致行动人，杨某占辉山乳业于2016年3月31日已发行股本的73.71%，葛某占0.01%，且两人占相关法团已发行股本的百分比均为100%，杨某作为董事长拥有绝对的话语权与投票权，这为其逃避信息披露、利用关联交易输出资金提供了契机，这也导致公司战略与经营策略的实施情况很容易服从实际控制人个人意志。在联交所证券上市《管治守则》《管治报告》中均有明文规定，公司不可委任同一人兼任董事会主席和首席执行官（CEO），而杨某同时担任了辉山乳业董事局主席和首席执行官，实际控制人彻底凌驾于内部控制之上。

此外，辉山乳业没有设置监事会，仅仅以独立董事起到监事会的作用，事中监控和事后监控的作用难以发挥，独立董事的独立性值得关注。《公司法》规定监事会作为唯一、不可替代的机构，应当对各专业委员会执行的具体情况实施监控，确保相关成员遵守董事会的议事规则履行职责。如果没有风险管理机构，则无法对外部市场风险及内部经营风险进行识别与评价。

#### 3. 战略定位

辉山乳业的战略目标是全国市场，全产业链的生产模式势必成为一种阻碍，这种阻碍体现在资金、运输、技术、公关、时间等各个方面。辉山乳业以辽宁省为中心，辐射东北、华北等地投资200多亿元，布局了多处泌乳牛繁育及乳制品加工项目，率先建成了"全溯全控"模式。集种植和下游产品为一体的全产业链模式固然是对产品质量的有力保证，但也是拖垮公司的根本原因。建工厂、培养员工等拓展下游市场的举措需要大量资金，上游牧场建设周期长，还没有到回收的时候。此外，近3年奶源价格不稳定，全产业链企业投资上游后，见效缓慢，投资周期拉长。当辉山乳业绝大部分资金都滞留在了产业链上游，进军华南、华东市场所需资金严重不足，企业所面临的资金压力可想而知。

辉山乳业进行了众多低效且与核心业务无关的多元化投资，进一步增加了财务风险，影响了资金的正常周转和有效利用。公司对旗下 80 多家公司投资比例分别在 1 亿~2 亿元,投资范围涉及餐饮、有机化肥、沼气、光伏、天然气及房地产等非相关领域。该集团旗下很多公司虽早已成立,但是长期未能盈利。大规模的扩张行为折射了辉山乳业急功近利、不切实际的目标制定,辉山乳业为此付出了高负债率的代价。

**4. 人力资源政策**

辉山乳业岗位要求多为本科和专科,实习生学位不限,员工学历大多在高中及以下,达不到公司战略发展的技术要求。虽然学历不能作为评价人力资源质量的唯一标准,但员工受教育程度偏低,很容易出现生产或管理上的纰漏,技术水平难以提高,尤其是这些员工还大都在乳制品生产一线。作为以乳制品生产为主要业务的公司,生产人员承担着非常重要的任务和责任,提升他们的受教育程度有利于集团长远发展。

**(二) 风险评估的评价**

**1. 风险意识**

辉山乳业董事会未下设专门的风险管理委员会,相关工作仍以财务部门为主,也没有设立风险管理的职能部门。公司缺乏集团层面的风险管理策略,没有形成系统的风险管控流程,安全风险由生产部负责,融资风险由投资部负责,采购风险由采购部负责等;制定风险策略时,使用笼统的策略方法,可操作性不强,需要更深层次的细则说明,更加没有确立符合自身实际的风险偏好和可容忍的绩效波动范围;没有形成统一的风险管理和考核机制,严重影响了风险管理效能和业绩的提升。

辉山乳业资金链断裂之后,公司一系列应对措施反映出其缺乏对风险整体层面的应对。作为企业内部审计部门没有发现公司财务造假,而且企业在 2016 年持续经营能力受影响的情况下,管理层仍在当年的报告附注中坚称自身拥有 112 亿元的"无条件银行融资",企业内部审计部门未对此表示质疑。

**2. 关键风险点**

**(1) 行业特征风险**

辉山乳业的原材料具有特殊性,涉及的生物资产包括农作植物。苜蓿是养殖奶牛所需成本的重要组成部分,占总成本的 60%~70%,因为奶牛的必需饲料是苜蓿。我国大部分奶制品生产厂商都会采取进口的方式购买苜蓿,考虑到汇率、运费及关税等的影响,这部分成本是比较高的。辉山乳业采取自主种植苜蓿的方式来饲养奶牛,并拥有庞大规模的苜蓿养殖基地,考虑其是自给自足,在苜蓿的成本方面,辉山乳业比同行要低很多,公司全年在苜蓿上节省了约 1 亿元,大幅提高了辉山乳业的利润。

同行伊利股份和光明乳业可以代表我国乳制品产业发展的较高水平,辉山乳业与这两家具有代表性的企业进行比较是具有说服力的,主营业务毛利率对比见表 7-3。

表 7-3 2013—2016 年乳制品行业多公司主营业务毛利率对比

| 单 位 | 2013 年 | 2014 年 | 2015 年 | 2016 年 |
|---|---|---|---|---|
| 伊利股份 | 28.78% | 32.86% | 36.69% | 38.33% |
| 光明乳业 | 42.88% | 42.58% | 38.87% | 42.48% |
| 辉山乳业 | 54.00% | 28.50% | 29.60% | 29.30% |

由表 7-3 可知，3 家乳制品厂商的主营业务毛利率变动情况各不相同。其中，辉山乳业主营业务的毛利率受 2013 年上市影响很高，之后的 3 年其毛利率平均不足 30%，均低于其他两家厂商。对比以上数据可知，辉山乳业在乳制品行业主营业务上的盈利能力并不是很高，然而辉山乳业在奶牛养殖业务上的毛利率高达 54.1%，远超于其主营业务毛利率。如果对比辉山乳业 2014—2016 年原奶的产量与苜蓿各年的收割量（见表 7-4），不难发现事实并非如此。辉山乳业在 2014—2016 年原奶产量逐年上升，而自主种植的苜蓿收割量是在逐年下降的。这种异常的不配比关系，直接反映出辉山乳业的苜蓿并非自给自足，其原材料来源值得怀疑，通过分析程序可以发现其风险所在。

表 7-4　2014—2016 年辉山乳业原奶产量与苜蓿收割量对比　　（单位：万吨）

| 项　　目 | 2014 年 | 2015 年 | 2016 年 |
|---|---|---|---|
| 原奶产量 | 50.17 | 60.16 | 74.30 |
| 苜蓿收割量 | 14.00 | 13.40 | 8.50 |

（2）财务风险

辉山乳业第三大债权银行——九台农商银行 H 股第一大股东正是董事长杨某；平安银行在浑水报告发布后，继续对其 22.1 亿元的贷款办理展期；辽宁省政府第一时间召集债权人，促使银行全力支持辉山乳业度过危机。公告中的"无条件动用贷款"使得企业近几年在对外扩张及资本市场上有恃无恐，财务杠杆越来越高。

辉山乳业的财务报告显示，2013—2016 年，企业的流动负债逐年增加，尤其在 2015 年以后，企业流动负债已经大于流动资产，并呈逐渐增长的趋势（见表 7-5）。尽管流动负债可以以最快速度解决公司的资金需求，为公司经营提供资金上的支持，但从长远来看，存在着巨大的经营风险。数据显示，2016 年上半年，辉山乳业流动资产总额为 139.92 亿元，流动负债总额为 158.63 亿元，后者较前者高出近 19 亿元，企业经营的财务隐患已经显现。根据流动比率指标，2013—2014 年，辉山乳业的流动比率较高，企业资金状况良好，但从 2015 年开始，流动比率低于 1，预示着企业资金流动性较差，短期偿债能力也较差，短期负债比例达到 60% 左右。辉山乳业过度融资导致流动负债不断增加，已为负值的营运资金意味着公司营运随时会出现因周转不灵而中断的风险。

表 7-5　2013—2016 年辉山乳业流动资产与流动负债情况

| 项　　目 | 2014 年 3 月 31 日 | 2015 年 3 月 31 日 | 2016 年 3 月 31 日 | 2016 年 9 月 30 日 |
|---|---|---|---|---|
| 流动资产（亿元） | 72.83 | 78.21 | 101.04 | 139.92 |
| 流动负债（亿元） | 29.19 | 53.21 | 110.17 | 158.63 |
| 流动比率 | 2.50% | 1.47% | 0.92% | 0.88% |
| 流动负债占总资产的比例 | 13.89% | 21.59% | 37.32% | 46.53% |

## （三）控制活动的评价

乳制品企业的业务活动主要由资金活动、采购活动、生产与薪酬、销售活动构成，辉山乳业内部控制活动在资金、采购、生产和资产管理方面存在重大缺陷。

**1. 资金管理缺陷**

（1）负债与现金流

资金管理的问题主要体现在筹资规模、融资手段和债务结构 3 方面。辉山乳业采购、销售乳制品周期性强，长期借款主要用于基础建设和奶牛购买，对资金链和周转率的要求较高；快速扩张和全产业链战略需要很高的资金投入，公司负债总额巨大，主要负债指标见表 7-6。

表 7-6　2013—2016 年辉山乳业负债指标

| 项　　目 | 2013 年 3 月 31 日 | 2014 年 3 月 31 日 | 2015 年 3 月 31 日 | 2016 年 3 月 31 日 | 2016 年 9 月 30 日 |
|---|---|---|---|---|---|
| 总负债（亿元） | 46.28 | 78.25 | 106.49 | 170.87 | 211.61 |
| 总利息（亿元） | 1.44 | 2.38 | 4.15 | 5.05 | 2.69 |
| 资产负债率 | 44.03% | 37.23% | 43.76% | 57.88% | 62.07% |

辉山乳业需要为高额负债支付的利息连年增加，2014—2016 年净利息融资成本增长近 1 倍。资产负债率持续走高，偿债能力减弱。2017 年半年报显示，公司总资产降为 262.2 亿元，总债项进一步上升至 267.3 亿元。短短半年的时间，公司资产缩水 80 亿元，债务飙升 56 亿元。

对比表 7-7 中的数据可以看出，辉山乳业 2014—2016 年经营所产生的现金流均小于经营利润。这预示着真实的现金流与经营利润相差较大，可推测出辉山乳业现金流严重不足。虽然有利润，但是这些利润都是实物或者应收账款，实物很有可能损坏或者贬值，应收账款的实际回收情况也无法判断，这些没有收到现金的利润存在一定的风险。

表 7-7　2013—2016 年辉山乳业经营现金与利润对比　　　　（单位：亿元）

| 项　　目 | 2013 年 | 2014 年 | 2015 年 | 2016 年 |
|---|---|---|---|---|
| 经营利润 | 13.78 | 22.05 | 22.61 | 25.33 |
| 经营所得现金 | 14.96 | 12.22 | 21.50 | 21.24 |

（2）负债结构

辉山乳业以短期负债为主，其过去几年大幅增加的短期借款主要包括从银行借入的 1 年以内的借款，也包括 1 年内到期的长期借款，见表 7-8。

表 7-8　2013—2016 年辉山乳业短期借款　　　　（单位：亿元）

| 项　　目 | 2013 年 3 月 31 日 | 2014 年 3 月 31 日 | 2015 年 3 月 31 日 | 2016 年 3 月 31 日 | 2016 年 9 月 30 日 |
|---|---|---|---|---|---|
| 短期借款 | 15.89 | 16.41 | 28.67 | 71.31 | 110.87 |

截至 2016 年 9 月 30 日报告期间结算日，辉山乳业交易活动产生的应付账款及应付票据的账龄分析见表 7-9。

表 7-9 辉山乳业应付账款及应付票据的账龄分析 （单位：亿元）

| 期　　限 | 2016 年 9 月 30 日 |
| --- | --- |
| 1 个月内 | 3.39 |
| 1~3 个月 | 13.95 |
| 3~6 个月 | 12.06 |
| 6 个月~1 年 | 2.99 |
| 1~2 年 | 0.27 |
| 2 年以上 | 0.02 |
| 合计 | 32.68 |

可以看出，辉山乳业应付款项非常集中，1~3 个月的应付账款和应付票据总额近 14 亿元，这种刚性债务导致现金断流的风险较大。

（3）融资渠道

辉山乳业融资渠道错综复杂，除融资租赁、P2P 平台、银行贷款、民间借贷融资等方式外，还实行售后回租。2016 年 5 月，公司与广东粤信融资租赁有限公司协议奶牛售后回租交易，独具特色的"活体售后回租"由此开始。2017 年上半年，辉山乳业增加了 1.46 亿元的 PP&E（地产、厂房及设备）和奶牛售后回租，获得共计 6.87 亿元的融资。在这之后，辉山乳业又进行了 6 笔售后回租交易，加上奶牛交易，合计金额高达 17 亿元。这些交易给公司带来了额外的中期债务。辉山乳业惯常的做法是通过质押股份获得资金，再购入股份以维持股价，股价稳定后又通过质押股份融资。根据香港交易所结算系统，相当一部分公司流通股已被质押，由杨某控股的冠丰公司 71% 的股份几乎全部被质押。

2. 采购管理缺陷

辉山乳业称其较高的毛利率正是源于大面积租赁土地以种植苜蓿、燕麦、玉米、青柠与其他饲料作物，苜蓿草自产的成本为每吨 70 美元，而进口成本为 400 美元/t。苜蓿草种植基地靠近加工厂和牧场，短供应链可以更好地保留牧草蛋白质。由辉山乳业公布的苜蓿产量报告和表 7-10 可知，该公司存在苜蓿草大量外购行为。

表 7-10 公司苜蓿草外购证据

| 序　号 | 内　　容 |
| --- | --- |
| 1 | 安德森公司证言，辉山乳业自 2013 年以来是自己的长期客户 |
| 2 | 9 家奶牛场员工证实，辉山乳业向多家第三方外购苜蓿，并得到了黑龙江供应商的确认 |
| 3 | 投资机构拍摄了辉山乳业养殖场，证明该公司苜蓿多为美国 EI Toro 所产 |
| 4 | 多家牧场所在地存在洪水问题，苜蓿草产量难以实现 |
| 5 | 供求增长率出现明显分歧，与产量不匹配 |

如果将这些采购成本全部计入资产负债表，辉山乳业的利润会大幅下降，成本的提高将对辉山乳业现金流产生更高的要求。依据《内部控制基本规范》关于采购活动的相关规

定，辉山乳业应重视对议价、验收、付款等方面的内部控制，完善供应商机制，优化采购流程。

### 3. 生产管理缺陷

2016 年年报披露，辉山乳业"半成品和成品"的库存飙升，由 2015 年的 4.69 亿元增长至 9.87 亿元，整体翻了一番，2016 年 9 月仅仅半年的库存总额已经达到 7.23 亿元（见表 7-11）。相比之下，公司 2013 年的"半成品和成品"只有 5799 万元，出现库存飙升的部分原因是公司将销售不出去的原料奶全部加工成了奶粉。国际奶价自 2014 年以来长期处于下行期，而国内乳制品企业生产成本不具备优势，辉山乳业面临减值损失在所难免，加上奶粉的保质期有限，公司早就应当注意到支撑利润表盈利的销售具有不可持续性。

表 7-11　2013—2016 年辉山乳业库存情况　　　　　　　　（单位：亿元）

| 日　期 | 2013 年 3 月 31 日 | 2014 年 3 月 31 日 | 2015 年 3 月 31 日 | 2016 年 3 月 31 日 | 2016 年 9 月 30 日 |
|---|---|---|---|---|---|
| 半成品和成品 | 0.6 | 1.9 | 4.69 | 9.87 | 7.23 |

### 4. 资产管理缺陷

企业的生产离不开固定资产，而辉山乳业的资产管理存在严重的重复抵押问题。辉山乳业利用抵押或质押资产获得融资支持，进而又通过证券化已抵押或质押资产的收益权再次缓解信用压力。公司关联的九台农商银行，就曾以融资租赁资产及融资租赁物保单为抵押向辉山乳业及附属公司提供共计 7.5 亿元的两笔融资。根据实质重于形式的基本原则，融资租赁资产及保单的所有权和收益权应该全部属于租赁公司，其授信企业也应该是该租赁公司。即使将融资性租赁合同视作质押物，融资租赁物保单也已经在实质上向相关融资租赁公司进行了变相质押或者抵押。辉山乳业却一再地以其进行抵押和质押，抵押和担保被放大了若干倍。如果辉山乳业以租赁公司的名义向九台农商银行质押，真正获得资金的还是自己，意味着九台农商银行给辉山乳业提供的实际融资规模要高于公开数据，这在一定程度上影响了企业营运资金规模披露的真实性。

另外，从平均建造成本、施工招标文件和牧场实地勘察等多方面对辉山乳业的牧场建造成本进行评估，认为辉山乳业夸大资本性支出金额高达 16 亿元，以此虚造现金流，试图掩盖企业通过虚报产品产量、价格和自产苜蓿草降低生产成本等方式虚造的利润与企业实际经营现金流的差异。2013 年公布的 IPO 收益用途表明，辉山乳业将投入 24 亿港元（约 19 亿元）用于建设 45 个牧场，包括牧场用地、建筑物及机械设备，平均每个牧场的资本支出约为 4500 万元。但是根据后期辉山乳业公布的财报中披露的现金流估算，2014—2016 年已建成 32 个牧场总成本大约 29 亿元，牧场的平均资本支出约为 8900 万元，这一数字约为 IPO 中公布数据的两倍，显然大大超过了建设牧场的正常成本范围。辉山乳业 IPO 后建成的多个牧场的视频和照片都显示该企业牧场的建设成本过高，估算这些牧场的实际建设成本在 3500 万~6000 万元。以辉山乳业的"展示牧场"——"登仕堡牧场"为例，该牧场被称为辉山乳业最好的牧场，容量为 6950 头，其建设标准及相关机械设备的配置标准都要比其他牧场好得多，容量也是其他牧场的两倍，其建设总投资也仅为 9990 万元。另外，一份辉山乳业建设养殖场项目招标文件显示，一个占地面积 27.3 万 m²、容量 3000 头的养牛场，其工程估价仅为 3000 万元。根据以上信息，结合专家推算，辉山乳业将牧场的建设支出虚增了 8.9 亿~16.7 亿元。

### （四）信息与沟通的评价

"辉山系"十分庞大，关系错综复杂，内部数据整合极其烦琐。辉山乳业没有科学的集团管理信息系统支持，对下属单位缺乏有效的控制、协调和管理。现阶段公司不断扩张，原有的系统不能支撑管理发展的要求，而且现行系统在生产和经营等关键控制环节信息化水平薄弱，造成了明显的"信息孤岛"，不能形成整体的信息联动。

此外，信息披露也不透明。辉山乳业大股东曾在浑水机构报告发布伊始两次增持股份，但交易从未提及上述资金来源。辉山乳业总股本为 135 亿股，杨某近年从 50% 增持到 70% 以上。财报显示，辉山乳业股份回购金额为 20.8 亿元，大股东冠丰接盘和增持所使用的资金约 50 亿元，所有这些资金的来源均未在正式文件中提及。在 2017 年中期报告中，辉山乳业有 75.446 亿港元募集资金的用途并未交代清楚，仅说明了其中 23.106 亿港元用于进口奶牛及新建牛场，1.803 亿港元用于加工及机器设备，其他资金用途不明，已列支明细的项目加总仅占 35%。除此之外，2016 年 12 月 27 日公告显示，董事长杨某通过旗下冠丰向平安银行质押辉山乳业股份以获得融资，但贷款去向未予披露。早在 2014 年 12 月，辉山乳业将一个拥有 4 家牧场的牛肉生产公司转让给未经披露的关联方，其代理人正是杨某。显然，杨某利用股东资金支付建设牛肉场，然后转让给自己和妻子拥有的辽宁牧合家牛业科技有限公司，关于资产转让的信息也并未进行公开。

### （五）监督活动的评价

#### 1. 内部监控不到位

辉山乳业审计部门对内部控制的认识有限，大多以财务审计为主，较少组织各个部门进行内部控制评估，并且只注重事后监控，事前、事中的监控形同虚设。另外，对内部控制的监控程度主要取决于管理当局的意识形态，管理层缺乏对内部控制理念的了解与学习，内部审计工作定位在减少损失方面。

#### 2. 外部监控独立性欠缺

辉山乳业财务总监苏某海于 1993 年加入毕马威，2007 年出任毕马威沈阳的高级合伙人，2012 年从毕马威提前退休后加盟辉山乳业；执行董事简某良也曾担任毕马威的合伙人；融资主管周某思曾于 2008 年 10 月至 2011 年 11 月在毕马威中国企业融资部门任职。可见，辉山乳业聘用担任公司外部审计单位的事务所合伙人作为高级管理人，外部审计的独立性受到影响，审计报告的可信程度降低。结果，毕马威对辉山乳业连查 3 年，不仅账册和财务系统可以查询，而且可以随时对银行、上游供货商、大客户等进行函证，但仍旧出具了无保留审计意见的标准审计报告，其过失主要包括：①在询证函的寄发与回收方面，让辉山乳业全程参与其中，而且在回函时未进行管理与分析；②对很难函证的现金流执行替代程序时，并没有取得外部证据，仅凭借企业内部提供的资料便认定企业现金流；③辉山乳业 2014 年主营业务收入飙升，生产所用电费反而大幅降低，该情况并没有引起毕马威的质疑。因内部审计完全失效，而且外部审计与管理层存在着关联关系，其独立性很难保证。

## （六）内部控制缺陷分析

内部控制缺陷是评价内部控制有效性的负向维度，如果内部控制的设计或运行无法合理保证内部控制目标的实现，即意味着存在内部控制缺陷。企业对内部控制缺陷的认定，应当以日常监督和专项监督为基础，结合年度内部控制评价，由内部控制评价部门进行综合分析后提出认定意见，按照规定的权限和程序进行审核后予以最终认定。内部控制缺陷按不同的分类方式分为：设计缺陷和运行缺陷，财务报告内部控制缺陷和非财务报告内部控制缺陷，重大缺陷、重要缺陷与一般缺陷。

**1. 设计缺陷和运行缺陷**

内部控制缺陷按其成因分为设计缺陷和运行缺陷。设计缺陷是指内部控制设计不科学、不适当，即使正常运行也难以实现控制目标。运行缺陷是指内部控制设计比较科学、适当，但在实际运行过程中没有严格按照设计意图执行，导致内部控制运行与设计相脱节，未能有效实施控制、实现控制目标。

**2. 财务报告内部控制缺陷和非财务报告内部控制缺陷**

财务报告内部控制缺陷是指在会计确认、计量、记录和报告过程中出现的，对财务报告的真实性和完整性产生直接影响的控制缺陷，一般可分为财务（会计）报表缺陷、会计基础工作缺陷和与财务报告密切关联的信息系统控制缺陷等。非财务报告内部控制缺陷是指虽不直接影响财务报告的真实性和完整性，但对企业经营管理的合法合规、资产安全、营运效率和效果等控制目标的实现存在不利影响的其他控制缺陷。财务报告内部控制和非财务报告内部控制的认定标准分别见表 7-12 和表 7-13。

表 7-12 财务报告内部控制缺陷认定标准

| 缺陷等级 | 认定标准 | |
|---|---|---|
| | 定量标准 | 定性标准 |
| 重大缺陷 | 财务报告的潜在错报金额≥经营收入总额的 1% | 1. 为公司董事、监事和高级管理人员的舞弊行为 |
| | | 2. 公司更正已公布的财务报告 |
| | | 3. 注册会计师发现的却未被公司内部控制识别的当期财务报告的重大错报 |
| | | 4. 审计委员会和审计部对公司的对外财务报告和财务报告内部控制监督无效 |
| 重要缺陷 | 经营收入总额的 0.5%≤财务报表的潜在错报金额<经营收入总额的 1% | 1. 未依据公认会计准则选择和应用会计政策 |
| | | 2. 未建立反舞弊程序和控制措施 |
| | | 3. 对于非常规或特殊交易的账务处理没有建立相应的控制机制或没有实施且没有相应的补偿机制 |
| | | 4. 对于期末财务报告过程的控制存在一项或多项缺陷且不能合理保证编制的财务报表达到真实、准确的目标 |
| 一般缺陷 | 财务报表的潜在错报金额<经营收入总额的 0.5% | 除上述重大缺陷、重要缺陷之外的其他控制缺陷 |

表 7-13  非财务报告内部控制缺陷认定标准

| 缺 陷 等 级 | 认 定 标 准 | |
|---|---|---|
| | 定 量 标 准 | 定 性 标 准 |
| 重大缺陷 | 直接财产损失≥200 万元 | 决策程序导致重大失误；重要业务缺乏制度控制或系统性失效，且缺乏有效的补偿性控制；中高级管理人员和高级技术人员流失严重；内部控制评价的结果特别是重大缺陷未得到整改；其他对公司产生重大负面影响的情形 |
| 重要缺陷 | 50 万元 ≤ 直接财产损失 < 200 万元 | 决策程序导致出现一般性失误；重要业务制度或系统存在缺陷；关键岗位业务人员流失严重；内部控制评价的结果特别是重要缺陷未得到整改；其他对公司产生较大负面影响的情形 |
| 一般缺陷 | 直接财产损失<50 万元 | 决策程序效率不高；一般业务制度或系统存在缺陷；一般岗位业务人员流失严重；一般缺陷未得到整改 |

### 3. 重大缺陷、重要缺陷和一般缺陷

企业在日常监督、专项监督和年度评价工作中，应当充分发挥内部控制评价工作组的作用。内部控制评价工作组应当根据现场测试获取的证据，对内部控制缺陷进行初步认定，并按其影响程度分为重大缺陷、重要缺陷和一般缺陷。

重大缺陷是指一个或多个控制缺陷的组合，可能导致企业严重偏离控制目标。重要缺陷是指一个或多个控制缺陷的组合，其严重程度和经济后果低于重大缺陷，但仍有可能导致企业偏离控制目标，须引起企业重视和关注。一般缺陷是指除重大缺陷、重要缺陷之外的其他缺陷。重大缺陷、重要缺陷和一般缺陷的具体认定标准，由企业根据表 7-12 和表 7-13 自行确定。

辉山乳业内部控制缺陷具体认定表 7-14。

表 7-14  辉山乳业内部控制缺陷具体认定

| 序号 | 业务活动或事项 | | 重 大 缺 陷 | 重 要 缺 陷 | 一 般 缺 陷 |
|---|---|---|---|---|---|
| 1 | 组织架构 | 设计 | 1. 内部机构设置权职交叉、权利义务不对等<br>2. 权力过度集中 | | |
| | | 运行 | 1. 股东会、董事会、监事会形同虚设，未起到相互制衡的作用<br>2. 内部机构的实际运行与制度不符，导致业务风险未得到有效控制 | | |
| 2 | 发展战略 | 设计 | 1. 未设置战略委员会进行战略管理<br>2. 从事战略管理的人员不具备专业知识与行业经验 | | |
| | | 运行 | | 1. 战略目标在实现过程中出现重大偏离<br>2. 战略目标、实现过程未能控制好重大风险；严重影响战略目标效果 | 未对战略目标实现过程进行有效跟踪监控 |

（续）

| 序号 | 业务活动或事项 | | 重 大 缺 陷 | 重 要 缺 陷 | 一 般 缺 陷 |
|------|------------|------|------------|------------|------------|
| 3 | 人力资源 | 设计 | 缺乏核心人员的考核机制与管理机制 | | |
| | | 运行 | | | 绩效考核体系未得到真正执行 |
| 4 | 企业文化 | 设计 | | | 未对企业文化建立评估机制 |
| | | 运行 | 企业文化建设流于形式 | 企业精神、价值观与企业发展不匹配 | |
| 5 | 采购业务 | 设计 | | 1. 制度设计未将议价与采购合同签订职责分离 2. 制度设计未将供应商开发与供应商评审职责分离 | |
| | | 运行 | 供应商开发、评审、物料采购计划、议价、验收、退货制度未得到严格执行，导致所购物料不能满足公司生产经营需要或质次价高 | | 采购人员不及时收集市场信息 |
| 6 | 生产管理 | 设计 | | 1. 未建立产量预测制度 2. 未对生产效率评估 | |
| | | 运行 | | 1. 生产能力估算偏差大，导致产能浪费或产能利用不平衡 2. 生产计划变动频繁 | |
| 7 | 销售业务 | 设计 | | 1. 销售报价制度不完善 2. 客户开发与信用评价职责未严格分离 | |
| | | 运行 | | | 未及时收回货款，影响收账周期 |

（续）

| 序号 | 业务活动或事项 | | 重大缺陷 | 重要缺陷 | 一般缺陷 |
|---|---|---|---|---|---|
| 8 | 资产管理 | 设计 | | 固定资产管理制度设计未能有效防止舞弊，保护安全 | |
| | | 运行 | | 1. 在建工程预算没有严格执行<br>2. 票据管理混乱 | 固定资产使用效率低 |
| 9 | 资金管理 | 设计 | 未严格执行关联关系借款制度 | 未建立票据质押制度 | 未建立投融资方案执行报告制度 |
| | | 运行 | 1. 投融资方案审批权限分配不合理<br>2. 未对投融资方案风险进行有效控制 | 1. 投融资方案执行情况监督不到位<br>2. 资金审批制度未严格执行 | |
| 10 | 财务报告 | 设计 | 会计政策、会计估计未完全遵守相关法规、会计准则的规定 | 未对财务信息的传递设计合理制度 | 财务分析制度不完善，对生产经营的决策支持程度削弱 |
| | | 运行 | 1. 财务报告提供信息不真实、不完整<br>2. 执行的会计政策和估计与法规、会计准则相冲突 | | 出具财务报告前，未对货币资金、存货、固定资产进行盘点，对往来账未进行定期核对 |
| 11 | 信息传递 | 设计 | 未建立信息系统安全定期评估制度 | 未建立有效反舞弊机制 | |
| | | 运行 | 信息传递不及时或信息不匹配 | | |

通过上述内部控制的问题及内部控制缺陷汇总表可以看出，辉山乳业的内部控制在设计上存在着重大缺陷，制度设计不健全；在内部控制执行过程中，与设计有着较大的偏差，执行无效果或效果不明显，这些缺陷主要集中在公司治理结构、企业文化、无风险管理机构，在控制活动中从采购、资产及资金管理至销售活动，以及信息沟通等，甚至整个内部控制的监督也是无效的。如果从内部控制审计报告的角度评价，辉山乳业的内部控制应为否定审计意见，即内部控制存在若干重大缺陷，且对财务报告形成的影响也是重大的。

## 四、建议和启示

虽然辉山乳业的上市地位已经被取消，企业品牌市值接近于零，但其手中依旧掌握着许多养殖牧场资源，饲料生产和产品加工体系仍然存在，产品无质量问题，地区市场接受度仍然很高，资产重整进展不会受到过大的影响，企业面临的危机仍有挽回余地。因此，辉山乳业要想重归资本市场，必须加强内部控制管理。

### （一）完善公司治理结构

辉山乳业要想摆脱困境，在后续经营过程中必须要调整股权结构，规范企业治理环境，防止大股东绝对控股，确保决策有利于企业的可持续发展，保护中小投资者利益。分析高度股权集中的弊端，寻找企业经营与股东持股的均衡点，避免由于"一股独大"的问题导致企业经营决策对大股东的绝对倾向。企业的决策权不能完全由一人掌握，要将运营执行权和股权控制权分离，董事会主席主要负责召集主持董事会会议，决定公司经营过程中的重大事项；而 CEO 则负责企业日常业务的执行，直接向董事会负责。作为国内大型的奶制品加工企业，辉山乳业必须严格按照上市公司章程规范企业董事会构成，结合乳制品加工行业的经营特点，细化工作流程，在董事会中设立关联交易控制委员会和风险管理委员会等，评估企业战略风险、经营风险，指导企业重大风险管理及解决方案，规范关联交易的信息披露问题，保证各方权益。

企业在资产重组之后，股权结构将会有重大调整，如果将一部分债权人的债权转变为股权，债权人变为持股股东，行使股东权利，那么辉山乳业就要及时调整企业股东大会和董事会的表决机制，在各董事委员会中适当安排新股东的成员，让新股东参与到企业的经营决策中。另外，要充分发挥董事会中独立董事的作用，赋予独立董事在董事委员会的权力，不能仅根据专业能力选择独立董事，更要考虑其是否有独立性和责任心关注企业事务，必要时根据生产特征聘请相关领域专家参与经营决策，建立合理的薪酬奖励措施，保证独立董事的独立性（见图 7-2）。调整执行董事在董事委员会的任职分布，平衡股东在不同董事委员会的权力，尤其是减少大股东在审核委员会的权力，形成董事会成员相互制衡的局面，更好地发挥董事会的作用；重视监事会的作用，建立监事会选拔机制，保证股东及职工代表能真实表达各层级人员的意愿，保证执行相互牵制，避免监事会流于形式；保证监事能力与经营领域相匹配，注重对知识素养和工作经验的评价，保证监事会成员对企业管理事务的知情权，通过参加会议、查看财报等方式监督管理层履行职责并纠正损害企业利益的行为，对财报中企业内部控制问题存在的风险提出异议，必要时可以引入外部监事。

### （二）建立风险管理体系

做好经营风险评估工作，必须建立完善的风险识别体系，设置风险管理部门，以帮助企业进行目标设定、风险识别、风险评估和风险应对。

#### 1. 目标设定

企业的生产经营应以可持续发展为前提，辉山乳业的目标设定必须根据企业战略目标，结合企业的风险偏好、风险承受力及过去已经完成的目标和完成情况，在企业内部树立正确的风险观念，增强风险意识。参考乳制品行业平均水平或先进水平，结合企业自身特征，制定或完善具体目标以及企业可持续发展规划。

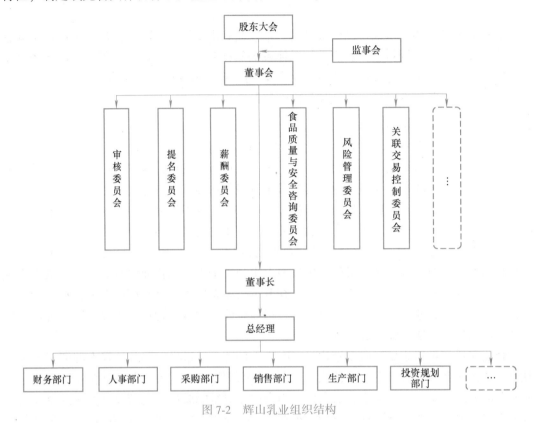

图 7-2　辉山乳业组织结构

### 2. 风险识别

目标设定后必须要对企业面临的潜在风险进行确认，在此基础上分析风险发生的可能性以及风险发生后对企业产生的影响。财务方面，由风险管理部门利用财务报表分析的方法对企业潜在风险进行识别，重点关注财务指标的变动，必要时可以采用杜邦分析法对企业财务风险进行全面掌控，为管理层深入分析企业财务状况、识别风险事项提供可参考依据，方便企业及时调整财务策略；业务方面，鉴于乳制品加工行业生产的特殊性，要由生产部门、质量检测部门重点关注企业的生物资产、产品库存、食品安全等风险指标，一旦发现可能出现的外部安全风险，必须马上报告管理层并找出应对措施，否则造成的资产损失是不可估量的。

### 3. 风险评估

企业从财务、战略、运营等方面的内部风险及市场、政治、自然等方面的外部风险着手，结合自身发展的实际情况，对风险发生的可能性进行评估，将分析结果分为"极少""很少""可能""很可能"和"几乎确定"等5种情况（见表7-15），再对风险产生的负面影响程度进行分析，将分析结果分为"不重要""次要""中等""重要"和"重大"等5种等级（见表7-16）。结合可能性和等级两种衡量标准，通过定量分析和定性分析结合的专业分析，对潜在风险发生的可能性及影响程度进行排序分析，分清主要风险和次要风险的同时，筛选出企业关键风险，制作一份符合企业发展的潜在风险清单，有利于对潜在风险进行监控并在风险发生时及时做出应对措施。

表 7-15 辉山乳业风险可能性等级标准

| 项　目 | 极　少 | 很　少 | 可　能 | 很　可　能 | 几乎确定 |
|---|---|---|---|---|---|
| 发生概率 | <5% | 5%≤N<20% | 20%≤N<50% | 50%≤N<90% | N≥90% |
| 事件情况 | 在例外情况下可能发生 | 在某些时候不太能够发生 | 某些时候可能发生 | 在多数情况下很可能发生 | 在多数情况下预期会发生 |

表 7-16 辉山乳业风险影响程度标准

| 项　目 | 不　重　要 | 次　要 | 中　等 | 重　要 | 重　大 |
|---|---|---|---|---|---|
| 财务风险 | 不产生效益损失 | 效益损失金额≤20万元 | 效益损失金额在20万（不含）~50万（含）元 | 效益损失金额在50万（不含）~200万（含）元 | 效益损失金额>200万元 |
| 战略风险 | 日常业务风险，不会引起损失 | 发生可控制事件，不需调整战略目标 | 发生事件，需要轻度调整战略目标 | 发生较大事故，需要调整战略目标 | 发生不可控事件，需要重新制定战略目标 |
| 运营风险 | 运营不产生影响 | 对运营有轻微影响，采取措施后可不影响 | 影响运营能力，需付出一定代价恢复运营 | 严重影响运营能力，需付出较大代价恢复 | 失去运营能力 |
| 法律风险 | 法律允许范围内 | 存在轻微的行为，但调整后可控 | 出现违法违规行为，可能造成罚款 | 出现违法违规行为，可能造成行政诉讼 | 出现严重违法违规行为，列入失信企业名单 |

#### 4. 风险应对

根据企业制定的潜在风险清单，详细列举风险解决策略和不同情况的负责人。在企业生产决策过程中，如果面临潜在风险已经超过承受能力的情况时，应果断决策，放弃或改变生产条件来避免或减轻损失。另外，建立风险应急处理机制，在企业面对偶发事件时，根据风险等级启动不同的应急预案，第一时间建立风险应对小组，及时了解事件详细情况，根据已知情况授权适当的负责人做出临时决策，避免事态蔓延，减少企业损失，尽可能将风险消灭在萌芽阶段。

#### （三）完善控制活动

#### 1. 资金管理控制

随着辉山乳业不断发展，企业规模越来越大，筹资规模和融资渠道也在逐渐丰富，企业在进行投资时必须"擦亮双眼"，将投资项目与企业定位和发展战略相结合，推行全面预算管理和投资可行性论证，提高资金的使用效率，将资金投资在回报更稳定的项目中。过往辉山乳业的盲目投资就是由于企业缺乏风险评估能力和预算管理能力，导致盲目进行资金调度，使企业的运营资金出现"瓶颈"，最终导致资金链断裂。

除关联方占用资金外，企业应合理安排资金，对有限资金进行规划，促使企业资金发挥最大的潜能是对资金进行预算管理的重要目的，实行全面预算管理能够对企业的运营资金进行全方位、全过程的控制，在任务分解、下达的过程中，还能够充分调动企业各部门工作的积极性，对各部门的工作业绩进行考核和评价。要强化预算管理，就要深入分析辉山乳业的资金状况，全面掌握企业的资金流向和资金需求，据此制订详细的资金规划，按照年度开展企业全面预算管理，从严控制企业资金流向，实时掌握企业资金需求，组织协调企业资金状况，密切关注企业各项财务指标，做好企业经营、资本、财务等各方面预算，严格把控企业筹资及融资活动，实现资金的合理调配，保证稳定的资金流。

开展对外投资活动时，要对投资方案的可行性进行全方位、多角度的论证，重点要客观评估投资方案与企业长期发展目标的相关性，投资规模与企业目前资金状况的可实施性、投资风险是否在企业可承受的范围和投资收益是否可观等。另外，当投资方案经过董事会及管理层审批通过后，必须成立专门的项目组，对投资项目进行跟踪管理，定期汇报项目进度、资金投入情况和投资收益分析等，做好投资项目相关账目的会计处理工作，关注被投资方合同的履行情况和项目执行情况。

**2. 采购与生产管理控制**

作为努力打造全产业链生产模式的乳制品加工企业，辉山乳业应注重原材料采购成本的控制，加强对采购部门和原材料供应商的管理。以苜蓿草为例，苜蓿草的进口价格非常高，是影响液态奶销售价格的关键性因素，根据浑水报告的调查可知，辉山乳业尽管具有一定的苜蓿草生产力，但对外宣称完全能够自给自足是假的，企业需要花费大量资金外购苜蓿草。

在请购环节，结合辉山乳业自家苜蓿草的产量、牧场规模和仓储规模，确定苜蓿草外购需求；进入采购环节时，要采用多种采购方式结合的机制，根据采购金额和采购数量的不同，选择公开招标、协议供货、询价采购等方式，在注重采购品质的同时发挥价格优势。同时，要完善验收入库的制度，安排专职人员对采购的原材料进行验收和登记入库，及时将相关数据同步至信息化系统，保证出库和入库数据更新的及时性。注重采购部门信息与会计部门信息的衔接，定期将会计信息与采购、入库、出库信息进行核对，避免账实不相符的现象（见图 7-3）。

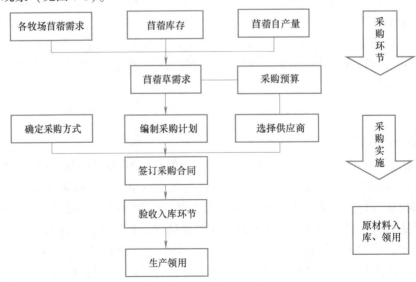

图 7-3　原材料采购业务流程

此外，企业管理层要对原材料供应商的资质进行严格审查，根据生产和技术部门提供的对原材料尤其是首蓿草的质量要求，建立供应商的评价和入选标准，要求供应商提供资质证明，必要时可以聘请中介机构对供应商的资质进行评估或实地考察，将最后选定的供应商编入系统中，定期进行评价。

### 3. 资产管理控制

辉山乳业采用高负债的运营模式，利用资产重复抵押模式带来高杠杆，这种重复抵押模式让企业对自身的资金运营状况产生误判，当企业资源耗尽时，融资能力也就到达了极限，企业资金链断裂，股价崩盘。因此，辉山乳业必须优化资产管理流程，加强日常核算管理，建立科学、严谨的资产管理系统，包括资产日常管理和资产担保业务管理，避免资产重复抵押。辉山乳业的规模非常大，对资产的管理必须引入信息化平台，购买资产条码管理软件，将每件资产都进行登记，配有专属的资产代码，记录资产的采购时间、管理使用部门、摊销处置、抵押担保等过程，必要时可以为单位价值较高的资产购买保险，转移经营风险。

另外，要建立一套资产抵押审批流程，从风险防控的角度，设置抵押担保风险点，提高风险预警能力。首先，设置专职的资产监督管理岗位对资产抵押担保业务进行管理，明确岗位职责和授权审批权限，必要时需要建立抵押担保业务责任追究机制，保留对出现重大问题的事故责任人追究责任的权利。其次，要对资产抵押担保业务进行风险评估，企业在对名下资产进行抵押担保时，审查好担保事项的合理性及合法性，涉及资金数额较大的担保事项必须经过董事会审批，对抵押资产进行单独登记，避免资产重复抵押的高危行为和企业对资金运营状况产生误判，确保企业在一个健康的资产负债结构下经营。

### （四）建立有效信息与沟通机制

企业内部控制制度的有效实施必须依托信息的传递和沟通，各部门将生产经营活动中产生的信息反复进行采集、加工和传递，最终将信息汇集成为内部控制报告，供管理者在决策中参考（见图7-4）。

辉山乳业必须梳理和优化现有的内部信息传递流程，改善目前对信息交流重视程度不高的局面。第一，要建立内部信息报告指标体系，根据企业的经营特点，设置多样的报告传递形式，尤其针对乳制品销售这项集团主营业务，必须缩短报告期，提高信息时效性。第二，要注意信息的全面性，掌握集团内部信息的同时也要实时关注市场环境、食品行业标准、税收政策等的变化，将所有有效信息分类收集整理之后，提供给编制单位。第三，必须建立内部信息报告审核机制，根据不同信息的需求差异，设置分级的报告质量标准，每份报告的签发必须经过部门负责人审核，保证传递的信息是最准确的。第四，保证内部信息报告在合理范围内流转，对于涉及企业专利技术、投资决策等的商业机密，要严格加密，对于突发重大事件，应提高报告编制速度，第一时间向董事会汇报。辉山乳业还应疏通内部沟通交流渠道，对未涉密的信息进行披露，做到内部信息共享，努力营造相互信任的企业氛围，增进企业凝聚力，不给企业内部人员有寻租的机会，也不给外部监督机构提供损害公司利益的可能。

在对外提供信息时，要严格按照证监会和交易所要求的时间进行报告披露，披露之前，要聘请注册会计师对报告出具审计意见，还要由董事会对报告内容进行审议，在此过程中，辉山乳业应该规避外部审计独立性无法保障的问题，聘请会计师事务所时要认真考察其资质和信用，避免会计师事务所在收取高额审计费用后，无视在报告中发现的问题。对外发布信息的同时，更重要的是企业内部财务信息的形成，每次财务报告编制完成后，辉山乳业必须安排相关的财务分析会议，深入分析报告中反映的财务指标和其他综合信息，总结上一阶段企业在经营过程中的优势和不足，并将结果形成分析报告，传递给企业生产、加工和采购等重点部门，用以优化工作方法。

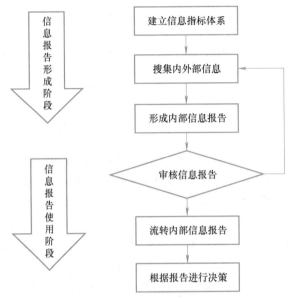

图 7-4　内部信息流转

### （五）监督活动

辉山乳业要发挥内部监督最大效益，就要完善企业内部监督体系。一方面，要根据法律要求，结合企业自身情况，建立企业内部监督制度，除了成立审核委员会，还要设置专职的内部监督机构——内部审计机构，独立于企业财务部门，明确该机构的职责和权限，制定一套规范的内部监督流程和方法，对企业的内部控制执行情况进行监督；另一方面，要建立完善的内部控制执行漏洞的衡量标准，分析各种内部控制执行漏洞的性质和形成原因，进行整合分析。通过内部监督的实施，对内部控制执行的有效性进行评价，根据监督结果及时发现企业内部控制设计和执行中存在的缺陷，并提出修改方案和整改意见，促进内部控制体系在企业内部的高效运转，企业内部审计机构要对企业日常生产经营中内部控制的执行情况进行审查和评价，最终将相关结果提交至董事会的审计委员会，实现监督结果应用。

另外，企业其他部门，如乳制品加工部门、财会部门、资产管理部门、销售部门等企业核心部门，也应主动在内部控制监督中承担责任，相互监督，保证各环节都不出现偏差。比如，财会部门要对销售部门的销售费用进行监督，资产管理部门要对财会部门的资产抵押贷款行为进行监督等。在企业搭建内部监督平台，明确各部门之间的内部监督关系，建立数据考核机制，保证在日常工作中严格执行监督活动。

# 第八章

## 管理审计案例

### 第一节　人力资源审计案例——GW公司

人力资源是一个单位或企业经营活动中的劳动者及其潜能，人力资源使用的过程就是劳动者生产和创造的过程，它是生产力要素中最为重要的、起决定性作用的要素，是财富创造、企业发展乃至整个社会发展的重要动力。人力资源审计是对人力资源的利用情况进行评价，寻求充分发挥劳动者能力，尽可能做到人尽其才、才尽其用，进而提升工作效率，以促使企业发展生产力，提高经济效益。加强对人力资源管理和使用的审计监督，加强对人力资源的成本、分配等方面的审计监督，以保证人力资源管理的真实性、正确性和公允性。

#### ▶ 一、案例背景介绍

##### （一）企业背景

2002年，GW公司成立。GW公司经营区域覆盖26个省（自治区、直辖市），城市供电可靠率达99.96%，农村供电可靠率达99.80%，供电服务人口超过11亿人。GW公司注册资本为8295亿元，全口径用工总量从2013年起呈逐年下降趋势，2018年为158.1万人，实现经济增加值117.9亿元。GW公司位居《财富》世界500强前列，是全球最大的公用事业企业。

2018年GW公司内部资产增幅不大，产电量和售电量下降，为降低运营成本、提高人力资本的潜能，运用技术手段推动电力行业改革有序进行、提高人力资本效率成为增加经济效益的可行方法之一。公司管理层在推行集团"三集五大"（人力资源、财务、物资集约化管理，大规划、大建设、大运行、大检修、大营销）体系的基础上，要求全面加强人力资源管理，对人力资源和企业用工情况开展一次全面深入的梳理，掌握公司人力资源的情况，促进人力资本的进一步优化，组织开展了人力资源的专项审计，并为加强经营管理提出恰当审计意见。

##### （二）人力资源背景

GW公司总部是人力资源控制中心，各分公司以及直属单位严格执行GW公司人力资源管理政策，实现组织内人力资源的合理配置。作为基层实施单位的省级公司和直属单位，是GW公司实施人力资源管理政策和制度的中流砥柱。GW公司应该努力促进下属单位人力资源管理的统一和标准化。GW公司人力资源组织结构及管理结构分别如图8-1、图8-2所示。

GW公司以"三全"（全员、全额、全口径）管理为指导，以"三定"（定编、定岗、定员）、"三考"（考核、考试、考勤）为辅助，协同推动"六统一"，建立了一套密集的人力资源集约管控体系（见图 8-3），拥有强大的调度与监督，以及明确的专业分工。

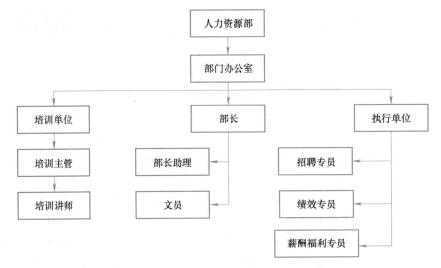

图 8-1　GW 公司人力资源组织结构

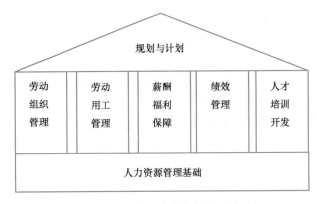

图 8-2　GW 公司人力资源管理结构

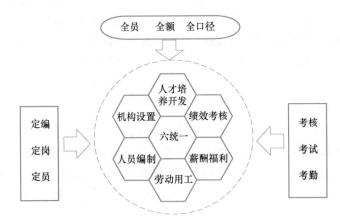

图 8-3　人力资源集约管控体系

GW 公司的人力资源管理的总体规划明确，以加强集约化管理为总目标，坚定"四个领先"（战略领先、技术领先、管理领先、服务领先），坚持"五个提升"（绿色发展提升、智慧赋能提升、安全保障提升、卓越服务提升、价值创造提升），实现"六统一"，并建立现代人力资源管理制度的"一个强大和三个优秀"（一个强大：强大的电网建设；三个优秀：优质资产、优质服务、优越业绩）。GW 公司发布的人力资源管理系统中，通用制度 25 个，非通用制度 25 个，其他规范性文件 17 个，形成了人力资源管理各模块全覆盖（见图 8-4）。

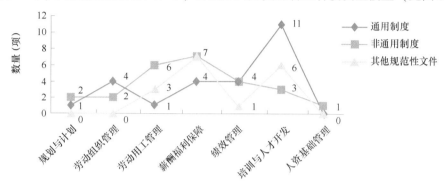

图 8-4　人力资源管理制度分布

## 二、审计的流程及内容

根据人力资本审计理论，结合 GW 公司的实际，在人力资本审计部分的实施过程中，审计组制定了有针对性的审计方案，其审计目标即审计部门在测试内部控制体系运行情况以及了解"五位一体"建设情况的基础上，准确掌握被审计单位组织机构、劳动用工、人力成本等的真实状况，为公司人力资源战略决策和分析提供准确依据。

**（一）具体实施流程**

1）了解 GW 公司人力资源管理的具体内容。针对包括基础管理、管理决策、劳动组织、干部管理、用工管理、人工成本、员工绩效、教育管理的流程进行人力资本审计，通过把控每一环节上的内控手段、查阅资料和实地访谈调研，明确基础任职条件、知识、技能、素养等任职资格显性和隐性要素，调整重要工作岗位，做到人员、岗位与职责相匹配。

2）根据 GW 公司各类别的人员层次、用工性质、成本项目、地区政策、历史水平差异等因素，选取同类地区合适的标准进行审计结果对比，将审计指标进行要素分解，在分析较差指标要素基础上寻找改进空间。

3）进行定量分析和定性分析，审查和评价 GW 公司人力资源活动运行、实施的实际情况和管理效果，对人力资源政策、制度设计、执行力度以及人力资本价值发挥程度的经济性、效率性和效果性做出客观、公正的评价。

4）突出重点，揭示风险。坚持风险导向，针对人力资本管理中存在的薄弱环节、管理热点和政策执行的难点，准确分析存在的突出风险和形成原因，提高人力资源管理风险防控能力，并最终提出针对性的审计意见和建议，出具专项审计报告。

**（二）基本原则**

根据公司的管理规划、人员规模、经营方式特点，从适配性、可执行性、有效性等角度考量，依据审计层级、内容的不同侧重点设置与之相应的评价指标及权重，构建适用于企业并能随着企业发展、人力资源价值质量提升而不断优化的审计指标体系。另外，为提高审计的有效性和可信度，指标体系设计应遵循精确性原则、层次性原则、全面性原则和实操性原则。

**1. 精确性原则**

审计指标要具有目的性，紧密围绕审计的关键内容。排除与审计关键内容无关或影响甚微的因素，以保证审计所获结果可以精确、高效地反映审核内容的情况。

**2. 层次性原则**

审计指标的选择与设立逐层分级，建立合理的层级结构，并设立科学的指标权重；参照的标准也要有选择性，保持合理的层次，从上至下依照企业经营管理的特点及组织结构建立。

**3. 全面性原则**

审计组设立审计指标时，需考虑审计指标内容的广泛性及全面性，不仅涵盖狭义内涵，更注重外延内容，在一定程度上保证审计指标的完整和全面。围绕审计内容中的关键问题，忽略与之关联很小或者没有关联的因素，同时充分考虑审计包括的各个领域，尽可能保证指标的完整性。

**4. 实操性原则**

审计指标在 GW 公司实际执行实施中须具有可操作性，易于理解，便于执行，以便审计组可以科学、快捷地获取审计证据，并设立必要的可替代指标，提高审计报告的真实性和可信度。

**（三）具体内容**

通过对 GW 公司人力资源管理情况的分析，审计人员将 GW 公司人力资源管理审计的重点分为劳动组织管理、劳动用工管理、人工成本管理、员工绩效管理 4 项。

**1. 劳动组织管理审计**

GW 公司人力资源管理审计中的劳动组织管理内容覆盖面比较全，主要包括各级机构设置及岗位编制管理、"三定"工作开展情况、"三集五大"体系执行情况、业务外包管理等。具体审计要素见表 8-1。

表 8-1 劳动组织管理审计要素

| 序 号 | 业务流程 | 审计要素 | 审计标准 |
|---|---|---|---|
| 1 | 机构设置 | "三集五大"体系建设 | 科学性、合理性评价 |
| 2 | | 未按批复要求设置机构 | |
| 3 | | 单位外机构管理 | |
| 4 | 岗位设置 | 岗位完整性和规范性 | 根据《岗位管理办法》确定是否符合规定 |
| 5 | | 未经批复设置岗位 | |
| 6 | 人员结构 | 定员标准管理及执行情况 | 根据《劳动管理办法》确定是否符合规定 |
| 7 | | 超/缺员情况 | |

## 2. 劳动用工管理审计

在 GW 公司人力资源管理审计模块中，劳动用工管理审计要素见表 8-2。

表 8-2　劳动用工管理审计要素

| 序　号 | 业务流程 | 审计要素 | 审计标准 |
|---|---|---|---|
| 1 | 用工计划管理 | 用工人数 | 根据《计划管理办法》确定是否超标 |
| 2 | | 表外用工 | 根据《统计管理办法》确定是否存在 |
| 3 | 员工入职管理 | 新增员工数量 | 根据《计划管理办法》确定是否超标 |
| 4 | | 擅自录用人员 | 根据《统计管理办法》确定是否存在 |
| 5 | 劳动合同管理 | 劳动合同签订 | 根据《劳动合同法》评估是否合规 |
| 6 | | 劳务纠纷处理机制 | |
| 7 | 员工配置管理 | 岗位竞聘位置 | 根据《岗位管理暂行办法》确定是否透明 |
| 8 | | 挂职人员条件 | 根据《挂职管理办法》确定是否符合 |
| 9 | | 临时借用人员工资 | 根据《临时借用管理办法》确定是否支付 |
| 10 | | 待岗人员管理 | 根据《待岗管理办法》确定是否合规 |
| 11 | 劳务派遣管理 | 劳务派遣用工总量 | 根据劳务派遣规定确定是否合规 |
| 12 | | 劳务派遣协议签订 | |
| 13 | 业务外包管理 | 业务外包人数 | 根据《业务外包管理办法》确定是否合规 |
| 14 | | 业务外包合同签订 | |

## 3. 人工成本管理审计

在 GW 公司人力资源管理审计模块中，人工成本管理审计要素见表 8-3。

## 4. 员工绩效管理审计

在 GW 公司人力资源管理审计模块中，员工绩效管理审计要素见表 8-4。

表8-3 人工成本管理审计要素

| 序 号 | 业务流程 | 审计要素 | 审计标准 |
|---|---|---|---|
| 1 | 工资计划管理 | 薪资总额 | 根据《工资管理办法》确定是否合规 |
| 2 | | 其他形式发放工资性支出 | |
| 3 | 工资发放管理 | 其他渠道列支工资支出 | 根据《工资管理办法》确定是否合规 |
| 4 | | 劳务派遣员工工资备案 | |
| 5 | | 集体员工工资备案 | |
| 6 | 企业领导薪酬管理 | 企业领导薪酬总额 | 根据《工资管理办法》确定是否合规 |
| 7 | | 其他渠道列支企业领导薪酬 | |
| 8 | 福利管理 | 福利计划执行 | 根据《福利保障管理办法》确定是否合规 |
| 9 | | 福利费用支出 | |
| 10 | | 具体福利项目 | |
| 11 | | 其他渠道列支福利性支出 | |
| 12 | 社会保障管理 | 社保项目建立范围 | 根据《社会保障管理办法》确定是否合规 |
| 13 | | 社保费用计提标准 | |
| 14 | | 具体社保项目 | |
| 15 | | 社保资金管理 | |

表8-4 员工绩效管理审计要素

| 序 号 | 业务流程 | 审计要素 | 审计标准 |
|---|---|---|---|
| 1 | 机构设置 | 企业领导绩效工资总额 | 根据《领导业绩考核办法》确定 |
| 2 | | 企业领导绩效年薪占比 | |
| 3 | | 其他渠道列支领导绩效工资 | |
| 4 | 岗位设置 | 全员绩效管理制度建立 | 根据《全员绩效管理办法》确定 |
| 5 | | 员工考核结果分级 | |
| 6 | | 员工绩效工资差距 | |
| 7 | 人员结构 | 绩效工资核定规则 | 根据《绩效工资管理办法》确定 |
| 8 | | 绩效工资占比 | |

## 三、案例分析

本案例以人力资源投入与收益为出发点设计人力资源审计方案，根据上一部分的指标框架，按照审计可执行度，可将审计的重点放在人力资源结构审计、人力资源投入审计、人力资源满意度审计以及人力资源流动性审计4部分内容。通过建立科学客观的人力资源审计指标体系，以直观且可量化的指标层层分解，来发现人力资源管理中的关键性问题，客观评价人力资源的质量状况。

指标体系具体设计如下：A代表第一层指标，A1~A4分别代表人力资源结构审计、人力资源投入审计、人力资源满意度审计、人力资源流动审计4个审计角度；B代表第二层指标，B1~B10是归属于4个序列的10项审计结构基础分支；C代表第三层指标，即末级指标，下文列示了具体的指标名称、内容和计算公式。

（一）关键指标的设计

**1. 人力资源结构审计**

人力资源结构审计是人力资源审计中最基础的部分，一般包括评价员工特征结构、工作特征结构、素质结构等内容。对于年龄、性别、学历、职称等"硬结构"要求，只需符合标准即可，知识、能力、职业素质、领导力等"软结构"需求，尤其是人力资源的素质结构，应当作为人力资源审计的评价重点。换言之，需要重点评价员工是否符合完成某项工作达到某一绩效目标所要求的一系列不同素质的组合，但人的素质、胜任力具有自我发展和提升的可能性，由于评价标准的模糊性，通常也是人力资源结构审计的难点。

GW 公司由于受到地处不同地理位置的限制，在人力资源结构上又呈现出自身特有的问题，即人力资本结构失衡、定员超员问题突出、内部人力资源市场盘活率低下的现状，限制了人力资本效率的提高，使企业承担了额外的非市场化人力成本。同时，由于电网类企业的工作内容具有独特性，企业内部拥有不同技术要求层次的人力配置类别，导致每个类别都需要有不同的管理方法和配置数量。针对上述问题，为了科学地评价人力资源结构中各个方面的影响，关键性审计指标主要包括人员配置（B1）、工作特征（B2）、素质结构（B3）等（见表 8-5），它可以作为评价电网企业人力资源结构是否合理的指标体系，评价企业是否运用了有限的资本投入获得了最佳的岗位和人员的组合，其主要内容有全口径用工总量控制率、定员超量率、结构性缺员率、人才当量密度等。

表 8-5　人力资源结构审计的关键指标

| 性　质 | 内　容 | 标　准 |
|---|---|---|
| 定性指标 | 横向框架（行政职能部门设置） | 是否满足战略发展和业务发展需求评价 |
| | 纵向框架（基层生产部门设置） | 是否满足战略发展和业务发展需求评价 |
| | 职位体系、职级体系 | 是否符合完整性、合理性、规范性评价 |
| | 核心能力素质 | |
| 定量指标 | 人员配置 | 全口径用工总量控制率、定员超量率、结构性缺员率、年龄比例、男女比例、人才当量密度等 |
| | 工作特征 | 专业结构分布、职称结构分布、部门结构分布、学历结构 |
| | 素质结构 | 技能等级、专业技术资格、沟通技能、组织技能、工作经历、执业资格、项目完成度等 |

注："人才当量密度"是指在报告期末，对全资及控股单位职工的学历、学位、职称、技能等级、专家人才等级进行系数折算，取4者之中最高的折算值累加之和占全部职工人数的比率。

在上述指标体系中，主要指标的计算公式如下：

$$全口径用工总量控制率 = [（定员范围内全口径用工 + 支援集体职工） \div 测算定员 - 1] \times 100\% \tag{8-1}$$

式中，测算定员不含外包业务定员。

人才当量密度$= \sum$ 最高折算值（职工学历、学位、职称、技能等级、优秀人才折算值）÷

全资控股单位全部职工（不含内退职工）人数　　　　　　　　　（8-2）

与之相关的关键审计工作底稿有人员定员（结构）审查表、人员现状审查表、编制定员方法审查表、超编人员审查表等，示例见表8-6。

表8-6　人员定员（结构）审查表

| 单位名称： | | | 日期 | | |
|---|---|---|---|---|---|
| 项目：人员定员审查 | 编制人 | | | 索引号 | |
| 截止日期： | 复核人 | | | 页次 | |
| 一、审计目标 | | | | | |
| 1. 人员现状审查；2. 编制定员方法审查；3. 超编人员审查 | | | | | |
| 二、审计流程 | | | 索引号 | | 执行情况 |
| 1. 人员现状审查<br>主要审查企业人员的结构和分布状况。首先，对数量、分类、文化、专业、工种、工龄、性别和思想素质等进行分析。其次，对人员分布情况按定员方式进行审查，如审查各类人员的比例是否科学，专业是否对口，分布是否合理，编制是否恰当，能否充分调动职工的积极性。最后，对调查结果进行测算，求得企业的定员覆盖率，并按定员先进合理、职责明确、各类人员比例协调等要求进行改善<br>2. 编制定员方法审查<br>审查行政、工人、辅助人员的比例，定额是否准确，人员是否相对稳定，多余人员是否精减；审查干部定员，主要按职责范围审查职责岗位是否明确；审查各岗位定额计算方法<br>3. 超编人员审查<br>审查超编人员的处理，主要审查：是否有工作协作、人员帮扶以及转岗培训等；是否存在未经批准的超编人数；关注技术级别与职称、岗位的匹配情况；是否存在高级或高职称人员从事较简单工作造成的人力资源的浪费 | | | | | |
| 审计说明： | | | | | |

### 2. 人力资源投入审计

人力资源管理的目标是随着时间的推移降低人力成本，反映在经济回报上就是将人力资本投入上升到总报酬层面，使人力成本投入获得物有所值的收益，在投资上获得净回报。人力资源成本与人力资源吸引力之间相辅相成、相互促进，在提高人力资本投入的前提下可以提高企业对优秀人才的吸引力，而高质量人力资本的加入将对维持、开发和激励人力资本产生积极的效应。

为了评价人力资源功能的有效性，衡量企业对人力资源投入的额外物质成本用于激励开发的时间精力物有所值，达到提升人力资本竞争力的目标，同时促使企业人事费用折现率高于同行业平均水平，审计时应从组织人力资本成本的薪酬管理（B4）和以激励开发（B5）为代表的人力资源吸引力两个角度设立量化指标集，主要内容包括薪酬体系、职业通道、企业荣誉体系、薪酬管理、激励开发（见表8-7）。

表 8-7　人力资源投入审计的关键指标

| 性　质 | 内　容 | 标　准 |
|---|---|---|
| 定性指标 | 薪酬体系 | 科学性、系统性、激励性评价 |
| | 职业通道 | |
| | 企业荣誉体系 | |
| 定量指标 | 薪酬管理 | 福利保障评价指数、人均总报酬、人均绩效薪酬、全口径人事费用率、员工成本（包括保险费、退休金和招聘费用）、万元工资销售收入、全口径人工成本利润率 |
| | 激励开发 | 能力开发费用、学习和发展方面的平均日数、学习和开发成本、表彰奖励率、创新成果率 |

在上述指标体系中，主要指标的计算公式如下：

$$福利保障评价指数 = \alpha \times 福利项目实施率 + \beta \times 福利全过程管控覆盖率 +$$
$$\gamma \times 社会保险综合参保率 \tag{8-3}$$

式中，$\alpha$、$\beta$、$\gamma$ 分别为企业赋予的权重系数。

$$全口径人事费用率 = 职工人工成本总额 \div 营业总收入 \times 100\% \tag{8-4}$$

人事费用率反映在一定时期内企业生产和销售总价值中用于支付职工人工成本的比例。

$$全口径人工成本利润率 = 营业利润 \div 全口径人工成本 \times 100\% \tag{8-5}$$

与之相关的关键审计工作底稿有人力资源成本审查表、工资薪酬审查表、员工福利审查表、加班工资审查表、考勤情况审查表等，示例见表 8-8。

表 8-8　人力资源成本审查表

| 单位名称： | | | 日期 | | |
|---|---|---|---|---|---|
| 项目：人力资源成本 | 编制人 | | 索引号 | | |
| 截止日期： | 复核人 | | 页次 | | |
| 一、审计目标 | | | | | |
| 1. 工资薪酬审查；2. 员工福利审查；3. 加班工资审查；4. 考勤情况审查 | | | | | |
| 二、审计流程 | | | 索引号 | | 执行情况 |
| 1. 工资薪酬审查<br>工资薪酬制度设计是否合理；工资汇总表是否经过审批；员工工资明细表与人数核对或与工作时间记录表是否一致；实发数与应发数数据之间的核实等<br>2. 员工福利审查<br>社会保障支出标准及总额的审查；节假日福利开支标准及授权审查；其他福利依据及金额审查等<br>3. 加班工资审查<br>加班时间及长度是否经过部门审核；节假日加班开支标准的审查；工作日延长工作开支标准的审查<br>4. 考勤情况审查<br>工作时间表是否经过部门审核；核实员工人数是否真实；工时统计表或工作时间是否与记录保持一致；缺勤是否经过批准及人数是否正常等 | | | | | |
| 审计说明： | | | | | |

### 3. 人力资源满意度审计

人力资源满意度审计可以简单看作企业、员工双方对人力资本政策、实施方式、取得成果的双向态度评价。通过绩效管理、对标的方式对员工的工作行为及取得的工作业绩进行评估，反映了企业是否对员工的工作满意，员工的工作是否有利于企业可持续发展；明确的职业生涯通道和常态化的知识更新培训等，是现代知识经济时代提升员工满意度、人力资源价值的重要手段。企业对人力资本管理的手段中，往往只关注业绩考核，缺乏对员工职业发展的考量，这样的现象容易造成人力资本投入的浪费和后续培养方案的跟进失效，影响公司的人力资源吸引力，因此要加强对人力资本满意度的关注和评价的规范性。

GW 公司在绩效考核时推行"分级管理、分类考核"的原则，对各单位企业负责人进行业绩考核和全员绩效管理，根据已有的理论和实践经验，可以采用定性和定量相结合的考核方式，分级对目标任务指标、综合评价指标计分排序。在员工职业生涯通道方面，GW 公司加大对员工培养的力度，以职业能力为导向，工作业绩提升为重点，搭建职业成才通道。人力资源满意度审计评价指标包括绩效考核（B6）和职业生涯（B7），主要内容有全员绩效管理规范指数、员工满意度指数、人才培养应用率、岗位晋升应用率等，见表 8-9。

表 8-9　人力资源满意度审计的关键指标

| 性　质 | 内　容 | 标　准 |
|---|---|---|
| 定性指标 | 关键业绩指标体系 KPI 完整性、有效性评价 | 根据行业"三集五大"要求评价 |
| | 考评结果应用有效性评价（与员工薪酬调整、晋升机制、培训开发等板块接口） | |
| 定量指标 | 绩效考核 | 全员绩效管理规范指数、工作任务积分、关键业绩指标、目标任务完成率、人力资源人员对接组织内各部门工作的人数比例 |
| | 职业生涯 | 多路径职业通道延伸度、员工满意度指数、人才培养应用率、职业路径比率、岗位晋升应用率、全员培训率、学时完成率、培训达标率、优秀人才储备率、员工投诉率、员工意见建议回复率等 |

在上述指标体系中，主要指标的计算公式如下：

$$目标任务完成率 = 实际完成的任务数额 \div 目标任务数额 \times 100\% \tag{8-6}$$

$$多路径职业通道延伸度 = (员工职业通道最高职级系数 - 最低职级系数) \div 最低职级系数 \tag{8-7}$$

$$员工满意度指数 = \sum 单项得分 \div (最高分值 \times 项目数) \times 100 \tag{8-8}$$

式中，$\sum$ 单项得分是参与调查所有人分数的总和；最高分值×项目数是这项调查最高分乘以参与人员数。

$$职业路径比率 = 全年晋升员工总人数 \div (全年晋升员工总人数 + 全年调动员工总人数) \tag{8-9}$$

培训达标率 = 全年培训计分达到岗位标准的员工人数 ÷ 员工总数 × 100% （8-10）

式中，培训计分根据该员工全年培训情况、竞赛和调考成绩、论文发表量、技术攻关等量化计算。

$$员工意见建议回复率 = 全年意见建议回复条数 ÷$$
$$全年员工意见建议总条数 × 100% \qquad （8-11）$$

与之相关的关键审计工作底稿有人力资源绩效与能力培养审查表、人力资源绩效评价表、人力资源能力培养审查表等，示例见表 8-10。

表 8-10 人力资源绩效与能力培养审查表

| 单位名称： | | | 日期 | | |
|---|---|---|---|---|---|
| 项目：人力资源绩效与能力培养 | 编制人 | | 索引号 | | |
| 截止日期： | 复核人 | | 页次 | | |
| 一、审计目标 | | | | | |
| 1. 人力资源绩效评价；2. 人力资源能力培养审查 | | | | | |
| 二、审计流程 | | | 索引号 | 执行情况 | |
| 1. 人力资源绩效评价<br>审查企业是否建立一套完整的绩效评价机制；是否有合理的考核、核算方法；审查是否将物质激励与精神激励相结合；目标设置是否合理，按目标进行考核；KPI 指标的设计是否合理；是否实行全员绩效管理<br>2. 能力培养审查<br>主要审查管理层是否积极支持培训及培训的次数是否符合计划；是否根据职业要求设计培训对象；职工培训是否与人才的选拔机制相结合；人员的配置是否满足岗位需要；人才的培养要从培训计划、组织、措施、效果 4 个方面进行审查；是否建立录用、培训、使用、调配、晋升之间相互协调 | | | | | |
| 审计说明： | | | | | |

### 4. 人力资源流动性审计

人力资源流动性审计的基础内容是人力资源职业性流动、人力资源功能性流动等外部流动的现象，人力资源流动率直接影响组织的稳定和员工的工作情绪，必须加以严格控制。若流动率过大，一般表明人事不稳定、劳资关系存在较严重的问题，而且导致企业生产效率低，以及增加企业挑选、培训新进人员的成本。若流动率过小，则不利于企业的新陈代谢，保持企业的活力。但在 GW 公司发展的历史遗留问题和自身垄断地位带来的相对封闭环境背景下，人力外部流动率一直处于低位，比较突出的是定员超量和结构性缺员问题，因此盘活人力资源存量是亟待解决的问题。鉴于该类公司内部人力资源市场运作情况是围绕以定员为基础、以合同和岗位为核心的人员调配和用工管理制度进行运转，该类公司还需要进一步审计内部人力资源市场及各项配套管理制度的建设情况，内部人力资源流动情况，以及人力资源内部市场人员职位转换、长期挂职锻炼、重复借用等情况。实施上述审计内容是为了找到人力资源流动的主因，是社会环境因素、企业内部因素还是员工个人因素，并评价内部人力资源市场的运转是否有效实现劳动组织优化、保持核心人才群体稳定和总体人力素质水平的提升。

针对上述人力资本流动特点，审计人员将人力资源流动情况审计指标分为人力资源信息系统建设情况（B8）、内部流动情况（B9）和外部流动情况（B10）3个层次，其主要内容包括人力资源信息系统建设统一规划、统一建设、信息共享、数据集约评价，内部流动指标和外部流动指标等（见表8-11）。

表8-11　人力资源流动性审计的关键指标

| 性　质 | 内　容 | 标　准 |
|---|---|---|
| 定性指标 | 人力资源供需预测模型建设 | 科学性、准确性评价 |
| | 人力资源信息系统建设统一规划、统一建设、信息共享、数据集约评价 | 根据人力资源主要功能模块分模块评价 |
| 定量指标 | 内部流动情况 | 人力内部市场盘活率、内部人力资源市场配置指数、长期职工主业在岗提升率、专业用工效率提升率、职能部门用工差异率改进情况、岗位流动率、超期借用率、挂职锻炼率、人才帮扶率 |
| | 外部流动情况 | 员工新进率、员工辞职率、员工辞退率、12个月后在岗人员率、员工病休率、员工伤休率、员工退休率 |

在上述指标体系中，主要指标的计算公式如下：

$$人力内部市场盘活率 = 期初结构性缺员数 \div 期末结构性缺员数 - 1 \qquad (8\text{-}12)$$

$$内部人力资源市场配置指数 = 内部人力资源市场基础建设得分 + 管理制度落实得分 + 创新贡献得分 \qquad (8\text{-}13)$$

$$长期职工主业在岗提升率 = 当年主业在岗长期职工比例 - 上年主业在岗长期职工比例 \qquad (8\text{-}14)$$

$$专业用工效率提升率 = 本专业当年用工差异率 - 本专业上年用工差异率 \qquad (8\text{-}15)$$

$$职能部门用工差异率改进情况 = 职能部门当年用工差异率 - 上年度职能部门用工差异率 \qquad (8\text{-}16)$$

$$岗位流动率 = 岗位流动人数 \div 在册平均人数 \times 100\% \qquad (8\text{-}17)$$

$$员工新进率 = 新进人数 \div 在册平均人数 \times 100\% \qquad (8\text{-}18)$$

$$员工辞职率 = 辞职人数 \div 在册平均人数 \times 100\% \qquad (8\text{-}19)$$

$$员工辞退率 = 辞退人数 \div 在册平均人数 \times 100\% \qquad (8\text{-}20)$$

与之相关的关键审计工作底稿有人力资源预测情况审查表、人力资源流动性审查表等，示例见表8-12。

### （二）人力资源管理审计评价标准及评价体系

在理论分析基础上，审计人员根据问卷调查以及关键评价参考点，优化上述基本评价体系，消除最初人力资源管理审计中不适用于人力资源管理审计的评价指标，简化系统规模。然后，根据之前对GW公司人力资源管理审计体系的内容和结构层次以及评价指标选择政策，最终整理出GW公司人力资源管理审计评价体系，见表8-13和表8-14。

表 8-12　人力资源流动性审查表

| 单位名称： | | | 日期 | |
|---|---|---|---|---|
| 项目：人力资源流动性 | 编制人 | | 索引号 | |
| 截止日期： | 复核人 | | 页次 | |
| 一、审计目标 | | | | |
| 1. 人力资源预测情况审查；2. 人力资源流动性审查 | | | | |

| 二、审计流程 | 索引号 | 执行情况 |
|---|---|---|
| 1. 人力资源预测情况审查<br>各类人力资源，如销售人员、采购人员、财务人员、技术人员等的年龄、性别，工作经历和受教育程度、技能等方面的资料审查；本组织内各个工作岗位所需要的知识和技能，以及各个时期人员变动的情况审查；雇员的潜力、个人发展目标以及工作兴趣爱好等方面的情况审查；有关职工技能——技术、知识、教育、经验、发明、创造，以及发表的学术论文或所获专利等方面的信息资料审查<br>2. 人力资源流动性审查<br>滞留在原来的工作岗位上及平行岗位的流动审查；组织内的提升或降职更动审查；辞职或被开除出本组织（流出）审查；退休、工伤或病故情况审查 | | |

审计说明：

表 8-13　人力资源管理审计评价参考点

| 评价框架 | 评价参考点 |
|---|---|
| 人员配置（B1） | ① "定编、定岗、定员" 的 "三定" 标准得到落实<br>② 全口径用工总量、缺员率、超量率保持在控制线以下<br>③ 核心岗位与通用岗位区分长期用工、劳务派遣和业务外包模式<br>④ 人员配置符合人才当量密度 |
| 工作特征（B2） | ① 员工专业分布合理，覆盖经营类、管理类、技术类、技能类人才队伍的数量要求<br>② 人力资本分布的性别结构、学历层次、专业类型等符合电网企业下属各单位的比例要求<br>③ 高学历、高素质人才数量输入占用工总数比例提升<br>④ 人员分布符合高技能人才比例、技师和高级技师占生产技能人员比例、行业人才培养计划等指标要求 |
| 素质结构（B3） | ① 员工每年进行全职业资格评定管理，业务能力持续提升<br>② 工作协调、协助能力符合岗位需求<br>③ 辅助员工开发个人素质潜力，项目完成度达到规章要求 |
| 薪酬管理（B4） | ① 全口径人工成本监控、预警和考核体系健全<br>② 各单位人工成本投入产出效率达到同业对标平均级别以上<br>③ 人工成本预算管控达到人工成本激励约束机制要求<br>④ 全员、全额人工成本的统计、分析和管理符合前一年度预判，万元工资销售收入、人工成本净利润等人均指标高于前一年度数据<br>⑤福利保障制度实施方案、福利项目执行标准，以及重大问题整改情况的满意率 |
| 激励开发（B5） | ① 建立培训资源优化整合和优质资源共享机制<br>② 以劳动岗位专业要求、上岗人员能力素质和工作业绩为薪酬分配主要依据<br>③ 能力开发费用的投入产出率提升，员工可供选择的各类收益组合的自由度提升<br>④ 全资及控股单位专项人才开发计划持续更新，人才使用效能、人力资本贡献率达到预期<br>⑤ 表彰创新成果力度增强，创新成果用于实际工作的转化率提高 |

（续）

| 评价框架 | 评价参考点 |
|---|---|
| 绩效考核（B6） | ① 绩效考核、全员绩效、考勤管理和奖惩管理工作实行定量考核和定性考核相结合的方式<br>② 实行专项监督和考核，包括基础工作、指标覆盖面、绩效双向沟通机制、业务能力提升培训等<br>③ 目标任务完成率达到预期<br>④ KPI 体系与薪酬调整、晋升机制、培养开发接口对接，职业通道延伸度达到最高层级 |
| 职业生涯（B7） | ① 全员培训率达到 100%，考察全员培训考试开展情况，按职业技能高低鉴定结果，具有针对性地定期进行培训，优秀人才储备率符合管理方案比例要求<br>② 根据行业最新业务动态执行教育专项计划，电网企业培训单位、师资队伍建设情况实现全方位对接下属单位培训人员数量与专业的需求<br>③ 员工培训满意度获得提升，员工投诉率下降，人才培养计划指标能填补"三定"缺位，通过培训实现职业路径多样化、岗位晋升率与应用率提升 |
| 人力资源信息系统建设情况（B8） | ① 人力资源信息系统的信息标准、规范性<br>② 信息维护和信息数据报送具有真实性、准确性、完整性、及时性<br>③ 信息共享平台具有标准化、集成化、自动化特征，实现人力资源计划指标实时监控和资源共享<br>④ 信息系统覆盖率、使用率达到 100% |
| 内部流动情况（B9） | ① 内部人力资源市场基础建设得分、管理制度落实得分、创新贡献得分达到优秀，内部人力资源市场配置指数对标上升<br>② 内部人力资本实现多渠道流动，包括内部招聘、对口援助、人员借调、劳务输出等<br>③ 内部各类人员实现分层有序流动，职能部门用工差异率、超期借用率下降为零，结构性缺员率控制在 5% 以下 |
| 外部流动情况（B10） | ① 员工辞退率、员工辞职率控制在稳妥范围内，无随意变动<br>② 员工接受入口包括高校毕业生、接收复转军人、社会招聘和系统外调入等 4 类，完成当年人才需求招聘计划，有效补充职位空缺 |

表 8-14　人力资源管理审计评价体系

| 一级指标 | 二级指标 | 三级指标 |
|---|---|---|
| 人力资源结构审计（A1） | 人员配置（B1） | 全口径用工总量控制率（C1） |
| | | 结构性缺员率（C2） |
| | | 定员超量率（C3） |
| | | 人才当量密度（C4） |
| | 工作特征（B2） | 职称结构分布（C5） |
| | | 部门结构分布（C6） |
| | | 专业结构分布（C7） |
| | 素质结构（B3） | 社交技能（C8） |
| | | 组织技能（C9） |
| | | 专业技术资格（C10） |

（续）

| 一级指标 | 二级指标 | 三级指标 |
|---|---|---|
| 人力资源投入审计（A2） | 薪酬管理（B4） | 薪酬体系建设的科学性（C11） |
| | | 全口径人工成本利润率（C12） |
| | | 福利保障评价指数（C13） |
| | | 全口径人事费用率（C14） |
| | 激励开发（B5） | 能力开发费用（C15） |
| | | 全口径人工成本投入产出效指数（C16） |
| | | 职业路径比率（C17） |
| 人力资源满意度审计（A3） | 绩效考核（B6） | KPI体系完整性评价（C18） |
| | | KPI体系有效性评价（C19） |
| | | 目标任务完成率（C20） |
| | 职业生涯（B7） | 多路径职业通道延伸度（C21） |
| | | 考评结果应用程度评价（C22） |
| | | 员工满意度指数（C23） |
| | | 培养达标率（C24） |
| 人力资源流动性审计（A4） | 人力资源信息系统建设情况（B8） | 共享性评价（C25） |
| | | 数据集约性评价（C26） |
| | 内部流动情况（B9） | 人力内部市场盘活率（C27） |
| | | 内部人力资源市场配置指数（C28） |
| | | 岗位流动率（C29） |
| | | 专业用工效率优化指数（C30） |
| | 外部流动情况（B10） | 员工新进率（C31） |
| | | 员工辞职率（C32） |

## （三）指标权重设计

评价人力资源部门的人力资源管理水平，就需要设计要素权重。构建人力资源管理审计评价体系要遵循整体优化的原则，不能因为片面强调某一指标而忽略其他审计指标，GW公司根据不同阶段绩效审计的考核重点以及业务变化，选择上述指标体系作为此次评价重点。在此基础上结合专家意见，运用层次分析法对各指标权重进行分配计算。

层次分析法（AHP）是美国运筹学家萨蒂于20世纪70年代初，为美国国防部研究"根据各个工业部门对国家福利的贡献大小而进行电力分配"课题时，应用网络系统理论和多目标综合评价方法，提出的一种层次权重决策分析方法。它是一种解决多目标的复杂问题且将定量分析与定性分析结合起来的方法，用决策者的经验判断各衡量目标之间能否实现的标准之间的相对重要程度，并合理地给出每个决策方案的每个标准的权数，利用权数求出各方案的优劣次序，有效地应用于那些难以用定量方法解决的课题。

首先，设计权重判断标度。层次分析法中构造判断矩阵的方法是一致矩阵法，即不把所有因素分层、分组放在一起比较，而是两两相互比较；对比时采用相对尺度，以尽可能减少性质不同因素相互比较的困难，提高准确度。将以上构建的人力资源审计评价指标体系模型分为 3 个层次和 4 个维度，以问卷方式咨询相关专业或运用 3 名以上审计人员职业判断，并采用 9 级量表对重要相关性进行比较判断（见表 8-15）。

表 8-15　评估要素两两比较相对重要性判断的 9 级标度

| 因素相对重要性的权重赋值 | | 元素相对重要的定性判断 |
|---|---|---|
| $X : Y$ | $Y : X$ | |
| 1 | 1 | $X$ 比 $Y$ 同等重要 |
| 3 | 1/3 | $X$ 比 $Y$ 略微重要 |
| 5 | 1/5 | $X$ 比 $Y$ 重要 |
| 7 | 1/7 | $X$ 比 $Y$ 明显重要 |
| 9 | 1/9 | $X$ 比 $Y$ 绝对重要 |
| 2、4、6、8、1/2、1/4、1/6、1/8 为上述两两判断的中间值 | | |

其次，通过信息整理、职业判断后确认 32 个关键指标，并将每组两两比较的因素比值构成向上或向下的三角阵，最终运用层次分析法将 32 个因素组成 16 个判断矩阵，然后再进行一致性检验。确定判断矩阵后，计算每个矩阵的最大特征值（$\lambda_{\max}$），用最大特征值（$\lambda_{\max}$）计算相应的特征向量，即各层指标对应上一层指标权重比例的结果。

由于该权重结果不一定符合逻辑性，因此还需要确认是否通过一致性指标 CI 的检验。所谓一致性检验，是指在一定显著性水平下各平均值或各方差之间是否有显著性差异，若无显著性差异，则判断各均值或各方差是一致的，即一致性指标 CI ＝ $(\lambda-n)/(n-1)$。

若 CI ＝ 0，则有完全的一致性。

若 CI 接近于 0，则有满意的一致性。

CI 越大，不一致越严重。

原理是根据特征向量的数量来选择对应的随机一致性指标 RI 的值，如果 CI 和随机一致性指标 RI 进行比较的随机一致性检验系数 CR 小于 0.1，则通过一致性检验；如果没有通过，则需要消除多余指标。案例中数据繁多且计算的原理重复一致，审计人员选择第一层指标进行判断矩阵和一致性检验，示例见表 8-16。（计算某一层次所有因素对于最高层相对重要性的权值，称为层次总排序，这一过程是从最高层次到最低层次依次进行的。例如，B 层第 $i$ 个因素对总目标的权值为 $\sum_{j=1}^{m} a_j b_{ij}$）

表 8-16　判断矩阵和一致性检验示例

| 人力资源价值评价 | A1 | A2 | A3 | A4 | 权重 $W_i$ | $AW_i$ | $AW_i/W_i$ |
|---|---|---|---|---|---|---|---|
| A1 | 1 | 1/2 | 2 | 3 | 0.28 | 1.1284 | 4.03 |
| A2 | 2 | 1 | 3 | 4 | 0.47 | 1.8988 | 4.04 |
| A3 | 1/2 | 1/3 | 1 | 2 | 0.16 | 0.6448 | 4.03 |
| A4 | 1/3 | 1/4 | 1/2 | 1 | 0.10 | 0.4041 | 4.04 |
| 最大特征值（$\lambda_{\max}$）　4.03 | | | | | | | |
| RI | 0.8931 | | | | | | |
| CI | 0.0103 | | | | | | |
| CR | 0.0115<0.1 | | | | | | |
| 一致性检验通过 | | | | | | | |

其中，CI 为一致性指标，RI 为随机一致性指标，CR 为随机一致性检验系数，当 CR＜0.1 时，层次总排序计算结果具有满意的一致性。

最后，计算出每个细分指标对应到目标层（即第一层）审计指标的组合权重，整理形成每个指标的最终结果。经计算，最终的权重结果见表 8-17。

表 8-17　审计指标体系各级指标的权重

| 一级指标 | 权重 | 二级指标 | 权重 | 三级指标 | 权重 |
|---|---|---|---|---|---|
| 人力资源结构审计（A1） | 0.28 | 人员配置（B1） | 0.32 | 全口径用工总量控制率（C1） | 0.10 |
| | | | | 结构性缺员率（C2） | 0.13 |
| | | | | 定员超量率（C3） | 0.40 |
| | | | | 人才当量密度（C4） | 0.37 |
| | | 工作特征（B2） | 0.14 | 职称结构分布（C5） | 0.62 |
| | | | | 部门结构分布（C6） | 0.13 |
| | | | | 专业结构分布（C7） | 0.25 |
| | | 素质结构（B3） | 0.54 | 社交技能（C8） | 0.45 |
| | | | | 组织技能（C9） | 0.35 |
| | | | | 专业技术资格（C10） | 0.20 |
| 人力资源投入审计（A2） | 0.47 | 薪酬管理（B4） | 0.57 | 薪酬体系建设的科学性（C11） | 0.10 |
| | | | | 全口径人工成本利润率（C12） | 0.28 |
| | | | | 福利保障评价指数（C13） | 0.47 |
| | | | | 全口径人事费用率（C14） | 0.15 |
| | | 激励开发（B5） | 0.43 | 能力开发费用（C15） | 0.15 |
| | | | | 全口径人工成本投入产出效率指数（C16） | 0.64 |
| | | | | 职业路径比率（C17） | 0.21 |
| 人力资源满意度审计（A3） | 0.15 | 绩效考核（B6） | 0.45 | KPI 体系完整性评价（C18） | 0.17 |
| | | | | KPI 体系有效性评价（C19） | 0.19 |
| | | | | 目标任务完成率（C20） | 0.64 |
| | | 职业生涯（B7） | 0.55 | 多路径职业通道延伸度（C21） | 0.29 |
| | | | | 考评结果应用程度评价（C22） | 0.42 |
| | | | | 员工满意度指数（C23） | 0.17 |
| | | | | 培养达标率（C24） | 0.12 |
| 人力资源流动性审计（A4） | 0.10 | 人力资源信息系统建设情况（B8） | 0.32 | 共享性评价（C25） | 0.50 |
| | | | | 数据集约性评价（C26） | 0.50 |
| | | 内部流动情况（B9） | 0.37 | 人力内部市场盘活率（C27） | 0.42 |
| | | | | 内部人力资源市场配置指数（C28） | 0.29 |
| | | | | 岗位流动率（C29） | 0.16 |
| | | | | 专业用工效率优化指数（C30） | 0.13 |
| | | 外部流动情况（B10） | 0.31 | 员工新进率（C31） | 0.63 |
| | | | | 员工辞职率（C32） | 0.37 |

所有指标的综合权重由上述第一、第二、第三级指标的权重计算得出，并且 GW 公司可根据实际调整参数，以及审计人员的职业判断与综合权重相结合得出最终评分。

终极综合权重的计算公式为一级权重×二级权重×本级权重。例如，C1 的综合权重为 $0.28 \times 0.32 \times 0.10 = 0.008\ 96$。其他指标综合权重依次类推。

## （四）综合评价

审计人员为了深入理解并科学评估 GW 公司具体的人力资源管理薄弱环节，将人力资源审计评价体系与审计工作有机结合，设计出人力资源管理的评分问卷。在此基础上，邀请 3 名参与 GW 公司人力资源管理审计、实践经验丰富、专业素质强的专家参考评价标准进行评分。最后，根据各层次指标的综合权重和专家评分对 GW 公司的人力资源管理进行评价和分级。经计算，GW 公司人力资源管理审计评价指标最终得分为 85.48 分，见表 8-18。

表 8-18　综合权重及评价结果

| 评价指标 | 综合权重 | 审计人员评分 | | | |
|---|---|---|---|---|---|
| | | 专家 1 | 专家 2 | 专家 3 | 加权平均 |
| 全口径用工总量控制率（C1） | 0.008 96 | 84 | 86 | 92 | 87.33 |
| 结构性缺员率（C2） | 0.011 648 | 92 | 82 | 83 | 85.67 |
| 定员超量率（C3） | 0.035 84 | 74 | 83 | 89 | 82.00 |
| 人才当量密度（C4） | 0.033 152 | 81 | 74 | 80 | 78.33 |
| 职称结构分布（C5） | 0.024 304 | 85 | 82 | 81 | 82.67 |
| 部门结构分布（C6） | 0.005 096 | 86 | 79 | 94 | 86.33 |
| 专业结构分布（C7） | 0.0098 | 82 | 91 | 82 | 85.00 |
| 社交技能（C8） | 0.068 04 | 95 | 95 | 94 | 94.67 |
| 组织技能（C9） | 0.052 92 | 88 | 77 | 96 | 87.00 |
| 专业技术资格（C10） | 0.030 24 | 84 | 86 | 86 | 85.33 |
| 薪酬体系建设的科学性（C11） | 0.026 79 | 92 | 95 | 94 | 93.67 |
| 全口径人工成本利润率（C12） | 0.075 012 | 89 | 78 | 80 | 82.33 |
| 福利保障评价指数（C13） | 0.125 913 | 83 | 82 | 91 | 85.33 |
| 全口径人事费用率（C14） | 0.040 185 | 93 | 85 | 89 | 89.00 |
| 能力开发费用（C15） | 0.030 315 | 77 | 80 | 89 | 82.00 |
| 全口径人工成本投入产出效率指数（C16） | 0.129 344 | 86 | 81 | 87 | 84.67 |
| 职业路径比率（C17） | 0.042 441 | 90 | 93 | 96 | 93.00 |
| KPI 体系完整性评价（C18） | 0.011 475 | 94 | 80 | 73 | 82.33 |
| KPI 体系有效性评价（C19） | 0.012 825 | 87 | 85 | 79 | 83.67 |
| 目标任务完成率（C20） | 0.0432 | 85 | 89 | 79 | 84.33 |
| 多路径职业通道延伸度（C21） | 0.023 925 | 89 | 80 | 88 | 85.67 |

（续）

| 评价指标 | 综合权重 | 审计人员评分 | | | |
|---|---|---|---|---|---|
| | | 专家1 | 专家2 | 专家3 | 加权平均 |
| 考评结果应用程度评价（C22） | 0.034 65 | 81 | 77 | 75 | 77.67 |
| 员工满意度指数（C23） | 0.014 025 | 95 | 89 | 72 | 85.33 |
| 培养达标率（C24） | 0.009 9 | 76 | 88 | 94 | 85.33 |
| 共享性评价（C25） | 0.016 | 86 | 84 | 89 | 86.33 |
| 数据集约性评价（C26） | 0.016 | 76 | 82 | 87 | 81.67 |
| 人力内部市场盘活率（C27） | 0.015 54 | 74 | 93 | 88 | 85.00 |
| 内部人力资源市场配置指数（C28） | 0.010 73 | 85 | 92 | 91 | 89.33 |
| 岗位流动率（C29） | 0.005 92 | 74 | 89 | 76 | 79.67 |
| 专业用工效率优化指数（C30） | 0.004 81 | 75 | 77 | 79 | 77.00 |
| 员工新进率（C31） | 0.019 53 | 76 | 79 | 85 | 80.00 |
| 员工辞职率（C32） | 0.011 47 | 90 | 77 | 81 | 82.67 |
| 合计 | 1 | | | | 85.48 |

GW 公司人力资源审计情况分为情况良好、情况较好、情况一般、情况较差、情况差等 5 个等级，详见表 8-19。

表 8-19　人力资源审计评价指标得分等级划分

| 序　号 | 加权得分 | 等级评价 | 评价内容 |
|---|---|---|---|
| 1 | 90 分以上 | 情况良好 | 制度完整，实施到位，责任明确，数据更新及时 |
| 2 | 80~90 分 | 情况较好 | 制度完整，实际实施过程中有偏差 |
| 3 | 70~80 分 | 情况一般 | 制度已建立，但实际执行过程中有一定的问题 |
| 4 | 50~70 分 | 情况较差 | 制度建立滞后或不完整，实际执行不力 |
| 5 | 50 分以下 | 情况差 | 制度建立存在严重缺陷，相关负责人员无法落实工作 |

结合表 8-18 与表 8-19，通过评价与计算得出评分分值段排列，最终得出 GW 公司的人力资源审计评价分值为 85.48 分，虽然整体情况良好，处于 B 级，但许多人力资源管理指标仍处于较低水平，如定员超量率（C3）、人才当量密度（C4）、全口径人工成本利润率（C12）、能力开发费用（C15）、KPI 体系完整性评价（C18）、考评结果应用程度评价（C22）、数据集约性评价（C26）、岗位流动率（C29）、专业用工效率优化指数（C30）、员工新进率（C31）等。根据上述指标对应的人力资源评价体系的内容，我们可以看到 GW 公司的人力资源管理水平薄弱环节主要表现在人力资本投入建设不足、总量超员且结构性缺员、激励和培训的满意度较低、人力资源市场流动不通畅、人力资源市场配置制度建设不满足集约化要求等方面。

审计小组针对企业内部人力资源管理问题进行了汇总，见表 8-20。

表 8-20　人力资源管理缺陷汇总表

| 项　　目 | 主要问题 |
| --- | --- |
| 人力资源结构 | 在"定员、定编、定岗"要求下，总量超员，结构性缺员；人才结构相对单一，职称结构不合理，存在职称结构失调及不合理现象，而且复合型人才欠缺；人才当量密度处于低位 |
| 人力资源投入 | 人工成本净利润增长较慢，可能由于人员投入增长幅度超过了利润增长幅度，企业加大成本投入带来的收益转化率低；培训投入转化的科技创新成果相对较少 |
| 人力资源满意度 | 人力资本开发程度较低，培训学习成本上升未能凸显学习成果；KPI 指标体系不健全，存在漏洞；考核结果转化为劳动生产率不明显，缺乏有效的监督 |
| 人力资源流动性 | 内部流动率较低，调动借用频繁，归口管理人员未全部登记人力资源系统；专业用工效率低，优化效果不明显，人员更新较慢，而离职较多，可能与企业性质有关，效率低下且缺乏活力 |

▶ 四、建议与启示

根据 GW 公司人力资源审计情况提出以下改进建议，以便为 GW 公司人力资源管理提供思路。

（一）人力资源结构方面

企业应注重按岗性需求进行人才招聘，优化招聘评价技术；加强定员定额和业务外包管理；坚持归口管理与专业分工相结合；开展公司系统收入分配制度和分配结构的调研分析，组织对不同层级岗位的薪酬价值进行研究评估。统一编制、下达人力资源计划，进一步控制用工总量，优化用工结构，提高员工素质，控制人工成本，提高劳动效率。

（二）人力资源投入方面

实施青年员工分层分阶段培养模式，发挥各单位培养人才的主动性和专业储备人才的积极性；强化培训中心能力建设和管理层培训体系；按照人员能力、市场行情及效益情况，分别测算核定工资总额，发挥薪酬激励作用，引进更多高素质的经营管理人才和专业技术人才。

此外，还要加强人力资本投入产出的效率，建议该公司人力资源部门创建"2S4D"的人力资本管理模型。"2S"是指以"五级三类"（五级：集团、公司、部门、小组、个人；三类：总体规划、详细规划、专项规划）结构（Structure）和"四维"标准（Standard）为核心的人才资本管理梯队模型，确定围绕基础条件、绩效表现、专业素质与核心领导力 4 个维度的人力资本开发方向，并合理确定各维度评价权重，保证建设的科学性和针对性。根据人才发展模型（经历、能力、动力、潜力）建立了评估选拔、培养发展、动态管理和任用反馈 4 个驱动因素的人力资本发展梯队系统，在绩效和潜力等多方面进行动态管理和人才开发，实现人力资源结构优化。

（三）人力资源满意度方面

组织内部根据因素计分法对不同层级岗位的薪酬价值进行研究评价；根据业务变化选取不同的权重评分组合和对应的考核分级；采用目标任务制和工作积分制来客观评价项目完成度；推行积分同价计酬，强化结果应用，做到"积分升、收入升，积分降、收入降"；

建立完善的福利保障两级管理制度和标准，统一管控福利保障项目，规范管理流程、决策程序和列支渠道。

为激励创新，GW 公司应加大对人才的奖励力度，将创新成果纳入绩效考核内容，分级分类实行物质奖励，并将成果所有人纳入人才库，给予职业发展优待。

### （四）人力资源流动性方面

为了增加人力资源内部市场流动性，解决结构性缺员的情况，构建一个平台（公司内部人力资源供需平台），推行人力资源梯队能上能下、能进能出的机制，包括选拔、考察、培养、使用、借调、淘汰的灵活流动环节。定期开展人力资源分布的信息整合，根据各地区紧缺型人才需求缺口、冗员溢出数量、核心领导力、人员能力等进行合理调度，积极扩大内外部人力资源的流动性，将人才"按格入池"，并跟踪人员的动态发展，完善任用反馈系统，实现人力市场的资源池盘活目标。同时，管理层不定期对考勤情况进行检查、通报，落实考勤结果应用，严格员工退岗管理，定期维护人力资源管理系统，保证人员精准定位。

## 第二节　设备管理审计案例——中恒泰集团

企业要进行生产，必须有各种工具和设备等劳动必需的物质条件，即设备等固定资产。企业如何合理利用固定资产，提高设备的利用效率，是企业管理中的一项重要任务，因此对设备利用及管理情况进行审计具有非常重要的意义。一方面，可以促使企业对设备加强维护保养，充分发挥作用；另一方面，可以使用设备正常运行，增加产品产出，提升企业利润。通过审计加强设备内控管理，使设备信息真实可靠、资产安全完整、设备资源得到合理有效配置，降低单位设备管理风险，挖掘潜力，提高经济效益。

### ▶ 一、案例背景介绍

深圳市中恒泰控股集团有限公司（简称中恒泰集团）成立于 2007 年 7 月，法定代表人为陈某鞍，注册资本为 150 000 万元，所属行业为商务服务业，公司经营范围包括投资兴办实业、投资咨询等。中恒泰集团包括中恒泰股份公司及其所属 7 个控股企业。

设备是指企业使用的机械、仪器、工具和装置等一系列物质实体，是企业的主要技术能力和重要物质基础，是固定资产的重要组成部分。设备直接参与生产经营过程，设备的选择和利用状况直接关系企业经济效益。因此，内部审计人员通过对设备选购和利用情况的审查，能掌握设备利用效率情况，以及给企业带来的收益或损失，并据此提出改进措施和审计建议，挖掘设备增产潜力。通过设备审计，能促进企业科学、经济地选购高效率设备，能促进企业用同等设备产出更多的产品，降低成本，增加盈利，不断提高经济效益。

中恒泰集团全年计划中包括对设备进行全部分类盘点的基础上，对设备利用效率进行常规内部审计，涉及的主要目标有：其一，设备的技术、管理、财务诸方面的综合性审查。在设备的技术方面，应审查企业设备技术结构是否合理，技术状况是否良好，有无因技术结构不合理而造成产品生产能力不配套，引起一部分设备的浪费；有无因技术状况不良好而引起产品质量的下降等。在管理方面，应审查企业设备的管理制度是否健全有效，要借用管理工程、运筹学、质量控制、价值工程和目标管理等现代化管理方法进行设备利用的审计。在财务方面，要求审查设备使用的经济效益，计算各种与设备有关的费用与成本。其二，设备管理应以设备的寿命周期为评价指标，包括设备的设置费和维修费两项，对设备整个寿命周期费用进行合理评价。

## 二、审计的内容及流程

### （一）审计前调查阶段

内部审计人员首先从中恒泰集团财务处收集有关财务资料，并初步掌握整体规模和基本情况、财务会计核算情况及财务会计有关文件、报表、资料等；然后，在已掌握资料的基础上，了解其组织机构、股权结构、资产结构、经营范围，投资子公司的规模、资产总额等情况；最后，搜集并分析与审计事项有关的经济责任、经济合同，相关的内部控制制度、重要会议记录，被审计单位前次接受审计或检查情况等，在此基础上编制审计方案。

### （二）内部控制测试阶段

#### 1. 获取的审计资料及关注的风险领域

审计人员应获取设备明细表、设备技术结构情况、设备内部控制制度、设备成本明细表、设备选购方案或决策流程等相关资料。审计过程中应关注设备内部控制制度不健全的风险、设备内部控制制度失效风险、设备结构不合理风险、设备技术状况不良风险、设备闲置风险、设备不足风险以及设备故障相关的内控风险。

此阶段，审计方法包括分析法、检查法、询问法、重新执行、观察法及重点审查法。询问法和观察法主要针对内部控制执行环境及执行过程进行关注与了解，为进一点实施审计程序提供线索。

#### 2. 审计内容

（1）明确设备开发利用情况审计的目的及程序

1）设备开发利用情况审计的主要目的是确定被审计单位设备开发利用的合理性和有效性，以挖掘设备利用潜力，提高设备利用率。

2）设备开发利用情况审计是一项综合性审计，要审查被审计单位设备结构是否合理，技术状况是否良好，有无因技术结构不合理而造成产品生产能力不配套，有无因技术状况不良好而引起产品质量下降等。

3）公司是否设立专门的设备管理部门进行设备管理，是否建立设备申请、审批、购置、验收、使用、保养、维修等管理制度，是否明确各部门和个人的职责权限。

4）在财务方面，要审查设备使用的经济效益，计算和评价各种与设备有关的成本与费用。

5）设备开发利用情况审计要把设备全过程，即从设备选购方案、安装调试投产、改造到更新等作为分析的对象；以设备的寿命周期为评价指标，并力求达到设备寿命周期费用的最低状态；公司是否根据长短期发展规划，制定设备的购置方案。

（2）调查设备管理内部控制制度的健全有效性

1）审查评价设备管理体制是否适应设备全过程管理要求，是否提供设备高效率的组织保证，是否与技术和管理发展水平相适应。

2）审查设备职能系统形式是否采用总工程师制，是否由总工程师（或副总工程师）负责组织工艺、财务、计划、环保、购置等部门与设备部门的工作协调，故障排除时间如何。

3）审查设备管理体系和职能系统是否符合企业自身的具体情况，是否适应企业生产规模、设备数量和特征、协作条件以及设备所处的地理环境。

4）审查企业设备管理部门是否建立了设备维修组织，设备维修组织的设立是否与生产和企业设备的技术状况相适应，设备维修组织是否协调、有效地开展工作。

5）调查和评价企业设备内部控制制度是设备利用情况审计的重要任务之一，它根据设备内部控制系统流程图，进行健全性、符合性、功能性测试，评价控制系统的控制点是否齐全，并对控制点是否发挥效益进行评价，提出审计建议。

6）大型仪器设备的采购是否进行可行性论证报告，是否组织相关专家和有关人员进行论证，并报相关负责人或部门审批或评审；是否合理选择供应商，对符合招标范围的仪器设备采购是否按规定程序进行招投标采购。

内部控制测试审计工作底稿见表 8-21～表 8-25。

表 8-21　设备开发利用情况审计流程表

| 单位名称： | | | 日期 | | |
|---|---|---|---|---|---|
| 项目：设备开发利用情况审计流程 | 编制人 | ×× | | 索引号 | |
| 截止日期：2021 年 12 月 31 日 | 复核人 | ×× | | 页次 | |

一、审计目标

1. 确定被审计单位设备管理制度是否健全
2. 确定被审计单位设备的技术结构是否合理
3. 确定被审计单位设备投资决策是否科学、合理
4. 确定被审计单位设备利用是否有效
5. 确定被审计单位设备更新是否科学、有效
6. 确定被审计设备综合效益情况

| 二、审计流程 | 索引号 | 执行情况 |
|---|---|---|
| 1. 调查、测试设备管理的内部控制制度是否健全、有效 | | 已执行 |
| 2. 利用对比分析的方法审查设备投资决策的科学性、合理性 | | 已执行 |
| 3. 编制设备利用情况明细表，分析设备利用情况 | | 已执行 |
| 4. 计算设备效益指标，分析设备利用的综合效益 | | 已执行 |
| 5. 通过计算，分析设备利用的潜力 | | 已执行 |
| 6. 综合评价设备的利用情况 | | 已执行 |

审计说明：

表 8-22　设备结构表

| 单位名称： | | | 日期 | | |
|---|---|---|---|---|---|
| 项目：设备结构 | 编制人 | ×× | | 索引号 | |
| 截止日期：2021 年 12 月 31 日 | 复核人 | ×× | | 页次 | |
| 审计结论或审计查出问题摘要及其依据 | 设备结构：<br>1. 合理<br>2. 合理性存在问题：<br>（1）设备结构分类<br>（2）设备结构比率 | | | | |
| 潜在风险及影响 | | | | | |
| 审计意见及建议 | | | | | |
| 附件资料 | | | | | |
| 复核意见 | | | | | |

表 8-23　技术结构表

| 单位名称： | | | 日期 | | |
|---|---|---|---|---|---|
| 项目：技术结构 | 编制人 | ×× | | 索引号 | |
| 截止日期：2021 年 12 月 31 日 | 复核人 | ×× | | 页次 | |
| 审计结论或审计查出问题摘要及其依据 | 技术结构：<br>1. 合理<br>2. 合理性存在问题：<br>（1）技术结构分类<br>（2）技术结构比率 | | | | |
| 潜在风险及影响 | | | | | |
| 审计意见及建议 | | | | | |
| 附件资料 | | | | | |
| 复核意见 | | | | | |

表 8-24　设备寿命周期表

| 单位名称： | | | 日期 | | |
|---|---|---|---|---|---|
| 项目：设备寿命周期 | 编制人 | ×× | | 索引号 | |
| 截止日期：2021 年 12 月 31 日 | 复核人 | ×× | | 页次 | |
| 审计结论或审计查出问题摘要及其依据 | 设备的寿命周期：<br>1. 合理<br>2. 合理性存在问题：<br>（1）磨合期使用频率及产量<br>（2）生产期使用频率及产量<br>（3）退出期使用频率及产量 | | | | |
| 潜在风险及影响 | | | | | |
| 审计意见及建议 | | | | | |
| 附件资料 | | | | | |
| 复核意见 | | | | | |

表 8-25 设备管理内部控制调查表

| 单位名称： | | | 日期 | | |
|---|---|---|---|---|---|
| 项目：设备管理内部控制调查 | 编制人 | ×× | | 索引号 | |
| 截止日期：2021 年 12 月 31 日 | 复核人 | ×× | | 页次 | |
| 调查内容 | | | 是 | 否 | 备注 |
| 1. 是否建立健全设备管理制度 | | | 是 | | |
| 2. 设备管理体制是否适应设备全过程管理要求 | | | | 否 | |
| 3. 职能系统形式是否采用总工程师制 | | | | 否 | |
| 4. 设备管理体制和职能系统是否符合企业自身的具体情况 | | | | 否 | |
| 5. 设备管理部门是否建立了设备维修组织 | | | 是 | | |
| 6. 对设备利用程度是否实行目标控制 | | | | 否 | |
| 7. 目标控制是否按设备运转工时、设备台时产量或设备开动台数选择确定 | | | | 否 | |
| 8. 企业管理人员是否按设备利用的控制目标管理设备使用 | | | | 否 | |
| 9. 管理部门是否对设备实际运转情况对照控制目标的设备运转工时定额进行检查 | | | | 否 | |
| 审计小结：中恒泰集团建立健全了一系列设备管理制度，但设备管理体制执行不到位，组织机构设置不健全，设备利用效益较差 | | | | | |

### （三）实质性测试阶段

**1. 获取的审计资料及关注的风险领域**

审计实质性测试阶段应获取备选设备成本资料、备选设备节约资料、产品产量资料、定额工时资料、使用设备平均数量资料、设备开工时数资料、使用设备平均台数资料、每台时产量资料、设备折旧费用资料、生产设备增产潜力资料、设备更新改造资料。审计执行过程中应关注设备投资决策失败风险、设备综合利用效益低下风险、设备综合经济效益低下风险、生产设备增产潜力不足风险、生产设备增产潜力过剩风险、设备更新改造效益低下风险。

设备管理审计实质性测试阶段运用的方法主要有分析法、检查法、重新计算、抽样法、重点审查法、询问法等。

**2. 审计内容**

（1）设备投资决策审计

1）企业为了进行产品更新换代，扩大生产量，提高装备技术水平，必须购置、制造和更新设备，这不仅涉及筹集资金，还将增加企业产品成本中有关设备的使用费、设备占用费和折旧费等。因此，要审查评价设备投资决策，要测算设备投入运行后增加的收益是否大于增加的支出。要从技术、经济以及使用、维修等方面对投资方案进行认真选择和评价，审查设备的技术经济指标，进行分析论证，从中选择最优的方案，使有限的设备投资发挥最大的效益。

2）进行设备投资决策审计，要遵循技术先进、生产适用、经济合理的原则，对设备进行定性分析和定量分析，并给出评论。

审计工作底稿见表 8-26～表 8-28。

表 8-26　设备投资决策审计流程表

| 单位名称： | | | 日期 | | |
|---|---|---|---|---|---|
| 项目：设备投资决策审计流程 | 编制人 | ×× | | 索引号 | |
| 截止日期：2021 年 12 月 31 日 | 复核人 | ×× | | 页次 | |
| 一、审计目标 | | | | | |
| 1. 审查企业设备投资决策审计是否符合技术先进原则<br>2. 审查企业设备投资决策审计是否符合生产适用原则<br>3. 审查企业设备投资决策审计是否符合经济合理原则 | | | | | |

| 二、审计流程 | 索引号 | 执行情况 |
|---|---|---|
| 1. 审查设备的技术经济指标，进行分析论证<br>2. 选择最优投资方案<br>3. 评价设备投资发挥最大效益 | | |
| 审计说明： | | |

表 8-27　设备投资决策审计——投资回收期法

| 单位名称： | | | 日期 | | |
|---|---|---|---|---|---|
| 项目：投资回收期法 | 编制人 | ×× | | 索引号 | |
| 截止日期：2021 年 12 月 31 日 | 复核人 | ×× | | 页次 | |
| 审计结论或审计查出问题摘要及其依据 | 投资回收期法：<br>1. 合理<br>2. 合理性存在问题：<br>（1）现金流预测<br>（2）折现率合理性 | | | | |
| 潜在风险及影响 | | | | | |
| 审计意见及建议 | | | | | |
| 附件资料 | | | | | |
| 复核意见 | | | | | |

表 8-28　设备投资决策审计——费用换算法

| 单位名称： | | | 日期 | | |
|---|---|---|---|---|---|
| 项目：费用换算法 | 编制人 | ×× | | 索引号 | |
| 截止日期：2021 年 12 月 31 日 | 复核人 | ×× | | 页次 | |
| 审计结论或审计查出问题摘要及其依据 | 费用换算法：<br>1. 合理<br>2. 合理性存在问题：<br>（1）费用预算合理性<br>（2）费用进度合理性 | | | | |
| 潜在风险及影响 | | | | | |
| 审计意见及建议 | | | | | |
| 附件资料 | | | | | |
| 复核意见 | | | | | |

（2）设备综合利用效益审计

1）设备综合利用效果审查主要通过设备生产率进行。

2）设备数量利用程度的审查。

3）设备时间利用程度的审查。所谓设备时间利用程度，是指设备实际作业时间占全部可利用设备时间的比例。

4）设备能力利用程度的审查。设备能力指设备在一定时间内所生产产品（或完成工作量）的数量。

审计工作底稿见表 8-29~表 8-31。

表 8-29　设备综合利用效益审计流程表

| 单位名称： | | | 日期 | | |
|---|---|---|---|---|---|
| 项目：设备综合利用效益审计流程 | 编制人 | ×× | | 索引号 | |
| 截止日期：2021 年 12 月 31 日 | 复核人 | ×× | | 页次 | |
| 一、审计目标 | | | | | |
| 1. 审查设备生产率<br>2. 审查设备数量利用程度<br>3. 审查设备时间利用程度<br>4. 审查设备能力利用程度 | | | | | |

| 二、审计流程 | 索引号 | 执行情况 |
|---|---|---|
| 1. 审查设备生产率<br>该指标反映单台设备在一定时期内平均完成的产出量（或工作量），直接衡量设备利用效益的高低。审查时一般 进行不同时期对比、实际与计划对比、本企业与同行业对比，提示差异，进一步审查造成差异的原因，发现问题，提出建议 | | 已执行 |
| 2. 审查设备数量利用程度<br>审查设备数量利用程度在于查明企业现有设备数量的使用率水平、企业现有设备数量的构成，其评价指标主查现有设备使用率 | | 已执行 |
| 3. 审查设备时间利用程度<br>设备时间利用程度是指设备实际作业时间占全部可利用设备时间的比例，可着重审查实际使用设备的制度时间利用率指标 | | 已执行 |
| 4. 审查设备能力利用程度<br>设备能力是指设备在一定时间内所生产产品（或完成工作量）的数量。设备能力利用程度的审查，可通过"设备利用系数"指标，即单位生产能力在一小时内实现的标准产出量来进行。各行业对主要设备的利用系数都有相应的规定和标准，审查计时可选作衡量被审计单位设备能力利用程度的标准 | | 已执行 |
| 审计说明： | | |

表 8-30　设备生产率

| 单位名称： | | | 日期 | |
|---|---|---|---|---|
| 项目：设备生产率 | 编制人 | ×× | 索引号 | |
| 截止日期：2021 年 12 月 31 日 | 复核人 | ×× | 页次 | |
| 审计结论或审计查出问题摘要及其依据 | 设备生产率：<br>1. 合理<br>2. 合理性存在问题：<br>计划设备生产率为 6200 件/工时，实际设备生产率为 5800 件/工时，差额 400 件/工时 | | | |
| 潜在风险及影响 | 设备综合利用效益低下风险 | | | |
| 审计意见及建议 | 加强设备管理，提高设备生产率 | | | |
| 附件资料 | 中恒泰集团机加工车间计划用 16 台车床对甲、乙两种产品进行加工，全年的计划生产量为 99 200 定额工时，实际有 2 台车床全年停工，用 14 台车床共完成了 81 200 定额工时的产量 | | | |
| 复核意见 | 结论可以确认 | | | |

表 8-31　设备数量利用程度

| 单位名称： | | | 日期 | |
|---|---|---|---|---|
| 项目：设备数量利用程度 | 编制人 | ×× | 索引号 | |
| 截止日期：2021 年 12 月 31 日 | 复核人 | ×× | 页次 | |
| 审计结论或审计查出问题摘要及其依据 | 设备数量利用程度：<br>1. 合理<br>2. 合理性存在问题：<br>中恒泰集团的车床使用率虽然比上年实际情况提高 6%，这是车间抓紧设备维修、使 1 台车床恢复使用的结果，但是仍然未达到计划要求的水平，应进一步查明原因 | | | |
| 潜在风险及影响 | 设备综合利用效益低下风险 | | | |
| 审计意见及建议 | 加强设备管理，提高设备生产率 | | | |
| 附件资料 | 中恒泰集团机加工车间现有车床 17 台，被审计期间实际使用 14 台，则现有设备使用率为 82%（14/17×100%），这表明还有 18% 的车床未被利用。根据有关资料，上年的实际车床使用率为 76%，本年的计划使用率为 94% | | | |
| 复核意见 | 结论可以确认 | | | |

（3）设备综合经济效益审计

设备是产品生产过程中必不可少的投入，这种投入既有设备的占用，也有设备的消耗，即设备价值的转移。生产设备的占用价值和消耗价值与所产出的生产成果之比，就是设备的综合经济效益。设备综合经济效益可通过标准产量折旧额、设备折旧产值率及设备占用产值率等指标进行评价和审查。

1）标准产量折旧额。设备折旧费用是产品生产过程中设备价值的损耗和转移。标准产量折旧额是某行业为生产单位标准产品所发生的折旧额。

审查标准产量折旧额，有利于在同行业不同企业之间进行对比，一般适用于该行业的专用设备。审查时应注意：

其一，所规定的设备折旧率是否合理，是否客观、正确地反映设备在生产过程中的价值损耗和转移，若有偏低或偏高，则不能正确反映设备综合效益。

其二，半成品和在产品有较大变动的企业，应将它们的期末结存量按一定方法折算成相当的标准产品量，归入各产品一起计算。

2）设备折旧产值率。对于通过设备，由于其生产和加工不属于同一系列的多种产品，不宜用标准产品量来计算，可用不变价格计算的产值指标来表示设备经济活动的产出成果。

3）设备占用产值率。上述两项指标反映了设备消耗与生产成果的比率，而设备占用产值率则反映了设备占用与生产成果的比率关系。由于劳动资料特别是固定资产具有使用年限长，能参加多次生产过程而不改变其实物形态，其价值在生产过程中分次、分期、逐步磨损转移的特点，产品在生产经营中，除消耗一定价值量的设备折旧外，还需占用价值量大得多的设备本身。设备占用产值率的审查，就是审查这种设备占用与生产成果的比率关系。

$$设备占用产值率＝本期总产值÷本期生产设备平均总值×100\%$$

该指标数值说明每一单位价值的生产设备在一定时期所生产出成果价值量的多少。

主要审计工作底稿见表 8-32～表 8-35。

表 8-32　设备综合经济效益审计流程表

| 单位名称： | | | 日期 | |
|---|---|---|---|---|
| 项目：设备综合经济效益审计流程 | 编制人 | ×× | 索引号 | |
| 截止日期：2021 年 12 月 31 日 | 复核人 | ×× | 页次 | |
| 一、审计目标 | | | | |
| 1. 审查标准产量折旧额<br>2. 审查设备折旧产值率<br>3. 审查设备占用产值率 | | | | |
| 二、审计流程 | | | 索引号 | 执行情况 |
| 1. 审查标准产量折旧额<br>设备折旧费用是产品生产过程中设备价值的损耗和转移。标准产量折旧额就是某行业为生产单位标准产品所发生的折旧额。审查标准产量折旧额，有利于在同行业不同企业之间进行对比，一般适用于该行业的专用设备 | | | | 已执行 |
| 2. 审查设备折旧产值率<br>对于通用设备，其生产和加工不属于同一系列的多种产品，不宜用标准产品量计算，可用不变价格计算的产值指标来表示设备经济活动的产出成果 | | | | 已执行 |
| 3. 审查设备占用产值率<br>设备占用产值率的审查，就是审查这种设备占用与生产成果的比率关系。该指标数值说明每一单位价值的生产设备在一定时期所生产出成果价值量的多少 | | | | 已执行 |
| 审计说明： | | | | |

表 8-33　标准产量折旧额

| 单位名称： | | | 日期 | |
|---|---|---|---|---|
| 项目：标准产量折旧额 | 编制人 | ×× | 索引号 | |
| 截止日期：2021 年 12 月 31 日 | 复核人 | ×× | 页次 | |
| 审计结论或审计查出问题摘要及其依据 | 标准产量折旧额：<br>1. 合理<br>2. 合理性存在问题：<br>每单位标准产品所耗用的折旧额实际比计划下降 13.64（225－211.36）元，说明中恒泰集团在提高设备能力的利用程度、增加产品产量方面做出了成绩 | | | |
| 潜在风险及影响 | 设备综合经济效益低下风险 | | | |
| 审计意见及建议 | 加强设备管理，提高设备综合经济效益 | | | |
| 附件资料 | 计划标准产量折旧额＝288 000÷1280＝225（元）<br>实际标准产量折旧额＝279 000÷1320＝211.36（元） | | | |
| 复核意见 | 结论可以确认 | | | |

表 8-34　设备折旧产值率

| 单位名称： | | | 日期 | |
|---|---|---|---|---|
| 项目：设备折旧产值率 | 编制人 | ×× | 索引号 | |
| 截止日期：2021 年 12 月 31 日 | 复核人 | ×× | 页次 | |
| 审计结论或审计查出问题摘要及其依据 | 设备折旧产值率：<br>1. 合理<br>2. 合理性存在问题：<br>每百元的设备折旧额消耗带来的产值实际比计划上升了 70%（820%－750%），这一方面是产品产量的增加和折旧额的减少所致，另一方面是受产品的结构变动因素的影响 | | | |
| 潜在风险及影响 | 设备综合经济效益低下风险 | | | |
| 审计意见及建议 | 加强设备管理，提高设备综合经济效益 | | | |
| 附件资料 | 全年计划折旧额＝640×4.5%＝28.8（万元）<br>全年实际折旧额＝620×4.5%＝27.9（万元）<br>计划设备折旧产值率216/28.8×100%＝750%<br>实际设备折旧产值率229/27.9×100%＝821% | | | |
| 复核意见 | 结论可以确认 | | | |

表 8-35　设备占用产值率

| 单位名称： | | | 日期 | |
|---|---|---|---|---|
| 项目：设备占用产值率 | 编制人 | ×× | 索引号 | |
| 截止日期：2021 年 12 月 31 日 | 复核人 | ×× | 页次 | |
| 审计结论或审计查出问题摘要及其依据 | 设备占用产值率：<br>1. 合理<br>2. 合理性存在问题：<br>每百元的设备（固定资产）占用带来的产值，实际比计划增加了 3.15%（36.9%-33.75%），这主要是企业提高了设备利用率、压缩了设备占用额所致 | | | |
| 潜在风险及影响 | 设备综合经济效益低下风险 | | | |
| 审计意见及建议 | 加强设备管理，提高设备综合经济效益 | | | |
| 附件资料 | 计划设备占用产值率=216/640×100%=33.75%<br>实际标准产量折旧额=229/620×100%=36.9% | | | |
| 复核意见 | 结论可以确认 | | | |

（4）生产设备增产潜力审计

提高生产设备利用程度的效果一般表现在增产上，即在设备投入不变的情况下能生产出更多的有效成果。生产设备增产潜力应按设备数量增产潜力、设备时间利用增产潜力和设备生产能力增产潜力三方面来测算。

1）设备数量增产潜力测算。设备在数量方面的增产潜力是通过消除或减少未使用设备的数量来实现的。但未使用设备中一部分是不可避免的，如正在施工安装的设备、计划内的备用设备、正常运转所需的修理调试设备等；另一部分是不正常的，如安装施工不力而拖延投产的设备，零部件不齐、设备不配套而未使用的设备，超计划备用的设备，因操作不当、工艺差错、修理质量不高等问题造成的计划外停工检修的设备以及不需用的设备等。消除或减少未使用设备的数量，主要是指上述后一种不合理、不必要或计划外的未使用设备。

2）设备时间利用增产潜力测算。设备的时间利用增产潜力，主要是通过消除或减少计划外的不必要停工时间，提高设备时间的利用程度来实现的。

3）设备生产能力增产潜力测算。单台设备每小时产量即设备生产能力，受生产和修复废品所耗的台时、辅助性耗用和准备结束所耗用的台时，以及作业人员的技术熟练程度、所采用工艺的先进程度等因素的影响。从理论上讲，设备生产能力的潜力是最大的，是没有极限的。在实际工作中，可将实际台时产量和计划台时产量与行业先进台时产量的差距，作为测算设备生产能力的潜力依据。

主要审计工作底稿见表 8-36 和表 8-37。

表 8-36　生产设备增产潜力审计流程表

| 单位名称： | | | 日期 | |
|---|---|---|---|---|
| 项目：生产设备增产潜力审计流程 | 编制人 | ×× | 索引号 | |
| 截止日期：2021 年 12 月 31 日 | 复核人 | ×× | 页次 | |
| 一、审计目标 | | | | |
| 1. 设备数量增产潜力测算<br>2. 设备时间利用增产潜力测算<br>3. 设备生产能力增产潜力测算 | | | | |
| 二、审计流程 | | | 索引号 | 执行情况 |
| 1. 审查设备数量的增产潜力<br>2. 审查设备时间利用的增产潜力<br>3. 审查设备生产能力的增产潜力 | | | | 已执行<br>已执行<br>已执行 |
| 审计说明： | | | | |

表 8-37　设备数量的增产潜力

| 单位名称： | | | 日期 | |
|---|---|---|---|---|
| 项目：设备数量的增产潜力 | 编制人 | ×× | 索引号 | |
| 截止日期：2021 年 12 月 31 日 | 复核人 | ×× | 页次 | |
| 审计结论或审计查出问题摘要及其依据 | 设备数量的增产潜力测算：<br>1. 合理<br>2. 合理性存在问题：<br>计划设备台时产量为 6200 件，实际设备台时产量为 5800 件，行业台时产量为 6000 件。采用工艺的先进程度达不到行业先进标准，导致与行业先进水平存在差异 | | | |
| 潜在风险及影响 | 存在计划制订过高，无法达标的风险 | | | |
| 审计意见及建议 | 作业人员的技术熟练程度虽然较好，但工艺可以提升，建议引进工艺水平高的设备 | | | |
| 附件资料 | 行业数据 | | | |
| 复核意见 | 结论可以确认 | | | |

（5）设备更新改造效益审计

设备的改造和更新是生产发展的客观需要，是科学技术发展的必然要求。对陈旧的设备不及时进行改造和更新，企业就无法提高产品质量和生产效率，取得较好的经济效益。设备改造是指在原有设备的基础上，对其结构做局部的改变，以达到改善性能、提高精度和生产率的目的。设备的更新是指用比较先进、比较经济的设备来取代、更换技术上不能再使用或经济上不适宜再使用的设备。

设备改造更新的经济性是指更新改造要符合生产发展的需要，既要考虑技术上的可能性，又要考虑经济上的合理性，有计划、有步骤、有重点地进行，首先更新薄弱环节的设备，以提高企业的整体生产能力。

设备改造更新效益审计的一个重要环节是确定最优的更新周期。为此，要了解设备的寿命，即设备的自然寿命、技术寿命和经济寿命。自然寿命是从设备投产起至报废为止所经历的年限。技术寿命是设备从生产起至被新技术淘汰为止所经历的年限。在设备的自然寿命后期，由于设备老化，依靠高额的使用费用维持设备寿命在经济上已不合算。依据使用费用的高低来决定的设备寿命，称为设备的经济寿命。

一般使用一种较为简单的确定设备经济寿命方法——年平均使用费法。这是一种以同类设备的统计资料为依据，通过分析来确定设备经济寿命的方法。目前我国面临设备开发研究的滞后期，现代工业的建立和发展是国家工业化水平的重要标志，但是，我国工业总体技术装备水平仍然落后，许多行业的装备都被外国产品占领，这方面的潜力是相当大的。

主要审计工作底稿见表 8-38 和表 8-39。

表 8-38　设备更新改造效益审计流程表

| 单位名称： | | | 日期 | | |
|---|---|---|---|---|---|
| 项目：设备更新改造效益审计流程 | 编制人 | ×× | | 索引号 | |
| 截止日期：2021 年 12 月 31 日 | 复核人 | ×× | | 页次 | |
| 一、审计目标 | | | | | |
| 1. 审查设备改造更新的经济性<br>2. 审查是否确定最优的更新周期 | | | | | |
| 二、审计流程 | | | 索引号 | | 执行情况 |
| 1. 审查设备改造更新的经济性<br>　设备改造更新的经济性是指更新改造要符合生产发展的需要，既要考虑技术上的可能性，又要考虑经济上的合理性，有计划、有步骤、有重点地进行，首先更新环节的设备，以提高企业的整体生产能力 | | | | | 已执行 |
| 2. 审查是否确定最优的更新周期<br>　设备改造更新效益审计的一个重要环节是确定最优的更新周期。一般使用一种较为简单的确定设备经济寿命方法——年平均使用费法。这是一种以同类设备的统计资料为依据，通过分析来确定设备经济寿命的方法 | | | | | 已执行 |
| 审计说明： | | | | | |

表 8-39　设备经济寿命

| 单位名称： | | | 日期 | |
|---|---|---|---|---|
| 项目：设备经济寿命 | 编制人 | ×× | 索引号 | |
| 截止日期：2021 年 12 月 31 日 | 复核人 | ×× | 页次 | |
| 审计结论或审计查出问题摘要及其依据 | 设备经济寿命测算：<br>1. 合理<br>2. 合理性存在问题：<br>　该设备的经济寿命年限为 5 年，投产后至第 5 年末为最优的更新周期。计划更新周期原定为 6 年，年平均使用费为 2633 元，比 5 年更新的最低年平均使用费 2600 元上升 33 元，因此应予以否定 | | | |
| 潜在风险及影响 | 设备更新改造效益低下风险 | | | |
| 审计意见及建议 | 加强设备管理，提高设备更新改造效益，将该设备的计划更新周期改为 5 年 | | | |
| 附件资料 | 见表 8-40 | | | |
| 复核意见 | 结论可以确认 | | | |

附件资料：中恒泰集团选购一台新设备，总投资为6000万元，原计划6年更新。具体数据见表8-40。

表8-40 设备维持数据表 （单位：万元）

| 使 用 年 限 | 1 年 | 2 年 | 3 年 | 4 年 | 5 年 | 6 年 | 7 年 |
|---|---|---|---|---|---|---|---|
| 残值 | 4000 | 2666 | 2000 | 1500 | 1000 | 600 | 600 |
| 维持费 | 1200 | 1400 | 1600 | 1800 | 2000 | 2400 | 3000 |

注：表中的残值是设备使用至该年还具有的价值；维持费包括操作工人工资、维护保养支出、检查修理费、能源消耗、保险费和停产损失等。

根据上述资料，编制各年设备使用费，见表8-41。

表8-41 设备使用成本表 （单位：万元）

| 使用年限① | 1 年 | 2 年 | 3 年 | 4 年 | 5 年 | 6 年 | 7 年 |
|---|---|---|---|---|---|---|---|
| 维持费累计② | 1200 | 2600 | 4200 | 6000 | 8000 | 10 400 | 16 400 |
| 折旧费累计③ | 2000 | 3334 | 4000 | 4500 | 5000 | 5400 | 5400 |
| 总使用费④=②+③ | 3200 | 5934 | 8200 | 10 500 | 13 000 | 15 800 | 21 800 |
| 年平均使用费=④÷① | 3200 | 2967 | 2733 | 2625 | 2600 | 2633 | 3114 |

从表8-41的计算可看出，年平均使用费最低的是第5年，过了5年，年平均使用费将逐年增高，继续使用从经济上看已经不合算了。

审计人员对该公司设备管理内部控制制度的调查基本完整，且对设备综合利用效益进行了合理评价，但缺少设备时间利用程度和设备能力利用程度的审查。

## 三、案例分析

**1. 设备日常管理**

1）已经对设备的记录、保管、维修、调拨等日常管理根据不同类别设备制定管理制度，各部门有专门人员负责设备的日常管理。

2）公司制定了相应的设备责任追究制度，如发生事故，及时查明原因并追究相应责任人的责任，对事故进行妥当处置。

3）已建立设备使用登记制度，根据使用登记资料提供年度设备使用情况报告，对利用率低的设备进行原因分析，并提出切实可行的改进措施。

4）公司不存在闲置浪费、公物私化、私自转让、丢弃等行为，设备拆改或分解使用经过有关程序授权审批。

5）每半年设备盘点一次，盘点小组的组成人员包括内部审计人员、资产使用人员、会计人员、资产保管部门，并制订明确的盘点计划和盘点程序，盘点结束后形成盘点报告，将盘点报告送达设备相关管理层，对盘盈盘亏分清责任并及时进行处理。

6）设备调拨按规定经相关部门或负责人批准后办理调拨手续，调拨手续合规并及时办理过户手续，须经设备管理部门批准；公司内外设备的有价调拨及时办理财务手续，数据库数据及时更新；对多余或积压的设备按程序及时进行处理。

7）制定并执行设备维护保养制度，防止因各种自然和人为的因素而遭受损失，以延长其使用寿命；按照国家技术监督局有关规定，定期对仪器设备的性能、指标进行检定和标定，对精度和性能降低的设备进行及时修复；对于需维修的设备在规定时间内进行维修，并查明损坏原因，追究相关人员责任。

**2. 设备处置**

1）对由于技术落后、损坏、无零配件或维修费过高等需降档或报废的仪器设备，及时做降档或报废处理。

2）设备报损、报废按照金额、类别的不同制定相应制度，经过审批程序，即由设备所属单位提交报废申请，公司设备管理部门组织有关专家审议，出具技术鉴定报告和意见，其中重大设备的处置报上级领导审批，不允许个人自行处置设备。

3）大批设备的处置均采用招投标等竞争性谈判方式进行处理，但有些处置设备的资料存档不完整，未说明资产去向。

**3. 设备经费管理**

1）设备修理经费实行预算制度，对实际支出与预算之间有差异或未列入预算的特殊项目采用特别的审批手续。

2）修理经费存在长期未执行情况，修理经费的预算制定存在一定程度的不合理，需要调整维修经费。

3）设备进行处置时，处置人、收款人与开票人员职责分离，处置收入全部纳入单位进行统一核算与管理，不存在"小金库"⊖现象。

## ▶ 四、建议与启示

1）在对部门设备利用效率考核时，应在基本指标的基础上，根据不同部门的职责、业务特点综合进行评价，全面真实地反映设备的利用情况。分析计算设备的结构和各类设备所占的比重以及公司内各部门所占设备的结构，能反映设备的类别分布、部门分布和用途分布是否合理，以利于设备的优化配置。

2）运用对比法分析指标的变化。通过纵向与以往年度对比、横向与其他同类对比，找出差距，分析产生差距的原因，促使管理部门采取相应的措施，挖掘潜力，提高设备的使用效率。

3）定量分析与定性分析相结合。公司设备构成相对比较复杂，各类设备利用效率指标作为量化考核指标，反映了设备利用效率的基本情况，并为进一步定性分析提供了基础。

定量指标不仅可以与价值相结合进行分析，还可以延伸至数量及时间利用情况的具体分析。定量指标一般包括设备数量利用率、设备时间利用率、设备能力利用率、设备综合利用率、主要生产设备计划台时利用率生产设备时间利用率和设备生产率等指标。

$$设备数量利用率 = 实际使用设备台数 \div 实有设备台数 \times 100\%$$

---

⊖　"小金库"是指违反法律法规及其他有关规定，应列入而未列入符合规定的单位账簿的各项资金（含有价证券）及其形成的资产。

设备时间利用率 = 设备实际作业时间 ÷ 设备最大可使用时间 × 100%

式中，设备最大可使用时间可按行业的具体规定，可以是日历工作时间、制度工作时间或计划工作时间。

设备能力利用率 = 实际使用能力 ÷ 设计能力(或查定能力) × 100%

式中，设备能力利用率又称设备负荷率；实际使用能力按实际生产量计算。

设备综合利用率 = 设备数量利用率 × 设备时间利用率 × 设备能力利用率

主要生产设备计划台时利用率 = 主要生产设备的实际开动台时 ÷
主要生产设备的计划开动台时 × 100%

生产设备时间利用率 = 报告期生产设备实际作业时间 ÷ 报告期生产设备可利用时间 × 100%

设备生产率 = 产品产量 ÷ 设备实际作业时间(台时) × 100%

4）在设备利用效率指标体系的构建与审查的基础上，利用先进的信息管理系统实现动态监管和实时分析，通过建立设备管理信息系统及技术档案，登记设备使用、维修等情况才能达到设备综合利用、合理配置、减少积压和闲置，实现资源重组和共享的目的。此外，还需要定期或不定期对系统资料（如设备的种类、数量、金额、分布及使用状况）进行检查、分析、研究和汇总，按有关规定如期、准确上报各类统计数据，并对反馈意见及时进行处理，并按照有关规定和程序进行信息公开。系统数据也应及时更新，定期与财务部门的记录进行核对。

# 第九章

## 合同管理审计案例——QH 公司

合同管理审计是指对企业的合同管理工作的合法性、规范性和效益性，合同的签订、履行情况，与合同相关的内部控制制度的建立健全及有效性进行审查和评价。审计部门通过对企业及所属单位的现场审计，通过查找问题、现场指导、提出整改意见，提高企业各单位合同管理业务水平，降低合同管理风险，为公司决策提供有力依据。

### ▶ 一、案例背景介绍

#### （一）案例公司的基本情况

QH 公司是一家主要从事新材料与相关机器设备的研发、生产与运营的二级国有企业，截至 2020 年拥有 15 家全资或者控股的三级单位，员工总计 4600 余人，其中综合创新型专家多达 1500 名，近百位专家、技能人才获得"国务院政府特殊津贴专家"称号和科技工业突出贡献奖等。在自动化控制、新材料、智能装备、环保系统工程等领域拥有较强的研发创新能力。同时，因有雄厚的综合创新技术做基础，在研发领域备受国家青睐和扶持，因此负责多项国家级重点研究与开发项目，至今已获数百件授权专利。

QH 公司在董事长的领导下，由总经理负责日常的管理运营。总会计师与党委书记对总经理负责；纪检监察审计部简称纪审部，包括纪检、法律、审计与招标 4 个办公室，其中，审计、法律和招标由总会计师领导，直接对总会计师负责，纪检办公室由党委书记领导和监督。QH 公司无单独设立的审计部门，而是和纪检监察、法律和招标几个办公室合署办公，共同构成纪检监察审计部。同时，QH 公司的财务部、资产部由公司的总会计师直接管理。综上所述，总会计师管理公司的内部审计部门，审计业务流程与审计计划均由总会计师审签。据悉，QH 公司内部审计部门共由 4 人构成，其中 2 人为正级与副级部长，正级部长实际上为法律办公室的主管领导，剩余 2 人分别为审计主管和助理。公司的主要审计项目包括公司内部控制、主营业务管理、固定资产管理与经济责任审计项目。同时，由于下级子公司没有设立相应的审计办公室，因此每年的子公司审计项目全部由上级单位的内部审计人员根据每年编制的专项审计方案开展，用以检查和监控下级子公司的生产运营情况。由此可以看出，QH 公司的内部审计工作量相当庞大。合同管理审计项目既是专项审计，也是一项管理审计。审计内容包括各单位合同管理组织架构、合同管理内部控制制度、合同印章管理、合同管理权限，以及合同条款、合同执行与变更情况、合同档案保管情况。通过对经济合同各个阶段的审计，实现对公司业务活动的过程管控，及时发现影响企业权益的问题，避免给企业带来经济损失。

#### （二）公司合同管理现状

**1. QH 公司合同管理组织机构**

QH 公司的合同由纪检监察审计部下设的法律办公室来监督管理，其主要负责合同管理制度的制定、合同的审核、合同专用章与台账的管理。当合同双方产生歧义或者误解时，法律办公室负责协商和后续纠纷的处理。此外，它还对各个部门合同管理工作定期开展指导与监督活动。值得注意的是，面对重要合同时，法律办公室在合同策划与签订之前就要参与背景调查、评审和谈判。其他相关部门应当各司其职，严格遵守制度要求，对本部门日常业务合同进行有效管理，公司各职能部门不得以本部门或公司名义擅自对外签订合同。

### 2. QH 公司合同的主要类别

企业签订合同，就是通过某项交易来实现预期利益。《中华人民共和国合同法》所列的 15 种有名合同，就是 15 种典型的交易类型，其交易的逻辑各不相同。[⊖]实践中，企业合同的交易逻辑往往遵循企业的经营行为。QH 公司业务类型繁多，合同主要类别有购销、承揽、技术和租赁等。其中，购销合同是指从达成合作意愿的供应商处采购生产所需的原材料、在产品等，或销售公司研发生产的产品。承揽合同的主要内容为接受委托加工和研发新项目产品。虽然在公司日常经营过程中会涉及多种类型的合同，但通过统计分析，购销合同无论是在数量上还是在金额上都占据了主导地位，说明 QH 公司的购销合同是整个合同管理中的重点领域。本案例将审查的重点定位在购销合同。

### 3. QH 公司合同管理的主要业务流程

关于 QH 公司合同管理的主要业务流程，从风险控制角度可以分为事前、事中和事后控制；从合同业务环节角度可以分为合同策划、合同谈判、合同签订、合同执行这几个流程，其中还包含很多细节内容，如图 9-1 所示。

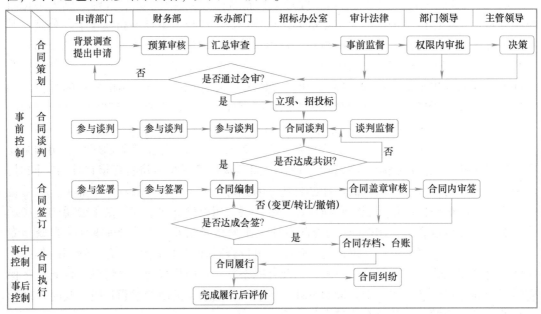

图 9-1　合同管理业务流程

---

⊖ 《中华人民共和国民法典》自 2021 年 1 月 1 日起施行，《中华人民共和国合同法》同时废止。因本案例发生于 2020 年，故分析仍以《中华人民共和国合同法》为依据，后同。

从图 9-1 可以看出:

第一，合同策划环节。由 QH 公司的申请部门先提出申请，对此次的购销项目进行背景调查，然后财务部根据提交的申请实施预算审核，在合同承办部门执行汇总审查的同时，审计、法律等发挥事前监督的职能，所有相关部门以及部门领导、主管领导决定该项申请是否通过会审。

第二，合同谈判环节。通过会审流程后给予立项的，由合同承办部门提出申请、审批和备案。QH 公司相关办法中规定，采购金额在 5 万元以下的，由总会计师审批; 5 万元以上（含 5 万元）10 万元以下的，由总经理审批; 10 万元以上（含 10 万元）的，由董事长决策批准。紧接着由招标办公室组织招投标，对前来投标的单位开展资信、资质、营业执照等相关证明文件的审查。同时，申请部门和财务部也一并参与谈判，审计和法律部门在谈判过程中承担监督职能。

第三，合同签订环节。在谈判环节各方达成共识后，合同承办部门负责编制合同文本，以公司统一的文本格式为基础，根据具体情况修改相应内容。财务部、申请部门等参与签署，下一步交由合同章管理部门（即法律部门）进行盖章审核，再提交至上级领导处进行审签，此处的审签需要与自身授权权限相符合。存在合同变更、转让和撤销情况的，要重新讨论评定，同时要形成书面记录并存档。

第四，合同执行环节。公司相关部门一致同意会签后，办理相应的合同存档和合同台账，纪检监察审计部的法律办公室为台账的管理部门。合同双方需要依法并按照合同约定内容履行合同。当发现一方或者双方出现未能如期履约的事实时，要立即实施相应的控制手段，合理、有效地以书面形式向对方提出异议并记录存档。真正发生合同纠纷后，及时咨询法律顾问和相关人员，积极与对方协商解决处理纠纷的方法。纠纷上升至诉讼或者仲裁的，需要关注公司的合同法律风险。在后期，法律办公室负责每月对合同签订和履行情况进行统计并报送上级领导，出具专项报告，在报告中对此周期内所有合同执行状况做出评价，并指出需要调整优化的地方。

### 4. QH 公司合同审查的模块

合同审查的主要模块是保证实现合同交易的主体描述部分。从功能上来说，合同一般由 8 个模块组成。《中华人民共和国合同法》第 12 条规定了合同的 8 个必备条款: 当事人的名称或者姓名和住所，标的，质量，数量，价款或报酬，履行期限、地点和方式，违约责任，解决争议的方法。但模块与必备条款不完全一致，模块的概念相对要大一些。合同的 8 个模块是首部模块、标的模块、对价模块、保证模块、救济模块、附随模块、效力模块、尾部模块。

1）首部模块包括标题、风险提示、目录、摘要、主体、定义、目的等，作用是确定合同主体，阐明合同目的。

2）标的模块包括标的物、质量、数量、规格、型号、产品标准、服务过程、成果标准、计量单位、运输、验收、交付等，作用是说明交易标的的样式及其转移过程。

3）对价模块是与标的物相对应的交换物，包括价格、支付方式、发票、税费、所有权转移等内容，作用是说明随着标的物的转移，相对应的交换物也要转移。

4）保证模块包括各种保证措施，如定金、抵押、质押、保证、第三方担保、保函、所有权保留等，作用是为一方（一般是给付货币方）的交易实现增加一重保障。

5）救济模块包括不可抗力、不完全履行、中止、解除、终止、违约事件、认定标准、补救措施、损失界定、损失计算、纠纷解决方式等，作用是威慑合同相关方能按约执行，以及在发生违约时提供挽救方式与措施。

6）附随模块包括承诺和保证、知识产权、保密、通知、送达、数据保护、隐私保护等，作用是符合其他法律的强制性要求及合规保证。

7）效力模块包括授权、解释、合同效力、生效条件等，作用是确保合同整体和部分有效。

8）尾部模块包括正文页和签约页分界提示、签约主体、签署日期、附件等，作用是确保合同形式完整且有效。

合同的主要模块是对合同进行"解构"加上"归置"之后的主要体现，对某一条款归属于某一功能，认识越清晰，则修改越有针对性、完整性。从合同审查工作来说，梳理主要模块，主要用于判断合同是否有缺失条款，以及合同的功能条款是否可以达到合同目的。

**5. 合同的核心风险**

任何交易都有风险，在完成合同交易的背后，存在一份风险清单。风险与交易是密不可分的。

管理层的角度是达成交易，他们希望达成交易要有效率；审计人员关注的则是风险，他们希望可以尽量规避风险。审计人员在推动交易实现的同时，尽量减少风险、降低风险、转移风险。风险来自交易，来自行为与法律的冲突。因此，审计人员在审查合同时，除厘清交易流程、完善交易结构外，还要判断合同交易的风险。

为提高效率，审计人员应总结各类合同的"风险清单"。构成合同功能模块条款的缺失也是一种风险。但合同的核心风险其实来源于与交易相关的风险及与强制性法律法规相关的风险。比如，一个融资租赁合同对于出租人来说，其核心风险有：租金是否可以按期收回，承租人是否提供了相应的还款保证，在租赁期内租赁物的亏损、灭失问题，在租赁期内租赁物的合法使用问题，承租人未按期归还的责任追究与租赁物强制返还处置等。这些风险与交易相关。另外，一些核心风险是融资租赁行为本身的合法性问题、租金比例的合规性问题等。判断某一类型合同的核心风险，一方面取决于审计人员的职业判断，另一方面取决于审计人员对交易逻辑的了解，即对行业内的强制性法规、监管政策与司法文件的熟悉程度。

## ▶▶ 二、审计的内容及流程

### （一）案例过程

QH 公司于 2015 年 12 月 24 日与 M 铝业公司（以下简称 M 公司）签订了 3 年期的《氧化铝长期购销合同》。由于某些不可预见性因素，2016 年 11 月 15 日，QH 公司、M 公司和 P 公司签订了《氧化铝长期购销合同补充协议》，一致同意将 M 公司于 2015 年 12 月 24 日签订的《氧化铝长期购销合同》中其未履行的权利、义务一并转让给 P 公司，QH 公司和 P 公司不再另行重新签署合同，本合同与原合同具有同等效力。2018 年 9 月 12 日，P 公司发函给 QH 公司称：因市场发生重大变化，公司虽严格按照合同约定履行了义务，但面对今年宏观经济恶化，企业生存存在危机，请求 QH 公司参照行业其他企业的做法（终止合同），妥善处理与 P 公司的氧化铝合同事宜。

QH 公司对此表示不同意解除合同，并协商解决方式。但截至 2018 年 9 月 15 日，P 公司有多次逾期交货的行为，QH 公司保留追究违约责任的权利。此外，由于 P 公司一直逾期交货，因此 QH 公司在此过程中也有过一次逾期付款的行为。2018 年 9 月 18 日，P 公司以 QH 公司逾期付款为由向所在区人民法院起诉，要求解除 2015 年 12 月 24 日签订的《氧化铝长期购销合同》，并要求 QH 公司支付逾期付款违约金。此外，P 公司称 QH 公司的合同承办部门部长陈某等人与本公司王某存在串通受贿行为，违反了法律禁止性规定，所签合同应当属于无效合同。法院在综合运用可预见规则、减损规则、损益相抵规则以及过失相抵规则的情况下，认为合同始终有效，酌情认定为 QH 公司的损失为 194 万元，并判令 P 公司赔偿 QH 公司 194 万元。

与此同时，QH 公司依法对涉及受贿人员采取相应的处罚，所在区人民检察院起诉指控 QH 公司员工陈某、王某等人犯非国家工作人员受贿罪，分别判处陈某和王某有期徒刑 5 年 6 个月、5 年；退缴的所有赃款全部予以没收，上缴国库。

### （二）合同管理审计计划阶段

#### 1. 合同管理审计目标

QH 公司内部审计部门通过对公司的相关合同实施合同管理的风险监控和专项审计，关注其关键控制点，以内部控制为主线、风险管理为导向，从全面风险分析入手，开展合同管理业务风险识别和评估，结合《QH 公司合同管理规定》和合同管理理论，梳理出合同管理的主要风险点。QH 公司内部审计部门通过对合同管理全业务流程对标自查，合规评价企业合同风险控制能力，有效识别内外部合同控制缺陷，并落实审计整改要求，突出实效。针对审计中发现的问题，QH 公司内部审计部门从法律层面解读合同签署、履行、变更中存在的违约责任和风险，归纳整理共性问题和典型问题，针对性地提出有效对策，增强有关职员的合同风险防控意识与能力，健全企业合同管理审计制度。

#### 2. 识别主要风险点

在综合考虑外部环境与公司内部经营生产的不确定性之后，QH 公司的内部审计人员依照现有的合同管理制度对 2015 年 12 月 24 日与 M 公司签订的 3 年期的《氧化铝长期购销合同》（后 M 公司依法将权利和义务转移给 P 公司）进行了合同专项审计。为了综合评估 QH 公司合同实际管理水平是否合理、有效，从而为优化流程管理提供具有针对性、建设性的应对措施，纪审部将风险导向理念作为指导原则，从全面风险分析入手，对此项合同开展风险识别和评估，通过了解相关的合同资料后，划分了该合同管理流程的风险环节并列出了可能出现的风险点，见表 9-1。

表 9-1　QH 公司合同管理流程风险清单

| 主要环节 | 序　号 | 内　　容 |
|---|---|---|
| 招投标环节 | 1 | 未按规则评标 |
| | 2 | 招标行为不规范 |
| | 3 | 投标人串标 |
| | 4 | 评选机制不规范 |

| 主要环节 | 序　号 | 内　　容 |
|---|---|---|
| 合同签订环节 | 5 | 相对人瑕疵 |
| | 6 | 事后合同 |
| | 7 | 审查流于形式 |
| | 8 | 合同文本质量不高 |
| | 9 | 签约人越权 |
| 合同履行环节 | 10 | 履行瑕疵 |
| | 11 | 变更不规范 |
| | 12 | 解除不规范 |
| | 13 | 纠纷处理不合理 |

（1）招投标环节

首先，未按规则评标是指招标流程或者程序存在不符合招标文件标准的情况。通常来说，公司在邀请投标单位参与竞标之前会在公布的招标文件中明确规定本次招标项目所需的资质文件和要求等，若竞标者没有严格遵守相关规定前来洽谈，那么会违背招标初衷。其次，招标行为不规范通常包含双方暗中勾结、泄露机密等，这些均违反公正公平公开原则，有损良性竞争机制。再次，投标人串标存在双方都是竞标者和一方招标一方投标两种情况。利用蓄意抬高价格、私下确定中标者、招标方协助竞争等不正当手段达到目的。最后，评选机制不规范。公司在合同招标谈判环节，需要从专家库中选择内外部法律、审计等各方专业人士组成评审委员会来参与评标过程，然而由于专家库的设立存在一定的局限性，从而导致评标机制不规范。

（2）合同签订环节

第一，合同双方履行主体可能存在资格、经营能力、营业执照等方面的缺失，导致在合同执行后期其主体无法及时、按要求履约，从而引起经济损失，形成法律纠纷。第二，事后合同是指不严格按照公司规定的标准流程签约后再执行合同，相反，通常在义务履行中或者履行完结后才根据制度要求签订书面协议。这种补签行为极易引发纠纷诉讼事件。第三，一般相关管理制度健全的公司在签订合同之前都会接受法律、财务等专业的、全面规范性的检查。若此项工作敷衍了事，就会存在威胁公司经营安全的潜在风险。第四，若合同内容、条约、标准等表述不清，则很容易导致双方产生歧义和误解。这种不能准确反映经济业务实质的合同在后续的履行与存续期间很有可能产生重大纠纷，造成损失。第五，代表公司实施签约程序的人员一旦超越自身权限擅自签订合同，将在很大程度上让公司承受法律风险，遭受巨大的经济和名誉损失。

（3）合同履行环节

该环节风险首先包含了履行瑕疵，即合同主体未按约定履行或者不完全履行义务。例如，供货方未在规定的限期内完成货物交付，进而影响了采购方按时按量生产的进度，导致供应链上存在断区，这类行为引起的经营风险需要格外关注。在如今快速发展的经济背景下，活动主体、内容等因客观环境或者自身内在因素而发生变更的情况不足为奇，但重要的是公司需要制定有效的策略来应对变更不规范、不合理的风险。再者，根据公司有关制度规定，双方在解除合约方面达成一致意愿后，相关责任方应当按照制度规范合法解约，至此双方之间的法律关系不复存在。最后，一旦出现上述情形而导致纠纷，应当及时调解。当对方违法违约而当事人追索行为不当时，不可避免地会引发风险。

3. 评价风险点

执行以风险导向为指导理念的合同管理审计项目的核心内容是有效测试和评价上一阶段识别出的重大风险点。审计人员通过对风险的全方位评测，确定风险类别并区分高、中、低风险领域，从而更加有针对性地编制总体审计策略和具体计划方案来应对风险事项，恰当配置专家，高效运用审计资源，统筹兼顾。通常将综合评价的标准划分为影响程度（见表9-2）与可能性两个维度（见表9-3）。

表9-2  公司风险影响程度评价

| 序　号 | 影响程度 | 内　容　描　述 |
| --- | --- | --- |
| 1 | 极大影响 | 违反法律且严重影响公司运营与声誉，造成巨大经济损失 |
| 2 | 较大影响 | 违反法规且对公司运营与声誉产生较大影响，造成经济损失 |
| 3 | 中等影响 | 违反规章且对公司运营与声誉产生一定的影响和经济损失 |
| 4 | 轻度影响 | 违反制度且给公司运营造成不便，但无重大经济损失 |
| 5 | 极小影响 | 影响公司运营效率和声誉，但不造成经济损失 |

表9-3  公司风险可能性评价

| 序　号 | 可能性等级 | 内　容　描　述 |
| --- | --- | --- |
| 1 | 极大可能 | 发生频率很高 |
| 2 | 很可能 | 发生频率较高 |
| 3 | 可能 | 发生频率一般 |
| 4 | 不太可能 | 发生频率较低 |
| 5 | 极小可能 | 发生频率很低 |

首先分析影响程度这一指标，其涉及的是广度与深度的概念，即定义每项风险影响的范围和深度，评价此项风险因素是否严重危害公司的日常经营活动、是否造成巨额经济损失、是否触犯法规政策、是否损坏公司名誉。有些风险可能是相伴而行的，因此需要综合多种因素进行评价。其次，另一项指标"可能性"代表的是风险发生的概率。在具体评价风险因素时，需要结合以上两点，全力评估风险的大小与严重程度，以免与预期存在过大的偏差。内部审计人员在查阅相关审计资料和合同材料时，召集了法律部、财务部等专家参与商讨，集思广益，最终制定了适用于公司的风险发生可能性和影响程度的评价规范。

内部审计人员根据以上内容，又进一步编制了风险评估分析表（见表9-4），使业务相关人员对评价方法理解更深。参照表9-4的内容，内部审计部门将两项标准按照坐标图格式横竖方向一一对应，并在相应区域标明Ⅰ、Ⅱ、Ⅲ等级。

表 9-4　公司风险评估分析

| 影响程度 | 可能性等级 | | | | |
|---|---|---|---|---|---|
| | 极大可能 | 很可能 | 可能 | 不太可能 | 极小可能 |
| 极大影响 | Ⅲ | Ⅲ | Ⅲ | Ⅱ | Ⅱ |
| 较大影响 | Ⅲ | Ⅲ | Ⅱ | Ⅱ | Ⅱ |
| 中等影响 | Ⅲ | Ⅱ | Ⅱ | Ⅱ | Ⅰ |
| 轻度影响 | Ⅱ | Ⅱ | Ⅱ | Ⅰ | Ⅰ |
| 极小影响 | Ⅱ | Ⅱ | Ⅰ | Ⅰ | Ⅰ |

首先，等级Ⅲ意味着该领域的风险至关重要，可能对公司后期存续问题、经营状况、经济效益都具有举足轻重的作用，所以内部审计员工在制定实施方案时应当优先合理地调配审计资源来应对此类风险。其次，等级Ⅱ相比Ⅲ来说，影响的广度与深度都远远不及，但由于该层次的风险在一定程度上也存在着危害公司运营发展的可能性，因此审计人员也应当采取适当的措施将审计风险控制在合理范围内。最后，等级Ⅰ的风险与前两者对比就显得微不足道，对此，公司通常遵循成本效益原则而不过多实施控制措施。

紧接着内部审计人员根据《氧化铝长期购销合同》的实际情况以及风险的影响程度和发生的可能性对表9-1中的13项风险做出了相应的评价，目的在于从中挑选出影响合同管理审计的重大风险。从表9-5可以看出，4号和7号风险等级为Ⅰ；3号、5号、6号、9号和11号属于Ⅲ级风险；剩余所有的风险都属于Ⅱ级风险。最突出的5个风险点为投标人串标、相对人瑕疵、事后合同、签约人越权和变更不规范，所以内部审计人员选择对这几个重要风险点进行重点关注和审查。

表 9-5　公司合同管理流程风险评价

| 主要环节 | 序号 | 内容 | 风险等级 |
|---|---|---|---|
| 招投标环节 | 1 | 未按规则评标 | Ⅱ |
| | 2 | 招标行为不规范 | Ⅱ |
| | 3 | 投标人串标 | Ⅲ |
| | 4 | 评选机制不规范 | Ⅰ |
| 合同签订环节 | 5 | 相对人瑕疵 | Ⅲ |
| | 6 | 事后合同 | Ⅲ |
| | 7 | 审查流于形式 | Ⅰ |
| | 8 | 合同文本质量不高 | Ⅱ |
| | 9 | 签约人越权 | Ⅲ |
| 合同履行环节 | 10 | 履行瑕疵 | Ⅱ |
| | 11 | 变更不规范 | Ⅲ |
| | 12 | 解除不规范 | Ⅱ |
| | 13 | 纠纷处理不合理 | Ⅱ |

**4. 制订审计计划**

针对此次《氧化铝长期购销合同》专项审计活动编制计划，内部审计部门应当根据以下步骤开展编制工作：

第一，根据上述风险识别和测评的步骤将最后选定的风险因素按照二维表要求确定类型并排序，以重点突出导向为主要指导思想，结合风险管理理论，集中精力与资源应对重要程度高的风险，即表9-5提到的包含投标人串标在内的5项重大风险点。

第二，项目的顺利开展离不开团队的协作，所以第二步需要依据项目内容、紧急程度、时间周期等实际情况来合理分配专业结构，高效利用审计资源。此次《氧化铝长期购销合同》的审计项目确定采取主审制，选取2名内部审计人员和1名法律专家组成项目组，此外还利用外部专业资源完善审计工作。审计工作从QH公司策划公开招标阶段开始，以该项合同的主要业务流程为时间线实施全过程跟踪审计。

第三，在正式进驻被审计单位之前，应当通过下发审计通知书的方式来告知被审计对象审计工作正式启动。在本案例中，内部审计部门提前3天向此次合同管理审计所涉及的部门下发正式的红头文件，阐明本次审计范围为《氧化铝长期购销合同》，采用查阅法、观察法、访谈法、分析法、复核法、比较法、抽样法等方法。为保证独立性和客观性，内部审计部门还公布了项目参与人员、被审计对象需要辅助配合的内容，比如接受访谈和询问、出具相关资料等，不允许无故拒绝。另外，对于一些必须采取强制性和突击方式的工作，应当获取董事长或者相关负责人的审批同意，其中涉及机密信息的内容，应当严格遵守职业道德，严惩泄密人员。

### （三）合同管理审计实施阶段

根据上一阶段中列出的表9-5的内容确定了5项需要高度防范的风险，然而QH公司内部审计人员并未对整体的内部控制环境进行评价与测试，仅单独审查了现有的与合同管理审计有关的制度并给出了评价结果，确定可信赖程度。基于此，运用查阅法、观察法、访谈法、分析法、复核法、比较法等方法收集足够的审计证据进行深入分析，来确定企业现存的防范措施是否能将风险控制在合理范围内，最高不能超过总上限水平。上一阶段中，经过讨论与分析确定了此次合同管理审计5项最重要的风险因素。由此可知，合同管理审计确实是一项覆盖面广且对专业能力要求高的工作。部分审计工作底稿见表9-6和表9-7。

表 9-6　合同管理审计流程表

| 被审计单位：QH公司 | | | 日期 | | |
|---|---|---|---|---|---|
| 项目：合同管理 | 编制人 | ×× | 2020年2月10日 | 索引号 | CH-1 |
| 截止日期： | 复核人 | ×× | 2020年3月18日 | 页次 | 1 |
| 一、审计目标 | | | | | |
| 1. 审查和评价合同管理环节的内部控制及风险管理的适当性、合法性及有效性 | | | | | |
| 2. 审查和评价合同管理资料依据的充分性和可靠性 | | | | | |
| 3. 审查和评价合同的签订、履行、变更和终止的真实性、合法性以及合同对整个项目的效益性 | | | | | |
| 二、审计流程 | | | 索引号 | | 执行情况 |
| 1. 收集有关的资料 | | | | | 已收集 |
| 2. 调查了解合同管理制度的建立与执行情况 | | | | | 已执行 |
| 3. 审核合同条款 | | | | | 已执行 |
| 4. 综合评价合同管理情况 | | | | | 已评价 |

表 9-7　合同管理内控审计表

| 被审计单位：QH 公司 | | | 日期 | | |
|---|---|---|---|---|---|
| 项目：合同管理内控 | 编制人 | ×× | 2020 年 2 月 10 日 | 索引号 | CH-2 |
| 截止日期： | 复核人 | ×× | 2020 年 3 月 18 日 | 页次 | 1 |

| 内部控制制度情况 | | | | | |
|---|---|---|---|---|---|
| 序号 | 制度名称 | 建立情况 | 执行情况 | 备注 | |
| 1 | 项目招标制度 | 未建立 | 未执行 | | |
| 2 | 合同管理制度 | 已建立 | 部分执行 | | |
| 3 | 合同管理程序 | 已建立 | 已执行 | | |
| 4 | 合同会签制度 | 已建立 | 未执行 | | |
| 基本评价 | | 较为健全 | | | |

| 合同管理情况 | | | | | |
|---|---|---|---|---|---|
| 序号 | 审查内容 | 是 | 否 | 备注 | |
| 1 | 建立合同档案 | 是 | | | |
| 2 | 建立台账管理 | | 否 | | |
| 3 | 建立合同查阅签字制度 | | 否 | | |
| 4 | 设立合同部门或合同专员 | 是 | | | |
| 5 | 合同规范文本 | 是 | | | |
| 基本评价 | | 较好 | | | |

| 合同执行情况 | | | | | |
|---|---|---|---|---|---|
| 序号 | 审查内容 | 是 | 否 | 备注 | |
| 1 | 投标人串标风险 | | 否 | | |
| 2 | 相对人瑕疵风险 | | 否 | | |
| 3 | 事后合同风险 | | 否 | | |
| 4 | 签约人越权风险 | 是 | | | |
| 5 | 变更不规范风险 | 是 | | | |
| 基本评价 | | 一般 | | | |

在此过程中，内部审计工作人员也要努力搜集有效的证据，根据内部控制测试的结果及时将风险后果清晰地记录在审计工作底稿中。以下是对上述 5 项主要风险的细致分析。

**1. 投标人串标风险**

内部审计人员为了检查 QH 公司是否在合同招投标环节按照制度规范而选定投标单位，实施了较为全面的检查与测试。首先，为了防止 QH 公司招标人与投标人之间出现串通招标行为，比如招标人将投标情况告知投标人、泄露标底等会造成不公平竞争并在一定程度上影响公司利益的行为，审计人员通过审查资料、考察日常的招标工作，来检查内部的相关负责人是否按照制度规定在电子招标平台上发布了正确的招标信息。同时，为了防止投标单位串通，审计人员与代表投标单位前来交涉的人员进行了交谈，查看了每家投标单位的有效投标文件，按照以下标准进行评价：①两家的投标文件雷同甚至连编制错误的地方都一样；②几家前来竞标的单位所提交的投标资料从外观、厚度、细节等方面对比都非常相似；③超过两个竞标方在谈判过程中的报价超乎寻常的类似或有规律可循；④在谈判环节结束后，双方达成一致意见准备签约，但即将签订合同时，中标方无故废标等。内部审计人员对本次《氧化铝长期购销合同》的竞标方进行——检查与核对，认为现有的审计方法和技巧在一定程度上能够降低投标人串标给公司带来的不利影响。通过审查后，对此次包含 M 公司在内的几家投标单位进行了综合评价，认为不存在串通行为。

### 2. 相对人瑕疵风险

内部审计人员根据《中华人民共和国招标投标法实施条例》中的规定依法对投标人经营资格、专业资质、财务状况、技术能力、管理能力、业绩、信誉等进行了审查。因为本合同不涉及国家和地区的注册差异，所以重点关注投标方的主体是否存在利用挂靠、借用名义等方式签约。对投标方的资质证明文件、近几年的业绩经营状况、商业信誉和财务会计制度的健全程度进行了严格审查。因为 QH 公司的此次采购招投标规模并不存在技术难度较大、投标文件编制费用较高或者潜在投标人数量较多的情况，所以 QH 公司利用资格后审的方式和合格制的方法，减少了资格预审环节，缩短了招标时间。反之，如果投标方案差异过大，则会导致评标工作难度、工作量和成本的增加。内部审计人员在充分意识到这点后，仔细审查了投标公司提供的相关资料，并认为参与方的相关资质虽存在差异但大体均符合要求。

### 3. 事后合同风险

事后合同风险是指 QH 公司的合同负责人与对方当事人在达成统一意见之后，因客观或主观因素未及时签订纸质合同而导致的潜在违约风险。虽然口头协议具有高效的优点，但依据公司的相关规定，一切合法的交易活动均需要由合同来进行约束以保障公司运营的安全。内部审计人员通过询问 QH 公司的合同承办部门和参与签署的其他部门，比如财务部等，来确定双方在履行义务和享受权利前是否已经依法规范地签订了书面合同并且按照公司的规定进行存档。

### 4. 签约人越权风险

并非所有事情都能亲力亲为，签约活动亦是如此。法律上允许受托人代替原主体执行签约工作。但是实际情况中审签人员若未经授权、超越授权范围、授权终止后擅自对外签约或超越公司章程限制签约都是引发风险的原因。公司章程规定，合同签订人应当在相应的职权范围内代表公司签订合同。公司章程作为公开透明、可随时查询获知的制度规范，合同签订人一旦出现无视上述规定的情况，那么合同很可能会转为无效协议。在此份氧化铝交易合同中，QH 公司签订合同的代表人是合同承办部门的部长陈某，同时王某作为市场开发专员也全程参与合同签订过程。根据公司章程中对陈某相关权限的规定，这项《氧化铝长期购销合同》的交易金额重大，已超出他们的审批权限范围，所以按照规定应该由上一级主管领导负责审批。内部审计人员从 QH 公司合同信息系统审批流程中查看进度，并人工查看纸质合同签字和合同章情况，检查审批流程是否符合公司合同管理制度规范的要求。

### 5. 变更不规范风险

内部审计人员发现在 2016 年 11 月 15 日，QH 公司、M 公司和 P 公司签订了《氧化铝长期购销合同补充协议》，一致同意将 M 公司于 2015 年 12 月 24 日签订的《氧化铝长期购销合同》中其未履行的权利、义务一并转让给 P 公司，由 P 公司承继并继续履行原合同。QH 公司和 P 公司不再另行重新签署合同，本协议作为原合同的有效组成部分，法律效力不变。通常来说，由合同主体亲自执行约定的条款内容，但由于客观实际情况随时会变，因此合同主体也不可避免地会发生变动。由于担忧新的合同履行主体 P 公司可能存在资格、能力等缺陷从而引发不必要的法律风险，因此内部审计人员首先查看评审委员会对 P 公司的综合评价，然后检查此合同的变更流程是否按照公司相关规定进行记录与存档。

（四）合同管理审计报告阶段

QH 公司在经历了以上一系列审计活动后，将相关证据记录在案并加以保存，然后指出此次《氧化铝长期购销合同》管理审计中存在的问题，最后给出一一对应的具有建设性意义的应对措施。从公司战略层面分析，有利于提高公司运营效率，实现价值最大化的目标。《氧化铝长期购销合同》合同管理审计报告有以下几项要素：

首先，内部审计人员在梳理完合同管理审计的整个流程之后，应当及时将重要事项、发现的问题以及 QH 公司在合同管理审计方面有待改善的内容写入报告并存档。具体的审计发现将在下一部分详细叙述。

其次，报告中不可或缺的是对风险影响程度的描述及成因分析。本案例中，P 公司向法院起诉要求解除合同，导致 QH 公司的重大生产经营延误、巨额经济损失和诉讼成本、名誉受损，对公司未来的可持续发展造成一定的消极影响。内部审计人员在日常工作中需要对问题的产生原因进行细致分析，在审查过程中发现的蛛丝马迹和潜在风险也需要及时记录和上报，积极与上级直属领导或治理层交流。

最后，形成建议，这关乎着未来整个公司的发展与进步。有效的建议不仅能为当下现存的问题提供解决方法，还应具有预测性，对未来可能出现的风险处理技巧提供指导作用。

（五）合同管理审计后续阶段

后续阶段主要是指审计整改意见发出后，内部审计部门出具相应的后续审计整改报告。为落实审计整改要求，审计报告和审计整改方案需要先通过总经理审批，相关部门再落实审计整改。在本案例中，P 公司以存在逾期付款和非国家公职人员受贿为由向法院依法起诉 QH 公司，要求依法解除合同，而后法院根据事实进行审查，认定不存在恶意串通、损害国家集体或者第三者利益的情形等，从而认定合同始终有效。与此同时，QH 公司聘请外部法律顾问并结合内部法务人员以 P 公司自 2017 年起多次出现逾期交付货物为由起诉 P 公司，要求其赔偿经济损失 23 800 914.69 元，最终法院认为缺乏经济损失的合理结算依据，因此判定 P 公司赔偿 QH 公司 194 万元。内部审计部门根据合同管理审计中的重大风险点，向对应责任部门下发整改通知，以便督促被审计对象重视整改工作并积极配合整改，有利于增强各级人员的合同风险防范意识。在审计后续阶段，内部审计人员与法务人员及时跟进了解情况，并编制后续审计报告。

▶▶ 三、案例分析

内部审计人员在开展合同管理审计时，从识别主要风险点到合理评估各个风险的重要性，再选取高风险领域进行一一审查，审计行为从合同签订前的招投标环节就开始一直到合同履行结束，贯穿始终。

## （一）合同主体资信审查不严谨

内部审计人员对投标方的资质证明文件、近几年的业绩经营状况、商业信誉和财务会计制度的健全程度进行严格审查，发现参与方相关资质虽存在差异但大体均符合要求，审查委员会认为不会存在重大的瑕疵，经过讨论与权衡利弊之后，QH 公司选择了 M 公司为中标单位，并于 2015 年 12 月 24 日签订了为期 3 年的《氧化铝长期购销合同》。新的合同管理办法要求合同承办部门应当获取对方加盖公章的营业执照复印件，报送发展计划部备案。审计人员对文件下发后新签订的合同进行检查，发现合同承办部门并未按照要求向发展计划部备案对方资信证明。除此之外，由于 QH 公司、M 公司和 P 公司存在着补充协议的事项，M 公司本应该履行的按时供货义务转由 P 公司替代。审计人员发现，QH 公司每月的生产计划刚好匹配约定的供货量，并且上级领导在粗略翻阅完 P 公司的相关资质材料后，交由合同承办部门部长陈某全权负责后续的签订程序，并没有再通过招投标的评审委员会进行形式审查和备案存档。

## （二）事后补签合同

根据 QH 公司合同管理制度规定，当公司与合同另一方涉及经济交易业务时，在双方进行实质性的付款或者供货行为之前，必须要签订书面合同。与此同时，公司的法务人员经常组织法律座谈会交流合同管理的注意事项。审计人员也认为虽然口头合同有着自身独特的优势，但由于其随意性过大、同时缺乏纸质合同的存档留证而易引发法律风险。在此次《氧化铝长期购销合同》中，审计人员通过询问 QH 公司合同承办部门和参与签署的其他部门，比如财务部，来确定在履行义务和享受权利前，是否已经依法规范地签订了书面合同，并且按照公司规定进行存档、建立台账。审计人员发现，QH 公司与 M 公司于 2015 年年底按照公平公正公开原则签订了《氧化铝长期购销合同》，后期出现了合同履行主体变更，由 M 公司变更为 P 公司，三方于 2016 年 11 月 15 日签订补充协议并合法变更主体，但是在此之前的一周还未签订书面协议时，QH 公司就已经默认将合同约定的每月价格确认函寄送至 P 公司并且主动将货款转至 P 公司银行交易账户。在正式的书面合同生效之前就已经履行合同约定，这对公司来说存在着一定的经济风险和法律风险。

## （三）合同履行阶段监管不足

根据公司规定，网上流程审批的合同需与正式书面合同文本内容保持一致。合同生效后，产品质量、数量、价款发生变化的，应及时签订补充协议或重新签订合同。通过审查 QH 公司与 P 公司的氧化铝合同履行情况发现，补充的协议中约定氧化铝每月价格与实际执行金额并不一致。合约中约定氧化铝的价格按照上交所的 3 个月期货铝锭结算价加权平均值的 17.3% 计算，且每月价格由双方以书面方式加以确认，但在实际执行时，合同双方也有过因为计算误差存在价格争议而进行协商的情况。此外，因为 P 公司在 2017 年内有多次逾期交付货物的违约事项，影响 QH 公司的正常经营生产，经多次协商无果后，QH 公司向 P 公司发函明确表示要追究 P 公司逾期交货责任。另外，根据双方合同内容约定，QH 公司的收货量以对方公司出厂检斤数量为准，其交货数量的合理磅差为 ±0.3%，在前述范围内按照原约定的数量结算，如磅差超出 0.3%，双方协商解决。审计人员根据合同内容和目前应收的所有库存量，对验收入库的库存量进行检查，询问仓库管理员，查询入库日期和存货质量，通过审查后认为总的磅差属于合理的范围，但是存货管理方面有需要改进的地方，比如不同的项目在同一指标统计中采用不同的统计口径，有人按名义转出量统计，有人按实际转出量统计。同时，购进、转出、结存的数据也未做到实时更新，相关部门经常出现消极怠工、缺少交流沟通、信息滞后的情况，这都降低了合同管理效率。

### (四) 合同纠纷处理不当

根据 QH 公司制度规定，一旦在执行过程中产生合同纠纷情形，首先要求合同承办部门积极开展沟通协调工作，力争将损失降至最低。如果进一步协商无效，那么应当及时提交纠纷处理申请，交由法律办公室全权负责后续处理与跟进，并定期咨询公司聘请的外部法律顾问。在此次氧化铝合同的履行过程中，审计人员发现 P 公司 2017 年就已出现逾期交货的情形，QH 公司的有关人员根据合同约定与对方进行善意沟通协调，曾答应可以推迟半个月交付一部分货物，但多次协商无果。直至 2018 年 8 月，在经历 P 公司多次产生违约的问题之后，QH 公司拒付 8 月的货款，双方都在一定程度上构成了违约行为。2018 年 9 月 18 日，P 公司以 QH 公司存在逾期付款行为为由向所在区人民法院起诉要求解除 2015 年 12 月 24 日签订的《氧化铝长期购销合同》。事已至此，因无法通过协调顺利解决问题，进而法律办公室和外部法律顾问介入纠纷的处理，使 QH 公司面临较大的诉讼成本和经济损失的风险。

### (五) 缺乏完善的合同管理制度体系

任何公司能够有序地进行管理与运营离不开一套系统有效的制度，执行合同管理审计也不例外。如今 QH 公司在此方面的体系建设仍有很大的提升空间，通过前文的合同业务流程图可以看出，QH 公司并没有借鉴行业优秀企业的管理经验，细致地划分风险防控环节，而是仅凭一己之见，粗疏地区分了每个流程对应的负责人以及相应的职务内容，比如财务部在合同策划阶段负责预算的审核，但在后续的谈判与签约环节均要出席相关会议参与谈判。另外，现存的某项制度规范可能完全出于应付政策检查的需要，从而部分脱离现实，根本不具备可操作性。同时，QH 公司存在不严格按照制度中规定的审批流程越权签约的情况。QH 公司在后期与 M 公司和 P 公司签署补充协议时，招标评审委员会未对新的合同履行主体 P 公司实行全面的资质、资信和能力审查，仅由合同承办部门部长陈某代替上级领导执行相关的审批行为，上级领导由于公务繁忙以及信任陈某，在粗略地审阅了 P 公司的资质文件后，同意审批该补充协议。所有流程并未像第一次招投标一样按公司的规定制作交易方案并组织谈判。也有其他情形，比如当合同双方已经达成一致意见步入签约阶段时，有相关权限的负责人因客观原因无法及时审签，而接手处理此事的基层办事员工碍于相关硬性要求，无法越权签约，因而影响了合同的效率；有的合同管理工作需要众多部门相互协调配合完成，此时信息交流不畅会阻碍合同管理工作的进程。QH 公司目前的管理制度仍然缺乏动态监督管理，这将严重影响公司的发展与进步。

### (六) 合同管理审计流程不充分

整个合同管理审计的流程存在诸多问题。

第一，在计划阶段，审计人员对该《氧化铝长期购销合同》的背景考察程度不够。QH 公司在此阶段中尽管已经开始重视风险因素的识别，但未对合同管理本身和合同履行主体的背景情况多加调查。除此之外，在计划阶段的风险评估过程中，虽然审计人员已经结合风险发生的可能性和影响程度综合考虑风险并进行排序和评价，但评价标准仍然以内部审计人员的主观判断为主，缺少以计算机技术为支持的风险定量分析模型。只侧重风险定性评估的做法，会因为合同管理审计人员对风险的认识不到位而增大审计风险。同时，风险数据缺乏动态评估，忽视了事中和事后对风险的持续动态监控。

第二，在实施阶段，QH公司没有对内部控制进行有效评价，因此对合同管理的内部控制执行情况并不了解，无法确定总体可信度，这将直接影响合同管理审计结果。

第三，在报告阶段，合同管理审计人员对于前期的审计结果记录与利用不足。因为QH公司在实施阶段缺失内部控制测试，所以审计人员在报告阶段并没有写明合同管理中应当注意的内部控制问题，未对管理层如何控制风险提供帮助。

第四，在后续阶段，QH公司只对被审计部门递发整改通知书，却无后续审计的详细规定与要求，比如整改工作的截止日期等。此外，QH公司对《氧化铝长期购销合同》的真实履行情况也未在后续阶段实施监控和合同履行效果评价。

## 四、建议和启示

### （一）审计人员应进行合同风险管理

内部审计人员首先应开展合同审前背景调查，全面了解行业环境等信息，形成心理预期。接下来挖掘潜在的风险点，可能包含政治、经济、法律等各个方面的不确定因素。在确认所谓的不确定因素是机遇还是挑战后，对选定的合同风险进行定性与定量评估，并在此基础上按照重要性原则优先处理程度严重的风险，统筹资源实现合理定向分配，提出更具有建设性的措施。

此外，内部审计人员必须对事前、事中检查给予高度重视，结合运用计算机辅助审计技术（CAAT）手段来预防潜在风险，优化内部控制。内部审计部门和审计人员应该有足够的地位和独立性，而由董事会或监事会直接领导内部审计部门是独立性的最佳体现，因此国有企业应该注重相应部门的机构改革和重新设置，这样有利于提升审计人员的地位和独立性，增强审计人员的风险意识和责任感，充分发挥第三道防线的职责。QH公司如果有足够的风险意识，当后期合同主体发生变更时，应该进行深入的调查与询问，如此便会了解到合同主体P公司是一家只有两名自然法人的民营企业，再根据公司的招投标管理制度来判断，对方资质可能在所有前来投标单位中并不具有明显的优势，从而发现隐藏的招标人和投标人串通舞弊的情况。另外，当P公司第一次违约交货时，审计人员就应当给予足够的关注和调查，及时关注内外部动态风险的变化，这样不至于最后使QH公司遭受巨额的经济损失和诉讼成本。

### （二）增加审计沟通与交流

增强实务经验交流不仅可以提升合同管理审计人员的专业能力，还可以在国有企业内部营造良好的学习氛围，有利于审计人员的进步。这可以从内外两个角度进行分析。

首先，应当重视内部实务经验的相互学习与交流。结合国有企业内部合同审计管理的具体情况，内部审计机构可以作为组织者带领其他部门开展经验分享座谈会等活动，相互沟通与交流，能够增加与优秀成功人士接触的机会，丰富内部审计人员的阅历，增长其见识与认知，提升其专业素养，并保障合同管理审计的高效开展。比如，运用信息技术创建内部审计信息分享平台，该平台用于共同研讨合同经典案例和合同管理审计新理论等。

其次，可以利用咨询外部专业人士等方式提高自身能力。第一，国有企业每年都会聘请外部审计团队对公司年度财务情况实施审计活动，内部审计人员可以与外审专家进行沟通交流，学习先进的审计技术手段，同时在特定的条件下也可以选择部分参照外审成果来适当减轻工作量，提高合同审计工作效率。第二，审计人员在合同管理审计时若遇到纠纷、诉讼等合同问题，可以向外部法律顾问咨询。第三，审计人员在实施合同管理审计时可以多借鉴行业专家的有效方法，争取将与合同管理有关的新理论与实务经验推广运用到日常业务中。

在工作过程中，QH 公司内部审计人员如果能够积极地与公司内部优秀且富有经验的专业人员进行沟通交流，则可以察觉到在合同签订、履行过程中出现的问题。

### （三）合同信息化建设

#### 1. 建立合同管理审计信息共享平台

众所周知，在具体的审计项目执行过程中需要反复运用风险管理理念，在扩大审计范围的同时也需要时刻关注风险的变化，积极地与同行进行沟通并及时向上级汇报工作，只有关注风险、重视交流才能推动合同管理审计的顺利开展。总之，对合同中不确定因素的有效整合与分析可以帮助审计人员及时、高效地识别与应对合同管理过程中存在的风险。具体方式如下：其一，国有企业可以在公司内部倡导共同建立以信息化技术为依托的合同管理审计沟通平台，促进内部优秀专家对于经验和知识的分享与交流。同时，相关合同职员与审计员工也可以通过该平台及时高效地公布信息，如下发审计通知等。另外，可以利用该平台来查询合同的执行进度、所欠缺的程序以及需要作为附件上传的资料清单等，这有利于将风险限制在可控范围内，降低后续运营风险。其二，为了促进审计流程与合同策划、谈判、签约等环节的融合，以便统一管控监督，最有效的方式为构建信息化集成系统，构建合同管理审计标准化的流程、格式化的合同文件模板、集成化的合同数据信息等。除此之外，还应具有多种内外部信息搜索和及时更改职能模块的功能，以使合同管理审计人员将其更好地与合同管理流程相匹配，为合同管理审计的顺利实施提供有力保障。

QH 公司如果建立了合同管理审计的信息门户和集成系统，合同管理审计人员就可以利用该项信息技术手段来检查合同招投标环节和合同签订环节是否存在不足，比如是否缺少相关资质的审核与主管领导的审签记录等。因为在系统流程中，某些需要添加扫描件等作为附件的选项不可自动跳过，除非拥有相关权限的主管领导才可以跳过该流程，所以审计人员根据这条审计线索可以及时发现问题并查明原因。此外，集成系统中的合同文件模板和标准流程是基于合理有效的系统测试与研发而得出的，QH 公司以及审计人员运用统一的模板可以在一定程度上保障公司的运营安全，避免一些类似于因合同文本质量不佳而引起的合同法律风险，从而降低不必要的损失。但需要注意的是，在创立合同管理审计信息共享平台时也要酌情考虑成本与效益原则，因为既然是集所有功能于一体的系统，则需要结合各专业人士共同研讨开发，集思广益。总之，不可否认的是，设立信息共享平台对国有企业未来的发展与壮大会产生积极影响。

**2. 开展非现场的合同管理审计**

如今伴随着信息化科技的创新与发展，大部分国有企业已步入信息化审计时代，在其开展各项审计项目时也早已广泛运用 CAAT 与信息技术手段。由于目前国有企业甚至很多中小型企业受某些客观条件的限制，比如内部审计机构的规模、人员专业的配置等，因此想进一步拓展审计业务和项目就显得力不从心。若能运用信息系统（Information System，IS）拓展非现场的合同审查工作，就可以有效扩展审计范围，更加全面地把控风险，从而降低风险发生的可能性。首先，探索开展非现场合同管理审计，内部审计部门可以充分利用现有的信息系统，结合国有企业目前合同管理程序的具体情况与要点，确定重要风险点，并在信息系统中调整对应的参数，实现全程自动化控制与实时在线监督功能。其次，审计人员在开展合同管理审计时通常会发现效率是非常重要的评价标准，而设计并利用自动化预警监控程序有利于提高对上述重要风险点的防范与监督效率，再通过双重对比分析实时情况与预期合理值、实时情况与往期记录值，可以将风险有效地约束在可控的范围内。

案例中，QH 公司利用智能预警系统，可以在与 P 公司签订并履行的《氧化铝长期购销合同》中对比系统已设定的各个重要风险环节的核心风险值与具体分析结果，一旦发生异常情况可及时进行反馈，让审计人员更精准、更高效地实施合同管理审计。在实施非现场的相关合同管理审计时，国有企业管理层和内部审计机构都需要借鉴各专业人士的经验，提高信息化应用技能，博采众长，共同致力于提高审计的执行效率与效果。

**（四）建立健全合同管理审计制度**

一项系统的、健全的合同管理审计制度是国有企业现在甚至未来高速发展的关键要素，然而每个国有企业的管理模式不尽相同，这就需要有关专业人士协助并结合企业自身特征、发展战略，来构建合同管理制度。国有企业的合同管理审计制度体系主要由 3 个层面构成：管理制度层面、工作规范层面以及实务操作层面。管理制度层面是基础，主要是合同管理审计的指导性制度；工作规范层面是对合同管理审计工作中可能遇到的各种情况加以说明，使审计工作有章可循；实务操作层面是根据合同管理审计的实施特点而制定的实务操作指南，并且会结合内部审计人员在合同管理实务中总结出的经验，定期修改。为了创建完善的合同管理审计制度，还需要注意以下几点：首先，确定合同管理审计的目标和内容，这是进行审计工作的第一步，对其进行分类以进行重要程度排序。其次，为合同管理审计制定行之有效的配套准则规范和法律法规，为其实施提供有力的保障，同时有利于促进合同管理审计制度的建立与健全。与此同时，国有企业审计人员可以开展广泛的公司调研和理论知识学习，充分参考、借鉴国际相关研究的先进经验，联系实际并拟定合理有效的规范要求。最后，作为纲领性文件，合同管理审计制度的高效执行需要接受全面、实时、有效的监督。因此，国有企业需要设立相应的职责部门来实时监控并反馈执行情况，此举有利于提高国有企业合同管理审计工作的效率和质量。

案例中，QH 公司存在着合同管理审计制度不完善的现象，转变这种局面需要多措并举。首先，QH 公司针对管理制度层面、工作规范层面以及实务操作层面这 3 个层面进行逐一分析，查漏补缺，完善每个层面的规范制度，这样在审计人员实施合同管理审计时有制度可依，有规章可寻。其次，这也需要 QH 公司法律层面给予有力的支持，对于合同管理审计中涉及的诸多风险和细节性问题，法务人员应加以明示，使得审计人员更加具有针对性地制订有效的审计计划与方案，提高合同管理审计工作的效率和效果，同时也提高了整个公司对合同管理审计风险的重视程度，防患于未然，直接降低了由于合同管理审计实施不善而间接导致的合同纠纷风险和经济损失。

### （五）优化审计流程

#### 1. 计划阶段

在审计计划方面，国有企业合同管理审计业务流程需要完善以下几点：首先，从前文中可以看出在风险识别与评估阶段后就该确定立项继而成立项目组准备开展审计，但二者中间缺少必要的审前调查环节。后续环节中确定重要风险因素、审计工作开始时间、项目组人员等一切都以了解被审计部门或单位的背景和经营情况为基础，因此国有企业必须重视并强化审前的背景考察。其次，在风险识别和评估环节需要对合同管理风险进行定性和定量的双重评估，实现精准的风险重要性评估。一方面，内部审计人员须改变传统的利用定性方式来评价风险，而是要结合定量评估，设计具体的量化模型。与此同时，内部审计部门应当把握机遇，在信息技术和其他有关部门的协助下，致力于创新完善风险量化技能，并综合利用应用统计等相关学科的理论与知识，定量评估各项风险，利用有效的审计手段，测算与实际效果的差异，保障模型的适用性和准确性。另一方面，对合同管理审计风险实施动态评估。在开展基于风险导向的合同管理审计的每个阶段期间，审计人员都应当进行合同风险识别、估计和评价。风险动态识别是为了全面把控合同业务流程中的风险以及风险的变化；风险动态估计是为了实时掌握合同管理风险发生的可能性以及可能导致的损失；风险动态评价是为了准确判断关键风险因素，保持对合同管理审计中风险的动态监控。

案例中，QH公司的《氧化铝长期购销合同》专项合同管理审计，在风险识别、评估与计划阶段，审计人员应该加强对合同履行主体QH公司的相关承办部门和供应商P公司开展全面的审前调查，发现合同潜在的风险点，观察该行业的宏观经济环境，降低因主体资质、能力和资信不合格而引发风险的可能性。在计划阶段的评估风险过程中，结合风险发生的可能性和影响程度综合考虑对风险进行排序，识别评估重大风险，并用数字评分来定量风险，最后利用风险坐标分析表区分Ⅰ、Ⅱ和Ⅲ3种风险级别，分别实施应对措施，让审计人员以及管理层能更好地理解识别风险，进而采取更加合适的应对措施。

#### 2. 实施阶段

公司在具体实施时只强调及时记录与归档的重要性，却并未强制要求测试公司内部控制的整体情况，以评价其可信赖程度，所以需要对合同管理的内部控制情况实施符合性测试。通过这个评价确定合同内部控制的可信赖程度，同时也为接下来的实质性测试做准备。审计实施阶段需要对已经识别出来的重要风险点提出相应的控制措施和建议，还需要对合同管理审计中存在的剩余风险进行深入评价，严格将风险控制在公司可以接受的范围内。最后需要对后续调查进行完善，随着审计调查的深入，原本划分的风险类别、严重程度都可能随时发生变化，因此需要随时关注、核对并更新计划方案，完善审计程序与内容。QH公司的合同管理审计人员应该在实施具体审计计划之前，对合同管理的内部控制情况进行测试，审查是否存在内部控制漏洞并评价总体内部控制的效果；在风险应对和实施阶段，对投标人相互串通、相对人在资格和资信等方面存在瑕疵、事后补签书面合同、签约人未经授权或越权签约和合同变更不规范这几项重大风险实施相应的审计程序，进一步深入调查在上一阶段中所遗漏的风险点，有利于降低重大合同管理和法律风险，保障公司的运营安全。

### 3. 报告及后续阶段

报告阶段的主要任务是归纳总结前期工作成果，并在报告中提供相应的指导性对策。前文指出，实施阶段应当对合同管理的内部控制有效性开展符合性测试，所以在合同管理审计报告中应当体现内部控制有效性情况以及相应的优化措施，这有利于进一步完善国有企业合同内部控制的管理。此外，国有企业也不能忽视相关的后续审查工作，合同管理审计人员应持续跟踪被审计对象，以落实整改任务。同时，风险识别作为核心环节应当贯穿始终，所以审计人员即使在后续阶段也需要全面关注和把控风险点，防患于未然。最后，合同管理审计程序的完善与优化离不开合同履行后的评价测试，即对比合同履行的真实情况与预期效果，测试两者的契合度。若高度一致，则表明合同严格按照约定条款执行，出现偏差与风险的概率也就相对较小。为降低评价偏差程度，可以引入多角度的评价指标，进而构成客观、全面的后评价体系，例如可以用顾客满意度测量的方法进行测评。

首先，案例中，QH公司需要确定此次合同管理审计的总体目标，并在此基础上将目标划分为标的物、进度、成效与其他4项内容，再进一步细化每项目标，这样有利于最终精准地实施评价；其次，为合同评价指标体系的各项指标设置目标值，确定用于评价的具体参照标准，比如常见的按照百分比或者1~9标准评分等；再次，分配每项目标的占比与权重，可以依据QH公司的专家评判标准来确定权重数据，并于评测完成后整理数据，将细化目标的得分情况汇总，并按权重算出总体评分；最后，根据最终综合评分对应相应区域。同时，内部审计人员也应根据此合同履行后评价的结果出具相应的后续审计报告，并持续关注整改进度。

# 第十章

## 工程项目审计案例——三泰集团

工程项目审计是为了减少企业工程项目实施过程中的损失，有效控制工程进度、成本、质量，以实现企业价值最大化，组织内部审计机构和人员依照国家相关的政策法规以及企业规章制度对工程项目建设的前、中、后期各环节的真实性、合法性、效益性进行独立监督和评价活动。工程项目审计贯穿于整个工程项目的全过程，对项目设计、招投标设计、合同管理、施工直至竣工验收每一个环节进行监督和评估。

### ▶▶ 一、案例背景介绍

三泰集团办公楼工程总建筑面积为 23 800m$^2$，地上 23 层，地下 3 层。该建筑采用长螺旋钻孔桩基础，主体部分为框支剪力墙结构，抗震烈度 8 级，安全等级二级，耐火等级一级。该工程采用商品混凝土，钢筋采用涟钢或湘钢各规格产品。扩建厂房面积 6057.62m$^2$，框架结构，生产车间屋面为钢结构，基础形式为桩基。建筑说明：火灾危险等级丙二类；建筑耐火等级二级；钢结构需要做防火涂料达到防火等级的要求。2016 年 2 月立项，3 月招标，10 月与中标公司签订合同，办公楼合同价为 21 250 万元，扩建厂房合同价为 4500 万元，合同期为 620 天，资金来源是国家资金及自有资金。该工程于 2017 年 4 月开工，公司与中标施工方就工程总承包的范围、工期、质量标准、质量验收、合同价款及支付进度、工程变更、竣工验收与结算、违约索赔和争议的解决等内容做了相关规定。在招标文件中要求投标单位在投标报价时对暂估价项目的配套费率进行报价，并明确了设备及重要材料由甲乙双方共同组织进行招标。

办公楼工程和厂房扩建工程由某招标代理公司组织主体施工招标工作，工程量清单和招标控制价由某招标代理公司进行编制，并在招标工程清单中约定投标人报价时应含总承包服务费，在清单汇总表中单独列示。金额由投标人根据施工管理经验、企业管理水平和竞争需要自行填列，并汇入投标报价中。施工承包单位已完成了合同约定范围及建设单位要求变更的所有项目内容；工程质量要求符合国家质量验收标准，已进行竣工验收。本工程在施工过程中应设计单位、建设单位要求变更部分项目做法，增减合同外部分施工内容。

该项目由某建设监理公司监理，由集团内部审计机构全过程进行工程审计，集团内审部门对该工程项目进行审前调查，分析集团项目部和基建部提供的各项资料，同相关职能部门召开联席会，听取意见，确定全过程跟踪审计在项目各阶段的工作任务及需要重点关注的事项，同时从公司内审部门选派人员，成立工程项目审计小组，并且抽调了一些专业工程项目建设人员对施工现场及过程实施监管。

### ▶▶ 二、审计的内容及流程

#### （一）工程项目审计的目标

工程项目是在规定的期限、特定的资源条件下，高效率、低成本地完成预期建设。因此，工程项目审计应当以控制成本、提高质量、进度把控、增加效益为原则进行审计工作。工程项目审计主要有如下三大目标：

**1. 质量目标**

质量目标是指工程项目审计应当监督和评价工程项目的设计是否满足使用需求，工程项目的质量是否符合设计标准。在工程项目质量审计的过程中，审计机构人员可以借鉴建设专业人员参照工程项目专业标准对工程项目的质量情况进行监督。

**2. 进度目标**

进度目标是指工程项目审计应当关注工程项目各阶段的实施进度及其实施效率，如是否贯彻执行工程项目的合同管理、招投标等制度，是否具备专业人员对工程的工期、质量、成本进行管理等。

**3. 效益目标**

效益目标是指工程项目审计应当关注工程项目的投入与产出，并与同类项目进行比较，分析是否实现了节约高效的目标。工程项目审计对效益的关注可促进企业加强项目管理，建立和完善项目经济性、效益性的考核制度。

**（二）工程项目审计的内容**

工程项目审计贯穿于工程项目实施的全过程，主要分为 3 个阶段：工程项目实施前、工程项目实施中以及工程项目竣工后的审计。其中，工程项目实施前的审计主要包括投资立项（决策）审计、招投标审计、合同管理审计；工程项目实施中的审计包括设备和材料采购审计、工程管理及造价审计、隐蔽工程审计；工程项目竣工后的审计即为竣工验收审计。

**1. 工程项目实施前的审计**

**（1）投资决策审计**

此阶段是审查已立项工程项目的真实性、合规性及可行性等方面。它主要包括：第一，检查项目是否已审批通过、调查项目报告是否经过专业论证。第二，检查可行性研究报告内容是否真实、完整、科学，如报告中是否说明工艺技术、原材料供应、市场销售、环保、项目工期等方面，是否经过相关机构、专家的专业认证。第三，检查资金的筹集、安排是否合理。

**（2）招投标审计**

这个阶段的审计工作包括：检查招标文件是否合法、合规、全面，各项活动是否符合招标文件的规定，开标、评标、定标是否公开、公平、公正、真实合规。审计人员亲身参与招投标阶段的工作中，对招投标工作的全过程实施实时监督。该阶段跟踪审计工作涵盖招投标委员会和内部审计部门，分为前期准备和招投标实施。首先，检查招投标文件是否存在多份投标文档出现在某一固定位置，或标书的格式几乎一致，联系方式是否相同等；其次，检查参与报价的单位报价是否存在雷同或报价成比例，不同供应商的收款账户是否是同一个；最后，检查参与询价的单位是否存在关联关系，在招标过程中，是否限制有竞争力的供应商参加投标，招标过程带有严重的倾向性。

**（3）合同管理审计**

合同管理审计主要涉及的部门包括招投标委员会和内部审计部门，该阶段跟踪审计工作以招投标委员会编制施工项目合同并报送审计部门审核为起点，在审计人员获得合同编制内容合理、合法、完整且充分适当的审计证据后，通知招投标委员会组织会签，审计部门派出审计人员在会签期间对合同签订全过程进行监督，严格检查合同相关资料并且做好归档保存的工作。在审查合同过程中，检查实质性条款与招标文件、中标结果是否保持一致，合同对于违约责任是否有追究程序，施工合同要素是否齐全，合同中是否明确覆盖施工范围。此阶段已在上一章中详细阐述，此处不再赘述。

### 2. 工程项目实施中的审计

工程项目实施阶段是将设计思路执行到位的重要环节，也是投资额最多、业务最烦琐的阶段。审计人员对施工阶段进行跟踪和审核，在施工阶段进行跟踪审计的工作过程中，主要涉及的部门有审计部门、工程项目建设部门、施工单位、监理单位，工程施工阶段的审计主要包括对施工质量和施工进度的跟踪审计、设计变更与隐蔽工程的审计。重点审计的内容包括设备和材料采购审计、工程管理及造价审计（包括施工的质量及进度、变更等）、隐蔽工程审计。

（1）设备和材料采购审计

设备和材料采购审计内容包括：①检查采购计划是否符合已报批的文件以及建设计划；②采购权和批准权等不相容职务是否分离；③设备和材料的验收、入库、保管及维护是否得当；④各项采购费用的核算归结是否准确恰当；⑤设备和材料的领用手续是否齐全；⑥所提供的设备、材料质量是否符合国家标准，是否适用于本工程项目建设所需，以及选择的设备、材料的价格是否符合市场要求。审计设备、材料的选择时所遵循的原则应为择优而取，应选择性价比最高的设备、材料。对设备、材料的选择审计有利于减少成本支出，节省工程造价，而且还能避免负责人与材料或设备供应商串通抬高价格、获取回扣等行为。

（2）工程管理及造价审计

工程管理及造价审计是建设工程中工作量较大且非常重要的审计过程，主要包括：①对工程进度的控制审计，检查工程是否及时开工，工程进度拖延的责任划分和应对策略；②成本控制部门是否形成工程现场签证、设计变更、成本预警、（结算）台账；每季度按时报成本动态分析表，是否对超支原因进行分析，是否有处理措施；③施工过程中是否明确约定现场签证的工作流程及签证的有效签发人，有效签发人是否为工程副总或相应负责人；④设计变更的审批单、通知单、确认单会签完整性是否符合要求；对每月月底前已实施完毕的变更进行确认，变更通知单日期、施工完成日期与确认单批准日期是否超过一个月；⑤设计变更台账估算或确认总金额与成本动态控制表对比是否存在差异。

（3）隐蔽工程审计

隐蔽工程是工程审计的重要环节之一，包含土方工程、地基工程、基础工程、钢筋工程、预埋管线等。因隐蔽工程完工后难以检查，施工单位往往在此环节上偷工减料、以次充好、虚报工程量。工程完工后，隐蔽工程被其他分部分项工程所遮盖，再对其进行检查就非常困难，需要对覆盖工程破坏后才能检查。因此，审计人员往往只能通过查阅工程资料、询问施工情况等间接方式发现线索。首先，审计人员要加大深入施工现场的力度，掌握现场的进度，要对隐蔽工程的各道工序、各种材料做详细了解。其次，审计人员在审计时要收集包括文字、影像在内的建设项目的所有资料，并进行认真比对。隐蔽工程其实并不是完全隐蔽。另外，审计人员通过侧面了解的方式向项目管理的负责人、经办人或施工单位管理人员、劳务班组等询问施工情况，以了解隐蔽工程的真实施工情况。若在审计隐蔽工程资料过程中发现疑点，也可以采取突然提问的方式核实，如有不真实的地方，施工人员往往不能流利地回答，有可能引出有力的审计证据。

**3. 工程项目竣工后的审计**

该项审计主要检查已竣工工程的验收情况、试运行情况。针对验收情况，要检查验收小组人员的组成、分工，对隐蔽工程和重点环节要检查是否有严格验收，验收过程有无弄虚作假。此外，检查工程价格结算与实际完成的投资额的真实性、合法性，是否存在严重超概预算行为；检查是否存在虚列工程、套取现金、高估冒算等行为，是否存在以绝对优势的价格中标后，再在合同执行过程中以各种理由变更合同，最终达到高价执行的目的。工程项目审计内容如图 10-1 所示。

图 10-1　工程项目审计内容

**（三）工程项目审计的风险**

工程项目包括很多不同的阶段，每个阶段都有许多复杂的环节与因素，存在很多的不确定。每个阶段的审计风险不同，具体见表 10-1。

表 10-1　各阶段审计风险

| 阶　　段 | 项　　目 | 审 计 风 险 |
| --- | --- | --- |
| 投资决策阶段 | 可行性研究 | 1. 项目流程是否规范 |
| | 项目评估 | 2. 项目计划与资金是否匹配 |
| | 概预算编制 | 3. 概预算与设计规模是否合适 |
| 招投标阶段 | 招投标流程 | 1. 是否存在围标、串标<br>2. 招投标文件是否规范<br>3. 招投标参与人员是否恰当 |
| 合同管理阶段 | 签订合同 | 1. 合同条款是否齐备 |
| | 合同保管 | 2. 合同与招投标文件一致性<br>3. 合同流程及归档是否规范 |
| 实施阶段 | 采购环节 | 1. 材料和设备采购是否规范 |
| | 工程进度 | 2. 设计变更手续是否齐备 |
| | 成本控制 | 3. 是否存在超预算支出<br>4. 工程进度是否与合同相符 |
| | 质量控制 | 5. 隐蔽工程是否规范 |
| 竣工阶段 | 结算审计 | 1. 竣工验收是否到位 |
| | 决算审计 | 2. 结算与概预算是否有较大差异<br>3. 决算手续是否规范 |

### （四）审计过程

**1. 整理送审资料**

对建设单位的送审资料进行整理，备齐审计资料。本项目收集整理了以下资料：招标文件（含工程量清单、招标施工图样、图样审查意见书）、招标答疑文件（招标标底）、图样会审记录、施工单位投标文件、建筑工程施工合同、施工组织设计、预应力工程施工方案、设计变更通知单、现场签证单、工作联系函、施工图及竣工图、开竣工报告、桩基检测报告及验收记录、施工日志、地基验槽记录及其他与造价有关的文件（见表10-2）。

表 10-2　工程项目审计所需提供资料清单

| 被审计单位： | 项目：　　　　　　　　　索引号： | | |
|---|---|---|---|
| 序　号 | 清　　单 | | |
| 1 | 可行性研究报告（或项目核准申请报告） | | |
| 2 | 建设项目立项核准批复（或可行性研究批复） | | |
| 3 | 建设用地规划许可证 | | |
| 4 | 国有土地使用证明 | | |
| 5 | 建设工程规划许可证 | | |
| 6 | 建设工程施工许可证 | | |
| 7 | 质量监督证 | | |
| 8 | 设计概算书 | | |
| 9 | 其他相关资料 | | |
| 10 | 工程结算审计的有关资料 | | |
| 11 | 招投标文件（答疑文件） | | |
| 12 | 中标通知书 | | |
| 13 | 中标的已标价工程量清单 | | |
| 14 | 施工合同、补充合同和施工协议书 | | |
| 15 | 全套施工图样、设计变更图样、设计变更签证单 | | |
| 16 | 隐蔽工程量计算书以及加盖送审单位公章、编制单位公章、预算员专用章的工程预算书、结算书、决算书 | | |
| 17 | 主要材料分析表、钢材耗用明细表、调价部分材料消耗计算明细表 | | |
| 18 | 施工单位自行采购材料的原始凭证 | | |
| 19 | 建设单位预付工程款、预付材料款及建设单位供料明细表 | | |
| 20 | 招投标工程变动项目的有关招投标文件 | | |
| 21 | 施工单位企业资质等级证书、营业执照副本（复印件） | | |
| 22 | 其他有关影响工程造价、工期等的签证资料 | | |
| 23 | 其他与建设工程有关的文件资料（预应力工程施工方案等） | | |

注：本清单一式两份，提供单位一份，审计部门一份。

　　根据对建设项目单位的要求与标准，审计人员对上述送审资料进行熟悉，然后甄别，初步判断哪些资料会引起工程造价的变化，对此类资料重点分析与审核，与造价无关的资料如预应力工程施工方案，开竣工报告（建设单位明确表示不追究工期延误的责任），作为备查资料留用。

　　**2. 投资决策审计**

　　审计人员根据《三泰集团建设项目全过程审计实施方案》和建设项目投资立项审计的特殊要求，对三泰集团建设项目投资立项审计时，实施调查了解和分析建设项目投资立项情况的审计程序，并编制项目投资立项审计调查表（见表10-3）。

表 10-3　项目投资立项审计调查表

| 被审计单位： | | | 日期 | | |
|---|---|---|---|---|---|
| 项目： | 编制人 | | 2020 年 2 月 10 日 | 索引号 | Q-3 |
| 截止日期： | 复核人 | | 2020 年 3 月 18 日 | 页次 | 1 |
| 调查内容 | | | 是 | 否 | 备注 |
| 1. 建设项目投资立项决策程序是否完整？ | | | | 否 | |
| 2. 建设项目前期投资机会研究是否合理？ | | | | 否 | |
| 3. 建设项目建议书是否符合要求？ | | | 是 | | |
| 4. 编制可行性研究报告的单位和批准单位是否具备相应的资格？ | | | | 否 | |
| 5. 可行性研究报告内容是否完整？是否包含投资必要性、技术可行性、财务可行性、组织可行性、经济可行性、环境可行性、社会可行性以及风险因素等方面的研究？ | | | | 否 | |
| 6. 项目评估程序是否合理？ | | | | 否 | |
| 7. 投资估算是否符合国家或地区的有关规定？资金筹措方式是否合法、可行？ | | | 是 | | |
| 8. 各项财务指标是否达到预期要求？财务效益是否可行？投资安全性及还款能力如何？ | | | 是 | | |
| 9. 是否制订合理的项目实施进度计划、设立合理的组织机构？ | | | 是 | | |
| 10. 项目是否着眼于长期的、综合的、符合社会及环境要求的利益？ | | | | 否 | |
| 11. 项目报批资料是否合规？ | | | 是 | | |

审计小结：该项目前期投资立项程序不完整，缺少投资机会研究，该项目可行性研究报告内容基本完整，投资估算合理、筹资方式可行，财务与经济效益可观，但环境影响评价不符合要求，决策程序缺乏民主性

　　这个阶段的审计重点在项目的可行性研究上，可行性研究对于整个项目过程乃至企业的发展都有非常重要的意义。投资必要性的审查，主要根据市场调查和预测结果以及有关产业政策等因素进行；技术可行性审查，主要从项目实施的技术角度，对设计技术方案进行比较与评价；财务可行性审查，主要从项目和投资者的角度测算项目的财务盈利能力或

投资安全性等；组织可行性审查，重点在组织机构的合理性以及实施进度计划的适当性。投资决策审计所需提供资料明细表见表10-4。

表10-4 投资决策审计所需提供资料明细表

| 被审计单位： | | | 索引号 | |
|---|---|---|---|---|
| 项目名称： | | | 页次 | |
| 截止日期： | | | 编制日期 | |
| 序　号 | 资　料　名　称 | 资料来源 | 提供时间 | 备　注 |
| 1 | 项目管理办法（体系） | | | |
| 2 | 项目发展规划（设计） | | | |
| 3 | 项目进度计划 | | | |
| 4 | 市场分析预测报告 | | | |
| 5 | 项目建议书及批复 | | | |
| 6 | 可行性研究报告 | | | |
| 7 | 可行性研究报告评审报告 | | | |
| 8 | 项目核准申请报告 | | | |
| 9 | 环境影响评价报告及批复 | | | |
| 10 | 项目报批相关资料 | | | |
| 编制人： | | 复核人： | | |

**3. 招投标审计**

在项目审计过程中，招投标审计是一个关键环节。在现实工作中，招投标市场上总会存在各种各样的不规范情况，例如分解项目规避招投标制度、"陪标"、"暗箱操作"、串标等，这严重扰乱了招投标市场秩序，无法保证项目造价合理、准确。对此，审计人员要在项目合同生效之前，对招投标文件和合同进行审核，同时在招投标现场进行监督，保证招投标流程规范、合法。招投标主要有采购招投标、施工单位招投标、监理单位招投标等，其中施工单位招投标最为重要。从图10-2中可以看出，审计人员要对招投标各个环节进行重点监督，保证招投标过程公平、公正。图10-2显示了招标、评标、定标环节审计工作要点。

审计人员根据招投标审计目的及程序，编制了该项目招投标情况审计流程表（见表10-5）和有关资料清单（见表10-6）。

**（1）招标环节**

首先，对项目招标要求和资格进行审计，判断招标对象遴选程序是否合规。根据法律制度对招投标项目进行审查，确保所有需要招标的内容都纳入招标范围。正常情况下，新建项目都以单个项目为单位开展招标工作，如果招标项目不是独立的单元，则要对项目分解情况进行审计，确保招标项目不存在恶意分解、逃标的情况。

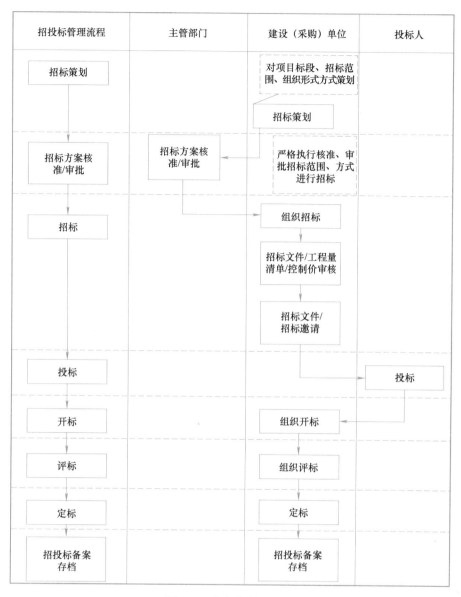

图 10-2 招投标管理流程

其次，审查招投标过程和流程是否合规。审计人员要加强招投标流程和程序审核，对公开招投标、邀标方式和条件进行审查，保证程序完整。根据公司制定的招投标管理办法和施工量来制定标书，确定招标价格和方式，审计人员要根据项目施工图来检查工程量清单编制是否规范，避免在施工图以外增加或减少工程量，达到规避招标管理的目的。在审计工程量清单时，如果工程量较大，可以委托专业机构审核，具体内容见表 10-7。

再次，审查招标文件完备性、规范性。目前，公司招标文件方面存在的问题主要是语言表述模糊，存在歧义。因此，要对这方面进行重点审计，确保招投标文件表述清晰、规范，不存在歧义和法律瑕疵。招标文件中应完整、准确地表述招标项目的实际情况以及招标人的实质性要求，以及工期、技术标准、质量要求、投标保证金、投标有效期等是否合理，是否符合要求。

表 10-5　招投标情况审计流程表

| 被审计单位： | | | 日期 | | |
|---|---|---|---|---|---|
| 项目： | 编制人 | | 2020 年 2 月 10 日 | 索引号 | J-1 |
| 截止日期： | 复核人 | | 2020 年 3 月 18 日 | 页次 | 1 |

一、审计目标

1. 确定项目招投标文件的合规性、完整性
2. 确定项目标底与投标报价的真实性、准确性
3. 确定项目招投标程序的合规性、有效性
4. 确定项目招投标管理工作的有效性
5. 确定项目施工合同与招投标文件的一致性
6. 评价项目招投标的总体情况

| 二、审计流程 | 索引号 | 执行情况 |
|---|---|---|
| 1. 收集与招投标审计有关的资料<br>2. 调查了解招投标情况<br>3. 综合评价招投标总体情况 | | 已收集<br>已执行<br>已评价 |

表 10-6　招投标情况审计有关资料清单

| 被审计单位： | | | 日期 | | |
|---|---|---|---|---|---|
| 项目： | 编制人 | ×× | 2020 年 2 月 10 日 | 索引号 | J-2 |
| 截止日期： | 复核人 | ×× | 2020 年 3 月 18 日 | 页次 | 1 |
| 序号 | 资料内容 | 资料来源 | 提供时间 | | 备注 |
| 1 | 招标审批资料 | ××公司 | 2020 年 2 月 10 日 | | 已提供 |
| 2 | 招标委托代理资料 | ××公司 | 2020 年 2 月 10 日 | | 已提供 |
| 3 | 招投标及评标资料 | ××公司 | 2020 年 2 月 10 日 | | 已提供 |
| 4 | 中标及合同资料 | ××公司 | 2020 年 2 月 10 日 | | 已提供 |
| 5 | 备案资料 | ××公司 | 2020 年 2 月 10 日 | | 已提供 |

最后，投标单位是否具备投标资质和条件。审计人员要对投标单位的资质和条件，以及注册资本、组织管理等进行审计，避免投标单位与招标单位存在关联交易、不当利益关系等。招标部门收到投标资料后，提交审计部门进行资质审核，通常按照"四审四验"要求开展审计。"四审"是指对投标企业法人、资质、证书和经营执照等进行审计；"四验"包括施工技术等级、工程人员职业资格、工程设备以及注册资本等。

表 10-7　招投标情况审计调查表

| 被审计单位： | | | 日期 | | | |
|---|---|---|---|---|---|---|
| 项目： | 编制人 | | 2020 年 2 月 10 日 | 索引号 | | J-3 |
| 截止日期： | 复核人 | | 2020 年 3 月 18 日 | 页次 | | 1 |
| 调查内容 | | | 是 | 否 | | 备注 |
| 1. 单位招标是否具备条件？ | | | 是 | | | |
| 2. 项目是否采用邀请招标？ | | | 是 | | | 部分邀请 |
| 3. 项目是否采用公开招标形式？ | | | 是 | | | |
| 4. 项目是否采用议标形式？ | | | | 否 | | |
| 5. 是否有完整的招标报批资料？ | | | | 否 | | |
| 6. 是否成立了招标小组？ | | | 是 | | | |
| 7. 是否有资质的单位或人员编制标的？ | | | 是 | | | |
| 8. 标底的编制方法是否合规？ | | | 是 | | | |
| 9. 标底是否存在泄露或不准确的问题？ | | | 是 | | | |
| 10. 是否编制了招标文件？ | | | 是 | | | |
| 11. 招标文件是否完整、合法、清晰？ | | | | 否 | | |
| 12. 招标文件是否经过了严格的审核？ | | | | 否 | | |
| 13. 是否审核了招标人的资质和级别？ | | | 是 | | | |
| 14. 投标书是否符合要求？ | | | 是 | | | |
| 15. 投标人是否大于 3 家？ | | | | 否 | | |
| 16. 投标报价是否真实准确？ | | | 是 | | | |
| 17. 是否按照规定程序组织了开标？ | | | 是 | | | |
| 18. 是否按照规定的文件标准进行评标？ | | | | 否 | | |
| 19. 定标的时间和程序是否符合要求？ | | | | 否 | | |
| 20. 合同文件是否完整？ | | | | 否 | | |
| 21. 合同条款是否合规？ | | | | 否 | | |
| 22. 合同内容是否与招标文件的要求一致？ | | | | 否 | | |
| 23. 合同报价是否恰当？ | | | | 否 | | |
| 24. 合同签订程序是否合规？ | | | | 否 | | |
| 25. 合同签订的承包方式是否合理？ | | | | 否 | | |
| 26. 合同是否得到了严格执行？ | | | | 否 | | |

审计小结：该项目具备招标条件，部分采用公开招标形式，部分采用邀请招标形式，投标人的资质符合要求，但存在招投标程序不合规、合同文件不完整、合同内容与招标文件不一致、合同签订程序不合规及执行不严格等问题

（2）评标环节

首先，审查开标程序是否规范合理，是否存在违背"公开、公正、公平"招标原则。在开标过程中，要对投标文件时效性进行审计，超期文件作废。同时，要对文件密封性、保密性进行审查，签章是否完备。其次，对评标程序进行审计，是否按照招投标管理办法开展评标，是否存在串标的情况。再次，对评标标准与招投标文件内容一致性进行审计。最后，对项目报价合理性进行审查。如果投标人报价明显高于或者低于其他单位报表，或者与标底价格背离严重，如果没有充分的证据材料佐证，则视为废标。审计人员要对串标、恶意竞标情况进行重点审查，具体内容见表 10-8。

表 10-8　投标报价审计要点

| 序　号 | 审计内容 | 存在的问题 |
|---|---|---|
| 1 | 投标报价水平及技巧 | 是否存在不平衡报价 |
| 2 | 报价的工程量与工程量清单 | 综合单价是否明显偏高或偏低 |
| 3 | 暂估材料价、工程价 | 是否与招标文件一致 |
| 4 | 措施费用 | 是否与施工组织设计方案一致 |
| 5 | 总包服务费 | 计算基数与服务内容是否与招标文件一致 |
| 6 | 安全防护费、规费、税金 | 是否按政府规定的费率计算 |
| 7 | 材料设备规格、型号、品牌 | 是否符合招标文件，是否符合工程管理 |
| 8 | 工期与工程质量 | 是否符合招标文件 |
| 9 | 组织设计方案 | 是否会调整，调整费用是否发生变化 |

（3）定标环节及合同签订

首先，对定标程序进行合理性、规范性审查。以评标报告为标准，确定中标企业，再提交招投标管理中心负责人和公司分管领导签字审核。在这个环节，审计人员要对审批程序、签章完备性进行重点审查。其次，审查中标价是否符合实际情况。对照投标价与标的，检查招标前是否出现标的信息泄露的问题。最后，对招投标合同规范性、完备性和合理性进行审查。审计人员主要对合同进行以下几方面审查：①工程合同签订方是否与中标方是同一家单位；②中标单位是否存在合同转包、挂靠的问题；③工程合同内容与招投标要求是否有相冲突的地方；④工程合同金额与项目预算是否有出入；⑤合同约定的工期、造价、技术规范和验收标准是否与施工图设计一致等。审计人员深入现场查勘，收集一手项目资料和信息，与招投标人员进行面谈，获取有价值的项目信息，或者采用复核法对重要招投标数据进行核算，对影响工程项目造价的因素进行分析。

**4. 合同管理审计**

合同管理审计是审计人员对项目合同的签订、履行、变更、终止等的全过程、全方位管理，以全程跟踪、监控的方式，确保项目合同规范、有效。重点审查合同管理环节的内部控制及风险管理的适当性、合法性和有效性；审查合同管理资料依据的充分性和可靠性，以及合同全过程的真实性、合法性及合同对整个项目的效益性等。上一章已详细分析，此处不再赘述。

**5. 实施环节的审计**

工程项目实施周期最长、不确定性因素最多，是工程项目审计的重要环节。工程项目审计主要内容有图样变更、材料使用、现场管理、隐蔽施工等，这些环节对工程质量、造价具有较大的影响，必须要对施工过程进行审计。实施阶段审计流程如图 10-3 所示。

项目实施过程中，审计工作主要有以下几方面：

（1）隐蔽工程施工审计

工程项目包含部分隐蔽施工环节，例如建筑工程中，隐蔽施工占比较大，这部分施工过程和结果很难发现。如果施工现场管理不规范，隐蔽工程就会成为施工单位虚报工程量、偷工减料的对象。例如，M 工程分项目建设周期为 1 年，但是审计人员发现施工所用的材料不符合要求，在混凝土等级、电缆长度、钢筋数量等方面均未达到设计要求。在对各个站点土建工程进行审计时发现，一些施工单位没有按照设计图样要求施工，在混凝土浇灌、土建施工过程中，采用了不达标的钢筋、混凝土以及构件作为施工材料，留下了较大的质量隐患。隐蔽工程是工程项目审计的重点对象，隐蔽工程质量管理直接关系整个项目质量，如果隐蔽工程管理存在漏洞与缺陷，现场监督和施工过程审计不力，将会留下巨大的工程质量隐患。因此，审计部门要针对隐蔽工程开展专项工作，将其作为重点审计对象来对待。施工单位在进行隐蔽工程施工之前，应通知审计部门到现场，对施工过程进行监督，确保施工严格按照施工图样要求操作，同时做好现场施工记录，为后期审计和验收做好材料准备。对造价超过 10 万元的隐蔽工程，要指定专业审计人员负责全程跟进，在审计人员监督下完成施工。因此，对于容易出现质量风险或者涉及金额较大的隐蔽施工，要制订专项审计工作计划，做好审计过程记录和跟踪，有效降低审计风险。

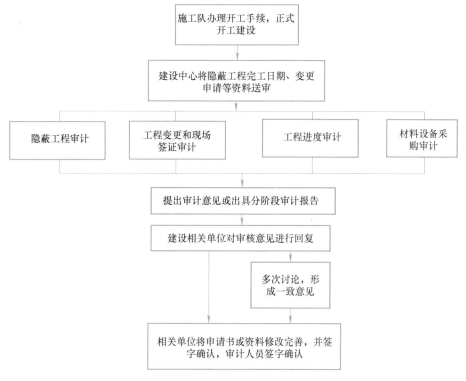

图 10-3　实施阶段审计流程

（2）图样设计变更和现场签证审计

工程图样设计变更对工程进度、质量有较大影响，也是造价管理的关键。因此，要在图纸变更设计、现场签证等方面加强审计监督，重点防范相关施工风险。工程变更主要包括设计图纸变更、工程清单变更、施工工期变更等。在变更前，审计人员要对变更条件、时限、要求等进行审核。对变更过程、程序、原因等进行充分论证，审查变更后工程造价、工程量清单等，保证其在可接受范围内变动，避免变更导致项目造价超预算。对需要增加预算的变更，要进行专项审计。

现场签证是指在施工现场遇到特殊情况、突发问题时，由授权人员通过签发授权书，允许施工人员采取特殊措施处理。现场签证主要包括以下几种：工程变更签证、图样设计变更签证以及价格变更签证。审计人员要做好现场核查，保证现场签证真实、可靠，不得事后补签，施工现场签证过程中，要保证施工、监理和业主单位人员同时在场。在开展审计工作过程中，施工方提出变更申请，委托监理单位、审计部门审查变更事由合理性，如果变更请求是合理的，由施工方制定变更方案，提交审计、监理人员审核，内部审计人员复核通过后，再发放现场签证。

施工过程中常常会发生变动，变动又会导致整体造价的变化，导致实际投资金额可能与项目原计划金额有一定的偏差，要么实际金额大于计划金额，标志着投资超支，要么小于计划金额，标志投资节约。超支发生的原因是多样的，有可能是因为材料总价超预算，也有可能是因为施工进度超前，还有可能是因为管理滞后产生浪费导致实际支出金额的增加。所以，审计人员在分析该工程项目的投资偏差时，应充分结合施工进度因素进行审计（见表10-9）。

表10-9　工程项目资金使用偏差表

| 内　　容 | 原因及措施 | 分　　析 |
|---|---|---|
| 偏差形成的主要原因 | 客观原因① | 人工费涨价，材料涨价 |
| | 主观原因② | 组织协调不佳，建设手续不健全 |
| | 设计原因③ | 设计变更，局部新增工程量 |
| | 施工原因④ | 组织施工不合理，进度安排不当 |
| 偏差纠正措施 | 组织措施① | 从投资控制的组织管理方面采取措施 |
| | 经济措施② | 审核工程签证变更，严把款项支付审核关 |
| | 技术措施③ | 对不同技术方案进行经济技术分析与综合评价后选择 |
| | 合同措施④ | 索赔管理 |
| 结论 | "①"无法避免，"④"造成大的损失由施工方承担，故纠正对象为"②""③" | |

（3）对工程进度款进行审计

工程进度款是在合同中约定支付的款项，根据施工量、工程难度、施工进度以及质量技术要求，确定工程进度款。施工方将施工进度、监理单位签发的工程量清单以及质量检验证书提交给基建管理部门，基建管理部门完成资料审核后，提交财务部门进行账务处理，并将款项支付给施工方。该环节审计工作主要有：①根据合同约定计算项目支出费用和款项；②工程进度与上报进度是否一致；③如果实际施工与施工图样设计不一致，施工技术与合同规定不一致，施工材料、方案发生调整，要对工程进度款进行变更。内部审计要与基建管理部门审核的项目进度进行比较，根据比较结果来形成付款意见，为财务部门拨款提供依据。如果某个项目一共发生25次付款，其中5次付款是提前发生的，通过持续跟踪的审计方法，可以有效杜绝这种情况的发生，降低工程管理财务风险。

（4）对材料设备采购进行审计

根据实践经验，工程材料、设备采购成本约占工程项目施工成本的60%，而且也是资金浪费的重要环节。因此，要合理控制施工材料、设备成本，确保工程项目投入产出比达到较高水平，同时做好采购过程信息公开，避免出现违规操作、暗箱操作的情况，有效规避工程项目投资风险。

审计中经常发现建设单位签订的材料供货合同中，合同条款不全面、遗漏关键性内容，如材料设备的规格型号、技术指标和质量标准。在合同执行过程中缺少技术验货程序和手段，造成达不到设计要求和验收标准，以至影响整体项目建设的实际成本，相当一部分工程纠纷是由此造成的。本案例中的情况就是如此，审计人员根据项目单位提供的配电箱报价单资料和现场安装的实物对比发现，部分配电箱箱体材质、配件的品牌和报价单不一致。实际安装的照明配电箱价值低于报价。由于配电箱订货合同附件中没有产品规格型号及产品单价，供货单位提出合同没有要求确定产品规格型号及产品单价，所供产品属于国家合格产品。因为合同总价已在合同中确定，所以供货方没有违背合同约定，而且产品到场时项目单位工程管理人员已经签收，因此索赔不能成立。

三泰集团规定，采购设备材料必须按照标准化的采购流程进行，并对各环节进行全方位管控，特别关注采购、验收及货物保管环节。采购价格需要统一录入公司的 ERP（企业资源计划）系统中，相关人员要审查合同上的价格是否和 ERP 系统中的采购价一样，是否有采购订单未在系统内形成闭环的现象。三泰集团可以通过批量采购的方式对设备材料进行统一采购，采购后需要将其主要采购及使用参数录入 ERP 系统。当工程需要设备材料时，所需单位首先填写《工程材料申请发货单》，然后由相关部门在系统上进行核实审批，建设部门负责人审核后盖章，才可以去采购部门领取出库单和所需的设备材料。在该模式下，通过多层审批手续的审核，让设备材料的使用和保管更加标准化，大大降低了挪用物资现象出现的概率。审计人员对项目使用材料采购价格、设备采购价格等进行核查时，不仅要关注数据层面，还应该对工程的其他重点环节（如保管）进行严格审查，并确保发现问题时能落实到具体的责任人。

### 6. 竣工验收阶段审计

通常来说，竣工验收阶段的审计分为结算审计、决算审计两部分。当前，三泰集团建立的内部审计体系包含结算审计和决算审计。在具体实施过程中，审计人员往往将竣工阶段的审计提前到施工前期及施工过程中，对风险进行事先预防及事中把控。所以，在竣工验收阶段的审计工作也需要立足于前期审计所提供的建议，全方位、标准化地进行结算审计及决算审计（见表 10-10 和表 10-11）。

表 10-10 竣工验收阶段审计资料清单

| 结算审计资料 | 决算审计资料 |
| --- | --- |
| 结算书 | 工程立项批复 |
| 完整设计图 | 投资批复 |
| 施工图 | 设计批复 |
| 设计变更单 | 各种经济合同 |
| 竣工图 | 施工结算报告 |
| 施工合同 | 工程材料平衡表 |
| 隐蔽工程记录 | 工程余料清理结果统计表 |
| 施工签证 | 各项费用支出财务记录 |

（续）

| 结算审计资料 | 决算审计资料 |
|---|---|
| 附有工程量计算式 | 竣工结算报表 |
| 钢筋计算表 | 交付使用资产总表 |
| 其他前期审核资料 | 交付资产明细表 |
| | 其他前期审核资料 |

表 10-11　重要记录的含义

| 项　目 | 含　义 | 备　注 |
|---|---|---|
| 结算书 | 第一部分以竣工图为编制依据，包括图样会审记录、设计变更、监理工程师通知或建设方施工指令等；第二部分以现场签证、工程洽商记录以及其他有关费用为编制依据 | 两部分不应有重复列项的内容，用计算机编制的结算书要求提供相应的拷贝磁盘，注明使用软件 |
| 工程量计算表 | 由工程量汇总表和详细的工程量计算式组成，工程量应有详细的技术表达式，施工图、图样会审记录、设计变更、工程洽商记录、现场签证单位、监理工程师通知或建设方施工指令等部分的内容应在工程量计算式中一次计算 | 用计算机编制的工程量计算书还应提供相应的拷贝磁盘 |
| 施工合同、补充合同 | 工程承发包合同、经发包人确认的承包人与第三方签订的分包合同、各类补充合同、合同附件等 | 合同文件列出总目录顺序整理装订成册 |
| 竣工图 | 用于结算的竣工图必须有施工单位竣工图专用章及相关人员签字。经发包人、设计、监理等单位确认的图样会审记录、设计变更、工程洽商记录、监理工程师通知或发包人施工指令等内容均应反映在相应的竣工图上 | 对未在竣工图上反映的图样会审记录、设计变更和工程洽商记录等，其费用在结算时发包人有权不予考虑；对未在竣工图上反映的事实变更，结算时发包人有权做出调整。招标时使用的施工图样应由发包人认可 |
| 竣工资料 | 包括工程质量验收评定证书、材料检验报告、产品质量合格证、经发包人批准的施工组织设计或施工方案、隐蔽工程验收记录、安装工程的调试方案和调试记录等。竣工资料要求监理单位和发包人在确认表上盖章确认，以证明竣工资料上的相关内容与该项目送审资料的实际内容相一致 | 整理装订成册的竣工资料需要编制总目录，并在每一页下方统一编号，以便查找 |
| 设计变更单 | 设计变更单要求有设计人员的签名及设计单位的盖章，同时要求有发包人同意按相关的设计变更进行施工的签认意见和单位盖章确认 | 要求按设计变更的时间先后整理（安装工程要分专业）装订成册 |
| 工程洽商记录 | 要求有监理单位和发包人相关人员的签字和单位盖章确认 | 要求根据记录的时间先后整理装订成册，然后在每一页下方统一编号，以便查找 |
| 会议纪要 | 工程质量、安全、技术、经济等现场协调会议纪要。要求有参与会议的各方代表签字，并有监理单位和发包人盖章确认 | 根据会议纪要的时间先后整理装订成册，然后在每一页的下方统一编号 |
| 现场签证单 | 单上应有工程数量的计算过程、具体部位和施工简图，由施工单位盖章确认，并有监理单位和发包人相关人员签字和单位盖章确认 | 根据现场签证单的时间先后整理装订成册，然后在每一页的下方统一编号 |

（1）结算审计

在施工完成后的 10 个工作日内，施工单位需要根据施工的具体情况编制施工结算书，同时建设单位需要在 ERP 系统中，根据施工的成本投入及产出情况，填写符合实际情况的施工审计申请工单，最终由施工结算部门对施工结算书及施工审计申请工单进行审计。为了规避内部审计的自利性，还需要委托第三方单位对最终的结算资料进行审计。内部审计部门由于参与了设计、施工、结算等整个项目过程，对工程项目的了解性较高，对审计资料保存较完整，因而需要对第三方单位的审计工作进行复审（见表 10-12），最终由相关的建设部门及审计部门领导签字盖章。

表 10-12　结算审计的重点

| 结算审计工作阶段 | 结算审计工作要点 |
| --- | --- |
| 审核施工合同以及双方履约情况 | 1. 对照施工合同，审核是否具备办理竣工结算的条件<br>2. 审核合同约定的确定合同价款的方式（固定价格合同、可调价合同、成本加酬金合同）以及可调价格合同中合同价款的调整因素，审核是否与投标文件承诺相符<br>3. 对照施工合同的合同工期、工程质量、违约责任等条款审核双方是否完全履行合同，是否存在违约行为 |
| 审核单位工程经济指标 | 计算单位工程经济指标，并与该地区的平均造价指标相比较，以判断是否合适 |
| 审核工程量及各项费用 | 1. 工程量计算是否符合规定的计算规则，是否准确<br>2. 定额子目套用是否合规，选用是否恰当<br>3. 工程取费是否执行相应计算基数和费率标准<br>4. 材料用量是否与定额含量或设计含量一致；价格是否符合市场规律或国家规定<br>5. 利润和税金的计算基数、利润率及税率是否符合规定 |
| 审核设计变更 | 1. 审计设计变更手续是否齐全，设计变更内容是否真实<br>2. 审计设计变更费用的计算是否正确，计算过程是否有误<br>3. 必要时，审计人员现场测量与核实 |
| 审核独立费用 | 索赔费用、点工费、包干费、施工配合费等合规性 |
| 审核结算形式 | 工程月度结算、年度结算、工程竣工结算的形式是否符合国家、部门及企业的规定 |
| 竣工结算与设计概算对比 | 是否超概算，超概算的原因分析 |

审计人员对工程量计算书进行审核（见表 10-13），工程量计算书由工程量汇总表和详细的工程量计算公式组成，工程量应由详细的技术表达式计算而来，其计算依据为施工图、图样会审记录、设计方案、工程洽商记录、现场签证记录、监理工程师通知或发包人施工指令等各项内容。

审计人员审查结算时的工程量与竣工图、设计变更工程量以及现场签证核算量是否一致。审计人员与施工单位核对工程量，对无争议的项目，双方填写工程量核实记录单；对有争议及依据不充分的项目，尤其是现场签证单，组织参与本项目的各个单位（如建设单位现场代表、监理单位现场负责人等）以协调会的形式进行沟通与核实，又以书面形式通知建设单位及施工单位在规定的时间内补充资料。本项目在审核过程中补充了砖基础检测报告、地基验槽记录、施工日志等，同时召开协调会 4 次，在有争议项目的工程量解决后再次填写工程量核实记录单（见表10-14）。

表 10-13　工程量计算书审核表

| 被审计单位 | 三泰集团 | | | 日期 | | | |
|---|---|---|---|---|---|---|---|
| 项目 | 工程量计算书 | 编制人 | ×× | 2020年2月10日 | | 索引号 | J-4 |
| 截止日期 | 2020年2月10日 | 复核人 | ×× | 2020年3月18日 | | 页次 | 1 |
| 单位工程项目名称 | | | ××厂房 | | | | |
| 序号 | 分项工程项目名称 | 单位 | 工程量汇总数 | 定额编号 | | 计算公式 | 图纸编号 |
| 1 | 场地平整 | m² | 0 | 01013 | | 略 | |
| 2 | 基槽开挖（2m内） | m³ | 2298.84 | 01003 | | 略 | |
| 3 | 混凝土垫层 C10 | m³ | 80.84 | 09016-5 | | 略 | |
| 4 | 混凝土条形基础 C20 | m³ | 372.54 | 05004 | | 略 | |
| 5 | 砖基础 MU7.5 水泥砂浆 | m³ | 174.18 | 04001 | | 略 | |
| 6 | 地圈梁 C20 | m³ | 61.33 | 05050 | | 略 | |
| 7 | 土方回填 | m³ | 1665.00 | 01011 | | 略 | |
| ⋮ | ⋮ | ⋮ | ⋮ | ⋮ | | ⋮ | ⋮ |

表 10-14　工程量核实记录单审核表

| 被审计单位 | | 三泰集团 | | 日期 | | | | | |
|---|---|---|---|---|---|---|---|---|---|
| 项目 | 工程量核实记录单 | 编制人 | ×× | 2020年2月10日 | | 索引号 | | J-4 | |
| 截止日期 | 2020年2月10日 | 复核人 | ×× | 2020年3月18日 | | 页次 | | 1 | |
| 单位工程项目名称 | | | ××厂房 | | | | | | |
| 序号 | 分项工程项目名称 | 单位 | 定额编号 | 核实前数据 | | | 核实后数据 | | |
| | | | | 工程量 | 单价 | 合价 | 工程量 | 单价 | 合价 |
| 1 | 场地平整 | m² | 01013 | 0 | | | 0 | | |
| 2 | 基槽开挖（2m内） | m³ | 01003 | 2214.60 | | | 2298.84 | | |
| 3 | 混凝土垫层 C10 | m³ | 09016-5 | 80.64 | | | 80.84 | | |
| 4 | 混凝土条形基础 C20 | m³ | 05004 | 378.69 | | | 372.54 | | |
| 5 | 砖基础 MU7.5 水泥砂浆 | m³ | 04001 | 182.34 | | | 174.18 | | |
| 6 | 地圈梁 C20 | m³ | 05050 | 61.21 | | | 61.33 | | |
| 7 | 土方回填 | m³ | 01011 | 1572.90 | | | 1665.00 | | |
| ⋮ | ⋮ | ⋮ | ⋮ | ⋮ | ⋮ | ⋮ | ⋮ | ⋮ | ⋮ |
| | 费用合计 | | | | | | | | |

　　根据已核对的工程量，按照合同约定的结算办法进行工程结算造价的确定，对合同中已有适用于变更工程的价格，按合同已有的价格调整工程价款，合同中只有类似于变更工程的价格，参照类似价格调整工程合同价款，对合同中没有适用或类似于变更工程的价格，采取与合同包干价中相同取费费率标准进行重新组价，并在双方认可的结算书上签字

形成初审结果。

工程竣工结算工程价款＝概（预）算或者合同价款±施工过程对合同价款的调整－
　　　　　　　预付价款－已结算价款－保修金

（2）决算审计

项目完成结算审计后，在不超过 10 个工作日的时间段内，建设单位提供决算报表等
材料，提交决算审计申请。内审部门接到审计申请后，根据实际情况选择内部审计、第三
方委托审计等合适的审计方式，并在规定时间内出具审计报告。决算审计是建设项目审计
的一个重要环节，在建设项目正式竣工验收前，由审计人员依法对从项目立项到竣工投入
使用所支出的全部费用进行审查，包括对竣工决算报表、竣工决算报告说明书、竣工工程
平面示意图和工程造价比较分析表 4 个部分进行鉴证，其目的是保障建设资金合理、合法
使用，正确评价投资效果。

1）资金来源的审计。对建设单位资金来源的审计，首先，要审查其资金来源的保证
程度，即将"竣工财务决算表"或"竣工决算表"中的"本年预算拨款""本年基建基金
拨款""本年自筹资金拨款""基建借款"等项目所列实际数，同批准的概算进行比较。
如果各项资金来源的实际数大于或等于概算数，说明基建资金有足够的保证，相反则表示
资金来源不足。对于这些情况，均应查明原因，做出客观评价。其次，要检查各项资金来
源是否正当、合理。特别要注意自筹资金拨款的审查，防止滥拿滥用，损害国家或其他单
位的利益。

2）投资支出的审计。审计时，首先要审查"建筑安装工程投资""设备投资""其他
投资""待摊投资"等项目的数额，是否与历年资金平衡表中各项目期末数的合计相一
致。其次要审查基建投资支出的节超情况。根据"竣工工程概况表"，将基建投资支出的
实际合计数与概算合计数进行比较，以考核其节超情况。计算公式为

基建投资节约（或超支）＝基建投资概算合计数－基建投资实际合计数

基建投资节约（或超支）率＝基建投资节约（或超支）额÷基建投资概算合计数×100%

对于基建投资节超情况，通过调查研究，查清情况，总结经验，并查出不当或不法行
为，以提高工程管理水平。一般来说，基本建设投资支出节约的原因主要是削减了不必要
的工程，降低了建设标准，缩短了工期，减少了费用开支等。基本建设投资支出超支的原
因主要是进行计划外工程，任意提高建设标准，拖长了工期，增加了费用开支等。

3）结余资金的审计。建设项目竣工后，编制竣工决算之前，建设单位应彻底清理施
工现场和仓库，对剩余的设备、材料及其他财产物资都要及时处理，收回资金，做到应收
尽收，不得丢失、走漏或私分。对债权债务也应全面清理完毕，做到该收的收、该付的
付，不得挂账或不了了之。在正常的情况下，"竣工财务决算表"内除了银行存款和现金，
不应该有其他结余资金项目。如果还有设备、材料物资和应收应付账款时，应说明还有尚
未处理的积压物资和不能及时清理的应收、应付账款。为此，应对建设单位"设备材料结
算明细表""应收应付款明细表"进行分析，查明情况，提出处理意见。对收回的结余资
金，首先应交清各项应付税款和其他应交款项，归还其他应付款项，然后按资金来源渠道
进行处理，或归还基建投资借款，或上缴财政或主管部门。

4）交付财产的审计。交付财产是指建设单位已完成购置与建造过程，并已办理验收
手续。交付使用的资产包括房屋、建筑屋、机器设备等固定资产，为使用单位等购置的达

不到固定资产标准的工器具、家具等流动资产，土地使用权、专利权等无形资产以及不计入固定资产、流动资产价值的各项递延资产。审计人员主要关注交付的固定资产的真实性以及手续的合理性，交付使用资产成本的计算及交付使用资产的会计核算，以及结余的流动资金办理移交手续的状况等。

## ▶▶ 三、案例分析

本项目最终竣工验收审计发现，合同外增加比例为合同价的 28.22%，远远大于常规的 5%~10%，究其原因，有如下几个方面：

### （一）招投标阶段

委托招标代理的协议书签订不规范、约定内容不明确，代理服务内容仅约定为"三泰集团新建项目"的招标工作，具体的代理内容、期限、要求、执行标准、处罚条款等均没有约定。审计人员发现，三泰集团在工程建设过程中，对 21 项单位工程中金额在限额以下的 8 项工程没有执行招标程序，而是直接委托所属三产企业（即经营第三产业的企业）及部分社会施工单位承包；在执行招标的单位工程中，9 项执行了公开招标，4 项实行邀请招标。按招标方案核准意见应该选择公开招标，但公司为了赶工期，并没有按核准意见的规定执行，而且对项目的招投标及监理单位的选择直接由公司指定，未采用招标形式。

公司的招标文件中列明"评标委员会的专业人员应当从事相关领域工作满 5 年并具有中级以上职称的同专业水平""招标组织机构应当按规定的时间、地点出售招标文件，售标时间最短不应少于两天""招标以公开招标或内部招标的方式进行，采用何种方式，应由业务主管部门书面呈报公司分管领导签署意见……对资质要求不高、技术难度小的工程项目，本着扶持内部企业的原则，在具备相应资质的前提下实行内部招标……"。这些内容违反了《中华人民共和国招标投标法》《中华人民共和国招标投标法实施条例》中的相关规定：评标委员会由招标人代表和有关技术、经济等方面的专家组成，成员人数为 5 人以上单数，其中技术、经济等方面的专家不得少于成员总数的三分之二，上述专家应当从事相关领域工作满 8 年并具有高级职称或相同专业水平；招标人应当按照资格预审公告、招标公告或投标邀请书规定的时间、地点发售资格预审文件或者招标文件，发售期不得少于 5 日；在中华人民共和国境内进行的，全部或部分使用国有资金投资或国家融资的项目包括项目的勘察、设计、施工、监理以及与工程建设相关的重要设备、材料等的采购，必须进行招标。

招标文件的工程范围与工程量清单及清单编制说明的工程范围不一致：招标文件的工程范围为本项目设计施工图范围内的所有建安工程，而清单编制说明和工程量清单给出的工程范畴为除厂房内部设备基础、室外道路及排水、周边绿化等以外的相关工程，招标文件与工程量清单前后矛盾。招标文件要求综合单价包括直接工程费、企业管理费、利润及包含一定范围的风险因素的价格，而工程量清单中综合单价包含直接工程费、企业管理费及利润，未考虑风险因素。

### （二）施工阶段

审计人员通过现场踏勘发现有部分工程内容未按图样施工内容执行，导致工程投资超概算，综合办公楼工程账面实际完成 23 495.48 万元，超概算 2246.51 万元，其中建筑安装工程投资超概算 2855.31 万元，设备投资超概算 661.95 万元，其他节余 1270.75 万元。对于上述超概算金额，公司工程部门未取得上级单位调整概算的批复。在工程概算批复中允许列支建设单位管理费 311.5 万元，且在工程价中列支该项费用，但实际上在工程支出（待摊投资）中，又列支工程管理费中的工资奖金性支出（赶工费）50 万元、工程专家劳务费 0.60 万元，加上建设管理机构零星固定资产购置 5.90 万元，导致工程成本额外增加 56.50 万元。

审计人员在工程施工阶段，对工程进度款进行审查时发现，消防安装工程申报单价与工程量清单报价不一致，如手动联动控制盘中标清单报价为 1985.88 元/个，而进度款报价为 2322.78 元/个；气体灭火控制器中标清单报价为 4066.93 元/个，而进度款报价为 4785.31 元/个等。外线电缆工程量也存在多报，如电力电缆 HY-YJC 实际完成 3482m，而进度款申报的数量为 4853m；地漏是 953 个，而进度款申报数量为 2355 个。厂房的措施费已在 2017 年 11 月全部支付完成，但时隔一个月后，施工单位上报工程进度款时又申报了该项费用。此外，弱电工程进度款已在 2017 年 10 月支付 29.44 万元，但时隔 3 个月后，施工单位上报的进度款明细表中又包含了该工程相同的内容。

本项目在招标阶段没有对电缆及安装材料指定品牌、规格，在施工过程中才确定了电缆及安装材料的型号、规格，这些价格比施工单位投标时的价格高出许多，仅此项费用约增加 50.60 万元，占合同外增加费用的 15.92%。同时，施工方只计算了增加的项目，其减项部分价款未在进度款支付中进行扣减。

（三）竣工验收阶段

部分施工期间的设计变更未能体现在竣工图中，导致成本计算以及日后检修的不便。审计人员还发现基础地板钢筋工程隐蔽验收记录虽经监理、施工等各方签字，但验收记录签字时间与监理日志、施工大事记录等资料时间矛盾，存在部分隐蔽工程验收资料后补签证的现象。项目送审资料有 3 套图样，其出图时间分别是 2017 年 8 月（结施）、2017 年 12 月（结施修）、2018 年 5 月（建施修），但没有完整的竣工图，投标报价及施工过程中分别采用的图样是什么时间的图样，建设单位相关部门在较长时间也没有相应记录。

部分分包工程未按合同约定预留质量保修金，或质量保修金的比例过低，仅为 3%，不符合《建设工程质量保证金管理暂行办法》的规定，应预留工程结算价款的 5% 作为质量保证金，直到缺陷责任期满。此外，审计人员还发现，某项往来款项没有核对，债权债务没有落实，工程财产物资的钢材没有进行盘点，其他物资虽进行了盘点，但无责任人署名签字。

## 四、建议及启示

（一）招投标阶段

1）招标文件的编写，审计人员应加强其合法性、完整性的审查，合理规定开标时间。评标的人数、技术职称及比例严格按《中华人民共和国招标投标法》进行，相关专家应当由从事相关领域有资质、有经验的人员参加，由招标人按国务院相关部门或省、自治区、直辖市人民政府有关部门提供的专家名册或招标代理机构的专家库内的专家名单确定；建议所有的招标项目可以采取随机抽取的方式确定评审专家。与投标人有利害关系的人不得进入相关项目的评标委员会，评标委员会成员的名单在中标结果确定之前应当保密。对评标办法及评标标准的选用，应尽量减少人为操纵的空间，促进公平竞争。全部或部分使用国有资金投资或国家融资的项目包括项目的勘察、设计、施工、监理以及与工程建设相关的重要设备、材料等的采购，必须进行招标；单位或个人不得将依法必须进行招标的项目化整为零或者以其他方式规避招标。

2）审计人员对工程量清单进行审核，给施工单位减少索赔机会。工程量清单是所有投标人投标报价的重要依据，其项目特征的描述、工作内容的完整与数量的准确直接影响本项目的投标报价，也是影响合同价的基本因素。建设单位先对工程量清单进行审核，可以是两家咨询公司背对背的计算后再进行核对，以最大限度地保证工程量清单的准确性（包括工程量及项目特征的描述），然后再对招标控制价（拦标价或标底价）进行审核，可以把造价控制在招投标阶段，同时杜绝施工单位不平衡报价，以确保工程范围与招标控制价的范围相统一，也减少施工单位在施工过程中索赔的机会。在编制招标控制价时，消耗量水平、人工工资单价、有关费用标准按建设主管部门以及政府相关法令执行，各项措施项目费用按工程所在地常用的施工技术和施工方案计取，且将风险因素等计入综合单价中；对每一个清单项的工作内容应表述准确、完整，避免漏项。

（二）施工阶段

1）工程进度款的支付时间与支付方式按签订的合同约定执行，如"双方合同约定工程进度款支付方式和时间：本工程按月支付工程进度款，支付比例为每月进度款的80%（或合同约定）。当支付的工程进度款金额累计达到合同价款的80%时（或合同约定），停止支付"。建设部门应建立支付工程进度款台账，在有争议时，可随时提供准确数据，便于与各方进行沟通，出具有说服力的证据，有效控制投资，避免出现争议；施工方、监理单位都应建立一本明细的台账，清晰列支各项款项内容。对于施工单位申请支付进度款，应严格核实三方台账，且数据一致情况下的合理申请应予以支付。

图样变更修改设计时，建设部门在施工过程中要注意收集和整理相关的记录与完整的变更资料，至少要求施工单位将变更单、签证单、工程联系单等资料连续编号，防止施工单位只提供增加费用的资料，不提供减少费用的资料。工程项目在方案设计时应尽量考虑全面，合理确定施工范围，避免在施工过程中修改设计，增加或减少工程量，而且对于设计变更金额较大的项目，按变更设计图重新调整预算，确定变更项目工程造价的调整情况。

2）现场签证是证明施工过程和实事，一般由施工方提供，经建设单位现场代表核定后予以确认的一种方式。每一分部或分项工程完工后，施工方应当在完工之日起7日内或者合同约定的时间内，向建设单位或其委托的监理方提供工程签证单，提请工程进度验收。建设单位或其委托的监理方应当在收到工程签证单之日起14天内或合同约定的时间内验收并签署工程验收单。但并不是每一份签证都会引起费用的增加，要分清是哪一方的责任引起的签证，因此签证资料发生的时间尤其重要。监理单位及建设单位现场代表在签字时把实事理顺，并签注时间，涉及的费用待结算时由专业人员根据签证的实际情况来判断是否应该调整费用。

建设单位现场代表应充分了解并熟悉招投标文件，招标文件上现场签证有明确的要求或规定。此外，合同中也应约定现场代表的签证权限，对超过规定限额的签证应由更高级的主管来确认，对于签证的权限应注意对单张签证涉及费用大小，建立不同层次的签认和审批制度，涉及金额较小的内容可以由工程组和审计组共同签字认可，涉及金额较大的内容由建设单位有关职能部门召开专题会议，形成会议纪要等形式予以确认。

3）施工方应办理设计变更与洽商手续，对增加或减少工程量的原因须有具体描述，再由建设方、监理方签字确认，当材料增加或价格变化超过合同约定的幅度进行调整时，施工方应在采购材料前将采购量和新的材料单价、产品型号及规格等内容报建设方，对不平衡报价或低于成本价的现象要求施工单位做出书面整改或书面澄清，杜绝施工单位在施工过程中以联系函的方式、以建设单位利益为名进行建议或变更等来达到低价进高价出的目的。

**（三）竣工验收阶段**

1）审计人员在审核施工单位报审的结算资料时，应以事实为依据，在工程量审核阶段必须深入工地现场核对，同时还要深入了解市场建筑材料的品种及价格，避免造成计算误差。此外，审计人员要全面熟悉工程量清单计价各种规范，掌握国家及省市各种造价文件及政策，还要掌握一定的施工规范与建筑构造方面的知识。

2）建设单位应在工程项目审计方面建立复审制度。第一，分析性复核。对工程立项、招投标、合同签订等影响工程造价的诸因素及工程造价文件中的重要比率进行分析，确定是否存在可能影响工程造价准确性的异常情况，以确定重点审计领域。例如，工程结算、决算是否与预算存在重大差异，单位造价与同类工程平均单价是否存在重大差异，土建工程的外墙、外柱、外梁面积与外装饰工程量相关，土建工程中的建筑面积、混凝土楼板面积与内装工程的天棚吊顶、楼地面工程量相关联等，充分分析这些内在联系后确定复审重点。第二，工程量复核。对工程量的复核主要包括对工程内容是否与图样、设计变更和现场签证相符；工程量计算是否符合定额及工程量计算规则。第三，定额选套复核。分步分项工程的施工工序、材料耗用与所选定额子目一致的，复核其单价、人工、材料用量是否正确；不能完全套用定额子目的，定额调整换算是否符合规定；人工、材料、机械单价是否按合同约定或市场价格。第四，工程取费复核。工程类别确定是否与工程实际相符；工程费用项目组成是否符合规定，没有发生的费用项目是否已剔除；取费基数是否正确；各项费率是否符合规定或协议。第五，机械准确性复核。这主要是针对工程造价文件中有关数字、计算、加总及勾稽关系的正确性，以及工程总造价计算正确性的复核。复核复审人员职责明确，并实行过失责任追究制度，确保审计的效果。

3）建设项目资金按计划使用与管理，进行竣工决算时注意垫付事项内容、垫付工程款的结算，支付工程尾款时应按规定留取5%的质保金，确有原因存在的往来款要进行核对，留存对账单，落实债权债务。对各种工程物资建立严格的采购、保管、领用制度，并做好财产物资的明细登记，确保物资的安全完整，定期进行财产清查，决算时保证账账、账表、账实相符。

# 第十一章

## 投融资审计案例

## 第一节　投资审计案例——项目可行性审计

项目可行性研究审查是企业在制定某一建设或生产（科研）项目之前，审计人员对该项目实施的可能性、有效性、效益性及相关政策进行具体、深入、细致的分析与审查。审查的内容是以全面系统的分析为主要方法，以经济效益为核心，围绕影响项目的各种因素，运用大量的数据审查论证项目的可行性。审查的目的是论证企业投资项目的可行性，包括市场前景可行性、技术方案可行性、财务可行性、融资方案可行性等，也包括对是否满足国家产业准入条件、环保法规要求等方面的论述。本案例主要以财务方面的评价为主。

### ▶▶ 一、案例背景介绍

GF 塑业股份有限公司 2018 年投资项目系技术改造工程，以淘汰部分旧的生产设备、引进一批先进设备来挖潜产能，保证在成本未大幅提高的前提下，增大产品产销量，故技术改造后项目性质不变。该项目工程位于合肥国家高新技术产业开发区内，原生产厂区交通流畅，运输便捷，人流货流互不干扰，动力区与生产线结合紧密，主要建筑物四周均有环形消防通道。原有设计产能 "15 000t/年" 聚丙烯薄膜生产厂房为大型联合厂房，新增的投资项目属于内涵型技术改造项目，不需要新增加大型建筑物，土建工程仅为改造部分设备基础及车间地坪，工程量不大。原有的产成品及原材料仓库可满足改造后的生产需要。由于本工程生产工艺用水多为软化水，因此需要在主厂房附房内建一座软水处理站，其余用水均采用市政自来水。此外，还要在厂区设立方米蓄水池一座，加压水泵房一间，以满足工程所需水量和水压的需求。生产工艺设备拟从德国的布鲁克纳公司进口，原有的高压开关室、低配室和变压器等设备仍能满足需要，生产线上的动力线、控制线均由设备厂商提供，电力系统能够得到有效保障。空调、冷冻及机器维修系统可在原有的基础上稍做改进和调整即能满足需要。

本项目的建设工期为 1 年，试投产期为 1 年，到达正常设计生产能力的生产期为 9 年。GF 塑业股份有限公司的 "25 000t/年" 更改项目所需原辅材料价格和燃料动力成本以目前市场的平均价格为预测基础，原有的 "15 000t/年" 项目固定资产净值为 6000 万元，经估算新增固定资产投资约为 4696 万元，改造后正常生产经营所需流动资金为 5260 万元。新增固定资产折旧年限按 10 年计算，采用直线法折旧，原有的固定资产按 6% 的综合折旧率计算，项目设计总期限为 11 年，其中，第 1 年为改建期，第 2 年为新项目的试投产期，第 3~11 年为达到正常设计生产能力的期限。根据经验数据和本项目的具体情况，工程方面投资主要包括建筑工程、设备购置及安装费用和工程建设其他相关费用，大约占总资金的 67%，而流动资金占总资金的 33%，分 3 次在建设期初、建设期末及投产试用期投入。建设资金主要依靠内部自有资金，即使出现暂时少量的资金短缺，企业从外融资的能力也是非常强的，外部融资仅用于流动资金的短缺，因此本投资项目的资金来源有保障。

企业主要生产产品为聚丙烯薄膜，其主要原材料是聚丙烯树脂，目前国内市场供应稳定，价格较为平衡；其辅助材料主要是一些添加剂，如生产平膜、三层共挤膜、烟膜、珠光膜等产品时就需要添加剂，这些添加剂主要包括爽滑剂、防黏结剂、消光母料、增挺剂、珠光母料、抗静电剂等，市场供给充足。

## ▶▶ 二、审计的内容及流程

项目投资财务评价与审查的主要内容是对项目进行财务经济效益分析。一个确定的项目投资，在对其进行经济效益评价与分析时，主要看该投资项目的产出是否超过投入，即项目投资的投入产出效果如何。项目投资财务评价与审查可以选用会计要素，因此它不能真实地反映项目投资的投入产出效果。对具体的投资项目进行经济效益评价时常常选用现金流量指标作为评价基础。一个投资项目实质上就是一项长期投资，其投资期限一般比较长，因此在运用现金流量作为评价基础时，常常需要考虑资金的时间价值因素。

### （一）项目可行性审查的思路

#### 1. 营业收入、税金及附加费的预测

营业收入是项目建成投产后补偿总成本费用、上缴税费、偿还债务、保证利润能够实现的前提，税金及附加费主要是指项目产品营业收入应负担的各种流转税等。在营业收入的预测过程中，首先，要对项目产品进行市场调查与预测。如果市场调查和预测值不准确，就会直接影响企业的营业收入预测值的准确性。市场调查和预测的目标是分析和估计未来市场对企业产品的需求量以及需求变化趋势。其次，预测营业收入要选择科学合理的方法。营业收入的预测应以定量计算方法为主，辅助一些定性的方法来加以完善和补充。常用销售预测的定量方法主要有趋势预测和因果预测两大类，而每一大类方法体系中又包含很多具体的方法，如简单平均法、加权平均法、移动加权平均法、趋势平均法、指数平滑法、回归分析法等，每一种具体方法对于既定的项目资料的预测结果往往是不同的。我们在选用具体的预测方法时，不妨先对预测方法进行检验，即用备选的方法对企业或行业历史的同类或类似的项目投资销售情况进行预测，然后将预测值与历史的实际值进行对比，两者差异越小，则说明该方法对于同类或类似项目的销售预测结果越准确。企业拟投资新项目时，既可以首选对同类或历史项目预测的准确度最高的预测方法，也可以采用"联合预测法"，进行预测。所谓"联合预测法"，是指对一系列历史预测准确度较高的方法进行综合，以其对同类或类似历史项目资料预测结果的差异度为基础设定准确度参数，根据准确度参数计算权数，继而根据选用的方法对拟投资的新项目进行预测，然后对预测结果进行加权汇总，计算联合预测值的一种综合预测方法。联合预测法具体的计算过程可用以下公式表示：

$$Y = \sum_{i=1}^{n} W_i Y_i$$
$$= W_1 Y_1 + W_2 Y_2 + W_3 Y_3 + \cdots + W_n Y_n$$

式中　$Y_i$——第 $i$ 种预测方法的预测值；

　　　$W_i$——第 $i$ 种预测方法预测结果的准确度参数，$\sum\limits_{i=1}^{n} W_i = 1$；

　　　$Y$——各种预测方法的联合预测值。

对于准确度参数 $W_i$ 可以通过下列方法来确定：

$$W_i = (1 - D_i)^2 / \sum_{i=1}^{n} (1 - D_i)^2 ; \quad D_i = (S_i - R_i)^2 / \sum_{i=1}^{n} (S_i - R_i)^2$$

式中　$R_i$——第 $i$ 种预测方法对同类或类似的某历史项目的预测值；

　　　$S_i$——第 $i$ 种预测方法对同类或类似的某历史项目预测值对应的实际值；

　　　$D_i$——第 $i$ 种预测方法对同类或类似的历史项目资料预测结果的差异度。

联合预测法的计算见表 11-1。

表 11-1　联合预测法的计算

| 常用预测方法 | 历史项目预测值 $R_i$ | 历史项目实际值 $S_i$ | 差异度 $D_i$ | 准确度 $W_i$ | 新项目预测值 $Y_i$ | 新项目加权预测值 $W_i Y_i$ |
|---|---|---|---|---|---|---|
| 方法一 | $R_1$ | $S_1$ | $D_1$ | $W_1$ | $Y_1$ | $W_1 Y_1$ |
| 方法二 | $R_2$ | $S_2$ | $D_2$ | $W_2$ | $Y_2$ | $W_2 Y_2$ |
| 方法三 | $R_3$ | $S_3$ | $D_3$ | $W_3$ | $Y_3$ | $W_3 Y_3$ |
| ⋮ | ⋮ | ⋮ | ⋮ | ⋮ | ⋮ | ⋮ |
| 合计 | — | — | $\sum\limits_{i=1}^{n} D_i = 1$ | $\sum\limits_{i=1}^{n} W_i = 1$ | — | $\sum\limits_{i=1}^{n} W_i Y_i$ |

### 2. 生产成本及相关费用的预测

企业发生的生产成本费用是企业生产经营活动的综合性质量指标，它是以货币形式表示的一定期间内产品生产制造和销售过程中所消耗的物化劳动和活劳动的总和，是维持企业正常生产经营活动不断进行的重要条件。项目投产后企业产量的多少、产品质量的好坏、物质消耗的节约或浪费程度都会通过成本费用指标综合表现出来。项目总成本费用一般由生产成本和期间费用两部分组成。生产成本即制造成本，是企业在制造产品的生产经营过程中实际消耗的直接材料费、直接人工费和制造费用等生产费用的总和。期间费用是指在一定期间内发生的与产品生产制造没有直接关系的管理费用、财务费用和营业费用等费用的总和。在估算产品的直接材料费用时，一般以产品的预计产量和单位产品耗用的材料成本为预测基础值。直接人工工资及福利费可以用上年实际数为基础做必要的调整来进行预测，而与产品生产间接相关的制造费用则应根据费用项目发生的性质不同而采用不同的方法做相应的估算预测。例如生产用固定资产的折旧，既可以采用平均年限法和工作量法计算折旧，也可以采用加速折旧法计算折旧，选择的折旧方法应符合国家、行业等方面的具体规定，方法一经选定，非特殊情况，企业不能做随意更改，不同的折旧计算方法会导致应计入当期产品成本费用的数额也存在差异。在预测管理费用和营业费用时，通常以上年实际数为基数，在分析营业收入的变化趋势及变动幅度的基础上综合估算，而财务费用主要是与筹资相关而发生的支出，因此它的估算往往由银行贷款的数量和利率水平等因素共同决定。

**3. 项目投资额的预测**

项目投资额是指项目从前期准备工作开始到项目全部建成投产为止所发生的全部投资费用，其内容主要包括建设投资支出和流动资金投资支出两个方面。建设投资支出是项目建设期间与筹建期间所花费的全部费用，主要是指固定资产的购建及相关支出，固定资产投资支出中除包括土建费、设备购置费及安装费等基本工程项目建设费用以外，还包括勘测设计费、保险费、建设单位管理费等各项费用。流动资金投资支出是指企业在生产经营过程中处于生产和流通领域供周转使用的资金支出，适度的流动资金投资是保证生产经营活动正常进行的基本条件。

**4. 利润及所得税的预测**

利润反映一定期间项目产品的经营成果，是期间收入扣减期间成本费用后的余额，企业项目投资利润及所得税的预测是以项目营业收入、营业成本、税金及附加、营业费用、管理费用、财务费用等方面的资料为基础所进行的估算，利润估算的资料是进行项目投资决策评价与审查的一项重要基础数据。

**5. 现金流量的预测**

估计投资项目预期的现金流量是进行项目投资决策的首要环节，实际上，它也是分析评价投资方案时最重要、最困难的步骤。项目产品的营业收入、固定资产残值的回收和垫支流动资金的收回等影响各年的现金流入量，营业成本、税金及附加、营业费用、管理费用、财务费用等成本费用主要影响各年的现金流出量，值得注意的是，非付现的成本费用并不意味着现金流出。估计投资方案所需的资本支出以及该方案各年的现金流量会涉及很多变量，在预测时需要很多部门共同参与。

**（二）项目可行性审查的具体内容**

**1. 营业收入预测数据审查**

营业收入预测是一项复杂细致的工作，对于改善企业生产经营管理、提高经济效益具有重要的意义，同时为企业进行投资决策等方面的工作提供重要的基础资料。营业收入的预测要在充分调查、研究的基础上，根据公司原有产能和项目新增加的产能以及公司销售历史数据，运用科学合理的方法首先对公司未来 3 年的销售数量做出预测，制定出 3 年产能瓶颈期的临时过渡措施。审计人员通过与销售和业务部门负责人的访谈来了解公司的市场和销售发展策略，结合公司的核心竞争力，预测项目投产后产能增加所带来的销售量。

为了准确预测销量，审计人员专门调取了公司过去 5 年的销售数据，并通过与销售和业务拓展部负责人的访谈，对未来 3 年即项目投产前年度的销量做出预测，见表 11-2。

从表 11-2 可以看出，公司销量在过去 5 年和未来 3 年的变动以及原有产能利用情况具有以下特点：从 2015 年开始，其他产品的销售额占比较上年有显著增长，达到了 30.16%；而主要产品聚丙烯膜销售能力呈下降趋势，因为企业的原有产能已经在 2014 年、2015 年基本被利用完毕，2014—2018 年公司将进入产能瓶颈期。2018 年的预测虽在建设期，假设生产能力在未来 3 年逐年提升，则以建设期满后的正常生产能力的 40% 进行预测属于合理范畴。因各项投入的增加，导致成本上升，单价则需要一定幅度的增长。通过问卷调查及销售部门的访谈，并以 2013—2017 年的加权平均单价为基础，预测未来 3 年的销售额，见表 11-3。

表 11-2 销售数量预测审查

| 年 份 | 聚丙烯膜（主要产品） | | | 其他产品 | | 当年营业收入（万元） |
|---|---|---|---|---|---|---|
| | 销售量/万 t | 销售额（万元） | 占比 | 销售额（万元） | 占比 | |
| 2013 | 9000 | 10 980 | 69.47% | 4825 | 30.53% | 15 805 |
| 2014 | 8300 | 10 375 | 71.26% | 4185 | 28.74% | 14 560 |
| 2015 | 8000 | 10 080 | 69.84% | 4352 | 30.16% | 14 432 |
| 2016 | 8200 | 10 004 | 66.58% | 5022 | 33.42% | 15 026 |
| 2017 | 7900 | 9897 | 68.82% | 4483 | 31.18% | 14 380 |
| 小计 | 41 400 | 51 336 | 69.18% | 22 867 | 30.82% | 74 203 |
| 2018 | 10 000 | 15 500 | — | — | — | — |
| 2019 | 17 500 | 27 125 | — | — | — | — |
| 2020 | 25 000 | 38 750 | — | — | — | — |

表 11-3 项目产品营业收入及税金估算审查

| 项 目 名 称 | 单价（万元/t） | 第 1 年 | | 第 2 年 | | 第 3 年 | |
|---|---|---|---|---|---|---|---|
| | | 产量/t | 金额（万元） | 产量/t | 金额（万元） | 产量/t | 金额（万元） |
| 一、营业收入 | | | 15 500 | | 27 125 | | 38 750 |
| 聚丙烯薄膜 | 1.55 | 10 000 | 15 500 | 17 500 | 27 125 | 25 000 | 38 750 |
| 二、税金及附加 | | | 695.67 | | 1193.65 | | 2090.78 |
| 1. 增值税 | | | 632.43 | | 1085.14 | | 1900.71 |
| 销项税额 | | | 1783.19 | | 3130.93 | | 4457.96 |
| 进项税额 | | | 1150.76 | | 2045.79 | | 2557.25 |
| 2. 城建税 | | | 44.27 | | 75.96 | | 133.05 |
| 3. 教育费附加 | | | 18.97 | | 32.55 | | 57.02 |

注：表中的营业收入为含税收入，该企业适用增值税税率为 13%，城建税为 7%，教育费附加为 3%；第 1 年和第 2 年生产能力分别为正常设计能力的 40% 和 70%。

2. 成本费用的审查

因为主要原材料及辅助材料市场较为稳定，价格较为成熟，按市场同类产品的平均价格，结合公司近期相关的成本费用资料，对项目投产后的原材料进行预测。燃料及动力主要是电、水以及油，价格按国家价格政策规定来进行预测。原材料及成本动力估算审查见表 11-4。

表 11-4　原材料及成本动力估算审查

| 项目名称 | 单价 | 第 1 年 | | 第 2 年 | | 第 3 年 | |
|---|---|---|---|---|---|---|---|
| | | 耗量 | 金额（万元） | 耗量 | 金额（万元） | 耗量 | 金额（万元） |
| 一、原材料 | | | 9504 | | 16 896 | | 21 120 |
| 1. 聚丙烯树脂 | 0.7 万元/t | 11 700t | 8190 | 20 800t | 14 560 | 26 000t | 18 200 |
| 2. 添加剂 | 2.0 万元/t | 432t | 864 | 768t | 1536 | 960t | 1920 |
| 3. 包装材料 | 400 万元/t | | 450 | | 800 | | 1000 |
| 二、燃料及动力 | | | 852.84 | | 1516.16 | | 1895.2 |
| 1. 电 | 0.5 元/度 | 1237.5 万度 | 618.75 | 2200 万度 | 1100 | 2750 万度 | 1375 |
| 2. 油 | 0.3 万元/t | 742.5t | 222.75 | 1320t | 396 | 1650t | 495 |
| 3. 水 | 1.2 元/t | 9.45 万 t | 11.34 | 16.8 万 t | 20.16 | 21 万 t | 25.2 |
| 合计 | | | 10 356.84 | | 18 412.16 | | 23 015.2 |

注：材料及动力成本的增长，投产第 1 年按正常消耗的 45%计算，第 2 年按正常消耗的 80%计算，增长幅度逐渐增加。

在项目总成本投入中，除原材料和燃料及动力有所增长外，因在原来规模上并未额外增加员工，工资及福利并不会有所增长；间接费用的调整主要来自新建项目的折旧。销售费用预测在投产期大幅上涨，由于战略计划中提出对新上线产品加大宣传力度，在达到正常生产能力后，销售费用渐趋稳定，预测费用只需要在上年基础上增加 25%。管理费用相对比较稳定，在投产后第 1 年员工的培训费、差旅费预测会有所增加，这与企业战略员工素质的提升相匹配；财务费用的增加主要与流动资金来源借款有关，此部分为增加的流动资金的利息，以当年年度借款合同中短期借款利率为基础进行预测。在案例中，假定应付、应收账款期初与期末余额基本一致，原材料的采购支付基本为本期的现金支付，营业收入也基本为本期的现金注入。产生的各项费用均为即时发生，需现金支付，非付现成本仅为折旧费用。项目总成本估算审查见表 11-5。

表 11-5　项目总成本估算审查　　　　　　　　　　　　　　　（单位：万元）

| 项目名称 | 第 1 年 | 第 2 年 | 第 3 年 |
|---|---|---|---|
| | 改建期 | 投产期 | 达到设计能力 |
| 一、生产成本 | 11 766.84 | 20 272.99 | 24 876.03 |
| 1. 原材料 | 9504 | 16 896 | 21 120 |
| 2. 外购燃料及动力 | 852.84 | 1516.16 | 1895.2 |
| 3. 工资及福利 | 250 | 250 | 250 |
| 4. 制造费用 | 1160 | 1610.83 | 1610.83 |
| 其中：折旧费 | 360 | 810.83 | 810.83 |
| 二、销售费用 | 348.75 | 620.00 | 775.00 |

（续）

| 项 目 名 称 | 第1年 | 第2年 | 第3年 |
|---|---|---|---|
| | 改建期 | 投产期 | 达到设计能力 |
| 三、管理费用 | 500.00 | 700.00 | 700.00 |
| 四、财务费用 | 101.97 | 174.45 | 215.40 |
| 五、总成本费用 | 12 717.56 | 21 767.44 | 26 566.43 |
| 1. 固定成本 | 2360.72 | 3355.28 | 3551.23 |
| 2. 变动成本 | 10 356.84 | 18 412.16 | 23 015.20 |
| 六、付现成本 | 12 357.56 | 20 956.61 | 25 755.60 |

注：销售费用投产第1年按正常状况的45%计算，第2年按正常状况的80%计算，增长幅度逐渐增加。管理费用在投产第2年趋于稳定。财务费用按借款合同利率测算。

### 3. 项目投资成本的审查

根据公司近期相关项目投资成本费用资料，项目的基建投资主要包括新生产车间的建设，需要根据地形地势和已有的建筑来综合考虑进行设计和施工，厂房的建设期也需要考虑是否受气候的影响。依照初步的施工进度预计，为了按时完工，厂房的施工就需要搭建临时建筑物用于项目组日常办公和各种待安装备品备件与材料的暂时存放，需要购入和安装同建筑物配套的其他设备。厂房主体属于钢结构，钢结构建筑物所使用的钢材防火性规格要求高，前期需要进行市场调研与考察。项目所涉及的安装工程主要包括机电施工、管道安装，安装费用涉及施工人员人工成本和监理安装服务费以及其他杂项支出等。项目固定资产综合估算审查、固定资产折旧费用估算审查分别见表11-6和表11-7。

表 11-6　项目固定资产综合估算审查　　　　　（单位：万元）

| 项 目 名 称 | 建筑工程费 | 设备购置费 | 工程安装费 | 其他费用 | 合　计 |
|---|---|---|---|---|---|
| 一、生产厂房 | 30 | 4399.92 | 42.56 | | 4472.48 |
| 1. 土建 | 30 | | | | 30 |
| 2. 管道改造 | | 80 | 8 | | 88 |
| 3. 工艺设备 | | 4319.92 | 34.56 | | 4354.48 |
| 二、其他费用 | | | | 223.63 | 223.63 |
| 1. 勘察设计费 | | | | 40 | 40 |
| 2. 建筑安装保险费 | | | | 18.83 | 18.83 |
| 3. 建设单位管理费 | | | | 33.20 | 33.20 |
| 4. 人工培训费 | | | | 10 | 10 |
| 5. 联合试运转费 | | | | 80 | 80 |
| 6. 项目前期费用 | | | | 20 | 20 |
| 7. 其他费用 | | | | 21.60 | 21.60 |
| 合　计 | | | | | 4696.11 |

新建项目投入包括原有固定资产6000万元和新增固定资产4696.11万元的投入，原有固定资产按综合折旧率6%计算，新增固定资产按10年计提、4%预计残值率计算折旧。

表 11-7 固定资产折旧费用估算审查 （单位：万元）

| 项 目 名 称 | 合 计 | 折旧率 | 第 1 年 | 第 2 年 | 第 3 年 |
| --- | --- | --- | --- | --- | --- |
| | | | 改建期 | 投产期 | 达到设计能力 |
| 一、固定资产合计 | 10 696.11 | | | | |
| 1. 原值 | | | | | |
| 2. 折旧 | | | 360 | 810.83 | 810.83 |
| 3. 净值 | | | 5640 | 9525.28 | |
| 二、新增固定资产 | 4696.11 | | | | |
| 1. 原值 | 4696.11 | | | | |
| 2. 折旧 | | | | 450.83 | 450.83 |
| 3. 净值 | | | | 4245.28 | |
| 三、原有固定资产 | 6000 | | | | |
| 1. 原值 | 6000 | | | | |
| 2. 折旧 | | 6% | 360 | 360 | 360 |
| 3. 净值 | | | 5640 | 5280 | |

注：新增固定资产原值率为4%，净值等于原值减去折旧，第3~11年末列示净值。

**4. 利润及所得税预测数据审查**

企业项目投资利润及所得税的预测是以项目营业收入、营业成本、税金及附加、营业费用、管理费用、财务费用等方面的资料为基础所进行的估算，利润估算的资料是进行项目投资决策评价的一项重要基础数据。根据上述有关资料的预测，现对公司项目利润及所得税情况进行估算审查，见表11-8。

表 11-8 项目利润及所得税估算审查 （单位：万元）

| 序号 | 项 目 名 称 | 第 1 年 | 第 2 年 | 第 3 年 |
| --- | --- | --- | --- | --- |
| | | 改建期 | 投产期 | 达到设计能力 |
| 1 | 营业收入（含税） | 15 500 | 27 125 | 38 750 |
| 2 | 税金及附加（含增值税） | 695.67 | 1193.65 | 2090.78 |
| 3 | 总成本费用 | 12 717.56 | 21 767.44 | 26 566.43 |
| 4 | 利润总额 | 2086.77 | 4163.91 | 10 092.79 |
| 5 | 所得税费用 | 521.69 | 1040.98 | 2523.20 |
| 6 | 净利润 | 1565.08 | 3122.93 | 7569.59 |

注：所得税税率为25%。

**5. 现金流量的审查**

估计投资项目预期的现金流量是进行项目投资决策的重要内容，实际上它也是分析评价投资方案时最重要、最困难的步骤。估计投资方案所需的资本支出以及该方案各年的现金流量会涉及很多变量，在预测时需要很多部门共同参与。根据上述有关资料的预测，对公司项目现金流量估算审查，见表11-9。

表11-9  项目现金流量估算审查　　　　　　（单位：万元）

| 项 目 名 称 | 改建期 | | 投产期 | 达到设计能力 | | |
|---|---|---|---|---|---|---|
| | 第0年 | 第1年 | 第2年 | 第3年 | 第4~10年 | 第11年 |
| 一、现金流入 | 0 | 15 500 | 27 125 | 38 750 | 38 750 | 46 237.84 |
| 1. 营业收入 | | 15 500 | 27 125 | 38 750 | 38 750 | 38 750 |
| 2. 固定资产残值 | | | | | | 2227.84 |
| 3. 流动资金回收 | | | | | | 5260.00 |
| 二、现金流出 | 13 186.11 | 15 344.92 | 24191.24 | 30 369.58 | 30 369.58 | 30 369.58 |
| 1. 建设投资 | 10 696.11 | | | | | 10 696.11 |
| 2. 流动资金 | 2490 | 1770 | 1000 | | | 5260 |
| 3. 付现成本 | | 12 357.56 | 20 956.61 | 25 755.60 | 25 755.60 | 25 755.60 |
| 4. 税金及附加 | | 695.67 | 1193.65 | 2090.78 | 2090.78 | 2090.78 |
| 5. 所得税 | | 521.69 | 1040.98 | 2523.20 | 2523.20 | 2523.20 |
| 三、现金净流量 | −13 186.11 | 155.08 | 2933.76 | 8380.42 | 8380.42 | 15 868.26 |

## ▶ 三、案例分析

### （一）财务可行性评价

#### 1. 指标分析

运用净现值指标进行项目财务决策评价时，充分考虑了资金的时间价值，合理预计了未来现金流入和流出的价值量，科学预测了项目投入和产出的绝对数配比效果，体现了企业理财追求价值增量最大化的最终目标，因此该方法比较科学，是其他方法的基础。将国家规定的行业基准收益率参数作为折现率14%来进行折现计算，为决策指标的计算提供理论基础。在项目财务可行性的评价与审查上，可以采用静态指标，如投资回收期、投资报酬率等；也可以采用动态指标，如净现值、现值指数、内含报酬率等。因静态指标未考虑资金的时间价值，在此案例评价时作为辅助指标；动态指标以净现值为基础，其他指标分析原理相同，此处不再赘述。

从表11-10可以看出，销售净利率和销售毛利率指标整体呈现上升的趋势，说明该项目盈利能力不断提升。销售净利率和销售毛利率投产后都高于行业的标准水平，说明公司的盈利能力较好，获利水平高于行业平均水平，并呈持续发展趋势。从该投资项目净现值的绝对数量上看，项目的净现值（NPV）为22 839.28万元，说明该项目按国家规定的行业基准收益率折现后的各年现金净流量的净现值大于0，符合净现值指标评价的理论可行性标准。因此，从理论上说，该项目具有经济效益的可行性。

#### 2. 敏感性分析

项目投资的规模、营业收入的状况、经营成本的水平是影响投资项目财务评价指标的主要因素。因此，对投资项目进行敏感性的不确定性分析，可以主要根据以上3个方面要素的增减变化情况来估计项目可能承担的风险，从而确定投资项目在经济上的可靠性。为了便于口径一致地比较，以基本方案为基础，假设该项目的投资、营业收入、经营成本均分别增加10%和减少10%，从而分别预测不同情况下的现金净流量。根据表11-9所提供的敏感性预测表需要的现金流量数据，可以对投资项目的各项财务评价指标进行重新计算，并且与基本方案的财务指标值进行比较。敏感性预测审查表分别从绝对数和相对数（10%）两个方面来对基本方案进行敏感性分析。表11-11～表11-14列示了三要素增减变化后的各年现金净流量的预测值。

表 11-10　项目预期盈利指标

| 指　标 | 第 1 年 | 第 2 年 | 第 3~11 年 | 行业平均水平 |
| --- | --- | --- | --- | --- |
| 销售净利率 | 11.41% | 12.97% | 22.07% | 11.5% |
| 销售毛利率 | 24.08% | 25.26% | 35.80% | 20.98% |
| 净资产收益率 | 14.20% | 15.83% | 20.66% | 14% |

注：净资产收益率可代表静态指标投资报酬率，净资产数据来源于公司报表预测数。

表 11-11　项目投资现金流量的敏感性预测审查　　　　　（单位：万元）

| 现金净流量 | 第 0 年 | 第 1 年 | 第 2 年 | 第 3~10 年 | 第 11 年 | 净现值 |
| --- | --- | --- | --- | --- | --- | --- |
| 项目现金流及现值 | -13 186.11 | 155.08 | 2933.76 | 8380.42 | 15 868.26 | 22 839.28 |
| 投资增加 10% | -13 904.72 | -21.92 | 2845.03 | 8391.69 | 16 424.31 | 22 068.58 |
| 投资减少 10% | -12 467.50 | 332.08 | 3022.49 | 8369.15 | 15 312.21 | 23 609.97 |
| 营业收入增加 10% | -13 186.11 | 1170.47 | 4710.69 | 10 918.88 | 18 406.72 | 34 748.98 |
| 营业收入减少 10% | -13 186.11 | -860.52 | 1156.83 | 5841.96 | 13 329.80 | 10 929.55 |
| 经营成本增加 10% | -13 186.11 | -654.45 | 1560.94 | 6693.20 | 14 181.04 | 14 657.91 |
| 经营成本减少 10% | -13 186.11 | 964.61 | 4306.58 | 10 067.64 | 17 555.48 | 31 020.65 |

注：第2年现金流量税费增加：1550/（1+13%）×13%×（1+10%）=196.15（万元），所得税为：（1550-196.15）×25%=338.46（万元）；现金流量增加为：1550-196.15-338.46=1015.39（万元）。

表 11-12　投资增加（10%）现金流量明细审查　　　　　（单位：万元）

| 现金净流量 | 第 0 年 | 第 1 年 | 第 2 年 | | 第 3~10 年 | 第 11 年 |
| --- | --- | --- | --- | --- | --- | --- |
| 原现金流量 | -13 186.11 | 155.08 | 2933.76 | | 8380.42 | 15 868.26 |
| 增加投资 10% | -469.61 | 0 | 折旧费用调整 | 45.08 | — | — |
| | | | 所得税付现调增 | 11.27 | 11.27 | 11.27 |
| 增加流动资金投资 10% | -249.00 | -177.00 | -100.00 | | — | 526.00 |
| 增加投资后总投资额 | 13 904.22 | 177.00 | 残值增加现金流 | — | — | 18.78 |
| 现金净流量 | -13 904.72 | -21.92 | 2845.03 | | 8391.69 | 16 424.31 |

注：第0年固定资产投资增加：4696.11×（1+10%）=5165.72（万元）；残值差额为：4696.11×10%×4%=18.78（万元）；第2年所得税调整：1040.98-1029.71=11.27（万元）；总成本调增额主要是固定资产投资额增加导致折旧费用上升：495.91-450.83=45.08（万元）。

表 11-13　　营业收入增加（10%）现金流量变动　　　　　　（单位：万元）

| 现金净流量 | 第 0 年 | 第 1 年 | 第 2 年 | 第 3~10 年 | 第 11 年 |
|---|---|---|---|---|---|
| 营业收入增加 10% | | 1550.00 | 2712.50 | 3875.00 | 3875.00 |
| 增值税及税金附加增加 | | −196.15 | −343.26 | −490.38 | −490.38 |
| 所得税增加 | | −338.25 | −592.31 | −846.16 | −846.16 |
| 现金流量调整 | | 1015.39 | 1776.93 | 2538.46 | 2538.46 |
| 现金净流量 | −13 186.11 | 1170.47 | 4710.69 | 10 918.88 | 18 406.72 |

注：增值税税率为 13%；营业收入减少导致现金流量变动原理与本表相同。

表 11-14　　经营成本增加（10%）现金流量变动　　　　　　（单位：万元）

| 现金净流量 | 第 0 年 | 第 1 年 | 第 2 年 | 第 3~10 年 | 第 11 年 |
|---|---|---|---|---|---|
| 经营成本增加 10% | | −1235.76 | −2095.66 | −2575.56 | −2575.56 |
| 增值税及税金附加抵减 | | 156.38 | 265.20 | 325.93 | 325.93 |
| 所得税抵减 | | 269.85 | 457.62 | 562.41 | 562.41 |
| 现金流量调整 | | −809.53 | −1372.82 | −1687.22 | −1687.22 |
| 现金净流量 | −13 186.11 | −654.45 | 1560.94 | 6693.20 | 14 181.04 |

注：经营成本主要是指付现成本的变动；经营成本减少导致现金流量变动原理与本表相同。

　　营业收入的敏感性分析主要是测算由于营业收入的变化而给项目各项评价指标所带来的变化和影响程度。通过计算得知，如果该项目的营业收入相较基本方案预测增加 10%，那么各项财务评价指标数值将会非常理想。当该项目的营业收入预测下降了 10% 后，项目各年的现金流量也相应地发生了较大的变化，根据变化了的现金净流量所计算的各项财务评价指标，虽然仍能达到建设部门规定的建设项目经济评价参数的基本要求，从这一点上说，该项目的抗风险能力是很强的，但项目的净现值评价指标下降的幅度较大。经营成本是指项目总成本费用扣除固定资产折旧费、无形资产摊销费等支出以后的全部费用。与营业收入的敏感性分析原理一致，经营成本的敏感性分析是测算由于经营成本费用上升而给项目各项评价指标所带来的变化和影响程度。计算结果表明，该项目的经营成本增减 10% 后，项目的各项财务评价指标仍然能达到项目投资经济效益可行性评价指标参数的基本要求。投资额的敏感性分析主要是测算由于投资额的增加而给项目各项评价指标所带来的变化和影响程度。由于本项目属于更新改造项目，对于原有项目部分的投资额不能进行比例增减分析，因此该项目投资额增减变化的设定也只能限于新增投资部分。表 11-11 列示的计算同样显示，该项目在初始投资额增加了 10% 的情况下，项目的财务评价指标仍然能达到项目财务可行性评价的基本要求，但波动幅度较小。

　　由表 11-11~表 11-14 可知，营业收入的变化对财务指标的变化影响最大，即财务指标对营业收入因素的敏感性程度最强，一旦项目实施，营业收入对项目的最终成败起着至关重要的作用。就本项目而言，营业收入减少对财务指标的变化影响绝对值比营业收入同比增长对财务指标变化影响绝对值要大，因此可以说营业收入的减少程度是导致项目失败不确定性的决定因素。就投资和经营成本两个因素相比较而言，对本项目财务指标的影响程度，投资因素敏感性相对较弱，经营成本因素的敏感性介于营业收入和投资额之间。需要注意的是，经营成本是影响项目未来现金流量的重要因素，相对营业收入而言，企业对经营成本的可控制性程度要大一些，本项目可以在未来通过加强对经营成本的管理来提高项目的效益。通过财务敏感性分析，虽然投资增加、营业收入减少、经营成本增加 3 项因素对项目的影响不利，但其对应的各项财务指标仍然能达到规定的建设项目财务评价参数的最低要求标准，从财务角度来看，这充分说明该项目财务效益评价的可行性程度较高、抗风险程度较高，其市场表现能够在项目期内回笼资金以达到预期水平。

### (二) 其他方面可行性评价

#### 1. 市场前景可行性

市场可行性评价是项目是否可行的基础，是决定投资的目标、范围、规模、工艺技术等的关键。通过市场分析，制定销售规划和营销策略，发现新的市场机会。制定项目营销策略的要点是对市场结构目标的评价、顾客分析和市场划分、销售渠道和销售网络等。公司新建生产项目的市场分析审查的内容包括市场细分、消费行为研究、竞争力分析、竞争性产品和销售策略研究，该项目这一内容比较全面，但不够深入，缺少产品寿命周期分析，以及对有关的社会因素、生态因素和经济因素的影响分析。

#### 2. 技术方案可行性

可行性评价审查，应根据产品的质量、品种要求及原材料等投入物的特点，结合"三废"的排放标准等生态和环境要求，根据先进性、可靠性及经济性要求，对各种技术进行选择。审计人员发现该公司新建生产项目技术方案选择恰当，以及项目运营组织、进度计划安排、人力资源配置基本合理，但没有进行动态分析。

#### 3. 其他方面的可行性

项目的可行性评价主要是依赖财务数据进行微观层次的评价。审计人员发现公司没有考虑宏观层面，如价格政策调整、资源配置改变等，以及对社会的影响，如就业指标、资源节约程度、环境保护效果等。

## 四、建议及启示

### (一) 提升产品市场竞争能力

在项目启动之前，必须做好充分而细致的市场调查，同时应用科学规范的评价体系，对项目规模、产品特色、配套设计等进行合理规划和预测。在项目规划方案中，应从目标客户群的需求出发，着重技术创新以及市场拓展，发挥公司核心竞争力中的产品研发优势，注重产品寿命周期分析，确保项目产品的性价比和差异化，降低产品被取代的可能性，提高市场准入门槛，从而保持核心产品的竞争力，确保销量增长。另外，当原料成本上涨时需要提高产品价格来弥补产品销售毛利上的损失，这时需要和客户进行价格谈判，公司可以凭借自身产品的独特性和不可替代性而拥有更多的定价话语权。

### (二) 加强成本管理与控制

项目运营的关键在于资金严格控制，即使企业资金主要来源于内部，但对于外部借款应根据项目实际情况分期、分阶段、按比例的贷款和还款，减轻公司的财务成本，并积极拓展融资渠道，采取相应措施增加现金储备。在项目实施过程中，应通过分期、滚动预算模式，及时按市场需求调整生产能力，降低资金风险。另外，公司还需要进一步完善项目管理体系，特别是要加大成本控制力度，优化存货管理方案，通过科学严密的内部控制，降低材料的周转库存和损耗。对于资金使用中最大的建安工程费用，更要把握开源与节流、全员控制、责权利相结合的原则，对费用进行逐项分解，严格按合同执行，控制现场签证，实现预算信息化和专业化，避免成本超支带来资金压力。对于生产流程应该制定严格且规范的作业计划指导书，作业计划指导书是根据作业流程的顺序对不同岗位编制相关的作业指导，明确规定相关生产线的岗位职责、流程布局、管理制度、应急预案和安全职责等。未来对项目投产后的管理必须建立起成本动态管理机制和对应的合同进度台账，定期进行反馈和总结，及时发现超出成本目标的问题，并结合工程项目审计、内部控制审计随时分析原因并对后期产品生产进行调整，保证各项成本均在合理区间。

### （三）增加项目风险评估

投资项目审查应关注所有风险控制点，判断项目是否选择最大限度和最高效能地降低投资项目风险的方案或最小风险、最大收益的投资方案。企业在项目可行性评价上还需要关注国家宏观经济政策，利率、汇率、大宗物资等经济调控手段的变动往往对企业产生重大影响，项目可行性审查与分析必须深入研究国家宏观经济政策，掌握经济调控规律、周期及产品寿命等，关注金融市场利率和资源价格变动的基本规律，有效规避政策风险。此外，在项目前期需要考虑项目实施的过程控制，加强重要资源和关键环节的管理，消除质量风险的影响。

## 第二节 融资审计案例——并购重组审计

对于一般企业来说，筹资是日常经营活动中接触较多的活动，融资多数是对于一些大规模的上市公司才能进行的活动。所以，筹资与融资不是简单意义的"借钱"，这种活动能够导致企业的资本结构与债务规模发生较大的变化，包括吸收投资、发行股票以及并购重组等重大行为。企业会根据自己生产经营的实际需求，来进行符合自身的筹资融资活动。融资活动虽然不如生产经营、款项支付那样频繁，但是通常会涉及企业本身的权益、债务等重要领域。融资行为一旦发生，将会对企业的金额和影响很大，有可能增加整个项目的重大错报风险，而且受法律法规、合同契约的约束性比较强。

### ▶ 一、案例背景介绍

九好集团成立于 2007 年，原名浙江九好办公服务集团有限公司，注册和办公地点在杭州，法定代表人为郭某军，2017 年正式更名为九好网络科技集团有限公司（以下简称九好集团）。多年来，九好集团通过专业化资源整合和一步步的探索，为成千上万的客户量身定制后勤解决方案，在行业内实现了"后勤+互联网"的飞跃式改革。

### （一）业务模式

九好集团的业务模式较为新颖，它是一家从事"后勤托管"的中介服务公司，即为客户在餐饮、物业、物流、办公、商务以及员工福利等项目上提供服务。也就是说，九好集团平台服务收入主要来源于卖方（供应商），收费类型包括进场费、推广费和托管服务费。除上述 3 项收入以外，九好集团还存在一定的贸易收入，主要是销售办公用品、总务等后勤产品所获得的收入。这种业务模式的特点在于整合了上下游企业的优质资源，为平台供应商及客户搭建了一个跨行业、跨品牌的整合服务平台。九好集团业务模式如图 11-1 所示。

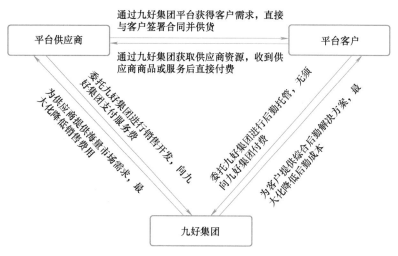

图 11-1　九好集团业务模式

第一层业务关系：平台供应商通过九好集团平台获得客户需求，直接与客户签署合同并供货；平台客户通过九好集团获取供应商资源，收到供应商商品或服务后直接付费。第二层业务关系：平台供应商委托九好集团进行销售开发，向九好集团支付服务费；九好集团为供应商提供海量市场需求，最大化降低销售费用。第三层业务关系：九好集团为客户提供综合后勤解决方案，最大化降低后勤成本；平台客户直接委托九好集团进行后勤管理，无须向九好集团付费。

九好集团的盈利模式为：九好集团通过旗下平台为客户提供免费的后勤优化相关的咨询服务，并向供应商收取一定比例的费用，主要包含进场费、推广费以及托管服务费。具体费用计算方式如下：

$$进场费+推广费=承诺销售额×（2\%+1\%）$$

九好集团平台服务收入主要来源于供应商（卖方）。首先对进驻平台的供应商，收取一定的进场费和推广费，进场费标准为 2% 比例的承诺销售额，推广费标准为 1% 比例的承诺销售额。协议到期后，如果九好集团完成了对平台供应商的承诺销售额，则原先收取的费用最终全部归属于九好集团，无须退还；如果九好集团未完成承诺销售额，则会依照协议退还一定的费用。

$$服务费收入=实际销售额×服务费收取比例$$

九好集团向平台供应商提供后勤托管服务，并签订相关的托管协议，托管协议中双方会对签订期限内的承诺销售额进行约定。服务费收入主要以实际销售额为基数进行计算，收取费率由九好集团与供应商协商。

（二）并购过程

2015 年年初，九好集团的股东郭某军计划借壳星美联合进行上市，但星美联合选择和欢瑞世纪强强联手，导致九好集团的第一次借壳上市失败。2015 年年底，急于改变公司经营能力、提高公司盈利能力的鞍重股份将目标锁定为迫切追求上市的九好集团，二者通过进一步的接触，经双方讨论协商，最终敲定了借壳上市事宜。经披露，重大资产重组交易方案为九好集团向鞍重股份注入资产 371 000 万元，鞍重股份将自身 59 285.67 万元的资产进行部分等值置换，对于超过九好集团注资的差额部分由鞍重股份对九好集团进行定向增发，约定以每股 16.23 元定增 107 598 385 股。此外，为筹集近 17 亿元的配套资金，公司采用锁价方式进行非公开发售股份。具体内容如下：

### 1. 资产置换

按照交易报告书披露，鞍重股份以其合法拥有的全部资产和负债（除 2.29 亿元货币资金之外）与九好集团基于 100% 股权等值进行股权置换。中联评估针对本次并购重组出具的置入资产进行评估，截至 2015 年 12 月 31 日，中联评估出具的《资产评估报告》中显示，其评估值和评估增值分别为 37.19 亿元、30.42 亿元，也就是说，产生了 6.77 亿元的所有者权益账面值。在此次评估中，所有者权益的增值率高达 449.56%。在评估机构出具的评估结果的基础上，经交易双方协商，确定置入资产作价为 37.10 亿元。经过此次资产置换，交易标的的作价差额高达 31.17 亿元。

### 2. 发行股份购买资产

在此次资产置换中，鞍重股份还需要发行股份补全差额部分，按照规定，鞍重股份发行的股票价格应不低于其前一个决议公告日前 120 个交易日股票交易价的 90%，故鞍重股份向九好集团的交易方发行股票的价格为 16.23 元/股。由此我们可以计算得出，鞍重股份向九好集团全体交易方共发行股份 192 060 581 股，其中向郭某军夫妇共发行 107 598 385 股。

### 3. 发行股份募集配套资金

在本次并购重组中，除重大资产置换外，鞍重股份还将向九贵投资、九卓投资、乐杉投资等 9 名特定对象以锁价方式非公开发行股份募集主要用于九好集团后勤托管平台建设的配套资金，根据其与这 9 名特定对象签署的协议中，本次募集金额不超过本次资产置换价格的 100%，募集配套资金总额为 17 亿元。鞍重股份非公开发行股份价格为 18.07 元/股，发行股数共计 94 078 580 股。值得关注的是，郭某军占有这 9 名特定对象中的九贵投资 63.14% 的控制权、九卓投资 100% 的控制权。并购后的股权结构如图 11-2 所示。

借壳上市这种并购行为虽对双方有利，但也会不可避免地带来一系列风险，尤其是在拟借壳公司实力不足的情况下，企业更可能出现为达到获利目的而进行财务造假的行为。对此，审计部门应特别关注借壳上市这类的审计业务，严格审核上市流程，仔细审查双方在上市过程中各类资料和证据，保证财务信息的真实性与可靠性。

## ▶▶ 二、审计的内容及流程

### （一）对被审计单位的了解

并购重组前的审计包括并购双方所处环境与并购双方财务状况。此外，审计人员需要通过审查文件、合同、协议和其他资料来了解重组企业的法律情况等。审计主要关注信息的审查与分析。在并购重组活动中，审计人员首先要了解企业的外部环境评估风险，并为企业搜集行业信息，为企业提供参考，也为及时决策提供依据。

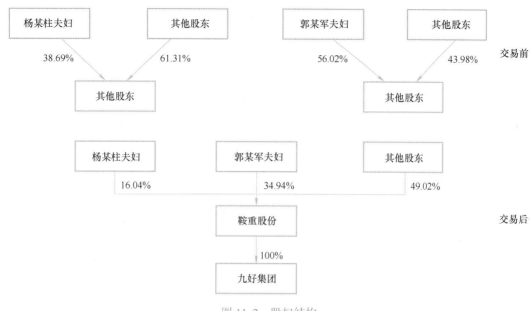

图 11-2 股权结构

从宏观环境来看，随着 IPO 审查速度的提升和《上市公司重大资产重组管理办法》的颁布，并购重组市场的监管力度在不断加强。证监会约谈事务所，明确表示要严查"忽悠式"重组等违规违法行为，加强问责力度，这使得会计师事务所的审计风险有所上升。从行业环境来看，鞍山重型矿山机器股份有限公司是振动筛行业龙头企业，而九好集团是一家从事"后勤托管平台"服务的大型企业集团。近年来，由于国内外经济增长放缓和煤炭行业结构性产能过剩，鞍重股份的市场热度和销售规模有所下降，利润一路下滑。2013—2015 年鞍重股份利润持续下滑，营业收入从 23 800 万元下滑至 16 200 万元，归属净利润从 5852 万元下滑至 623 万元，所以对于九好集团抛出的"橄榄枝"，鞍重股份欣然接受。但由于九好集团所处行业是新兴产业，目前市场上可供参照的数据较少，给会计师事务所的审计工作增加了一定难度。

### (二) 内部控制测试

#### 1. 授权与审批

相比较货币资金的授权审批，筹融资活动是否经过完整的授权与审批，显得更为重要。因为本身筹融资就涉及企业的资金来源与风险管理，如果授权审批不完整，不仅仅是经济利益的损失，对于企业信誉和资本股权状况都会有所影响。九好集团持股人主要为个人和股东，最大股东为其实际控制人，持股比例为 53.51%，前十大股东合计持股比例为 41.36%，"一股独大"的情况十分严重，其内部控制形同虚设。鞍重股份最大股东持股比例为 24.86%，前十大股东合计持股比例为 59.46%，杨某柱、温某是公司实际控制人。与其他私营上市公司一样存在着"家族式"用人情况，董事会约束与监督功能缺失。综上所述，两个公司都存在"一股独大"的问题，并且缺少相关监督控制机制，公司管理存在缺陷。对于这种情况，审计人员应重新执行相关内部控制程序。

**2. 职权独立性**

审计人员对于筹融资循环的职权分离，应当给予高度关注。重大合同与协议的签订、复核、文件保管等如果没有实现专人专管，很容易出现既得利益者利用职权侵占企业利益的现象，在这个层面的舞弊风险也会增加。所以，审计人员内部控制测试时需要考虑不相容职务的分离，以及重大事项权利的相互制约。

**3. 利用外部证据**

因为筹融资循环的特殊性质，项目组在进行内控测试时可以充分利用外部机构来验证企业的业务。根据重大的借款合同或者并购协议，与银行等金融机构或第三方核对筹资记录是否属实。

**（三）实质性测试**

**1. 报表项目分析程序**

对于借壳上市的公司，审计的重点通常放在拟上市前 3 年的相关财务数据，九好集团于 2015 年公布与鞍重股份的重大资产重组计划，因此注册会计师审计的重点应放在 2013—2015 这三年。九好集团自 2014 年准备借壳上市以来，几年间不断扩张公司规模，货币资金增速较快，业务收入及毛利率水平都远远高于可比公司，但注册会计师在对其进行实质性分析的过程中没有发现其中存在的问题。

九好集团的财务造假主要集中在银行存款和收入两大方面，为了发现其是否存在财务造假的可能性，审计人员需要对其关键指标进行同行业的分析，即使九好集团的业务模式较为新颖，但毕竟是一家新型行业公司，如果财务比率超出可比公司的数值过高也会引起怀疑。

第一，审计人员利用杜邦分析法计算出九好集团的净资产收益率，将九好集团 2013—2015 年净资产收益率与鞍重股份中披露的 3 家可比公司进行对比，见表 11-15。

表 11-15　九好集团与同行业可比公司净资产收益率情况对比

| 年 份 | 九好集团 | 象屿股份 | 号百控股 | 飞马国际 |
| --- | --- | --- | --- | --- |
| 2013 | 20.24% | 13.36% | 3.30% | 15.89% |
| 2014 | 27.79% | 7.51% | 3.47% | 18.37% |
| 2015 | 32.13% | 4.78% | 1.82% | 7.28% |

资料来源：2013—2015 年度九好集团审计报告。

从表 11-15 中可以看出，九好集团的净资产收益率远高于可比公司，甚至在 2015 年行业平均指标呈下降趋势时仍持续升高，从这一角度可以发现九好集团的财务数据存在异常。除净资产收益率外，销售毛利率这一指标也存在不合理现象，根据其对外披露的 2013—2015 年的年度报告数据，九好集团 2013—2015 年的平均销售净利率为 32.48%，平均毛利率为 69.67%。一般来说，经济环境或政策只要不出现重大的变化，销售毛利率波动不会太大且相对较为稳定。此外，九好集团的销售毛利率与其他同类企业相比，其销售毛利率高出其他几家十几倍，财务造假的可能性很大，这一点也是虚构业务、虚增收入所产生的后果。

第二，将 2015 年九好集团的资产情况与 3 家可比公司象屿股份、号百控股、飞马国际进行对比分析（见表 11-16）。

表 11-16　2015 年九好集团与同行业可比公司资产情况对比　　　　（单位：元）

| 公 司 名 称 | 资 产 合 计 | 负 债 合 计 | 股东权益合计 |
|---|---|---|---|
| 九好集团 | 923 259 410.34 | 246 462 242.93 | 676 797 167.41 |
| 象屿股份 | 26 098 044 793.43 | 17 104 933 203.41 | 8 993 111 590.02 |
| 号百控股 | 3 688 611 567.32 | 617 950 485.41 | 3 070 661 081.91 |
| 飞马国际 | 20 574 909 333.55 | 18 147 270 355.11 | 2 427 638 978.39 |

从总资产的规模来看，九好集团根本无法与 3 家可比公司相较，象屿股份的资产总额是九好集团的 20 多倍。即使是资产规模较小的号百控股，也是九好集团资产合计数的 4 倍之多。从净资产来看，2015 年九好集团的净资产远远小于可比公司。资产结构实际上反映了公司资产的流动性，假如流动资产内货币资金占据了太大比例，则必须对其持有量的合理性做出分析。根据九好集团对外披露的 2013—2015 年的报告相关数据，将 2015 年 12 月 31 日九好集团的资产结构相关指标与同行业的 3 家公司象屿股份、号百控股、飞马国际的指标进行比较分析，以检查九好集团的资产结构是否合理。

从表 11-17 和表 11-18 可知，九好集团、象屿股份、号百控股、飞马国际 4 家的流动资产占总资产的比重分别是 93.81%、71.04%、69.76% 和 97.85%，九好集团流动资产占总资产的比例处于较高水平，但这并不一定说明企业财务存在问题，审计人员可结合总资产周转率、存货周转率和应收账款周转率来综合分析，均可发现九好集团的总资产周转率和应收账款周转率都远小于其他 3 家公司，这表明九好集团的资产使用效率并不高，利用资产进行经营的效率较差，再结合之前的盈利能力分析，也可发现九好集团的实际经营情况与盈利情况可能存在相互矛盾的情况。此外，九好集团的货币资金占流动资产的比例 3 年间也都在 50% 以上，因此货币资金的真实性需要进一步证实。

表 11-17　2015 年九好集团与同行业可比公司资产结构分析

| 项　　目 | 九 好 集 团 | 象 屿 股 份 | 号 百 控 股 | 飞 马 国 际 |
|---|---|---|---|---|
| 货币资金（元） | 531 226 736.82 | 2 171 023 537.75 | 2 066 454 494.74 | 11 366 998 930.64 |
| 流动资产（元） | 866 080 257.65 | 18 539 556 976.92 | 2 573 048 480.85 | 20 132 381 288.96 |
| 总资产（元） | 923 259 410.34 | 26 098 044 793.43 | 3 688 611 567.32 | 20 574 909 333.50 |
| 总资产周转率 | 0.51% | 2.56% | 0.91% | 2.53% |
| 存货周转率 | 175.48% | 12.55% | 100.42% | 299.41% |
| 应收账款周转率 | 2.28% | 24.65% | 13.02% | 28.88% |

表 11-18　2013—2015 年九好集团货币资金占流动资产分布

| 项　　目 | 2013 年 | 2014 年 | 2015 年 |
|---|---|---|---|
| 货币资金（元） | 240 191 390.90 | 342 793 898.13 | 531 226 736.82 |
| 流动资产（元） | 471 165 620.56 | 663 901 909.08 | 866 080 257.65 |
| 货币资金占流动资产比例 | 50.98% | 51.63% | 61.34% |

## 2. 细节测试及函证程序

收入认定作为借壳上市业务中审计风险的高发领域，审计人员理应对其保持特别关注，以确认被审计单位的收入是否真实存在。在接受审计任务时，最重要的是了解被审计单位主要业务范畴以及收入来源，判断被审计单位的收入确认是否符合企业会计准则、是否按照交易合同确认收入、是否存在虚构的交易往来以及交易双方进行串通舞弊所增加的虚假交易。审计人员通过查阅供应商与客户订立的销货合同、九好集团与供应商订立的服务合同、收入询证函等资料确认交易时间及交易的实质，结合分析程序来判断其财务数据异常波动是否存在关联交易。审计人员应根据重要性水平严格确定样本数量，对于风险水平较高的样本应该发函询证；注册会计师应始终对函证流程进行严格把控，包括询证函的设计、发送、收回阶段，审计人员都应时刻保持警惕，防止被审计单位采取舞弊手段修改函证结果。

在对银行存款等相关科目进行审计时，审计人员应特别注意被审计单位中金额较大的存款项目，具体可以对其单位的其他应收款、银行存款、长短期借款等财务报表重点科目进行函证。在对银行大额定期存款函证时，审计人员不仅应查看其是否确实存在，还应对这一定期存款后续状态进一步核实。九好集团通过借款的方式购买 3 亿元定期存单，后续又将其质押并达到舞弊目的，审计人员向有关部门查取被审计单位的开户清单及信用报告，与此同时，核对被审计单位的银行流水或银行对账单。

## 3. 审查并购协议重要条款

审计人员在对评估机构的独立性进行评估的基础上，对企业价值估值要进行合理性审查。从表 11-19 中可以看出，阿里巴巴和携程这些平台公司代表的企业的盈利能力竟然输给了九好集团，这显然存在不合理因素。企业并购估值主要采用收益法，即对企业的估值主要建立在未来几年的盈利预测数据上。通过将各预测利润调整为未来现金流按投资报酬率进行折现，并将算出的现值相加得到整体企业的估值。利用收益法评估时，各年度利润预测值直接参与构成了评估价值，若各年度预测过高，则会引起评估结果过高，所以九好集团良好的盈利能力造成了企业的高估值。2015 年年底的董事会预案里只提到了两份战略合作协议，但是半年后的交易报告书上增加了 10 份合作协议，而且集中签订于 2015 年下半年，总计金额高达 181.88 亿元。如果用预案里的估值模型来重新计算报告书的数据，就会发现九好集团将预案中的 13.51% 折现率指标提高到了 14.55%，而且营运资金、资本性支出额也有明显的不同。2015 年年底，九好集团资产重组的置入净资产为 6.77 亿元，资产评估值为 37.19 亿元，预估增值率为 449.36%，业绩承诺覆盖率为 35%。估值如此高，可能存在抬高企业价值将企业包装成优良资产"忽悠"重组、吸引投资的可能性。所以，审计人员在对企业财务业绩进行充分评价的基础上，应客观认识新兴产业的发展，重点关注企业估值的合理性。

表 11-19　2015 年九好集团与其他公司盈利能力对比分析

| 项　　目 | 九好集团 | 阿里巴巴 | 携　　程 |
|---|---|---|---|
| 毛利率 | 88.85% | 68.72% | 72.07% |
| 销售净利率 | 46.21% | 31.91% | 22.02% |
| 资产报酬率 | 33.24% | 16.75% | 3.82% |

并购实则为一种资本博弈，对赌协议○被认为是有效降低并购风险的有效途径。对赌协议的时限，应该结合企业并购发展的需求，适当采取激励措施，在博弈中找到平衡点，实现并购重组企业的发展经得起时间的检验。九好集团与鞍重股份的重组过程中，为维护鞍重股份全体股东的利益，鞍重股份与九好集团郭某军等签署了《盈利预测补偿协议》及其补充协议，协议中九好集团郭某军、杜某芳向鞍重股份做出以下承诺：九好集团 2016 年实现净利润不低于 3 亿元，2016 年和 2017 年实现净利润总和不低于 7.2 亿元，2016—2018 年净利润总和不低于 13 亿元。协议指出，上述净利润指九好集团扣除非经常性损益后归属于母公司净利润合计数。九好集团 2013—2015 年度财务报表显示，其三年净利润分别为 23 288 306.83 元、68 508 818.67 元、53 401 007.17 元。这与九好集团承诺的 2016—2020 年净利润（见表 11-20）相差甚远，这一现实让人对其未来盈利预测合理性产生严重怀疑。对赌协议是审计人员在充分了解被并购企业经营现状后审查的重点。

表 11-20 九好集团未来收益预测数据对比 （单位：万元）

| 定价基准日 | 项 目 | 2016 年 | 2017 年 | 2018 年 | 2019 年 | 2020 年 |
|---|---|---|---|---|---|---|
| 2015 年 12 月 31 日 | 收入 | 54 000 | 76 000 | 92 000 | 101 000 | 103 000 |
| | 净利润 | 29 000 | 40 000 | 49 000 | 54 000 | 55 000 |
| 2015 年 6 月 30 日 | 收入 | 63 000 | 83 000 | 101 000 | 12 000 | 120 000 |
| | 净利润 | 32 000 | 44 000 | 54 000 | 64 000 | 64 000 |

## 三、案例分析

目前，我国中小企业面临的主要融资问题是融资渠道单一和方式受限，根据我国中小企业协会对中小企业融资问题的统计结果可以发现，中小企业在建立之初主要依靠自有资金，外部资金多源自政府。随着企业的不断发展，银行贷款成为自有资金之外的重要融资渠道，虽然这在一定程度上能够缓解中小企业的融资问题，但并不能保持企业获得长期、稳定的资金来源。根据九好集团对外披露的 2013—2015 年年度报告，经过计算得知 2013—2015 年的资产负债率分别为 46.8%、29.4%、50.2%，并且其中的资产还存在造假的虚增数据，总体负债水平较高；2014 年、2015 年全部负债均为短期负债，2013 年短期负债占负债总额的 76.6%，长期负债比例仅达 23.4%，短期偿债压力较大，却又无较强的资金来源，且企业规模扩张较快也急需发展资金，利用并购来刺激股价，以便快速解决资金问题，借壳上市成为九好集团融资的一条途径。九好集团资金需求明细见表 11-21。

面临所投项目巨大的资金缺口带来的强烈的外部融资需求，九好集团需要通过上市来满足融资需求。

（一）虚构或虚增收入

九好集团在向鞍重股份所提供的 2013—2015 年财务报表中，九好集团利用供应链虚构业务，虚增服务费收入，通过多种方式进行财务造假，包括虚构合同、伪造单据、隐瞒

---

○ 对赌协议又称估值调整协议，是投资方与融资方在达成协议时，双方对于未来不确定情况的一种约定。如果约定的条件出现，则投资方可以行使一种权利；如果约定的条件未出现，则融资方行使另一种权利。

关联方等改变业务性质，虚增的业务收入总额超过 2.65 亿元。具体的营业收入统计见表 11-22，收入造假分类见表 11-23。

表 11-21　九好集团资金需求明细　　　　　　　　　　（单位：万元）

| 类　别 | 项　目 | 金　额 |
|---|---|---|
| 经营类 | 用于日常经营活动 | 24 646.24 |
| | 其中：短期借款 | 14 440.00 |
| | 应付账款 | 270.74 |
| | 预收账款 | 3295.84 |
| | 应付职工薪酬 | 629.33 |
| | 应交税费 | 5705.36 |
| | 其他应付款 | 282.20 |
| 投资类 | 用于募投项目后续建设 | 193 387.03 |
| | 其中：托管线上平台升级 | 69 701.00 |
| | 后勤托管平台网络拓展 | 64 295.03 |
| | 后勤托管培训及基地建设 | 59 391.00 |
| 筹资类 | 商业保理业务 | 30 000.00 |
| 合计 | | 248 033.27 |

表 11-22　2013—2015 年九好集团虚增业务收入统计

| 年　份 | 年报营业收入（万元） | 实际营业收入（万元） | 虚增营业收入（万元） | 虚增比重 |
|---|---|---|---|---|
| 2013 | 25 236.66 | 23 509.75 | 1726.91 | 28.60% |
| 2014 | 32 611.27 | 23 855.61 | 8755.66 | 55.99% |
| 2015 | 41 749.25 | 25 684.58 | 16 064.67 | 61.39% |
| 合计 | 99 597.18 | 73 049.94 | 26 547.24 | — |

表 11-23　九好集团收入造假分类

| 类　型 | 简　述 |
|---|---|
| 完全虚构平台供应商 | 125 家供应商企业和个人都表示和九好集团之间没有真实的业务往来 |
| 平台供应商真实，但对应的平台客户为虚构 | 通过实地走访，确认了 85 家供应商和九好集团的业务台账显示的供应商之间没有业务往来 |
| 平台供应商与九好集团串通 | 九好集团和 19 家供应商之间私下串通，即九好集团在收到供应商给它的服务费之后，都通过九好集团个人账户悉数退回到供应商的法定代表人指定账户内 |

　　针对供应商方面的调查，有上百家供应商或个人已证实自身与九好集团没有交易往来，或者即便有几笔资金往来也是在与供应商进行私下串通的基础上所购成的虚假交易，缺乏真实的交易背景（见表 11-24）。针对客户方面的调查，九好集团的盈利模式是为有后勤服务需求的客户寻找合适的供应商，且只针对供应商方面收取费用，针对客户完全免费。在对与九好集团存在业务往来的客户进行充分了解后，发现其并未与九好集团供应商

库内的单位存在资金往来，或虽然存在往来但二者之间达成的交易并不是通过九好集团这一中介平台实现的。

表 11-24　九好集团收入造假金额分布　　　　　　　　　　　　　　（单位：元）

| 类　型 | 2013 年 | 2014 年 | 2015 年 |
|---|---|---|---|
| 完全虚构平台供应商 | 10 354 349.06 | 55 694 997.98 | 125 474 931.16 |
| 平台供应商真实，但对应的平台客户为虚构 | 4 570 747.05 | 26 151 552.62 | 20 269 353.52 |
| 平台供应商与九好集团串通 | 2 344 000.00 | 5 710 096.31 | 14 327 641.00 |
| 合计 | 17 269 096.11 | 87 556 646.91 | 160 071 925.68 |

除服务费收入之外，九好集团还存在一定的贸易收入，主要是销售办公用品、后勤产品等获得的收入。相比于服务费收入的造假规模巨大，九好集团虽然对贸易收入进行虚增，但整体金额较小，手段较为单一，主要是通过与自身集团存在资金循环的公司进行收入造假，业务本身并不具有商业实质（见图 11-3）。杭州融康信息技术有限公司，简称融康信息，该公司和九好集团之间具有业务往来关系，双方的主要业务模式为融康信息向九好集团采购办公用品货物等。2015 年，融康信息采购了九好集团的货物但没有收货，其支付给九好集团的款项均被悉数退回，九好集团却依然确认了一笔 574 786 元规模的销售收入，虽然此处造假的金额不大，但是掺杂在真实业务中，辨别难度得以提升。

图 11-3　虚构资金循环

## （二）虚构资金循环

在九好集团虚构的经济业务中，值得注意的是九好集团通过资金循环的方式来虚增其账面资金，粉饰财务报表。在利达安会计师事务所出具的审计报告中，其披露的 2015 年 12 月 31 日合并的资产负债表中可以看出，九好集团 2015 年年末的货币资金数额为 53 122.67 万元。这其中有 3 亿元均由九好集团通过借款、质押、循环得来，且在该审计报告发布时，这笔借款仍处于质押状态，但九好集团并未披露该笔借款的质押状态。

### 1. 九好集团虚构 3 亿元银行存款

2015 年 1 月，九好集团在账面虚构 1.7 亿元其他应收款收回，虚构银行存款转入 47 702 412.00 元，同时转出 1 亿元资金不入账，账面形成虚假资金 317 702 412.00 元（九好集团平安银行西湖支行账号）。

为掩饰上述虚假账面资金，九好集团在账面虚假记载 2015 年 3 月 31 日 317 702 412.00 元资金从九好集团平安银行账户划转至九好集团上海银行账户（2015 年 3 月 31 日记—102 号凭证）。此外，九好集团还在上海银行账户虚构郭某军 3 月 26 日退回购房款 1170 万元，虚假账面资金扩大至 329 402 412.00 元（2015 年 3 月 30 日记—88 号凭证）。

2015 年 3 月 31 日，杭州好融实业有限公司（以下简称好融实业）向九好集团上海银行账户转入资金 1.6 亿元（共两笔，一笔 4495 万元，另一笔 1.1505 亿元）。九好集团在账面虚假记载收到上海九好（九好集团全资子公司）等单位其他应收款 138 009 025.38 元；经过 3 次红字冲销后，虚假记载收到上海九好等单位其他应收款 130 597 588.00 元，少计收回 29 402 412.00 元（2015 年 3 月 31 日记—103 号凭证）。至此，九好集团在账面仍然存在 3 亿元虚假资金（九好集团上海银行账户）。

**2. 九好集团借款 3 亿元并进行存单质押**

2015 年 3 月 24 日，九好集团通过好融实业、杭州煜升科技有限公司（以下简称煜升科技）及郭某军三方向杭州赛诺索斯进出口贸易有限公司（以下简称赛诺索斯）两次借款共计 3 亿元，这笔钱由郭某军等上述三方机构汇入上海银行系统中九好集团申请的独立账户。之后，九好集团将这笔资金用于购买由上海银行发行的为期 182 天的"赢家公司客户人民币封闭式理财产品"。次日，九好集团以此笔理财产品作为担保物，令赛诺索斯开具银行承兑汇票 3 亿元并立即贴现归还赛诺索斯。

2015 年 9 月，上述 3 亿元银行理财产品到期后，上海银行将理财产品资金解付直接归还银行存兑汇票。2015 年 9 月 22 日，九好集团又向宁波盈祥投资管理合伙企业（有限合伙）（以下简称宁波盈祥）借款 1.5 亿元转入九好集团兴业银行账户，当日便将这笔活期存款转化为半年期定期存款，以此为质押物与兴业银行杭州分行签订质押合同，待该票据贴现后再将资金还回宁波盈祥。

2015 年 9 月 23 日，九好集团通过兴业银行重复上述造假方式，形成 1.5 亿元定期存款，并将这笔 1.5 亿元定期存款以存单质押的方式贴现，将 1.5 亿元借款还给宁波盈祥。2016 年 3 月，在九好集团 3 亿元银行存单到期后，被兴业银行直接解付承兑汇票。周而复始，九好集团资产负债表中始终保持 3 亿元银行存款，从而使得该笔资金得以查证，但与该笔资金的关联方交易、企业日常往来流水是虚构出来的。在九好集团的重大资产重组交易公告书中，不仅没有披露 3 亿元借款存在质押的事实，还虚构出如此银行存款资金循环，这 3 亿元银行存款长期存在于九好集团的财务报表之中，如图 11-4 所示。

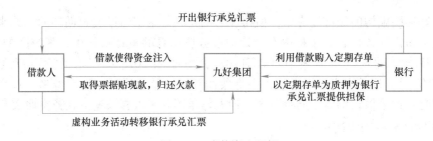

图 11-4　虚构资金逻辑

▶▶ **四、建议与启示**

**（一）利用分析程序**

通过对上述九好集团与鞍重股份财务舞弊案例的分析可以看出，公司财务舞弊手段也在不断翻新，时常让市场投资者对公司的实际状况难以判断，有时面对粉饰后的财务报表数据会做出误判，导致产生不必要的损失。因此，如何有效识别公司是否进行了财务舞弊行为，需要审计人员的专业判断。

**1. 毛利率分析**

营业毛利率能够直观反映公司营业收入状况，通过计算公司营业毛利率横向对比同行业水平，纵向对比公司不同时期数据，如果发现有远远高于同行业水平或者在不同时期内数值波动剧烈的情况，则应对该公司的营业收入数值存疑。主营业务本身具有稳定性和可预测性的特征，在正常情况下营业收入应当处于平稳增长状态，不应有频繁的剧烈波动。根据众多财务造假案例可知，营业收入惊人增长通常是公司进行财务造假的明显信号，本案例中的九好集团就使用了虚构服务费收入手段，使得公司营业收入长期以非正常速度增长，营业毛利率持续飙升。虽然难以寻找同为互联网后勤服务业的上市企业，但通过对比类似互联网平台龙头企业还是能够发现九好集团的毛利率飙升速度实属异常。在公司规模和市场需求较为稳定的情况下，大幅的营业收入增长是不会实现的，尤其是长时间的快速增长，如此一来可以判断公司存在收入类财务造假的可能。

**2. 资金流动轨迹分析**

一般存在财务造假行为的企业虚构现金流时会使用3种方法：一是大量使用现金交易；二是伪造银行对账单及资金进出凭证；三是伪造资金流，构建资金循环。前两种方法由于本身资金流是虚假的，因此很容易进行识别，而第三种构建资金循环伪造资金流的方法一般不易识别，因为在这个构建的资金循环中，所有的资金划转都是真实的，在银行有真实凭证可供查询。案例中，九好集团几次通过其他账户向专业金融平台借款购买银行理财产品，而后将理财产品质押为金融平台提供开出银行承兑汇票担保，金融平台通过直接贴现收回借款，并从财务造假主导者手中获取贴现利息，从而为九好集团构建资金循环，伪造出"真实的"3亿元资金流，并且九好集团在审计报告中从未披露此笔处于质押状态的3亿元银行存单。然而，没有财务造假手段是完美无缺的，构建资金循环、伪造资金流这一手段只要顺着资金流动的轨迹进行追查，尽管过程可能会比较复杂，有时会涉及银行承兑汇票背书转让等情况，但仍然能够发现资金实际上是循环的。审计人员通过资金经济业务分析判断资金循环是否存在闭环，特别关注在资金循环过程中是否存在票据质押、贴现的现象。

**（二）分析企业组织结构**

企业内部通常会设置董事会来监管管理层行为，但董事会的建立并不意味着一劳永逸，由大小股东共同组成的董事会不可避免地存在一定隐患。一家企业的股权越集中，掌握多数股份的大股东则越有可能操纵利润以获取对自身有利的相关利益；相比之下，只掌握了少量股份的小股东对大股东的约束力被大大弱化，且其本身对大股东行为进行监督管理缺乏积极性，对企业经营活动也缺乏话语权，一定程度上纵容了控股股东的财务造假行为，因此对于股权过度集中的企业应当保持警惕。此外，有部分企业将董事长和总经理两个职务合并成一个，以集中企业决策权。"两职合一"后，董事会的决策独立性下降，无法充分发挥其监督管理职能，同时董事长/总经理在决策过程中将更多地从自身利益最大化角度出发，缺乏公允性，使得企业内部委托代理问题趋于严重。此种情况下，当企业经营状况和财务数据不理想时，董事长/总经理采取财务造假手段粉饰企业财务报表的概率极高。因此，该措施尽管能够在一定程度上提高企业决策效率，但同时也大大增加了企业粉饰报表提供了可能。另外，企业董事会中独立董事所占比例的高低对于识别企业是否进行财务造假也具有参考价值。审计人员可以通过组织结构及股权结构以及独立董事的比例等判断是否存在大股东控制行为。

### （三）理顺上下游供应商客户关系

在本案例中，九好集团主要通过与供应商和客户虚构业务的方式来虚增服务费收入，其中有 125 家供应商及个人与九好集团虚增收入有关，2013—2015 年九好集团虚假贸易往来累计确认的服务费收入先后为 1035.43 万元、5569.50 万元、12 547.49 万元，共计 19 152.42 万元。与此同时，在九好集团台账提供的 46 家客户中，与造假确凿相关的 84 家供应商有联系的客户均承认与九好集团并无实际业务往来。2013—2015 年九好集团通过这 84 家供应商的客户分别虚增收入 457.07 万元、2615.16 万元、2026.94 万元，共计 5099.17 万元。由此看出，九好集团利用自身作为互联网平台企业的特点，将上游供应商和下游客户大量牵涉进财务造假之中，意图分散资金，躲避审计人员审查以达到虚增服务费收入的目的。

面对此种互联网平台企业利用上下游供应链大量增加财务信息失真的手段，可以采用分析企业来往客户与供应商详情的方法进行报表虚增的识别。对客户和供应商进行分析主要可从以下方面入手：第一，关注报告期内新增的客户和供应商情况。先对上述客户及供应商进行初步判断，若属于法人则调查其是否于报告期内成立新公司，若成立新公司则通过媒介查询其工商信息，分析其与发行人是否多方面存在关联性；若属于自然人则需查询其与公司人员或关联方人员是否存在相关性。第二，调查相关交易往来，分析客户和供应商经营状况、能力与交易量能否匹配。第三，结合资金流入与流出分析首付款是否比例恰当以及支付是否正常，往来款项是否存在异常增长情况。

# 第四篇
# 政 府 审 计

# 第十二章

# 经济责任审计案例——A 高校经济责任审计

为了健全和完善单位经济责任审计制度，加强对单位领导干部的管理监督，促进领导干部履职尽责、担当作为，审计部门必须聚焦经济责任，对领导干部贯彻执行国家经济方针政策、决策部署，以及执行单位规定与决策部署情况，推动高校事业发展，管理公共资金、国有资产、国有资源，防控重大风险等有关经济活动履责情况进行客观评价。

## ▶▶ 一、案例背景介绍

为了坚持和加强党对领导干部的管理和监督，强化对党政主要领导干部和国有企事业单位主要领导人员的管理监督，促进领导干部履职尽责、担当作为，确保党中央令行禁止，根据《中华人民共和国国家审计准则》（审计署令第 8 号）、中共中央办公厅和国务院办公厅印发的《党政主要领导干部和国有企事业单位主要领导人员经济责任审计规定》、《四川省公办普通高职（专科）学校领导干部经济责任审计工作规划（2019—2023 年）》和四川省委教育工作委员会、教育厅 2021 年度审计工作计划，拟对四川省 A 高校党委书记张某、校长王某实施任期经济责任审计，客观评价张某（书记）、王某（校长）同志认真落实党中央、国务院和省委、省政府以及上级主管部门的决策部署，促进高等教育改革发展情况，揭示领导人员在履职尽责、担当作为、规范权力运行（民主法治）、反腐倡廉等方面存在的问题，促进张某（书记）、王某（校长）同志及相关领导进一步增强依法行政意识和工作责任心，不断提高领导管理水平，促进问题解决和体制机制完善，促进全面深化改革、权力规范运行和反腐倡廉，助推学校高质量内涵式发展，推进国家治理体系和治理能力现代化。同时，积累并深入研究四川省公办普通高校领导干部经济责任审计发现的典型性、普遍性和倾向性问题，努力提高领导干部履行经济责任评价水平。为此，下达了审计通知书，开展了审前调查工作，拟定了审计方案，明确了审计背景和有关情况。

（一）张某、王某同志任职情况

张某（书记），男，汉族，1966 年 11 月出生，籍贯四川，自 2017 年 3 月起任学校党委书记，主持党委全面工作，分管党委宣传部、党委统战部等部门。

王某（校长），男，汉族，1963 年 8 月出生，籍贯山东，自 2016 年 9 月起担任学校党委副书记、校长，主持行政全面工作，分管督导审计处、政策法规与发展规划处等部门。

（二）学校基本情况

A 高校是四川省公办普通高职院校，学校事业编制人数 1050 人，截至 2019 年年底，实有教职工 988 人，其中事业编制人员 865 人，聘用人员 123 人；教职工中具有副高及以上职称的 228 人，专任教师中获得博士、硕士学位的 162 人，"双师素质"教师 36 人、全日制在校学生 8500 多人。资产合计 21 227.49 万元，其中流动资产 13 236.25 万元（货币资金 871.89 万元，财政应返还额度 42.13 万元，预付账款 1711.26 万元，其他应收款

9644.52 万元，存货 966.45 万元），长期投资 50 万元；固定资产 7179.17 万元；无形资产 762.07 万元；负债合计 12 328.73 万元，其中，流动负债 7933.36 万元（应缴税费 14.10 万元，预收账款 5367.71 万元，其他应付款 2551.55 万元）；长期借款 4395.37 万元；净资产合计 8898.76 万元，其中，事业基金 0 万元（一般基金 -50 万元，投资基金 50 万元）；非流动资产基金 8850.40 万元；专用基金 6.22 万元；财政补助结转 42.14 万元。2020 年，学校全年总收入 14 160.24 万元，其中公共财政预算安排 10 973.52 万元，教育事业收入 3186.72 万元；决算总支出 13 938.17 万元，其中基本支出 10 303.09 万元，项目支出 3635.08 万元；年末结转和结余 222.07 万元。

## 二、审计的内容及流程

### （一）审计准备阶段

#### 1. 开展审前调查

审前调查是审前准备阶段的一项重要内容，是在审计通知书下发之前，审计人员就审计的内容范围、方式和重点，到 A 高校及相关单位进行调查，了解其基本情况，以掌握第一手资料的一项活动。主要工作内容如下：

1）了解 A 高校所处的经济环境，如宏观经济形势对被审计单位产生的影响，政策因素对被审计单位产生的影响，政府对被审计单位的限制性要求等。主要考虑宏观经济形势对该单位的影响，如国家政策调整和政策扶持与优惠等。

2）了解与 A 高校同类型高校所处的有关情况，如同类型高校的现状和发展趋势、主要经济指标和统计数据、国家衡量和评估标准、适用法规及特定的会计惯例等。

3）了解 A 高校自身的情况：①基本情况，如财政财务隶属关系、机构设置及人员编制、业务经营范围、财务收支状况、内部控制状况等；学校及下属单位执行何种会计制度，其核算方法如何；采用会计原则与方法以及变更情况等。②以前年度接受审计情况，如以前年度发现的问题，以前年度审计的审计意见和审计决定落实情况等；对审计建议的采纳及所带来的经济效益等。

4）了解与审计事项有关的法规、规章、政策和其他文件资料；比如被审计单位采用的会计制度、会计原则和会计方法，固定资产折旧方法、存货发出计价方法，长期待摊费用摊销方法，以及国家对此行业的特殊规定等。

5）根据被审计业务活动的特点，选择并掌握适当的审计方法，为实现审计提前做好技术准备，如对存货、固定资产采取何种方式检查，对货币资金、有价证券的检查盘点，外币的折算方法，对应收、应付账款的测试及函证等，投资、资产减值准备的提取等，以便确定检查的重点内容，是采取全面审计还是抽样审计，对于某些审计人员不太熟悉的领域考虑聘请专家等。

#### 2. 审计组组成、人员分工及工作要求

根据审计工作计划，结合 A 高校的实际情况及审计力量不足、相关专业技能的限制等情形，本审计项目组从社会中介机构和高等院校中聘请了具有与审计事项相关专业知识的外聘人员，明确外聘人员不能担任审计组（含审计小组）组长、主审，不能独立开展外部调查，不能承担现场廉政监督、经费管理、涉密资料保管等工作，从而确定了本审计组的

组成、人员分工及工作要求，并已报厅领导进行了审核批准。

（1）审计组组成

组长：黄某，1人；副组长：吴某，1人；成员：刘某、张某等10人。

审计实行人员分工和动态管理相结合的办法，先明确分工，必要时根据实际情况和工作进展进行部分调整。初步分工如下：

1）组长黄某，负责整个审计项目的进度安排，牵头向省委教育工委、教育厅、审计厅汇报各阶段进展、工作总结情况、审计报告等。

2）副组长吴某，负责审计项目的开展、全面质量把关，负责审计中技术指导和疑难问题的解答。

3）审计组现场审计人员按四组分工：

第一组组长刘某，组员1人，主要负责审查贯彻执行方针政策情况、决策部署及实施效果、制度建设和推进教育事业发展情况，审查履行党风廉政建设责任及廉洁从政情况和遵守国家法律法规、执行财经纪律等情况，并负责查阅党委、行政会议有关记录资料及文件，负责对校领导及相关内设机构负责人的谈话等。

第二组组长余某，组员2人，负责审查基本建设管理、实施和国有资产管理情况，包括工程招投标、单项工程增加量和工程结算审计实施情况，审查教学设备、图书等物资采购情况，审查固定资产使用、出租、处置、盘存和报备情况。

第三组组长李某，组员2人，负责审查财务收支和对外投资情况，包括审查预算编制、执行和决算实施情况，审查创收分成分配情况。

第四组组长吴某，组员2人，负责现场综合管理与监督工作。组员郑某为审计资料复核员，负责对各类审计取证资料的现场复核；同时担任审计分析员，负责做好审计分析工作。吴某为审计监督员，负责审计现场廉政监督工作。

4）审计终结阶段人员分工如下：

吴某负责审计报告初稿的起草；黄某负责审计报告的审核和审计决定的撰写；刘某负责综合整理审计情况及审计资料归档。

（2）工作要求

1）规范审计行为。审计组成员应当恪守严格依法、政治坦诚、客观公正、勤勉尽责、保守秘密的基本审计职业道德。以事实为依据，切忌猜测、估计；以经济事项为基础，保障审计的独立性、权威性；不对经济责任审计之外的事项发表审计意见。严格遵守《审计署关于印发〈审计"四严禁"工作要求〉和〈审计"八不准"工作纪律〉的通知》（审办发〔2018〕23号）等廉洁自律各项规定。

2）严肃工作纪律。听从工作安排，审计资料不得擅自带出工作室，遵守审计组劳动纪律和作息安排，不单独外出，保证个人生命和财产安全；按时提交审计成果，遇到问题及时与审计组领导沟通反馈，不得擅自行动。

### 3. 审计范围与内容

（1）审计范围

本次审计范围是四川省A高校本级，时间是张某2017年3月任校党委书记至今、王某2016年9月任校长至今，重点审计2018—2020年3个年度。发现重大问题，可追溯至相关年度和延伸到有关单位。

（2）审计内容

根据《党政主要领导干部和国有企事业单位主要领导人员经济责任审计规定》，审计以"真实、合法、绩效"为基础，以"守法、守纪、守规、尽责"为重点，围绕领导干部应该干什么、干了什么、干得怎么样等职责要求，突出党和国家经济方针政策贯彻落实情况，突出经济发展中各类风险防范化解情况，突出重点民生资金使用和项目建设情况，确定了审计的主要内容应包括张某、王某履行工作职责，推进学校事业发展情况，贯彻执行国家经济政策和重大决策部署情况，重大经济决策情况，财政财务及国有资产、资源管理与分配和使用情况，内部监督管理情况，廉洁从政情况及其他有关情况。由于本次是对学校党委书记张某、校长王某同步开展的任期经济责任审计，因此，在总体审计内容的把握上，应有侧重。对书记张某的审计侧重于党和国家教育方针贯彻落实、学校发展规划、兴校治校思路和方略、重大经济决策等方面，以及分管工作的尽职履责情况。对校长王某的审计应侧重于决策的执行环节，即对学校党委决策的执行情况，以及分管工作的尽职履责情况。

### 4. 审计时间与进度安排

（1）审前培训

2021年1月12日至1月15日（约3天）为审前培训时间，组织审计组人员学习有关政策文件。

（2）现场审计

2021年1月19日至3月16日（约2个月）为实施时间，具体按审计方案确定的审计内容和重点组织审计。

（3）报告编写

2021年4月20日前（约1个月）完成报告的征求意见稿，2021年6月（约1.5个月）完成正式审计报告。

### 5. 发放审计通知书及拟订审计方案

向A高校党委书记张某、校长王某同志下发任期经济责任审计通知书，审计组拟订A高校党委书记张某、校长王某同志任期经济责任审计工作方案，并报厅领导签批。审计工作方案包括审计对象、审计目的、审计范围和重点、审计依据、审计步骤、审计形式、审计组织分工与配合和时间进度，以及其他应注意的审计事项。

### （二）审计实施阶段

#### 1. 审计进点会

审计进场时，需要召开由教育厅和审计厅相关领导、A高校主管部门相关领导、审计组主要成员、被审计领导干部及其所在单位中层领导干部参加的审计进点会，联席会议有关成员单位根据工作需要可以派人参加。主要通报审计工作具体安排和要求，听取被审计领导干部履行经济责任情况的述职报告；进行审计公示，听取学校领导班子成员、相关党政管理部门、被审计领导干部及有关人员的意见；要求和查收被审计领导干部提交任职期间履行经济责任情况的述职报告和与被审计领导干部履行经济责任相关的审计材料；

要求被审计领导干部及其所在单位对所提供资料的真实性、完整性负责，并做出书面承诺。

**2. 审计组拟收集资料清单**

1）反映单位职能职责的资料和反映领导干部职责范围的有关资料（分工及岗位职责）。

2）领导干部任职期内，上级下达的各项目标考核、绩效管理及其实际完成的考核情况资料。

3）任职期内单位年度工作报告、业务工作总结、重大经济政策及上级决策部署的贯彻执行、重大经济决策事项的议事纪要、会议记录、批示、批条、管理文件等资料。

4）被审计领导干部个人年度工作总结、述职述廉报告。

5）任职期内单位的预算及预算调整与预算执行，会计核算等财务会计资料。

6）办理有关重大经济业务事项的计划、请示、批复、报告、合同、协议、检查考核等业务资料。

7）任职前后本单位事业发展对比变化情况，任期内上级决策部署落实情况（清单及统计数），本单位规划完成情况及决策执行情况。

8）任职前后本单位有关重大经济事项遗留问题与未决诉讼事项的有关情况资料。

9）有关部门对领导干部任职期间的审计和检查结果资料。

10）被审计领导干部履行经济责任情况的述职报告等。

**3. 重要性水平的确定和审计风险的评估**

**（1）重要性水平的确定**

本审计紧紧围绕实施方案确定的内容和重点开展审计，对审计发现的问题及事项，原则上侧重于关注党委书记、校长本人对此所负有的直接责任和领导责任，同时关注校党委和行政领导班子成员的责任。在审计实施过程中，可能会发现审计实施方案没有提出而应该审计的问题，这些问题与领导经济责任紧密相关，审计组将根据具体情况按照规定进行修改和补充。

根据学校党委书记和校长的述职报告、听取的有关意见、提供的相关资料和内部控制环境，确定了本次审计重要性水平：①学校财务收支核算的重要性水平为 50 万元。②重大工程项目的建设、招生计划的重大调整、对外投资、联合办学等决策及实施情况和行政性收费、"收支两条线"、贫困家庭学生助学资助政策、政府采购及招投标制度执行情况等重要性水平为 20 万元。③学校廉政方面的重要性水平为 1 万元，涉及书记、校长本人廉洁自律情况等的重要性水平为 0 元。④科研经费的重要性水平为 5 万元，书记、校长本人承担的科研项目的重要性水平为 1 万元。所有的违规问题都置于重要性水平之上，对超过重要性水平金额、低于重要性水平金额但性质严重的事项进行详查，低于重要性水平金额的事项进行抽查。

**（2）审计风险的评估**

通过对被审计单位的调查了解，初步估计本次审计的固有风险为 60%。固有风险考虑因素有：①书记、校长任职时间较长，追溯期间长，学校发展变化大，受审计时间和人力资源的限制，审计覆盖面受到一定程度的影响，难以对书记、校长任期内的经济责任进行全面评价，可能导致部分审计事项遗漏而造成的风险；②存在因被审计单位审计资料提供不完整、不真实或因审计手段及审计权限限制，对领导干部个人遵守国家财经法律法规及廉政纪律规定审计不全面而导致的风险等。

根据对被审计单位内部控制和信息系统初步测试和初步评价结果，初步估计本次审计的控制风险为20%。测试计算如下：虽然该校制定了一系列资金管理办法，但是仍然存在一些管理办法不够完善、执行不力的问题。

确定可以接受的检查风险水平，一般为5%。故评估的本次审计风险＝5%×（60%×20%）＝0.6%。

综上，本次审计重点关注重大工程项目的建设、招生计划的重大调整、对外投资、联合办学等决策及实施情况和行政性收费、"收支两条线"、贫困家庭学生助学资助政策和政府采购及招投标制度等执行情况以及书记、校长本人廉洁自律情况等事项，以降低审计风险。对于审计查实的某些问题，受法律、法规不健全等因素的影响，可能存在责任取证方面的困难，要做出审计评价存在一定的审计风险。因此，对审计评价只能在取得的责任证据的基础上，依法做出评价。对责任证据不确凿的、法律法规依据不明确的、难以分清责任的，只做问题描述，不做评价。对与被审计的领导干部不相关的经济责任，审计不做评价。

**4. 审计的方法和步骤**

**（1）审计方法**

此次审计坚持以"以权定责、以责定审、以审定评"结合、定性和定量结合的方法。对经济指标完成情况审计，主要采用核对、抽样和比较分析等审计方法；对重大经济事项审计，主要采用座谈、调查、询问、查阅会议记录和相关法律法规、实地察看和程序法等审计方法；对财务收支及有关经济活动审计，主要采用常规审计方法，结合信息化审计方法；对内部控制制度评审，主要采用审阅、测试等审计方法；对个人廉洁自律情况审计，主要采用测评、走访、座谈、公告、听取群众意见以及检查相关资料等审计方法。

**（2）审计步骤**

1）常规步骤。首先调查了解学校及其相关情况，包括相关内部控制及其执行情况和信息系统控制情况；根据了解的情况，结合使用的标准，判断学校可能存在的问题，即风险领域或风险点；运用职业判断，根据存在的问题的性质、数额及其发生的具体环境，判断其重要性，评估可能存在的重要问题，即重要风险领域或者重要风险点；在评估学校存在重要问题可能性的基础上，确定审计事项和审计应对措施。

2）重大项目的审计步骤。通过查阅会计报表、会议记录、找相关人员谈话、盘点现金，掌握了解重大决策事项，如"双高"创建的落实情况、目标完成情况，找出不足和疑点；审查会计账簿、凭证，调查询问，核实经济、资源配置情况，核实疑点，编制审计记录；评估问题的重要程度，综合分析后形成审计结论。

**5. 审查和取证**

**（1）审查和取证文书格式**

审查和取证文书格式见表12-1和表12-2。

表 12-1 审计取证单

| 项目名称 | A 高校党委书记、校长任期经济责任审计 |
|---|---|
| 被审计（调查）单位或个人 | |
| 审计（调查）事项 | |
| 审计（调查）事项摘要 | |

| 审计人员 | | 编制日期 | |
|---|---|---|---|

| 证据提供单位意见 | （盖章） | | |
|---|---|---|---|
| | 证据提供单位负责人（签名） | | 日期 |

表 12-2 审计询问记录

| 时 间 | | 地 点 | |
|---|---|---|---|
| 询问人 | | 记录人 | |

| 被询问人 | 姓 名 | | 性 别 | |
|---|---|---|---|---|
| | 单 位 | | 职 务 | |
| | 电 话 | | 身份证号 | |
| | 住 址 | | | |

被询问人签字： 询问人： 记录人：

（2）开展审查和取证

审计组对照审计内容和审计开展实际情况，结合风险出现的概率、社会对风险的关注度和事项后果的影响度等因素，依法文明实施审计核查和取证，必要时将依法提请有关部门、单位予以协助。

1）审查贯彻执行重大经济方针政策和决策部署及推动本单位事业发展情况。主要审查书记、校长任期内贯彻执行党的教育方针、推进党委领导下校长负责制情况；脱贫攻坚参与程度、节能减排等重大政策落实、执行编制及人员聘请等情况；落实《四川省职业教育改革实施方案》（四川省职教 20 条）情况；学校"十三五"规划完成情况以及完成上级主管部门下达目标任务情况；审核高校内涵建设的条件保障、食堂保供稳价、疫情防控期间小卖部和超市违规涨价信访事件等。

2）审查重大经济决策及决策执行情况。查阅工作报告、党委会议纪要、校长办公会议纪要等资料，审查书记、校长任职期间重大经济决策制度的制定及执行和效果，特别是"三重一大"（重大事项决策、重要干部任免、重大项目投资决策、大额资金使用）决策制度的贯彻落实情况，揭示学校管理中存在的主要问题，明确经济责任。对决策制度的建立健全情况，主要审查领导任职期间学校是否建立健全了包括"三重一大"事项在内的相关决策议事规则、工作制度等，决策制度是否符合《国务院关于加强法治政府建设的意见》的规定，对决策制度的内容是否进行了细化和量化，是否明确重大经济事项的决策权限，是否对集体讨论决定、风险评估、合法性审查等环节做出明确规定。对重大经济决策制度的执行情况，重点关注：重大经济事项决策程序；决策内容的合法、合规、合理性；重大经济决策事项的执行情况和效果。审查重大经济决策的内容是否符合法律法规；审查决策程序是否符合学校决策制度规定，决策实施内容是否与决策目标一致；审查是否针对执行中存在的问题及时采取纠正整改措施，及时研究决策执行过程中出现的新情况、新问题。重点关注被审计领导干部是否存在以下问题：依法履职、规范行权的意识不强；以个人或少数人决策代替集体决策；越权决策、盲目主观决策等。重点关注：学校年度预算、决算的审定、基建项目"财经实训楼"；重大国有资金使用和国有资产经营、处置；后勤管理方面重大经济事项；采购方面重大经济事项；学生收费政策、科研经费、国家各项奖助学政策、遵守机构编制法规等方面的决策和管理情况。

3）审查财政财务和内部控制及其他重要经济活动的情况。审查学校在财政财务收支以及有关经济活动中，履行法定职责、遵守相关法律法规、建立并实施内部控制、按照有关会计准则和会计制度编报财务会计报告、保持财务会计资料的真实性和完整性。

第一，审查 2018—2020 年学校预决算编制及执行情况。审查收入预算是否完整，主要审查：上年财政额度结余、资金结余、经营性收入（如社会培训收入等）是否全部编入部门预算。审查年度中追加的支出是否编制调整预算。审查有无超预算、无预算支出或采购等问题。审查采购预算是否完整准确，主要审查采购单价是否准确，有无差异太大的情况，内容是否全面、完整。审查决算报表的收支数额是否真实、准确，是否做到表表相符、账表相符；有无瞒报、漏报，形成表外资产；学校后勤单位的资产、负债是否纳入学校汇总财务决算报表反映。审查公务接待、公务出国、公务购车及车辆运行费用情况。

第二，审查学校各项收入合法合规性。重点审计行政事业性收费、服务性收费是否执行"收支两条线"政策，纳入预算或财政专户管理，有无隐瞒收入、违规转移、私存私放、滥支滥用等问题。分析学校各项经费投入的增长变化趋势，以及财政拨款对高等教育事业的支持程度。全面摸清学校收费的总体规模、收费种类及项目构成和学生人均费用负担情况，审查国家收费政策的执行情况、收费资金管理及使用情况。

第三，审查资金拨付及使用情况。重点揭露虚列支出、转移资金，挤占、挪用专项资金，坐收坐支，甚至贪污、私分等严重违法违规问题。特别关注在科研课题经费、基本建设项目、会议费、培训费、办公费等支出中以"会议费""咨询费""设备购置""工程购建、修缮""办公用品"等名义报销发票的真实性，揭示学校使用内容、金额与实际不符的发票报销，以及虚列支出、套取资金、私设"小金库"等影响财政支出真实性的问题。

第四，审查往来账项和代管款项的核算和管理情况。重点审查有无将应当纳入学校收入管理的款项列入往来账和在往来账中列支的情况，包括当年实现收入不记入学校收入而挂应付及暂存款科目、以前年度专项资金结余未转入收入而挂应付及暂存款科目等问题；有无长期挂账未进行清理的应收应付款项，弄清长期挂账的原因。审查在代管款项科目中核算的各种代收代支费用是否据实进行结算，结余部分是否及时清退给学生，有无多收取学生代管款项并用于发放教师劳务补贴等现象。

第五，审查学校债权债务情况。摸清学校截至2020年12月底的债权债务规模、结构及总体变化趋势，分析高校债权债务的形成原因及债务的偿还能力。重点揭露学校有无不顾自身财力盲目"铺摊子"、上项目，造成债务负担沉重，影响教学科研事业正常发展的问题。一是要了解和掌握近几年的收支情况，掌握收支的规模、结构和变化趋势，以及每年可用于偿还贷款利息和本金的资金情况；二是要了解和掌握学校资产负债的总体情况，掌握每年需要偿还的贷款利息和本金情况，以及学校对借款本金及利息的偿还措施等。

第六，审查学校国有资产监督管理情况。重点审计房屋、重要物资（包括教学仪器、设备、教材等）的采购、经营、处置和利用是否符合规定。重要物资采购是否经过政府采购，各项资产的管理是否建立了相应的管理制度；资产经营和处置是否符合政策规定，有无将房屋、教室、设备等用于对外投资或经营性出租，有无违规投资、经营或管理不善造成国有资产流失等问题。

第七，审查内控制度建立及执行情况。重点检查内部控制制度的建立和各项管理办法执行的有效性。重点检查各项内控制度是否完善，执行是否得力，有无明显管理漏洞。

第八，审查内部监督管理情况。审查学校纪委部门设立运行情况、纪委委员履职情况、决策执行过程中开展监督管理情况，以及对决策执行的监督保障制度是否完善，是否建立健全重大经济决策事项的监督检查、绩效考核和责任追究等保障制度。审查学校内审机构的建立和运行情况，是否对学校的经济运行起到监督作用。

4）审查落实党风廉政建设责任和遵守廉洁从政情况。审核书记、校长党风廉政"一岗双责"执行情况，贯彻落实中央八项规定、省委十项规定及其实施细则精神等情况，以及领导个人及其配偶、子女廉洁情况。

通过对书记、校长党风廉政建设第一责任人责任履行情况，以及个人遵守有关廉洁从政规定情况的审计，在审计职权范围内核实与被审计领导干部有关的信访举报事项，客观评价被审计领导干部任职期间开展党风廉政建设和遵守廉洁从政有关规定的情况，促进党员领导干部落实党风廉政建设的各项部署。

将被审计领导干部个人遵守有关廉洁从政规定情况审计内容贯穿于其他审计内容中，重点关注被审计领导干部是否利用职权和职务上的影响私自从事营利性活动，牟取不正当利益；是否存在违规发放奖金补贴、违规经商办企业、私设"小金库"、以权谋私、失职渎职、贪污受贿、侵吞国有资产等问题；是否违规兼职取酬、假公济私、化公为私；是否超标准配置公务用车、办公用房、个人住房；是否违规职务消费、奢侈浪费等。审计过程中应重点核实与被审计领导干部个人有关的信访和举报情况。

5）审查以前年度接受审计、巡视及整改情况。关注学校是否接受上级审计、巡视；是否按照规定对审计、巡视查出的问题认真进行整改，揭示以下问题：整改不及时、不到位，虚假整改，就事论事整改，同类问题重复发生，对审计整改要求落实不力，整改督促机制存在缺陷等。

**6. 撰写审计工作底稿**

审计组依据权力清单、廉政风险点、决策过程、执行轨迹、会计资料及相关政策法规，逐一对照审计取证或认定的事实等相关支撑材料，进行问题认定和梳理后，编制审计工作底稿，见表12-3。

表 12-3  审计工作底稿

| 项目名称 | | | |
|---|---|---|---|
| 审计（调查）事项 | （按照审计实施方案确定的事项名称填写） | | |
| 审计人员 | | 编制日期 | |

审计过程：
（说明实施审计的步骤和方法，以及所取得的审计证据的名称和来源。多个审计工作底稿间共用审计证据且审计证据附在其他审计工作底稿后的，应当在上述内容表述完毕后，注明"其中，××审计证据附在××号审计工作底稿后"）

审计认定的事实摘要及审计结论：
（审计结论包括未发现问题的结论和已发现问题的结论。对已发现问题的结论，应说明得出结论所依据的规定和标准）

审核意见：
（审核意见种类包括：①予以认可；②责成采取进一步审计措施，获取适当、充分的审计证据；③纠正或者责成纠正不恰当的审计结论及整改意见；④完善依据）

| 审核人员 | | 审核日期 | |
|---|---|---|---|

审计工作底稿中，审计人员应说明审计程序执行过程及结果，给出审计结论、意见及建议。审计程序执行中应陈述实施审计的步骤和方法、所取得的审计证据的名称和来源，"结果"重点是审计认定事实。多个审计工作底稿间共用审计证据且审计证据附在其他审计工作底稿后的，应当在上述内容表述完毕后，注明"其中，××审计证据附在××号审计工作底稿后"。审计结论包括未发现问题的结论和已发现问题的结论。对已发现问题的结论，应列出结论所依据的规定和标准。审计处理意见和整改建议应列出相关依据。

审计工作底稿中，审计复核人员应发表审核意见，审核意见包括4个种类：①予以认可；②责成采取进一步审计措施，获取适当、充分的审计证据；③纠正或者责成纠正不恰当的审计结论及整改意见；④完善依据。

**（三）审计终结阶段**

**1. 审计责任界定和评价**

审计组完整准确地陈述审计情况，由审计委员会办公室、审计机关和审计组，按照权责一致原则，根据书记、校长职务的职责分工和职责要求，综合考虑相关问题的历史背景、决策过程、性质、后果和领导干部实际所起的作用等情况，界定其应当承担的直接责任或者领导责任，并综合运用多种方法，坚持定性评价与定量评价相结合，依照有关法律法规、政策规定、责任制考核目标等，在审计范围内，对被审计书记、校长履行经济责任情况，包括公共资金、国有资产、国有资源的管理、分配和使用中个人遵守廉洁从政（从业）规定等情况，进行打分定级，形成客观公正、实事求是的评价。

在进行审计责任界定和评价时，应当把书记、校长在推进改革中因缺乏经验、先行先试出现的失误和错误，同明知故犯的违纪违法行为区分开来；把上级尚无明确限制的探索性试验中的失误和错误，同上级明令禁止后依然我行我素的违纪违法行为区分开来；把为推动发展的无意过失，同为牟取私利的违纪违法行为区分开来。对于领导干部在改革创新中的失误和错误，要正确把握事业为上、实事求是、依纪依法、容纠并举等原则，综合分析研判，是否可以免责或者从轻定责，以鼓励探索创新，支持担当作为，保护领导干部干事创业的积极性、主动性、创造性。

**2. 审计报告和审计结果报告**

审计组实施审计后，应当依据审计取证或认定的事实等相关支撑材料、审计工作底稿及审计责任界定和评价，向派出审计组的审计委员会办公室、审计机关提交审计报告。

审计委员会办公室、审计机关应当书面征求被审计领导干部及其所在单位对审计组审计报告的意见。被审计领导干部及其所在单位应当自收到审计组审计报告之日起10个工作日内提出书面意见；10个工作日内未提出书面意见的，视同无异议。

审计组应当针对被审计领导干部及其所在单位提出的书面意见，进一步研究和核实，对审计报告做出必要的修改，连同被审计领导干部及其所在单位的书面意见一并报送审计委员会办公室、审计机关。

审计委员会办公室、审计机关按照规定程序对审计组审计报告进行审定，出具经济责任审计报告，同时出具经济责任审计结果报告，即在经济责任审计报告的基础上，简要反映审计结果。经济责任审计中发现的重大问题线索，由审计委员会办公室按照规定向审计委员会报告。应当由纪检监察机关或者有关主管部门处理的问题线索，由审计机关依规、依纪、依法移送处理。

经济责任审计项目结束后，审计委员会办公室、审计机关应当组织召开会议，向被审计领导干部及其所在单位领导班子成员等有关人员反馈审计结果和相关情况。联席会议有关成员单位根据工作需要可以派人参加。被审计领导干部对审计委员会办公室、审计机关出具的经济责任审计报告有异议的，可以自收到审计报告之日起30日内向同级审计委员会办公室申诉。审计委员会办公室应当组成复查工作小组，并要求原审计组人员等回避，自收到申诉之日起90日内提出复查意见，报审计委员会批准后做出复查决定。复查决定为最终决定。

经济责任审计报告、经济责任审计结果报告等审计结论性文书按照规定程序报同级审计委员会，按照干部管理权限送组织部门。根据工作需要，送纪检监察机关等联席会议其他成员单位、有关主管部门。

## ▶▶ 三、案例分析

### （一）真实性与合法性履责情况

**1. 资产公司组建和经营性资产划转问题**

学校是否存在：未按时完成资产公司组建和经营性资产的评估与划转工作，以事业单位法人身份向资产公司以外的公司对外投资。可依据《关于积极发展、规范管理高校科技产业的实施意见》（川教〔2005〕341号）第8条和第10条、《国务院办公厅关于高等学校所属企业体制改革的指导意见》（国办发〔2018〕42号）第3条、《四川省教育厅 四川省财政厅关于做好高等学校所属企业体制改革工作的通知》（川教函〔2019〕218号）的相关要求界定。

**2. 超额发放绩效工资问题**

学校是否存在：向在职教职工超额发放绩效工资，以各种名义发放劳务费、奖金、交通补贴及其他津补贴，超标准发放加班费，违规从代管费往来款中支付培训课时费、监考费。可依据《四川省人力资源和社会保障厅 四川省财政厅关于印发四川省其他事业单位绩效工资的实施意见的通知》（川人社发〔2011〕29号）第4条和第6条、《关于调整省属高校和直属事业单位绩效工资总量及退休人员补贴标准的通知》（川教函〔2013〕911号）、《违规发放津贴补贴行为处分规定》第4条和《四川省人力资源和社会保障厅 四川省财政厅 四川省教育厅关于印发〈完善省属高校绩效工资政策试点工作方案〉的通知》（川人社发〔2020〕32号）第3条的规定界定。

**3. 超标准收取学生费用问题**

学校是否存在：将土木工程等理工类专业收费标准按建筑与城规类专业收费标准收取学生学费，将工程造价、工程管理、物流管理等管理类专业收费标准按理工类专业收费标准收取学生学费，违反自愿和非营利原则收取服务性费用和代收费。可依据《教育部等五部门印发〈关于进一步加强和规范教育收费管理的意见〉的通知》（教财〔2020〕5号）、《四川省物价局 四川省财政厅 四川省教育厅关于在我省高等院校实行学分制收费改革试点的通知》（川价费〔2004〕118号）的相关规定界定。

**4. 食堂饭菜价格平抑基金设立与提取问题**

学校是否存在：未设立或未及时提取食堂饭菜价格平抑基金。可依据《转发〈教育部等五部门关于进一步加强高等学校学生食堂工作的意见〉的通知》（川教〔2011〕185号）第2条的规定界定。

**5. 违规收取食堂承包商管理费问题**

学校是否存在：将学生食堂交由校外餐饮公司承包经营，而向承包商收取管理费。可依据教育部、国家发展改革委、财政部、国家食品药品监督管理局、国家税务总局《关于进一步加强高等学校学生食堂工作的意见》（教发〔2011〕7号）第5条的规定界定。

**6. 违规采购大宗物资问题**

学校是否存在：未依法公开招标，采取自行组织招标等方式确认学生教材、公寓用品、军训服装及食堂米、面、油、肉等大宗物资的供应商。可依据《四川省物价局 四川省教育厅关于规范高等学校学生代管费和服务性收费的通知》（川价发〔2005〕122号）第4条和《四川省高等学校食堂管理办法》第8条的规定界定。

**7. 建设工程项目未批先建、超概、违规招标等问题**

学校是否存在：对未列入基本建设中长期规划和年度基建投资计划的项目启动建设，在审批或核准前启动建设；投资额度超过批准总投资10%，或者建设性质、建设地点、建设规模、技术方案等发生重大变更，以及超过批复的建设年限而未开工的建设项目，不重新报批；对超过已批准概算10%及以上，不报审批机关依据审计或评审结果进行调整；擅自扩大建设规模、提高建设标准、增加建设内容和故意漏项、报小建大。可依据《四川省省属高校基建管理办法》第15条和第18条、《关于进一步加强政府投资项目管理的规定》第5条、《四川省省属高等学校基本建设管理办法（修订版）》的规定界定。

学校是否存在：对预算在200万元以上的建设工程项目未公开招标，未将须依法招标项目的招标范围、招标方式、招标组织形式、发包初步方案报项目审批部门核准，招标事项核准后，不按核准方式实施，也未报原核准部门批准。可依据《工程建设项目招标范围和规模标准规定》（2000年国家发展计划委员会令第3号）第7条和第9条、《四川省2014—2015年省级政府集中采购目录及采购限额标准的通知》第3条、《四川省人民政府关于严格规范国家投资工程建设项目招标投标工作的意见》（川府发〔2007〕14号）第10条、《四川省省属高等学校基本建设管理办法（修订版）》的规定界定。

**8. 违规有偿集资问题**

学校是否存在：面向校内教职从事有偿集资活动。可依据《国务院关于清理有偿集资活动坚决制止乱集资问题的通知》（国发〔1993〕62号）第3条的规定界定。

**9. 对任期内审计、检查指出的问题未及时全面有效整改**

学校是否存在：未在党政领导班子内部通报审计结果和整改要求，未及时制定整改方案，未及时将整改结果书面报告审计机关和有关干部管理监督部门；未按照有关要求公告整改结果；未在法定期限内执行审计处理、处罚决定；未落实审计结果所反映问题的有关责任人员的责任，也未采取相应的处理措施；未根据审计建议，采取措施，健全制度，加强管理。可依据《党政主要领导干部和国有企业领导人员经济责任审计规定实施细则》第44条、中共中央办公厅、国务院办公厅印发的《关于完善审计制度若干重大问题的框架意见》第2条的相关规定界定。

**10. 违规"吃空饷"问题**

学校是否存在：隐瞒事实、虚报人员编制或实有人数套取财政资金，工作人员不在岗违纪违规领取工资、津贴补贴。可依据《国务院办公厅转发人力资源社会保障部等部门关于开展机关事业单位"吃空饷"问题集中治理工作意见的通知》（国办发〔2014〕65号）的相关规定界定。

**11. 已发生的经济业务确认不及时、不完整、不准确等问题**

学校是否存在：对资金利息收入、借款利息支出、相关支出费用及财务成果的计算和处理不及时、不完整、不准确。可依据《中华人民共和国会计法》第10条、《会计基础工作规范》（财会字〔1996〕19号）第37条的相关规定界定。

**12. 虚列支出问题**

学校是否存在：虚列支出从零余额账户将还本付息、基建预算及其他专项资金转至学校其他银行存款账户，不按规定用途使用，或形成银行定期存款。可依据《中华人民共和国预算法》第47条、《四川省省级预算单位银行账户管理暂行办法》第9条和第41条、《四川省财政厅关于加强财政资金支付管理的意见》（川财库〔2015〕6号）第2条第1款的规定界定。

学校是否存在：采用先买后用方式按预算额列支转款给政府采购指定机动车燃油供应商，为公务用车购买燃油，清理结算不及时、不规范，在每年加油站油料未使用完毕的情况下，继续划款列支，形成大量的库存。可依据《高等学校财务制度》（财教〔2012〕488号）第29条的规定界定。

学校是否存在：采取以拨作支、虚假业务或票据报账等方式，将科研经费转款给下属二级单位等非协作单位。可依据《教育部关于进一步贯彻执行国家科研经费管理政策　加强高校科研经费管理的通知》（教财〔2011〕12号）第1条、《四川省高等学校科研经费管理办法》（川教〔2013〕26号）第14条和第17条、《高等学校财务制度》（财教〔2012〕488号）第30条的相关规定界定。

### 13. 财务审核不严、虚假发票报销入账问题

学校是否存在：财务审核不严，经抽查部分经济业务和发票验旧，发现存在业务发生不真实，过期发票、购票人与出票人不符、非法票据等虚假发票报销入账，一次报销业务时间跨度长，报销不及时等。可依据《事业单位财务规则》第27条、《事业单位会计准则》第10条和第12条的规定界定。

### 14. 代管费不结算或不及时结算问题

学校是否存在：未按规定对代收新生军训服装费、伙食费、学生公寓用品费、学生教材等代管费进行结算，存在差价结算、不结算、不及时结算等。可依据《四川省物价局四川省教育厅关于规范高等学校学生代管费和服务性收费的通知》（川价发〔2005〕122号）第1条和第3条的相关规定界定。

### 15. 往来款项未及时清理长期挂账问题

学校是否存在：对应收及预付款项等往来款项未及时清理，逾期3年或以上的往来款项长期挂账。可依据《事业单位会计制度》第三部分第四项和《高等学校财务制度》（财教〔2012〕488号）第41条的规定界定。

### 16. 国有资产有偿使用收入未按规定缴入国库问题

学校是否存在：校内部门（单位）房屋门面出租收入、场馆设施等国有资产有偿使用收入，未按规定报批和缴入国库。可依据《四川省教育厅所属事业单位国有资产出租出借管理办法》第10条、《四川省财政厅关于非税收入管理若干问题的函》（川财教函〔2012〕8号）第2条的规定界定。

### 17. 资产清查与账实不符等问题

学校是否存在：对资产不定期清查，对会计资料不定期进行内部审计，对会计账簿记录与实物、款项及有关资料不相符的问题不查原因，不按规定处理。可依据《中华人民共和国会计法》第27条和第29条的规定界定。

## （二）单位效益与社会责任的履行

### 1. 规划未完成或编制不及时的问题

学校是否存在：发展规划、年度工作计划（如"十二五"规划）指标未完成，存在

编制不科学不及时、目标任务过高、适应政策环境变化的规划调整弹性不足，未对照发展规划完整有效地分解为年度目标任务或组织落实推进措施不到位等。可依据《四川省坚持和完善普通高等学校党委领导下的校长负责制的实施办法》（川委办〔2015〕42号）第7条和第9条的相关要求界定。

**2. 重大事项或基本管理制度未报告及集体研究决策的问题**

学校是否存在：银行存款账户开设与账户间资金调动、联合办学与资金结算、重大投资合作与资金收付、举债与还本付息及重要办学资源配置等重大事项，事关学校改革发展稳定及教学、科研和行政管理的基本管理制度，未集体研究，未明确各岗位办理业务和事项的权限范围、审批程序和相关责任，或超权限、超范围办理业务和事项，未建立决策和会签制度、报告制度，未统计决策制度贯彻落实及督查情况。可依据《行政事业单位内部控制规范（试行）》第12条第2款、《四川省省属高等学校党委常委会决定重大事项议事规则（试行）》第5条和第9条、《四川省坚持和完善普通高等学校党委领导下的校长负责制的实施办法》第7条和第9条的规定界定。

**3. 预算控制与执行不严格的问题**

学校是否存在：编制的预算或构建的预算控制系统不能有效发挥预算对经济活动的约束作用，预算管理未真正贯穿财政性资金收付、基建及其他资本性支出等经济活动的全过程，预算执行不严格，无预算或超预算支出，未严格按照预算规定的支出用途、范围、定额标准使用资金。可依据《行政事业单位内部控制规范（试行）》第12条、《中华人民共和国预算法》第38条、《四川省省级财政预算绩效结果与预算安排挂钩实施细则（试行）》的规定界定。

**4. 学校二级财务机构财务管理不规范的问题**

学校是否存在：编制年度财务报表时，未将校内非法人独立核算单位的会计信息纳入学校财务报表反映；校内非法人独立核算二级财务机构的各项财务收支未纳入学校总预算和决算统一管理，校级预算管理的各项收入（如国有资产有偿使用收入等）截留在二级财务，二级单位诸如融资合作、收费立项等重要经济活动未归口学校统一管理；学校与学校出资法人财务机构会计主体不清晰。可依据《高等学校会计制度》第7条、《四川省教育厅关于加强高校财务管理规范财务行为的通知》（川教〔2005〕155号）第6条、《事业单位会计准则》第5条的规定界定。

**5. 不督查决策决议的贯彻落实问题**

学校是否存在：书记、校长对不贯彻落实举债规模、建设工程项目投资规模、大额资金调动、重大投资合作、重大资源配置、大额财务收支预算等事关学校改革发展及教学、科研和行政管理的决策决议和基本管理制度的行为不予督查，不及时纠正。可依据《四川省坚持和完善普通高等学校党委领导下的校长负责制的实施办法》（川委办〔2015〕42号）第7条和第9条的规定界定。

**6. 不发挥社会第三方对工程竣工结算等的监督鉴定作用的问题**

学校是否存在：招标工程量清单、招标控制价、投标报价、工程计量、合同价款调整、合同价款结算与支付、工程造价鉴定以及工程竣工结算等工程造价文件的编制与核对，不是由具有专业资格的工程造价人员承担或委托具有相应资质的工程咨询人承担，不委托具有相应资质的会计师事务所对基建工程竣工财务决算编制工作进行评审。可依据中华人民共和国住房和城乡建设部发布的《建设工程工程量清单计价规范》（GB 50500—2013）1.0.4及《四川省省属高校基建管理办法》第44条、《行政事业单位内部控制规范规定》第48条、《四川省省属高等学校基本建设管理办法（修订版）》的规定界定。

### 7. 未履行有关党风廉政建设第一责任人职责的问题

学校党委是否存在：未切实有效地领导学校党的纪律检查工作、落实党风廉政建设主体责任、支持学校纪委落实监督责任、推进惩治和预防腐败体系建设。可依据《四川省坚持和完善普通高等学校党委领导下的校长负责制的实施办法》（川委办〔2015〕42号）第5条的规定界定。

### 8. 管理层遵守有关廉洁从政规定的问题

学校是否存在：违反规定收送红包、礼金、礼品和其他支付凭证；借婚丧嫁娶等事宜大操大办、收钱敛财；参与赌博；用公款大吃大喝，借"红色旅游"用公款游山玩水，用公款变相出国（境）旅游；超编制、超标准配备使用小汽车；接受可能影响公正执行公务的宴请、娱乐、健康旅游等活动；违反规定兼职兼薪；到下属单位或其他单位报销应由个人、配偶和子女个人支付的各种费用；利用职权为配偶、子女、其他亲友谋取非法利益；跑官要官、任人唯亲等。可依据中央出台的"八项规定"、《中国共产党廉洁自律准则》、《中国共产党纪律处分条例》、《中共四川省纪委  四川省监察厅关于领导干部操办婚丧喜庆等事宜的暂行规定》（川纪发〔2014〕13号）、《关于进一步严明纪律严禁领导干部违规赠送和接受现金、有价证券、支付凭证的通知》、《关于进一步规范党政领导干部在企业兼职（任职）问题的意见》的规定界定。

### （三）审计结论

经济责任审计结论的表述一般为：在张某、王某任职期间，在所有重大方面尚未发现单位及个人对国家有关财经法规未得到遵循的情况，制度建立较为健全，但制度执行上存在缺陷。

该案例中存在的问题主要体现在以下几方面：

1）高校管理体制和制度建设方面存在一定缺陷。首先，高校内部审计部门属于职能部门，内审人员一切待遇均受本单位管理和制约，和本单位其他重要职能部门有着千丝万缕的联系，在体制的设计上存在先天不足，不能相对独立，更不用说完全独立，独立性受到限制。因此，高校内部审计部门在行使职权时很难做到公正、公平地评价。其次，书记、校长任命时，往往只明确了岗位和职务，并未明确任期目标以及相关的经济责任。此外，由于缺乏高校书记、校长经济责任交接制度，前后任领导干部的经济责任划分不明确。在审计过程中，对于产生的债权、债务、资产管理、经济活动的纠纷等，前任领导认为自己已经离职，后任领导认为产生纠纷的问题不在自己的任期内，所以无法明确经济责任由谁承担。

2）管理层职能界定不清。高校书记、校长及班子成员、职能部门、学院正副职共同行使经济管理职权，普遍实行的是正职全面负责、副职分管的领导体制，通过经济责任审计取证难以明确界定是集体责任还是个人责任，是直接责任、管理责任还是领导责任，是主观原因还是客观原因，是玩忽职守还是工作失误等，要做到客观、公正确实有一定难度。

3）原始凭证、会计凭证等财务信息资料不足以评价被审计对象的经济决策、经营管理、财务收支等情况，但未发现有"账外账""小金库"等财务问题。但低值易耗品的购买程序不完善，部分采购未履行申购，管理口径不一致，不符合财务内控管理的要求。

## ▶▶ 四、建议与启示

审计组在审计报告中应对照"审计中发现的问题与不足"，提出相应的审计建议。审计建议可以是处理建议，也可以是管理建议，还可以是先提管理建议再对重大问题提出有针对性的处理建议，供干部考核监管部门等更有针性地运用审计结果，有利于促进问题整改。

### 1. 建议

（1）做好高校的"顶层设计"，完善相关管理制度

一是在高校的"顶层设计"方面，进一步提升审计权威与独立性，才能很好地解决主要行政领导人经济责任审计的公正、公平问题。二是要完善高校相关的管理制度，明确书记、校长的职责及职能和任期目标以及相关的经济责任。三是要加强经济责任审计的宣传力度，在经费、人员、物资等资源配置上支持审计部门发挥专业优势，普及审计知识，赢得认同和认可。

（2）明确管理层责任范围，职责界定清晰

高校书记、校长应承担的经济责任，不管是从制度层面来看还是从实务层面来看，都应当把握好"一个中心、两个基本点"，即以"权力"为中心，以"时间""经济"为基本点。所谓以"权力"为中心，是指被审计对象所承担的经济责任仅限于其拥有或行使权力有关的活动所产生的后果；所谓"时间"和"经济"，仅指被审计对象任期内具有经济属性的事项承担责任或义务。因此，权力、时间、经济是经济责任范围界定的三要素，缺一不可。

（3）完善高校内部控制制度

高校经济责任相关的内部控制制度的完善，应通过制度形式明确干部在任期内的工作目标和相关经济责任以及岗位职责；在此基础上围绕学校中心工作制定翔实、可完成的工作计划和工作总结；建立健全会议纪要、合同、工作过程记录等具体资料管理制度。

（4）构建高校书记校长经济责任审计核查规范共享信息平台

针对当前四川省属高校书记、校长经济责任审计实际情况，结合风险出现的概率、社会对风险的关注度和事项后果的影响度等因素，依据有关纪律法规政策，可对一定时期不同高校书记、校长经济责任审计进行专门梳理分类，总结提炼审查出的问题，有利于分析共性问题、挖掘个性问题。与此同时，构建包含"是否存在××问题""需收集查阅的相应资料证据""可用于责任界定的相关政策法规"等内容的四川省高校书记、校长经济责任审计核查规范共享信息平台，并结合书记、校长权力与责任的发展与变化，按照领导干部经济责任审计的新规定、新要求，依据相关政策法规，不断丰富和完善，使之成为规范及时有效的审计核查指南，为有效指导审计实践、规范审计行为、提高审计效率、保障审

计质量奠定坚实的基础。

**2. 启示**

（1）构建评价体系，明确审计评价内容

1）构建审计评价原则。一是依法评价原则，应当依据法律法规、国家有关规定和政策，在审计法定职权范围内进行。二是客观公正原则，应当尊重客观事实，既反映审计查证认定的问题，又反映相关业绩。三是权责一致原则，应当根据赋予领导干部职权的大小，来确定其应当承担和履行的经济责任的范围和内容，从而评价其经济责任的履行情况。四是突出重点原则，应当对与履行经济责任有重要影响的经济事项进行评价，对经济责任的履行无重大影响的事项，可较少评价或不予评价。五是由事及人原则，高校书记、校长在履行职责时，需要以客观事实为基础，以维护和谐公正形象，由事及人可以使我们对事情的评价更加客观，使审计人员在处理相关事务时保证指标的准确性和客观性。

2）采取科学的审计评价方法。审计评价应做到重要性与谨慎性相结合，历史背景与现实情况相结合，定量分析与定性分析相结合。定性以事实为依据，定量以指标为基础。定性分析适用于评价被审计对象所在部门财经管理制度和内控制度是否健全、合理、有效以及财务收支的真实性、合法性的评价，要以财经管理制度、内控制度的评审和符合性测试，以及查出的违纪违规和虚账假账等事实为依据。定量分析适用于评价领导干部在任职期间国有资产的安全完整情况、财政财务收支的完成情况以及因工作失误或管理不善造成的重大经济损失的情况。定量分析的同时，还要和被审计对象任期内经济责任的目标、历史情况、同类其他高校的情况做必要的对比分析。在定性及定量分析之外，辅助会议纪要、表决意见、文件规章、单位档案、民意测评数据等资料，做到评价有理有据。除此之外，在审计过程中，审计组可以根据需要召开座谈会，进一步听取教职工的意见。对被审计部门员工进行询问、访谈，从多方面、多角度全面客观地评价领导干部的经济责任履行情况。

3）构建审计评价指标体系。审计机关应依据高校书记、校长工作职责、目标任务及经济责任审计的内容与评价要求，构建审计评价指标体系。简单、管用、可操作、能持续的评价指标，是确保经济责任审计取得实效的前提，是提高审计效率、加强审计力度、强化审计结果运用的重要保障。高校书记、校长经济责任审计评价指标设置时，应突出关键少数、人财物统筹，突出因岗而异、责权利匹配，突出客观公正、纵向与横向兼顾，突出刚柔并济、定量与定性结合，突出指标权重、点面结合，在广泛调研、充分论证的基础上，从政策执行、规划决策、工作绩效、监督管理、廉洁自律等维度确立相应的一级指标、二级指标和三级指标，并对各个指标设置指标分值，形成衡量、监测和评价书记、校长任职期间履行经济责任的业绩、主要问题以及应当承担责任的评价指标体系。只有这样才能充分反映高校书记、校长的经济责任，促进和推动领导干部依法行政、政令畅通、科学决策、科学发展，更加有效地揭示问题、强化管理、制约和监督权力运行、预防和惩治腐败，充分发挥对党政领导干部这一特殊公共管理群体的审计监督作用，更好地增加经济责任审计透明度和可比性，提高经济责任审计质量，助推经济责任审计结果运用与公开。在实际运用中，应当随着环境的变化适时调整，使指标体系能够起到客观公正的评价作用。

（2）构建和融入有机监督体系，实现审计监督新突破

党的十九大着眼于全面从严治党、提高党的执政能力和领导水平，做出健全党和国家监督体系的战略部署。审计是党和国家监督体系的重要组成部分，需与纪检监察、组织人事、巡视巡察等监督贯通起来，形成监督合力。对高校而言，进一步健全和完善"（个人）自我监督（明责任、识风险）、（所在）单位监督、（归口管理部门）职能监督（加强过程指导、监督和绩效评价）、（法规部门）法制监督（合规合法性审查）、审计监督、（机关党委）作风监督、纪律监督"7个层面的校内监督体系，实现学校审计监督"六突破"：①监督体系中审计职能监督的新突破；②科学发展规范监督的新突破；③依法治校，法规制度监督的新突破；④依规治党，廉洁监督的新突破；⑤风险防控中内部控制监督的新突破；⑥政治生态中示范监督的新突破。提升领导干部"自觉规范、自我管理、自我监督、自行纠正、自身提高"的意识和能力，深入推进领导干部履职风险防控暨防范重大风险工作，构建学校主要领导干部履行经济责任重点风险提示清单，确保将风险控制在可接受的范围内。

# 第十三章

## 财政预算执行审计案例——B 行政部门预算评价

　　财政预算执行审计是各级审计机关依据本级人大审查和批准的年度财政预算，对本级财政及各预算执行部门和单位，在预算执行过程中筹集、分配和使用财政资金的情况，以及组织政府预算收支任务完成情况和其他财政收支的真实性、合法性、效益性所进行的审计监督。审计人员从财政预算的编制、批复、执行及预算资金的管理使用等方面向政府各部门提供更多的知识和信息，为避免问题的重复出现并及时解决问题发挥重要的防范作用，以达到提高财政资金的安全性和效益性的目的。

### ▶ 一、案例背景介绍

　　为全面实施预算绩效管理，提高预算资金配置效率和使用效益，根据《中华人民共和国预算法》、《中共四川省委　四川省人民政府关于全面实施预算绩效管理的意见》和《四川省财政厅关于开展 2020 年度部门整体支出绩效评价工作的通知》（川财绩〔2020〕9 号），××财政局委托第三方评估机构，对 2019 年 B 行政部门整体支出实施预算评价。B 行政部门基本情况如下：

#### （一）机构组成

　　B 行政部门是四川省某县政府工作部门，为正科级，挂县政务服务管理局牌子。设办公室、党建办公室、政策法规股、行政审批制度改革股、商事登记审批股、投资建设审批股、社会事务审批股、现场踏勘股、检查监督股等内设机构；下设"县党政服务中心" 1 个事业单位，设综合股、网络管理股、政务服务股和热线服务股 4 个内设机构。

#### （二）机构职能

　　1）负责行使原由县发展和改革局、县经济贸易局、县教育和体育局、县民政局、县财政局、县人力资源和社会保障局、县水利局、县农业农村局、县文化广播电视和旅游局、县卫生健康局和县市场监督管理局等部门承担的××项行政审批事项。

　　2）负责推进政府职能转变和"放管服"改革、政务服务管理。

　　3）负责建立和完善高效便民的党务政务服务体系，建立健全行政审批工作机制，并组织实施。

　　4）负责拟订深化行政审批制度改革的政策、制度、办法和标准并组织实施；负责指导、协调、监督并推进深化行政审批制度改革工作，对县级部门（单位）取消、保留或调整的行政审批事项进行组织协调、监督，实施动态管理；负责组织开展对深化行政审批制度改革的调研、评估分析；承担县政府推进职能转变协调小组分工的工作。

　　5）负责县级部门划转和上级部门下放的有关行政审批事项的审批和相关行政服务事项的办理，并承担相应的法律责任；相关主管部门负责行政审批事项的事后监管。

6）负责清理规范行政审批前置条件；负责对行政审批事项流程进行规范和优化，推进行政审批标准化建设。

7）负责对本部门承担的行政审批事项实行目录管理，根据国务院、省、市、县对行政审批事项的调整情况实行动态调整。

8）负责统一组织实施已划转到 B 行政部门的行政审批事项所涉及的现场勘查、技术论证和社会听证等工作。

9）负责会同有关部门加强行政审批、政务服务信息化建设。

10）负责对进驻 B 行政部门的行政审批事项和公共服务事项进行协调办理；负责对 B 行政部门的行政审批、政务服务行为进行监督检查；负责对 B 行政部门窗口工作人员进行日常监管、教育培训和检查考核。

11）负责指导全县各级党务政务服务、便民服务体系建设；负责建立行政审批、公共服务运行规程和考核体系。

12）负责清理规范乡镇便民服务中心政务服务事项，指导乡镇和园区便民服务中心标准化建设。

13）负责区域内四川省一体化政务服务平台的运行管理。

14）完成县委、县政府交办的其他任务。

15）有关职责分工。

① 与划入行政审批事项有关部门的职责分工。B 行政部门负责实施行政审批的受理、审查、决定、送达及听证等职责；各职能部门主要负责本行业发展战略、发展规划、有关政策和行业标准的制定和实施，组织推动行业发展，有效提供公共服务，强化市场监管，承担对审批事项事后监管的职责。B 行政部门负责向各职能部门通报行政审批事项办理情况，便于职能部门对办理的审批事项实施后续监管；各职能部门负责将涉及本部门行政审批的法律法规和规定的更新情况告知 B 行政部门，对上级部门下发的涉及行政审批相关事项的文件及时转送 B 行政部门。划转到 B 行政部门职责范围内，但需上报省、市部门审批的事项，由业务主管部门和 B 行政部门联合上报。B 行政部门负责组建专业化现场踏勘队伍，采用建立专家库、购买社会化服务、职能部门配合等多种方式，实施联合踏勘和专业踏勘，形成审批、踏勘、办证等紧密连接的工作机制。

② 与乡镇人民政府的职责分工。B 行政部门负责指导乡镇便民服务中心业务，乡镇人民政府负责便民服务中心人员和事项管理。

## 二、审计的内容及流程

### （一）评价内容

#### 1. 部门财政资金收入情况

B 行政部门 2019 年部门决算收入合计 1955 万元，其中财政拨款收入为 1835 万元，占总收入的 93.86%；经营收入 0，占总收入的 0%；其他收入为 120 万元，占总收入的 6.14%。财政拨款收入中，一般公共预算财政拨款收 1736 万元，占比 94.6%，政府性基金预算财政拨款收入 99 万元，占比 5.4%。

**2. 部门财政资金支出情况**

B行政部门2019年支出合计1955万元，按资金来源分类：财政拨款支出1835万元，占全部支出的93.86%；经营支出0，占总支出的0%；其他支出120万元，占全部支出的6.14%。按支出功能分类：一般公共服务支出1780万元，占总支出的91.05%；社会保障和就业支出40.6万元，占总支出的2.08%；卫生健康支出19万元，占总支出的0.97%；城乡社区支出95.4万元，占总支出的4.88%；住房保障支出20万元，占总支出的1.02%。按支出性质分类：基本支出1348万元，占全部支出的68.95%；项目支出607万元，占全部支出的31.05%；经营支出0，占全部支出的0%。按支出经济分类：工资福利支出713.57万元，占总支出的36.5%；商品服务支出1192.03万元，占总支出的60.97%；对个人和家庭补助支出10.4万元，占总支出的0.53%；资本性支出29万元，占总支出的1.48%。"三公"经费支出方面，2019年公务接待费支出3.8万元，公务用车运行经费支出5.8万元，因公出国（境）费支出0。此外，2019年会议费支出2万元，培训费支出2.5万元。

**（二）评价依据**

1）国家相关法律法规和规章制度。

2）党中央、国务院重大决策部署，经济社会发展目标，地方各级党委和政府重点任务要求。

3）部门职责相关规定。

4）相关行业政策、行业标准及专业技术规范。

5）预算管理制度及办法，项目及资金管理办法、财务和会计资料。

6）项目设立的政策依据和目标，预算执行情况，年度决算报告、项目决算或验收报告等相关材料。

7）本级人大审查结果报告、审计报告及决定，财政监督稽核报告等。

8）其他相关资料。

**（三）评价方法与证据搜集**

**1. 评价目的**

本次部门整体支出预算评价，一方面，从部门预算管理、专项项目管理和绩效结果应用等多个维度反映B行政部门在整体资金安排、专项项目执行和绩效管理结果应用等方面的实际情况，形成客观公正、科学合理的评价结论，为解决部门"重投入、轻产出""重支出、轻绩效"等实际问题提供参考；另一方面，为完善以绩效评价为依据的结果运用，对于硬化责任约束、深化财税体制改革、优化财政资源配置具有重要意义。

**2. 评价重点**

1）评价部门年初预算编制是否科学准确；绩效目标是否要素完整、细化量化；绩效目标实际实现程度与预期目标的偏离度。

2）评价部门公用经费及非定额公用支出控制情况；部门开展绩效运行监控后，将绩效监控结果应用到预算调整的情况；部门在6月、9月、11月和12月的预算执行情况。

3）根据审计监督、财政检查结果，反映部门上一年度部门预算管理合法合规情况。

4）评价专项项目的设立是否经过严格评估论证、管理制度是否完善健全；项目规划是否符合县委、县政府重大决策部署，项目年度绩效目标与规划是否一致；项目实施结果与项目总体规划是否一致。

5）评价项目分配方法选择是否科学，分类评价分配程序和过程管理是否规范；部门是否按规定时限及时分配专项预算资金。

6）评价专项项目资金拨付到具体项目（人）的情况；专项项目实施绩效情况；专项资金支出管理是否规范，是否做到了专款专用；根据审计监督、财政检查结果反映部门上一年度部门专项预算管理是否合规情况。

7）评价部门整体支出自评准确率情况。

8）评价部门绩效目标是否按要求向社会公开；部门是否按要求将部门整体绩效自评情况和自行组织的评价情况向社会公开。

9）评价部门根据绩效管理结果整改问题、完善政策、改进管理的情况；部门按要求及时向财政部门反馈结果应用情况。

**3. 评价原则与方法**

（1）评价原则

本次评价工作遵循"客观、公正、科学、规范"的基本原则，突出问题导向，通过调研、分析和评价，找出部门预算过程管理与控制中存在的问题，纠正偏差，提高财政资金使用效益。

（2）评价方法

本次评价按照严格的程序、客观的态度，根据相关政策法规的要求，综合运用分级评分法、比率分值法、是否评分法、综合指标法、比较法、公众评判法等部门整体支出进行综合考核评价。按照《关于规范绩效评价结果等级划分标准的通知》（财预便〔2017〕44号），绩效评价结果等级划分标准为"优：90~100分""良：80~89分""中：60（含）~79分""差：0~59分"4档。

**4. 评价工作过程**

（1）前期准备工作

评价工作前期项目组与财政局和B行政部门充分沟通，多渠道收集相关资料，准确把握部门整体情况，结合部门特点及资金的实际执行情况，明确评价对象、评价内容和评价重点，设定绩效评价指标，选择绩效评价方法，制定评价工作方案，报财政局审定后，印发预算评价工作对接函。通过开展评前会议讨论评价工作流程、人员和时间安排等问题，并根据B行政部门提供的绩效评价材料进行试评价，制定评价工作方案。

（2）组织实施

评价工作组持财政局印发的预算评价工作对接函与B行政部门对接，明确评价范围、组织方式、评价内容、工作时间等对接事项。评价工作组核查2019年度B行政部门财政补助收入、整体支出及结余情况；核查"三公经费"支出及固定资产购置和管理情况；收集整理相关政策法规依据、制度、管理办法，相关批文、报告、汇报材料、工作计划、工作总结、审计结论等；根据部门职责职能、工作内容和履职情况，编制部门整体支出绩效评价指标体系；采用问卷调查的方式对社会公众或服务对象进行满意度调查。

1）查阅资料。评价工作组到 B 行政部门现场收集相关资料，在梳理政策、解读政策、分析审阅自评报告的基础上，查阅和收集与评价重点相关的数据资料，进行整理与分析，形成绩效评价工作记录。

2）访谈和座谈。评价工作组对 B 行政部门提供的资料进行全面梳理、分析和汇总，了解 B 行政部门工作开展情况，并针对相关问题分别对财务人员、领导班子、中层干部和一般职工进行访谈和座谈。

3）抽查账目。抽取 2019 年 B 行政部门基本户"三公"经费、会议费、培训费、差旅费等经费支出及其他金额较大的经费支出，共抽取 90 笔，金额合计 1350 万元，占 2019 年经费支出发生额合计的 69.05%。

4）调查问卷。本次调查问卷分别针对 B 行政部门内部相关工作人员和前来办事的公众开展。根据本部门提供的内部股室及人员名单进行抽样，抽取人员包括 B 行政部门正副局长、正副主任、机关党委书记及各部门 1/3 的在职人员，共计发放"B 行政部门整体支出绩效评价调查问卷（相关部门人员）"33 份，收回问卷 32 份，有效问卷 32 份，回收率和有效率分别为 96.97%、100%。随机选择前往服务大厅办事的民众 10 人，发放"B 行政部门整体财政支出满意度调查问卷（公众）"10 份，收回调查问卷 10 份，有效问卷 10 份，回收率和有效率均为 100%。

5）现场勘查。采取询问、核对、勘查、检查等方法进行调查，获取本次绩效评价项目的基础资料。

针对相关部门人员的 B 行政部门整体支出绩效评价调查问卷如下。

B 行政部门整体支出绩效评价调查问卷
（相关部门人员）

尊敬的女士/先生：您好！

为了更好地做好财政资金绩效评价工作，我们设计了该调查问卷。感谢您抽出宝贵时间参与问卷调查，请在您认为合适的选项内打"√"。您所填的问卷将是匿名的，对于您的问卷内容，我们将严格保密，您所提供的意见对于本次财政支出绩效评价具有重要意义。您的意见仅用于统计分析，我们会做好信息保密，谢谢您的合作！

1. 您的年龄

□18 岁以下　　　□18～30 岁　　　　□30～50 岁　　　□50 岁以上

2. 您的职业

□学生　　　　　　□机关、事业单位工作人员　　　　□个体企业人员

□自由职业/个体经营商　　□社区（居委会）人员　　　□其他人员

3. 您的学历

□初中及以下　　□高中/中专/职高　□大专/本科　　　□硕士及以上

4. 您是否长期居住在××县？

□是　□否

5. 就您所知，该部门预算绩效目标编制要素是否完整？

□完整　　　　　□比较完整　　　　□不完整　　　□不清楚

6. 就您所知，该部门预算绩效指标细化量化程度如何？

□详细　　　　　□一般　　　　　　□不详细　　　□不清楚

7. 就您所知，该部门专项项目立项时是否经过严格评估论证？

□是　　　　　　□否　　　　　　□不清楚

8. 你认为该部门年初预算专项资金安排是否合理？

□很合理　　　　□合理　　　　　□不合理　　　　□不清楚

9. 您认为该部门专项资金的管理办法是否健全、完善？

□健全　　　　　□一般　　　　　□不健全　　　　□不清楚

10. 你认为该部门专项资金支出管理是否规范？

□很规范　　　　□规范　　　　　□不规范　　　　□不清楚

11. 你认为该部门专项资金支出是否做到了专款专用？

□是　　　　　　□否

12. 就您所知，该部门是否有项目规划？

□有　　　　　　□无　　　　　　□不清楚

13. 您认为该部门项目规划是否符合市委、市政府重大决策部署和宏观政策规划？

□是　　　　　　□否

14. 就您认为的该部门项目的年度绩效目标与专项中长期规划是否一致？

□一致　　　　　□比较一致　　　□不一致　　　　□不清楚

15. 您认为该部门项目的实施，是否达到了为群众提供优质服务并促进社会科学发展的目的？

□已达到　　　　□尚有改进空间　□距离预期较远

16. 您认为该部门项目资金分配方法选择是否科学？

□科学　　　　　□较科学　　　　□不科学　　　　□不清楚

17. 就您所知，该部门专项预算资金是否按规定时限完成分配？

□是　　　　　　□否　　　　　　□不清楚

18. 就您所知，该部门是否将财政资金预算情况进行公示？

□是　　　　　　□否

19. 您是否知晓该部门财政专项资金绩效目标？

□知道　　　　　□不知道

20. 就您所知，该部门是否将财政资金决算情况进行公示？

□是　　　　　　□否

21. 就您所知，该部门是否向社会公开其部门整体绩效自评情况？

□是　　　　　　□否

针对相关部门人员的 B 行政部门整体支出绩效评价调查问卷评分标准和统计结果见表 13-1 和表 13-2。

表 13-1　B 行政部门整体支出绩效评价调查问卷评分标准

(相关部门人员)

5. 就您所知，该部门预算绩效目标编制要素是否完整？

| 完整 | 比较完整 | 不完整 | 不清楚 |
|------|---------|--------|--------|
| 10 | 8 | 2 | 4 |

（续）

6. 就您所知，该部门预算绩效指标细化量化程度如何？

| 详细 | 一般 | 不详细 | 不清楚 |
|---|---|---|---|
| 10 | 8 | 2 | 4 |

7. 就您所知，该部门专项项目立项时是否经过严格评估论证？

| 是 | 否 | 不清楚 |
|---|---|---|
| 10 | 0 | 4 |

8. 你认为该部门年初预算专项资金安排是否合理？

| 很合理 | 合理 | 不合理 | 不清楚 |
|---|---|---|---|
| 10 | 8 | 2 | 4 |

9. 您认为该部门专项资金的管理办法是否健全、完善？

| 健全 | 一般 | 不健全 | 不清楚 |
|---|---|---|---|
| 10 | 8 | 2 | 4 |

10. 你认为该部门专项资金支出管理是否规范？

| 很规范 | 规范 | 不规范 | 不清楚 |
|---|---|---|---|
| 10 | 8 | 2 | 4 |

11. 你认为该部门专项资金支出是否做到了专款专用？

| 是 | 否 |
|---|---|
| 10 | 0 |

12. 就您所知，该部门是否有项目规划？

| 有 | 无 | 不清楚 |
|---|---|---|
| 10 | 0 | 4 |

13. 您认为该部门项目规划是否符合市委、市政府重大决策部署和宏观政策规划？

| 是 | 否 |
|---|---|
| 10 | 0 |

14. 就您认为的该部门项目的年度绩效目标与专项中长期规划是否一致？

| 一致 | 比较一致 | 不一致 | 不清楚 |
|---|---|---|---|
| 10 | 8 | 0 | 4 |

15. 您认为该部门项目的实施，是否达到了为群众提供优质服务并促进社会科学发展的目的？

| 已达到 | 尚有改进空间 | 距离预期较远 |
|---|---|---|
| 10 | 8 | 4 |

（续）

16. 您认为该部门项目资金分配方法选择是否科学？

| 科学 | 较科学 | 不科学 | 不清楚 |
|---|---|---|---|
| 10 | 8 | 2 | 4 |

17. 就您所知，该部门专项预算资金是否按规定时限完成分配？

| 是 | 否 | 不清楚 |
|---|---|---|
| 10 | 0 | 4 |

18. 就您所知，该部门是否将财政资金预算情况进行公示？

| 是 | 否 |
|---|---|
| 10 | 0 |

19. 您是否知晓该部门财政专项资金绩效目标？

| 知道 | 不知道 |
|---|---|
| 10 | 4 |

20. 就您所知，该部门是否将财政资金决算情况进行公示？

| 是 | 否 |
|---|---|
| 10 | 0 |

21. 就您所知，该部门是否向社会公开其部门整体绩效自评情况？

| 是 | 否 |
|---|---|
| 10 | 0 |

表 13-2 B 行政部门整体支出绩效评价调查问卷统计结果
（相关部门人员）

5. 就您所知，该部门预算绩效目标编制要素是否完整？

|  | 完整（10） | 比较完整（8） | 不完整（2） | 不清楚（4） |
|---|---|---|---|---|
| 人数 | 18 | 13 |  | 1 |
| 得分 | 180 | 104 |  | 4 |

6. 就您所知，该部门预算绩效指标细化量化程度如何？

|  | 详细（10） | 一般（8） | 不详细（2） | 不清楚（4） |
|---|---|---|---|---|
| 人数 | 25 | 2 |  | 5 |
| 得分 | 250 | 16 |  | 20 |

7. 就您所知，该部门专项项目立项时是否经过严格评估论证？

|  | 是（10） | 否（0） | 不清楚（4） |
|---|---|---|---|
| 人数 | 28 |  | 4 |
| 得分 | 280 |  | 16 |

（续）

8. 你认为该部门年初预算专项资金安排是否合理？

| | 很合理（10） | 合理（8） | 不合理（2） | 不清楚（4） |
|---|---|---|---|---|
| 人数 | 17 | 10 | | 5 |
| 得分 | 170 | 80 | | 20 |

9. 您认为该部门专项资金的管理办法是否健全、完善？

| | 健全（10） | 一般（8） | 不健全（2） | 不清楚（4） |
|---|---|---|---|---|
| 人数 | 26 | 5 | | 1 |
| 得分 | 260 | 40 | | 4 |

10. 你认为该部门专项资金支出管理是否规范？

| | 很规范（10） | 规范（8） | 不规范（2） | 不清楚（4） |
|---|---|---|---|---|
| 人数 | 15 | 16 | | 1 |
| 得分 | 150 | 128 | | 4 |

11. 你认为该部门专项资金支出是否做到了专款专用？

| | 是（10） | 否（0） |
|---|---|---|
| 人数 | 32 | |
| 得分 | 320 | |

12. 就您所知，该部门是否有项目规划？

| | 有（10） | 无（0） | 不清楚（4） |
|---|---|---|---|
| 人数 | 29 | | 3 |
| 得分 | 290 | | 12 |

13. 您认为该部门项目规划是否符合市委、市政府重大决策部署和宏观政策规划？

| | 是（10） | 否（0） |
|---|---|---|
| 人数 | 32 | |
| 得分 | 320 | |

14. 就您认为的该部门项目的年度绩效目标与专项中长期规划是否一致？

| | 一致（10） | 比较一致（8） | 不一致（0） | 不清楚（4） |
|---|---|---|---|---|
| 人数 | 21 | 9 | | 2 |
| 得分 | 210 | 72 | | 8 |

15. 您认为该部门项目的实施，是否达到了为群众提供优质服务并促进社会科学发展的目的？

| | 已达到（10） | 尚有改进空间（8） | 距离预期较远（4） |
|---|---|---|---|
| 人数 | 23 | 9 | |
| 得分 | 230 | 72 | |

（续）

16. 您认为该部门项目资金分配方法选择是否科学？

| | 科学（10） | 较科学（8） | 不科学（2） | 不清楚（4） |
|---|---|---|---|---|
| 人数 | 22 | 8 | | 2 |
| 得分 | 220 | 64 | | 8 |

17. 就您所知，该部门专项预算资金是否按规定时限完成分配？

| | 是（10） | 否（0） | 不清楚（4） |
|---|---|---|---|
| 人数 | 31 | | 1 |
| 得分 | 310 | | 4 |

18. 就您所知，该部门是否将财政资金预算情况进行公示？

| | 是（10） | 否（0） |
|---|---|---|
| 人数 | 31 | 1 |
| 得分 | 310 | 0 |

19. 您是否知晓该部门财政专项资金绩效目标？

| | 知道（10） | 不知道（4） |
|---|---|---|
| 人数 | 28 | 3 |
| 得分 | 280 | 12 |

20. 就您所知，该部门是否将财政资金决算情况进行公示？

| | 是（10） | 否（0） |
|---|---|---|
| 人数 | 32 | |
| 得分 | 320 | |

21. 就您所知，该部门是否向社会公开其部门整体绩效自评情况？

| | 是（10） | 否（0） |
|---|---|---|
| 人数 | 31 | 1 |
| 得分 | 310 | 0 |

本次问卷共发放 33 份，收回 32 份。每份问卷 21 小题，其中 5~21 题每小题 10 分，共 170 分；32 份问卷总分 5440 分。

具体得分统计结果见表 13-3。

表 13-3　具体得分统计结果（相关部门人员）

| 题号 | 得分 | 百分制 | 题号 | 得分 | 百分制 |
|---|---|---|---|---|---|
| 5 | 288 | 5.29 | 14 | 290 | 5.33 |
| 6 | 286 | 5.26 | 15 | 302 | 5.55 |
| 7 | 296 | 5.44 | 16 | 292 | 5.37 |
| 8 | 270 | 4.96 | 17 | 314 | 5.77 |
| 9 | 304 | 5.59 | 18 | 310 | 5.70 |
| 10 | 282 | 5.18 | 19 | 292 | 5.37 |
| 11 | 320 | 5.88 | 20 | 320 | 5.88 |
| 12 | 302 | 5.55 | 21 | 310 | 5.70 |
| 13 | 320 | 5.88 | 合计 | 5098 | 93.71 |

针对公众的 B 行政部门整体财政支出满意度调查问卷如下。

B 行政部门整体财政支出满意度调查问卷

（公众）

尊敬的女士/先生：您好！

为做好财政资金绩效评价，我们设计了该调查问卷。感谢您抽出宝贵时间参与问卷调查，请在您认为合适的选项内打"√"。您所填的问卷将是匿名的，对于您的问卷内容，我们将严格保密，您所提供的意见对于本次财政支出绩效评价具有重要意义。您的意见仅用于统计分析，我们会做好信息保密，谢谢您的合作！

1. 您的年龄

□18 岁以下　　　　□18~30 岁　　　　□30~50 岁　　　　□50 岁以上

2. 您的职业

□学生　　　　　　□机关、事业单位工作人员　　　　□个体企业人员

□自由职业/个体经营商　　□社区（居委会）人员　　　□其他人员

3. 您的学历

□初中及以下　　□高中/中专/职高　　□大专/本科　　□硕士及以上

4. 您是否长期居住在××县？

□是　　　　　　　□否

5. 您对该部门工作现状的总体评价是什么？

□非常满意　　□满意　　□一般　　□不满意　　□很不满意

6. 您认为该部门深入基层调查研究，倾听群众意见方面做得如何？

□非常满意　　□满意　　□一般　　□不满意　　□很不满意

7. 您对该部门在促进社会经济发展、提高人民生活水平方面的满意度如何？

□非常满意　　□满意　　□一般　　□不满意　　□很不满意

8. 就您所知，该部门是否对所管理的相关事项进行过宣传？

□是　　　　　　□否　　　□不清楚

9. 就您所知，该部门是否完全达到了为群众提供优质的公共服务并促进社会科学发展的目的？

□已达到　　　　□未达到，尚有改进空间　　□距离该目标较远

10. 您对该部门工作的满意度评分为多少分？

□0　　　□1~59　　□60~69　　□70~79　　□80~89　　□90~100

11. 您认为该部门在履行服务承诺以及服务态度、服务质量方面做得如何？

□非常满意　　□满意　　□一般　　□不满意　　□非常不满意

12. 您认为该部门在实施信息公开方面，如党务、政务、办事程序、财务公开等方面做得如何？

□非常满意　　□满意　　□一般　　□不满意　　□非常不满意

13. 如果您对部门工作还存在有见解性的意见或建议，请您在此处进行说明。

_____

_____

针对公众的 B 行政部门整体财政支出满意度调查问卷评分标准和统计结果见表 13-4 和表 13-5。

表 13-4　B 行政部门整体财政支出满意度调查问卷评分标准

（公众）

5. 您对该部门工作现状的总体评价是什么？

| 非常满意 | 满意 | 一般 | 不满意 | 很不满意 |
|---|---|---|---|---|
| 10 | 8 | 6 | 4 | 2 |

6. 您认为该部门深入基层调查研究，倾听群众意见方面做得如何？

| 非常满意 | 满意 | 一般 | 不满意 | 很不满意 |
|---|---|---|---|---|
| 10 | 8 | 6 | 4 | 2 |

7. 您对该部门在促进社会经济发展、提高人民生活水平方面的满意度如何？

| 非常满意 | 满意 | 一般 | 不满意 | 很不满意 |
|---|---|---|---|---|
| 10 | 8 | 6 | 4 | 2 |

8. 就您所知，该部门是否对所管理的相关事项进行过宣传？

| 是 | 否 | 不清楚 |
|---|---|---|
| 10 | 0 | 4 |

9. 就您所知，该部门是否完全达到了为群众提供优质的公共服务并促进社会科学发展的目的？

| 已达到 | 未达到，尚有改进空间 | 距离该目标较远 |
|---|---|---|
| 10 | 8 | 4 |

10. 您对该部门工作的满意度评分为多少分？

| 0 | 1~59 | 60~69 | 70~79 | 80~89 | 90~100 |
|---|---|---|---|---|---|
| 0 | 5 | 7 | 8 | 9 | 10 |

11. 您认为该部门在履行服务承诺以及服务态度、服务质量方面做得如何？

| 非常满意 | 满意 | 一般 | 不满意 | 非常不满意 |
|---|---|---|---|---|
| 10 | 8 | 6 | 4 | 2 |

12. 您认为该部门在实施信息公开方面，如党务、政务、办事程序、财务公开等方面做得如何？

| 非常满意 | 满意 | 一般 | 不满意 | 非常不满意 |
|---|---|---|---|---|
| 10 | 8 | 6 | 4 | 2 |

表 13-5　B 行政部门整体财政支出满意度调查问卷统计结果

（公众）

5. 您对该部门工作现状的总体评价是什么？

| | 非常满意（10） | 满意（8） | 一般（6） | 不满意（4） | 很不满意（2） |
|---|---|---|---|---|---|
| 人数 | 5 | 4 | | | |
| 得分 | 50 | 32 | | | |

（续）

6. 您认为该部门深入基层调查研究，倾听群众意见方面做得如何？

| | 非常满意（10） | 满意（8） | 一般（6） | 不满意（4） | 很不满意（2） |
|---|---|---|---|---|---|
| 人数 | 5 | 4 | | | |
| 得分 | 50 | 32 | | | |

7. 您对该部门在促进社会经济发展、提高人民生活水平方面的满意度如何？

| | 非常满意（10） | 满意（8） | 一般（6） | 不满意（4） | 很不满意（2） |
|---|---|---|---|---|---|
| 人数 | 8 | 2 | | | |
| 得分 | 80 | 16 | | | |

8. 就您所知，该部门是否对所管理的相关事项进行过宣传？

| | 是（10） | 否（0） | 不清楚（4） |
|---|---|---|---|
| 人数 | 8 | | 2 |
| 得分 | 80 | | 8 |

9. 就您所知，该部门是否完全达到了为群众提供优质的公共服务并促进社会科学发展的目的？

| | 已达到（10） | 未达到，尚有改进空间（8） | 距离该目标较远（4） |
|---|---|---|---|
| 人数 | 10 | | |
| 得分 | 100 | | |

10. 您对该部门工作的满意度评分为多少分？

| | 0（0） | 1~59（5） | 60~69（7） | 70~79（8） | 80~89（9） | 90~100（10） |
|---|---|---|---|---|---|---|
| 人数 | | | | | | 10 |
| 得分 | | | | | | 100 |

11. 您认为该部门在履行服务承诺以及服务态度、服务质量方面做得如何？

| | 非常满意（10） | 满意（8） | 一般（6） | 不满意（4） | 非常不满意（2） |
|---|---|---|---|---|---|
| 人数 | 7 | 3 | | | |
| 得分 | 70 | 24 | | | |

12. 您认为该部门在实施信息公开方面，如党务、政务、办事程序、财务公开等方面做得如何？

| | 非常满意（10） | 满意（8） | 一般（6） | 不满意（4） | 非常不满意（2） |
|---|---|---|---|---|---|
| 人数 | 10 | | | | |
| 得分 | 100 | | | | |

本次问卷共发放 10 份，收回 10 份。每份问卷 12 小题，其中 5~12 题每小题 10 分，共 80 分；10 份问卷总分 800 分。

具体得分统计结果见表 13-6。

表 13-6　具体得分统计结果（公众）

| 题　号 | 得　分 | 百 分 制 | 题　号 | 得　分 | 百 分 制 |
|---|---|---|---|---|---|
| 5 | 82 | 10.25 | 10 | 100 | 12.5 |
| 6 | 82 | 10.25 | 11 | 94 | 11.75 |
| 7 | 96 | 12 | 12 | 100 | 12.5 |
| 8 | 88 | 11 | 合计 | 742 | 92.75 |
| 9 | 100 | 12.5 | | | |

（3）评价组编制评价工作底稿

B 行政部门整体财政支出预算评价工作底稿见表 13-7。

表 13-7　B 行政部门整体财政支出预算评价工作底稿

| 项目名称 | B 行政部门整体财政支出预算评价 | | |
|---|---|---|---|
| 评价事项 | | | |
| 评价人员 | ××　　×× | 编制日期 | ××××年××月××日 |

评价过程：

评价方法和程序：

评价证据：××文件依据，××询问记录，××调查问卷。

评价认定的事实摘要及评价结论：


审核意见：

| 审核人员 | | 审核日期 | |
|---|---|---|---|

（4）数据整理与分析

1）数据整理。根据项目各项指标的要求，对数据进行分类；从不同来源收集的资料中选取同一绩效评价指标的数据；对将不同来源的数据进行交叉验证，剔除错误数据或无效数据；在数据验证的基础上，最终确定用于绩效分析和评价的数据。

2）数据分析。通过比较绩效评价指标的实际变化情况与预期变化得到分析结果，判定绩效评价指标在项目实施后是否达到预期值；通过建立相反事实场景来确定所观察到的变化有多大比例是由项目实施产生的；分析项目实施过程中的各种因素对该项目的贡献程度。具体的分析方法包括成本效益分析法、比较法、因素分析法、最低成本法、公众评判法、标杆管理法等。

① 成本效益分析法是指将投入与产出、效益进行关联性分析的方法。

② 比较法是指将实施情况与绩效目标、历史情况、不同部门和地区同类支出情况进行比较的方法。

③ 因素分析法是指综合分析影响绩效目标实现、实施效果的内外部因素的方法。

④ 最低成本法是指在绩效目标确定的前提下，成本最小者为优的方法。

⑤ 公众评判法是指通过专家评估、公众问卷及抽样调查等方式进行评判的方法。

⑥ 标杆管理法是指以国内外同行业中较高的绩效水平为标杆进行评判的方法。

（5）评价与撰写报告

1）核实有关情况，形成评价报告初稿。评价工作组结合前期收集整理的基础资料，对 B 行政部门的基本情况、财政资金使用情况、项目组织实施情况、预算评审报告、绩效目标、绩效监控和绩效自评等评价资料的现场查验核实结果，按确定的评价指标体系、评价标准和评价方法，对评价对象的绩效情况进行全面的定量、定性分析和综合评价，分析研判存在的问题，并与 B 行政部门就有关问题进行充分交流和讨论，形成评价报告初稿。2019 年度 B 行政部门整体财政支出预算评价评分表（评分依据）见表 13-8。

表 13-8　2019 年度 B 行政部门整体财政支出预算评价评分表（评分依据）

| 绩效指标 | | | 指标解释 | 计分标准 | 评价方式 | | 评价属性 | |
|---|---|---|---|---|---|---|---|---|
| 一级指标 | 二级指标 | 三级指标 | | | 整体评价 | 样本评价 | 定性评价 | 定量评价 |
| 部门预算管理（40分） | 预算编制（14分） | 目标制定（6分） | 评价部门绩效目标是否要素完整、细化量化 | 1. 绩效目标编制要素完整的，得3分，否则酌情扣分<br>2. 绩效指标细化量化的，得3分，否则酌情扣分 | √ | | √ | √ |
| | | 目标完成（6分） | 评价部门绩效目标实际实现程度与预期目标的偏离度 | 以项目完成数量指标为核心，评价项目实际完成情况是否达到预期绩效目标，指标得分＝达到预期绩效目标的部门项目个数/纳入绩效目标管理的部门预算项目个数×6 | | √ | | √ |
| | | 编制准确（2分） | 评价部门年初预算编制是否科学准确 | 指标得分＝（年度预算总额–绩效监控调整取消额–预算结余注销额）÷年度预算总额×2<br>其中，年度预算总额是指省级年初预算与执行中追加预算（不含当年中央专款）总和 | √ | | | √ |
| | 预算执行（16分） | 支出控制（5分） | 部门公用经费及非定额公用支出控制情况 | 计算部门日常公用经费、项目支出中"办公费、印刷费、水费、电费、物业管理费"等科目年初预算数与决算数偏差程度<br>1. 预决算偏差程度在10%以内的，得2.5分；偏差度在10%～20%的，得1.5分；偏差度超过20%的，不得分<br>2. 预决算偏差程度与全市平均水平进行比较，偏差度低于平均水平的，得2.5分；高于全市平均水平的，按照与平均水平差异扣分 | √ | | | √ |
| | | 动态调整（2分） | 评价部门开展绩效运行监控后，将绩效监控结果应用到预算调整的情况 | 指标得分＝部门绩效监控调整取消额÷（部门绩效监控调整取消额+预算结余注销额）×2<br>当部门绩效监控调整取消额与结余注销额之和为零时，得满分 | √ | | | √ |

（续）

| 绩 效 指 标 | | | 指标解释 | 计分标准 | 评价方式 | | 评价属性 | |
|---|---|---|---|---|---|---|---|---|
| 一级指标 | 二级指标 | 三级指标 | | | 整体评价 | 样本评价 | 定性评价 | 定量评价 |
| 部门预算管理（40分） | 预算执行（16分） | 执行进度（9分） | 评价部门在6月、9月、11月的预算执行情况 | 部门预算执行进度在6月、9月、11月应达到序时进度的60%、80%、90%，但实际支出进度分别达到40%、67.5%、82.5%。<br>6月、9月、11月部门预算执行进度达到量化指标的，各得3分；未达到目标进度的，按其实际进度占目标进度的比重计算得分 | √ | | | √ |
| | 完成结果（10分） | 预算完成（5分） | 评价部门预算项目年终预算执行情况 | 部门预算项目12月预算执行进度达到100%的，得5分；未达100%的，按照实际进度量化计算得分 | √ | | | √ |
| | | 违规记录（5分） | 根据审计监督、财政检查结果反映部门上一年度部门预算管理是否合规 | 依据上一年度审计监督、财政检查结果，出现部门预算管理方面违纪违规问题的，每个问题扣0.5分，直至扣完 | √ | | | √ |
| 专项预算管理（40分） | 项目决策（20分） | 程序严密（6分） | 评价专项项目的设立是否经过严格评估论证、管理制度是否完善健全 | 1. 专项项目设立时经过事前绩效评估或可行性论证的，得3分，否则不得分<br>2. 专项资金的管理办法健全完善的，得3分，否则酌情扣分，无管理办法，该指标不得分 | √ | | √ | |
| | | 规划合理（6分） | 评价项目规划是否符合省委、省政府重大决策部署，项目年度绩效目标与规划是否一致 | 1. 专项项目（除一次性项目外）制定了中长期规划的，得2分，否则该三级指标整体不得分<br>2. 项目规划符合市委、市政府重大决策部署和宏观政策规划的，得2分<br>3. 项目年度绩效目标与专项中长期规划一致的，得2分；有一处不符合的，扣1分 | √ | | √ | |
| | | 结果符合（8分） | 评价项目实施结果与项目总体规划计划是否一致 | 项目实际完成任务量和效果达到规划预期情况的，得满分。按项目法分配的项目，以所有项目点实施完成情况与规划计划情况进行对比。按因素法分配的项目和据实据效分配的项目，将资金分配方向与规划计划支持方向进行对比。完全达到预期的，得满分；未完全达到规划预期情况的，以达到预期情况的资金量占项目总金额占比计分。指标得分=项目实施结果符合规划的金额/项目总金额×8 | √ | | √ | √ |

（续）

| 绩效指标 | | | 指标解释 | 计分标准 | 评价方式 | | 评价属性 | |
|---|---|---|---|---|---|---|---|---|
| 一级指标 | 二级指标 | 三级指标 | | | 整体评价 | 样本评价 | 定性评价 | 定量评价 |
| 专项预算管理（40分） | 项目实施（10分） | 分配科学（5分） | 评价项目分配方法选择是否科学，分类评价分配程序和过程管理是否规范 | 1. 项目分配选取了科学的绩效分配方法的，得1分。<br>2. 采用因素分配法的项目，项目因素选取合理的，得4分；采用项目法分配的项目，评分标准和立项程序合理规范的，得4分；据实据效的项目，基础数据真实，测算精准的，得4分。否则，酌情扣分 | √ | | √ | |
| | | 分配及时（5分） | 评价部门是否按规定时限及时分配专项预算资金 | 按《中华人民共和国预算法》规定时限完成分配的，得5分，否则不得分 | √ | | | √ |
| | 完成结果（10分） | 预算完成（3分） | 评价专项项目资金拨付到具体项目（人）的情况 | 专项资金实际拨付到具体项目（人）的进度达到100%的，得3分；未达到100%的，指标得分=实际拨付金额/专项项目金额×3 | √ | √ | | √ |
| | | 实施绩效（4分） | 评价专项项目实施绩效情况 | 部门专项项目属于当年财政重点评价范围的，该项得分使用项目支出评价共性指标、特性指标和个性指标得分换算，满分4分。若部门专项项目不属于当年重点评价范围的，采用最近年度重点评价相关指标得分换算 | √ | √ | | √ |
| | | 违规记录（3分） | 根据审计监督、财政检查结果反映部门上一年度部门专项预算管理是否合规 | 依据上一年度审计、财政检查结果，出现专项预算管理方面违纪违规问题的，每个问题扣0.5分，直至扣完 | √ | | | √ |
| 绩效结果应用（20分） | 自评质量（4分） | 自评准确（4分） | 评价部门整体支出自评准确率 | 部门整体支出自评得分与评价组抽查得分差异在5%以内的，不扣分；在5%～10%的，扣1分；在10%～20%的，扣2分；在20%以上的，扣4分 | √ | | | √ |
| | 信息公开（8分） | 目标公开（4分） | 评价部门绩效目标是否按要求向社会公开 | 按要求随同预算公开的，得4分 | √ | | √ | |
| | | 自评公开（4分） | 评价部门是否按要求将部门整体绩效自评情况和自行组织的评价情况向社会公开 | 按要求随同决算公开的，得4分 | √ | | √ | |

（续）

| 绩效指标 | | | 指标解释 | 计分标准 | 评价方式 | | 评价属性 | |
|---|---|---|---|---|---|---|---|---|
| 一级指标 | 二级指标 | 三级指标 | | | 整体评价 | 样本评价 | 定性评价 | 定量评价 |
| 绩效结果应用（20分） | 整改反馈（8分） | 结果整改（4分） | 评价部门根据绩效管理结果整改问题、完善政策、改进管理的情况 | 针对绩效管理过程中（包括绩效目标核查、绩效监控核查和重点绩效评价）提出的问题，发现一处未整改的，扣1分，直至扣完 | √ | | √ | √ |
| | | 应用反馈（4分） | 评价部门按要求及时向财政部门反馈绩效结果应用情况 | 在规定时间内向财政部门反馈应用绩效结果报告的，得满分，否则不得分 | √ | | √ | √ |

2）征求财政部门和被评价部门意见。财政局预算评价委托部门负责人应召集财政局内相关同志对报告初稿进行集体研议，提出改进意见，经财政局预算评价委托负责人审核后进一步完善报告初稿。将完善后的报告初稿附征求意见函发送 B 行政部门征求意见，明确被评价部门复函意见、期限和不按期复函约定等事项。收到被评价部门回复意见复函，财政局预算评价委托部门负责人应落实复函内容，确定是否修改报告，对修改后的报告提出意见，并要求评价工作组按期出具评价报告终稿。

3）出具报告终稿。按评价公开有关要求，评价工作组应提交财政绩效评价报告终稿完整版及简版，完整版用于反馈部门，简版用于信息公开。绩效处负责牵头组织评价的，应将 2 份绩效评价报告完整版和简版移交相关部门预算管理处，财政局预算管理部门和预算绩效管理部门按有关要求，印发评价报告反馈通知，将评价报告完整版统一反馈被评价部门，督促单位按报告要求逐条整改，确保整改意见落实到位，被评价部门按规定期限将整改落实情况报送对口财政预算管理部门。

## 三、案例分析

### （一）问题总结

**1. 预算编制不够精准，预算执行管控不力**

一是《2019 年度 B 行政部门预算公开说明》的附表 B 行政部门 2019 年部门预算中"一般公共预算支出表"和 2019 年度部门决算报表中"Z05 支出决算明细表（财决 05 表）"所列"商品和服务支出"各经济科目普遍存在预算金额大于决算金额的情况，偏差率大于 30% 的科目有：办公费年初预算 892 000 元，年终决算 577 951.46 元，偏差率 35.21%；水费年初预算 130 000 元，年终决算 89 386.80 元，偏差率 31.24%；电费年初预算 950 000 元，年终决算 651 063.27 元，偏差率 31.47%；邮电费年初预算 949 000 元，年终决算 343 810 元，偏差率 63.77%；物业管理费年初预算 1 470 000 元，年终决算 723 400 元，偏差率 50.79%；维修（护）费年初预算 1 482 000 元，年终决算 580 772.67 元，偏差率 60.81%。二是按照相关规定，部门预算执行进度在 6 月、9 月、11 月应达到序时进度的 60%、80%、90%，但实际支出进度分别达到 40%、67.5%、82.5%，但该部门无法提供上述时间节点进度的相关数据及支撑材料。12 月末，该部门的预算执行进度仅为 94.8%，结转率为 5.2%，结转金额为 798 571.20 元。基本支出中一笔办公费预算金额 12.5 万元，年终结转 6.88 万元，支付进度为 44.96%；基本支出中公务交通补贴预算金额 7.26 万元，年终结转 4.15 万元，支付进度为 42.84%；项目支出热线办公室工作经费预算金额 10 万元（共两笔），年终结转 3.687 12 万元，支付进度为 63.13%；项目支出行政审批中心运行费预算金额 25 万元，年终结转 25 万元，执行进度为 0%；项目支出装饰装修前期费用预算金额 86.9 万元，年终结转 27.12 万元，支付进度为 68.79%；项目支出"有奖爆料"预算金额 20 万元，年终结转 13.02 万元，支付进度为 34.9%。

**2. 内控制度执行不到位，会计基础工作不够规范**

一是该部门在采购执行中未严格执行《B 行政部门政府采购内部控制管理制度》，对于县财政采购管理部门已批准自行采购的项目，没有按要求对评标过程、询价过程等进行详细记录并按规定归档。二是"有奖爆料"奖金发放标准"视爆料内容而定"，"人为认定"存在风险。三是差旅费报销不合规，清退金额达到 26 005 元；公务接待费决算数据超过实际发生额 26 303 元；部分会计凭证装订混乱（如 10 月 9 日 22 号凭证之后顺序为 30 号—23 号—85 号—24 号）；部分会计凭证摘要与内容不符（如 2019 年 9 月 25 日第 78 号凭证、工会账套 2 号凭证）。

**3. 对绩效管理认识不到位，自评流于形式**

一是未按照《××县财政局关于开展 2019 年县本级财政支出绩效评价工作的通知》的要求对达到自评标准的项目开展自评工作。二是在开展整体绩效评价时，非财务人员参与度低，评价依据不够充分，评价结论不够客观，所发现的问题不够精准。三是对于自评发现的问题，该部门未能及时进行整改完善。

（二）问题性质

1. 预算编制

（1）绩效目标观念有待进一步更新与加强

在《××财政局关于批复 2019 年部门预算编制情况的通知》中有"启动部门整体绩效目标试编工作"的要求，但该部门未编制部门绩效目标。在《2019 年度 B 行政部门预算公开说明》中，将"维修（护）费"预算项目纳入绩效目标管理，设定了项目绩效目标。在相关总结、计划或报告中有对部门工作目标的相应描述，但未形成部门整体绩效目标的专项材料，绩效目标要素不够完整，不够细化量化，相关人员对部门绩效目标的认识整体上比较模糊，绩效理念尚未牢固树立，存在重投入轻管理、重支出轻绩效的意识；对部门管理和资金供给层面的绩效管理需求认识不充分，未建立完善预算绩效管理体系，全员参与、全过程实施预算绩效管理的局面未形成；绩效管理的广度和深度不足，尚未全覆盖预算资金，一方面预算资金紧缺，另一方面一些预算资金低效无效、闲置沉淀、损失浪费的问题较为突出，克扣挪用、截留私分、虚报冒领的问题未彻底解决；绩效激励约束作用不强，绩效评价结果与预算安排和政策调整的挂钩机制尚未建立。

（2）目标未完成

本部门纳入绩效目标管理的部门预算项目有6项，但该绩效目标未完成。

（3）编制准确

2019年度部门预算总额2062.24万元，支出总额1955万元，预算结余107.24万元，在2020年全额结转，绩效监控调整取消额和预算结余注销额均为0。调查问卷显示，内部股室及人员对部门年初预算专项资金安排是否评分合理，其认可度为84.35%（4.96分÷5.88分）。

### 2. 预算执行

（1）支出控制低于全县和所属市平均水平

该部门根据《××县行政事业单位差旅费管理办法》《××县人民政府办公室转发财政厅等四部门〈关于严格执行国内公务接待管理和接待费使用管理有关规定的通知〉的通知》《××县财政局 ××县监察局 ××县审计局关于印发〈××县县级行政事业单位接待费管理办法〉的通知》《××县公务用车制度改革实施方案》《××县行政审批局资产管理内部控制制度》《××县行政审批局预算管理内部控制制度》《××县政府机关事务管理办公室 ××县国有资产监督管理局关于进一步加强党政机关办公用房、公务用车和食堂管理的通知》《××县财政局关于加强机构改革期间财务管理的通知》《××县人民政府办公室关于进一步严格执行会议费等"四费"管理制度的通知》《××县行政审批局廉政建设制度》《四川省人民政府办公厅关于印发四川省2018—2019年政府集中采购目录及采购限额标准的通知》等制度对日常公用经费、项目支出中的"办公费、印刷费、水费、电费、物业管理费"等费用进行管控，"商品和服务支出"各经济科目预决算偏差度详见表13-9。

表13-9 年初预算数与年终决算数偏差程度计算 （单位：元）

| 科目名称 | 年初预算 | 年终决算 | 偏差率 |
|---|---|---|---|
| 办公费 | 892 000 | 577 951.46 | 35.21% |
| 印刷费 | 0 | 11 500.00 | — |
| 水费 | 130 000 | 89 386.80 | 31.24% |
| 电费 | 950 000 | 651 063.27 | 31.47% |
| 邮电费 | 949 000 | 343 810.00 | 63.77% |
| 物业管理费 | 1 470 000 | 723 400.00 | 50.79% |
| 差旅费 | 320 000 | 445 030.00 | 39.07% |
| 维修（护）费 | 1 482 000 | 580 772.67 | 60.81% |
| 租赁费 | 0 | 1000.00 | — |
| 会议费 | 20 000 | 18 000.00 | 10.00% |
| 培训费 | 25 000 | 20 000.00 | 20.00% |
| 公务接待费 | 40 000 | 36 000.00 | 10.00% |

（续）

| 科目名称 | 年初预算 | 年终决算 | 偏差率 |
|---|---|---|---|
| 劳务费 | 30 000 | 0.00 | 100.00% |
| 委托业务费 | 0 | 4 367 800.00 | — |
| 工会经费 | 14 985 | 0.00 | 100.00% |
| 其他交通费用 | 180 600 | 416 196.00 | 130.45% |
| 其他商品和服务支出 | 421 000 | 1 235 230 | 193.40% |
| 合计 | 6 924 585 | 9 517 140.20 | 37.44% |
| 剔除委托业务费 | 6 924 585 | 5 149 340.20 | 25.64% |

从表 13-9 可以看出，各经济科目偏差度最高达到 193.40%，最低也有 10.00%，总体偏差（不含委托业务费）为 25.64%，高于 10.00%。由于 2019 年××县部门决算尚未批复，本评价选择 2018 年××县和所属市的偏差率进行比较，2018 年××县年初预算 510 709 万元，年终决算 830 311 万元，偏差率为 62.58%；所属市 2018 年地方一般公共预算收入 1 001 484 万元，地方一般公共预算支出 2 351 578 万元（其中权责发生制列支 147 083 万元），偏差率为 120.12%。本部门偏差率为 25.64%，均低于全县和所属市平均水平。

（2）未进行预算动态调整

2019 年度部门预算总额 2062.24 万元，支出总额 1955 万元，预算结余 107.24 万元，在 2020 年全额结转，绩效监控调整取消额和预算结余注销额均为 0，未进行动态调整。

### 3. 预算完成结果

（1）预算完成

截至 2019 年 12 月 31 日，部门预算总额为 2062.24 元，实际支出 1955 元，年终预算完成进度为 94.8%。

（2）违规记录

2020 年，按照《××县财政局关于开展差旅费发放专项整治的通知》要求，该部门统一开展差旅费清理专项工作，并于 2020 年 4 月 15 日和 2020 年 5 月 9 日分两次清退 2.6 万元。

## 四、建议与启示

按照《关于规范绩效评价结果等级划分标准的通知》（财预便〔2017〕44 号），绩效评价结果等级划分标准为：优（90~100 分）、良（80~89 分）、中（60~79 分）、差（0~59 分）4 档。根据"B 行政部门 2019 年度部门整体支出绩效评价评分表"，评价组对不同指标分别进行评分后总分为 87 分，综合评价等级为"良"。

根据审计情况，建议行政部门从以下几方面完善：

### 1. 认真分析近 3 年预算执行情况，科学合理编制部门预算

B 行政部门需要整理近 3 年的部门预算执行情况，对预算执行进度差的科目或项目开展专项分析，对于编制不合理的科目或项目，需要组织内部各业务股室充分结合现有业务

开展的具体情况，采用零基预算、滚动预算、弹性预算或固定计算等不同的方法编制细分的业务计划和预算，以保障预算编制的科学性与有效性。对于执行不力科目或项目，需要定期开展（一般在 6 月、9 月和 11 月）预算执行情况分析，对各个预算科目或项目具体执行情况进行考察与评估，针对所存在的偏差制定契合的预算纠偏修正方案。如果遇到特殊情况或突发事项，需要进行必要的预算调整，增加新的项目，撤掉原有项目，追加或减少资金等，调整事项需要纳入预算管理过程，并且预算执行过程中资金管理和绩效监督需要在流程上对接，在信息上共享。

**2. 全面实施预算绩效管理，强化绩效目标管理**

B 行政部门要将绩效目标设置和预算执行计划作为预算安排的前置条件，加强绩效目标审核，将绩效目标与预算同步批复下达，做好绩效运行监控，开展绩效评价，加强评价结果应用，建立绩效评价结果与预算安排和政策调整挂钩机制，让绩效理念和方法深度融入预算编制、执行和监督各环节，化解收入放缓与支出需求扩大的矛盾，实现预算和绩效管理一体化。在对预算管理和绩效管理过程进行具体分析的基础上，可以把它们按照工作环节分别进行融合，形成一个首尾相接的管理闭环。依托预算管理工作，这个闭环具体可以分为 5 个环节：一是预算编制和审批环节，实现预算编制、审批和绩效目标相融合；二是预算执行环节，实现预算执行和绩效监督相融合；三是预算调整环节，实现预算调整和绩效控制相融合；四是预算分析环节，实现预算分析和绩效评价相融合；五是预算结果评价环节，实现预算结果评价和绩效应用相融合。预算和绩效管理相结合，需要解决的问题是绩效目标谁来定，预算谁来编。绩效目标确定的基本原则是"谁申请资金，谁设定绩效目标"，预算资金和绩效目标必须"二合一"。对于基本支出，主要通过定额管理来界定预算资金和绩效目标。对于项目支出和其他支出，则需要由业务部门和业务人员根据工作规划设定，花多少钱，办多少事，要落实到具体绩效指标上，并同时同步提交。绩效指标应当尽可能选择定量指标，明确指标名称、目标数额、执行的时间范围、质量效果等。

**3. 完善内控制度并强化相关制度的执行力度**

B 行政部门应尽快针对"有奖爆料"奖金发放标准制定具体的确定办法或实施细则，对原"有奖爆料发放"进行明确，降低"人为认定"可能带来的风险。同时，应加强《B 行政部门政府采购内部控制管理制度》的贯彻执行力度，按要求对县财政采购管理部门已批准自行采购的项目的评标过程、询价过程等进行详细记录并按规定归档。

**4. 强化绩效预算管理主体责任，狠抓自评问题整改**

预算资金和绩效目标确定后，统一纳入预算体系，通过预算审批环节实现资金分配。在这个过程中，需要明确绩效目标设定的流程和要求，设定绩效指标体系，明确审批依据，明确后续预算执行环节的责任主体和主体责任等。B 行政部门应充分履行"谁使用、谁负责"的主体责任，践行"花钱必问效、无效必问责"机制，积极主动开展预算执行和绩效目标实现情况监控。同时，要切实加强与财政局相关股室的沟通、协调与配合，按照统一部署与要求，有序开展部门整体绩效自评价工作并提交自评报告，针对自评发现的问题进行认真整改，并在规定期限内将落实整改情况报送财政局。

### 5. 推进业财融合，提升全面预算管理融合度

全面预算是业财融合的重要内容，全面推进业财融合与内控信息化建设，让业财融合贯穿于整个预算管理过程。预算编制前，B行政部门应广泛听取意见和建议，针对拟安排预算项目发展规划和业务特点进行充分沟通和协调，将各种差异性体现在预算指标中。在预算编制中，应在财政、业务充分沟通的基础上，形成公开、透明的预算指标、标准和流程，实现预算资金全覆盖。预算编制后，按照公开透明的预算指标、标准和流程审批下达预算，严格预算执行与监督，真正形成全员参与、全方位、全过程预算管理，整体提升预算编制、决策、执行、监督的融合度。

# 第十四章

## 扶贫资金审计案例——M市扶贫专项资金审计

财政扶贫资金，又称财政专项扶贫资金，其目的主要是通过贫困区域的经济发展使整个社会的经济增长加速，同时也可以帮助各地的贫困人口解决基本的生活问题并提高其收入水平，最终消除以上区域的贫困现象。财政扶贫资金审计是政府审计机关（如审计署、审计局等）对政府相关部门（如扶贫办、银行以及各级村政府等）的扶贫资金安排情况、使用情况以及使用效益进行的审计工作，目的是验证扶贫资金安排使用是否真实得当。财政扶贫资金审计依赖的准则是国家有关政策和通用的财务规则等，将财务审计、法纪审计和绩效审计等结合在一起，对扶贫活动中相关单位和个人的财政或财务情况进行审查，属于一种经济监督活动。

### ▶▶ 一、案例背景介绍

#### （一）M市基本情况

M市位于我国西南部地区，有473个行政村和3073个自然村。党的十八大以来，M市坚持以习近平总书记精准扶贫重要论述为根本遵循，坚决贯彻落实党中央、国务院和省委、省政府决策部署，持续发力，将脱贫工作覆盖到下属的8个市、县、区，不漏掉任何一个地方，将脱贫工作落到实处，将财政扶贫资金用到"刀刃"上，真正做到站在贫困人民的立场上，努力做到"四个经得起"（脱贫攻坚成效经得起问、经得起看、经得起查、经得起算），脱贫攻坚战取得决定性进展。

据2014年统计，M市有建档立卡贫困村384个、贫困人口38.2万人。其中，2016年退出贫困村100个、脱贫8.9万人，2017年退出贫困村162个、脱贫9.5万人。到2018年年底，M市已退出贫困村371个、脱贫34万人，该市一贫困县于2018年8月正式摘掉"贫困帽"。2019年，M市仅有13个贫困村没有退出，4.2万贫困人口没有脱贫。到2019年年底，全市建档立卡纳入低保和特困的贫困人口有32 442人。

M市2014—2019年共实现35万建档立卡贫困人口脱贫。各项扶贫政策、措施的落实累计实现了全市384个扶贫点村全部退出，重点贫困县S县整体"摘帽"出列的脱贫攻坚目标。从M市乡镇党委和政府脱贫攻坚工作年度考核及省对M市扶贫工作年度考核的情况来看，全市各地贫困村和非贫困村群众满意度普遍较高，一般都在96%以上。M市2016年、2018年、2019年先后被评为全省脱贫攻坚先进市州，在教育、医疗、民生领域上给予了全市贫困人口最基本的保障，基础设施和基本公共服务主要领域的突出问题得到有效解决，贫困户人均纯收入达到国家扶贫标准线以上，区域性整体贫困得到解决，基本消除了M市绝对贫困现象。

#### （二）扶贫资金的来源

M市在脱贫攻坚资金筹措上，充分发挥了地区财政资金的引导作用和杠杆作用。积极推行政府与社会资本合作、建立产业发展基金、政府购买社会服务等方案，使脱贫攻坚工作开展获得了更多的社会资本和金融资金。M市扶贫资金来源主要有以下4个方面：

**1. 财政资金**

它包括通过统筹整合，贫困县使用的涉农资金及中央、省、自治区、市及县级政府提供的专项扶贫资金，主要用于产业建设、道路修建及硬化、乡村旅游配套设施等基础设施建设，以及科技服务体系建设、专业合作服务培育等。

**2. 信贷资金**

它包括中央贴息扶贫专项贷款、小额扶贫贷款等，主要用于产业园、农业生产、乡村旅游配套公寓建设等。

**3. 社会资金**

它包括先富裕起来的地区对口贫苦地区的帮扶资金、各帮扶单位的帮扶资金、企业捐赠资金等。

**4. 其他投入**

它主要是群众自筹、投工投劳、土地入股等方式投入折算。

从表14-1中可以看出，M市在2017—2019年为推动贫困村基础设施、特色产业扶贫示范园等项目建设，共计筹集83.3亿元财政专项扶贫资金。M市本级财政资金向深度贫困地区倾斜，为全市脱贫攻坚目标的顺利完成提供资金保障。

表14-1　2017—2019年M市财政专项扶贫资金量　　　　（单位：亿元）

| 年　份 | 财政专项扶贫资金量 |
| --- | --- |
| 2017 | 23.33 |
| 2018 | 26.19 |
| 2019 | 33.78 |

**（三）扶贫现状**

**1. 综合**

2019年全市实现地区生产总值3624.2亿元，比上年增长7.9%。年末拥有高速公路里程430km，自然村通水泥（沥青）路2869.2km。全年提质改造农村公路524.1km。新增农村通自来水人口51 916人。减少义务教育大班额552个，发放中职国家助学金2060万元，资助中职学生20 119人。

**2. 农业**

2019年全年农林牧渔业总产值702.2亿元，比上年增长3%。其中，农业实现产值314.8亿元，增长3.2%；林业实现产值19.3亿元，增长5.5%；牧业实现产值253.9亿元，增长0.9%；渔业实现产值64.67亿元，增长5.7%。全市粮食总产量378万t，油料产量58.4万t，蔬菜产量334.4万t，茶叶产量2.7万t，水果产量133.3万t。全市拥有农产品加工企业5295家，农产品加工企业实现销售收入1509亿元，增长14%；休闲农业经营收入40.8亿元，增长11%；农民专业合作社6003个，增长10.7%，社员43.5万户，增长 5%。专业大户 26 253 户，增长 5.2%；家庭农场 5893 个，增长 25.1%。

农业的发展和进步体现出了 M 市财政扶贫所取得的突出成果。农业的产值在地区生产总值中占据了很高的比例，是 M 市贫困人口脱贫致富的支柱产业。M 市凭借着其地理优势、农耕文化优势，积极发展休闲农业，不仅提高了农业的经济效益，还带动了地区的旅游行业的发展，也为相关服务行业带来了收入。围绕着种植、加工、销售这一系列环节，M 市的农业走出了自己的特色，为脱贫事业的发展提供了强大的动力。

### 3. 教育

2019 年年末全市普通高校在校学生人数增长 8.1%，毕业学生 1.4 万人，增长 4.5%。普通高中 45 所，招生 2.7 万人，增长 8.2%，在校学生 7.6 万人，下降 0.6%，毕业学生 2.6 万人，下降 2.8%。初中学校 233 所，招生 4.9 万人，增长 1.7%，在校学生 14.1 万人，增长 3.2%，毕业学生 4.4 万人，增长 9.4%。

M 市的初中生的入学率持续增加，这是积极贯彻"扶贫先扶智"理念的表现。对于贫困学生，M 市安排就近入学，关注他们的学习和生活状态，减免其在学业上的相关花费，并积极开展助学活动。这一系列举措提高了孩子们的学习热情和学习动力，提高了当地的总体教育水平。

### 4. 资源环境

全市森林覆盖率 48%，2019 年全年完成造林面积 1.56 万公顷，荒地造林面积 0.05 万公顷。实施省以上土地综合整治项目 34 个，整治土地 1.43 万公顷。市城区空气质量达标率 75.9%，空气质量达到二级标准的区、县、市新增 1 个；实际监测的地表水断面中，满足Ⅲ类标准及以上的比重为 97.74%，增长 2.63%。

## ▶▶ 二、审计内容及流程

党的十八大以来，国家扶贫工作始终强调采取措施、整合资源的重要性，习近平总书记提出精准扶贫理念，扶贫已经不单单是资金拨付这种粗放式扶贫的概念，而是强调要多渠道整合资源，从就业、产业、医疗、教育、经济等多方面民生领域入手，加强就业扶贫、易地搬迁扶贫、教育扶贫等，同时大力推进农村基础设施建设，推进交通、水利项目建设，这些概念规划使得开展跟踪审计的主体范围已不仅仅涉及财政部门和审计部门，市县直属的各部门及乡镇都要参与进来。M 市审计局于 2019 年度对市县范围内扶贫资金开展跟踪审计，审计参与主体包括市扶贫办（含各县市区扶贫办）、各县市区人民政府、市直各部门牵头单位（包括财政局、民政局、人社局、住建局、教育局等），同时，为落实审计全覆盖，此次审计局将审计范围扩大到了全市所有的乡镇以及被拨付扶贫资金的相关单位，对贫困人口较少、扶贫资金使用量较小的单位未开展审计。

### 1. 审计计划阶段

#### （1）成立审计小组

审计组由 12 位审计人员组成，组长统揽全局，统筹整个审计项目按计划进行。审计组组长负责审计项目的组织实施，审核最终版本的审计实施方案及审计报告，并把关审计质量；副组长作为主审，受组长的委托，负责审计项目的组织和实施，同时编制审计实施方案，指导审计组成员开展现场审计，并对现场审计的质量进行管理和控制，审核成员记录的审计取证单及审计工作底稿，草拟审计报告。

（2）送达审计通知书

向各家被审计单位发送审计通知书。审计通知书涵盖了此次审计的时间、内容、依据、组成人员名单、有关单位需向审计组提供的资料清单及配合审计工作的要求等内容。审计通知书需进行 3 个工作日的公告，以便各家被审计单位做好准备工作。当地人民政府、相关单位、各乡镇要配合审计组的工作，如实、完整地提供审计工作相关信息，还要选派好对接沟通人员，协调配合审计工作，保证审计组的各项工作高效、顺利地开展。此外，审计组在收到各项文件资料后，还需要及时回函，写明送达人、送达时间和接收人签名等内容。

（3）召开进点见面会

召集相关部门举行进点见面会。会上，由审计组组长宣读审计工作规范文件精神，市领导向审计组介绍本市的扶贫资金总量及分配使用情况，并总结目前 M 市脱贫攻坚战取得的成效。审计组向扶贫办、财政局等资金主要来源部门了解 M 市产业扶贫的基本情况，收集有关落实产业帮扶工作遵循的中央、自治区、市级的政策文件，以及 2019 年 M 市产业扶贫资金的划拨依据、分配、使用和管理等基本情况。

（4）编制审计实施方案

审计小组讨论研究并编制初步的产业扶贫资金审计实施方案。审计实施方案主要包括审计目标、审计对象和范围、审计重点内容、审计工作起止时间安排、分工及工作要求等，原则上需要在下发审计通知书后的 10 天内编制出来。此外，审计组组长要先建立总体的工作台账，结合计划安排制定小组工作进度表，对组员的工作进行监督；审计组成员及时、准确地记录分配的各项工作，并及时向组长和分管领导报告工作情况。

1）审计目标。审查用于产业扶贫开发的资金的真实性、合规性，以及产业扶贫资金分配、管理、使用的经济性、效率性、效果性、社会性和生态性情况。

2）审计对象及范围。2020 年年初，M 市审计机关响应上级审计厅的部署，结合上一年度的审计计划，对 2019 年 M 市所辖各县、区产业扶贫政策落实、扶贫资金分配使用和产业扶贫项目建设管理情况等开展审计。本次审计对象涉及 M 市所辖各县人民政府、财政局、扶贫办、农业局、发改委、林业局、旅游局等有关部门和相关银行科室。必要时可延伸调查有关单位和个人。

此次审计项目共抽查扶贫资金 14.82 亿元，占比 43.87%，涵盖了 105 个产业扶贫项目，占比 32%，囊括 98 个单位、54 个乡镇、152 个行政村，审计组入户调查农户共 215 户。

3）审计重点内容。审计组本着"依法审计，突出重点"的原则，以扶贫资金的流向为思路，牢牢把握扶贫资金"精准、安全、绩效"三大主线，确定了本次审计重点覆盖的内容。

第一，精准扶贫政策落实情况。目前，基层扶贫工作尚未与农村低保、新农保、医疗救助、危房改造、家庭经济困难学生资助等扶贫相关领域工作建立有效的衔接和协调机制，扶贫对象、救助对象的识别仍各自为政。由此，审计组决定本次审计应以精准识别扶贫对象为切入点，抓住"贫"和"准"两个关键，结合财政数据、社保缴纳数据、银行卡和支付平台消费数据等，检查贫困户建档立卡是否准确、是否符合省扶贫办下发的省建档立卡贫困户标准和省标准贫困人口数量分布调整实施方案的规定，审核贫困人员认定程序的真实性、公开性。另外，着重检查各部门是否对上级扶贫政策进行任务分解、明确分工、细化任务目标、制定具体实施细则，是否存在分工不明、责任不清、任务执行缓慢等情况，是否建立有效的追责制度。

第二，扶贫工程项目实施情况。①项目立项、招标问题。检查扶贫项目申报、立项的程序是否正确；项目是否经过论证，是否可行；项目是否严格按照因地制宜、因户施策的原则，分别实施贫困村基础设施和民生保障项目；项目种类是否单一，有无产业扶持项目，能否直接惠及贫困群众；是否存在因责任不清、管理不善造成的不经济；项目立项是否公示、备案。②扶贫项目工程建设和验收问题。检查施工单位是否存在偷工减料、虚报工程量、延误工期、多计工程款等行为；建设过程中是否存在擅自改变计划，未经批准扩建（缩建），更改建设内容等行为；工程竣工后是否及时验收和复检，验收是否流于形式，是否及时入账、归档；是否严格执行资金公示公告制度。

第三，财政扶贫资金管理和使用情况。这部分的审计分为两个部分：一是资金分配是否合法合规，是否符合中央、省政府的指导情况，分配是否精准到户，是否合理；二是审计扶贫资金在使用中是否出现贪污、挪用、拖欠、闲置的情况。

第四，扶贫对象是否精准。M市财政扶贫资金的一部分应用于贫困户的教育、医疗、就业等各个方面的帮补，这些资金投向的群体是否为贫困户，是否达到了扶贫的效果。

第五，扶贫资金绩效评价。验证扶贫项目投用后，当地村民收入水平是否提高，环境是否得到改善；检查是否有扶贫设备闲置而未发挥应有效益；核实贫困户直接受益的情况，评价扶贫项目带动脱贫力度的强弱。

4）审计工作时间安排。审计时间拟定 2020 年 2 月 10 日至 3 月 20 日，分为 3 个阶段（见表 14-2）。

表 14-2　审计工作时间安排

| 时　间 | 阶　段 | 安　排 |
|---|---|---|
| 2020 年 2 月 10 日至 2 月 15 日 | 前期准备 | 下达审计通知书，开展前期进点审计工作，编制实施方案 |
| 2020 年 2 月 16 日至 3 月 10 日 | 现场实施 | 开展现场审计工作，收集审计证据，记录审计工作底稿，集中汇报工作 |
| 2020 年 3 月 11 日至 3 月 20 日 | 出具审计报告 | 出具审计报告（征求意见稿），根据反馈信息进行修改，向上级报送报告（正式稿） |

第一阶段：2 月 10 日至 2 月 15 日，下达审计通知书，开展审计调查，进点及编制方案。

第二阶段：2 月 16 日至 3 月 10 日，现场实施阶段。做好审计取证及审计工作底稿整理工作，不定期集中汇报审计情况和审计发现的问题。

第三阶段：3 月 11 日至 3 月 15 日为审计报告阶段；3 月 16 日出具审计报告（征求意见稿），根据反馈意见进行修改；3 月 18 日出具审计报告（代拟稿）；3 月 20 日出具审计报告（正式稿）及相关附表并报送财政厅农业处。

（5）审计组成员分工

本次项目审计小组成员划分如下：第一组——产业扶贫政策组，共 4 人，负责扶贫政策落实的审计事项，同时检查 2018 年以来各级审计机关发现的扶贫审计问题的整改情况；第二组——扶贫资金管理使用情况组，共 4 人，负责相关模块的数据筛查工作；第三组——产业扶贫项目建设情况组，共 4 人，负责相关的审计事项。

**2. 审计实施阶段**

这一阶段主要开展现场实施工作。做好审计取证及审计工作底稿整理工作，根据实际情况不定期集中汇报审计情况和审计中发现的问题。

**3. 审计完成阶段**

现场阶段审计结束后，审计组整理取得的原始证据和审计过程中形成的工作记录、评价表等，形成审计工作底稿。在本次审计中，审计组对 M 市财政扶贫资金的使用情况进行了摸底，总结出审计发现的问题，提出相应的整改意见。审计组根据检查内容及取得的审计证据撰写了审计报告，在征集被审计单位意见后，正式出具了《M 市 2019 年扶贫专项资金审计报告》。

**4. 审计后续整改阶段**

在收到审计报告之后，M 市人民政府相关部门须依照审计检查机制，在 60 日内整改完毕，同时依法向社会公告，并将书面报告交给市审计局。因特殊情况尚未整改完毕的，每个季度须将整改情况以书面形式向市局报告，市审计局再组织力量开展后续审计。

审计组出具审计意见后，相关部门要对照整改，同时自查之前的疏漏之处，并提交反馈结果。除当年审查的问题外，审计组还对上一年度查出的问题进行了再次核查，如 2018 年 M 市 6 个村民合作社与农业开发公司合作种植夏枣项目效益不佳、使用扶贫资金向非贫困户发放新建蚕房补助 7.85 万元等问题。收到审计报告后，M 市所属区县及相关部门和单位积极整改，加强引进项目风险管控，聘请有资质的第三方开展投资项目的风险评估。两个月后的跟踪审计发现，相关部门已整改完毕。

## ▶ 三、案例分析

### （一）产业扶贫政策落实审计

扶贫活动中重要部分是扶贫政策的落实，目前产业扶贫审计关注的主要方面是 3 类扶贫政策：一是贫困户识别政策，主要根据政策指引来确定贫困户身份；二是贫困奖补类政策，该类政策主要是奖励产业扶贫中有突出贡献的个体或者企业；三是贫困项目类政策，主要是政府根据政策在贫困地区建设特定项目，通过项目产生的绩效带动贫困户脱贫，主要包括产业配套设施建设等。审计人员根据政策情况的不同，确定了实施审计计划的先后顺序。

**1. 贫困户识别审计**

贫困户识别方面，审计人员识别贫困户的难点在于很难确定贫困户资产数额。由于农村环境复杂，人员资金流转复杂，形成了杂乱的财产现象，而且农民收入也没有社保基金作为证据来确定具体金额，同时农民收入每个时间段都不具有规律性，因此直接确定一个贫困户究竟有多少资产就显得较为困难。审计人员认为收入来源不好确定，就调整思路从农民费用方面进行审计，特别审计农民在教育、医疗、房产、汽车方面的支出。

审计人员根据此思路，收集全镇所有贫困户贫困档案专属银行卡号，之后和银行提供的流水信息进行比对，寻找流水中数额较大或者交易较为频繁的账号以及对应的人员，并以此为线索追查至个人其他方面情况。如果没有充足的收入来源，贫困户无法负担如此大的开销。审计人员通过对比银行流水识别出存在异常资产或交易的人员一共27人，其中15人名下拥有汽车，12人名下的银行卡中金额较大，审计人员通过实地走访贫困户，同时与村中其他人进行核对逐步查清事实，其中，银行卡存在巨额存款的现象大部分是其亲戚朋友通过他的银行卡进行转账造成的，而汽车虽然归于贫困户名下但由村民集中购买用于农业生产运输，并且贫困户与村民之间签好了协议，实质上汽车并不属于该贫困户。

在识别贫困户方面，审计并没有发现疑点，一方面是因为贫困户数量越来越少，这导致审计范围缩小，同时审计的技术也在不断进步，很容易对一个贫困地区的全部贫困人口资格进行审计，从而有力地震慑了贫困户弄虚作假的行为；另一方面之前的审计发现整改了较多的问题并要求政府进行相应的调整，政府后续开展扶贫活动更加规范合理，这使得扶贫活动中出现的问题逐步减少，这也使得贫困户资格认定上出现错误的情况减少。

在识别贫困户的审计过程中，审计人员主要通过查询银行流水和其他单位提供相关信息来锁定潜在可疑的人员，再结合实地走访与询问，检查相关合同，来印证政府在识别贫困人员的过程中是否存在弄虚作假的情况。由于审计过度依赖于其他单位与银行的信息，而审计参考的资料较为有限，只能根据最近时间的活动来查找疑点，不能全面查清一年之中贫困户所有的经济活动。

### 2. 贫困奖补政策审计

奖补政策方面，审计人员侧重于两个方面：一是"钱没到位"，即政府没有及时按扶贫政策给予贫困户或者市场主体奖补，或者奖补的数量与政策指导不一致；二是"钱太多了"，即政府可能存在通过虚假上报违规套取国家财政扶贫资金的情况。

D县柑橘产业现在还没有出现规模优势，也没有出现龙头企业，市场主体总体体量较小，所以对企业进行全面审计是可行的。审计人员首先通过工商局提供的资料与县政府提供的资料核对确保贫困区域中的63家企业全部处于存续状态，确定好审计范围；然后根据镇政府提供的资料初步了解贫困区域当年产业奖补发放计划与安排，2019年镇上企业效益比往年有所提高，审计人员据此初步推断出63家企业奖补发放的大致情况；最后与镇政府的台账和提供的事实奖补发放补助记录（如银行流水、转账回执、补助领取签字表以及公司声明）进行对比，寻找其中存在的差异。

审计人员通过财务资料与预判情况的比较发现，2019年市场主体发放奖补1 054 280元，审计人员根据企业提供的资料测算为1 123 120元，中间的差异来源于一块土地种植补贴。对于该差异，县政府的解释是该地一部分改造成村的公共蓄水池导致土地整体种植面积减少，企业、乡镇和县政府提供的书面资料更新不及时从而出现了差异，县政府是根据实际种植面积给予产业奖补的，所以产业奖补在企业效益增加的前提下出现了下降的情况。审计人员为了核实县政府工作人员的说法，走访涉事企业负责人，与之进行交流核实，同时与企业负责人还有县政府工作人员共同驱车到现场查看蓄水池建设情况，证实了县政府工作人员的说法——种植面积出现改变，县政府没有及时向市政府、市扶贫办、市农业局进行汇报。审计人员如实做出记录。

之后，审计人员根据发放奖补数额的大小选取了其中27家涉及奖补数额较大的企业负责人举行座谈会，实际了解镇政府 2019 年的补贴情况，27 家负责人表示 2019 年镇政府在产业奖补方面并没有出现拖欠或者奖补数额不符的情况。

串通骗取补贴方面，由于当年效益较好，企业基本都扩建了生产用地，而根据产业奖补政策需要增加奖补数额，但总的奖补数额并没有出现异常波动，甚至还略有下降，因此审计人员并没有将串通骗取补贴作为审计重点。

审计市场主体产业奖补方面，审计人员的审计重点是资金发放，即镇政府的财务活动，将镇政府会计记录中出现的异常状况作为线索，再通过走访、开座谈会、询问等方式来印证镇政府的活动是否符合扶贫政策。

个人产业扶贫奖补政策方面，M 市的奖补政策在市场主体与贫困户个人之间存在差异，市场主体的奖补是持续的，而贫困户个人产业奖补是一次性的，所以每年奖补数额与上年奖补数额之间联系不大，上年的财务资料与现在的贫困户产业奖补也没有太大的关联性。贫困户每年领取的产业奖补总额逐年下降，这是由于贫困户在往年领取过产业奖补脱贫后就不再领取，同时贫困户人口在下降可以推断出领取奖补的人数也在下降，这方便审计人员开展后续审计工作。

审计人员首先收集镇政府当年（2019 年）对贫困户个体发放产业奖补的相关资料与贫困户的档案并进行对比，贫困户档案上会记录贫困户之前领取产业奖补的情况，审计人员将其与上年新领取补贴进行核对，确保上年领取的补贴没有出现重复领取的情况。

D 县的产业奖补主要为开设农家乐补贴、水产补贴、种植补贴 3 种。其中，农家乐补贴数额最大，涉及人员最多，其次是水产补贴，最后是种植补贴。农家乐 2019 年新设 52 家，水产涉及 5 处，种植业 4 处。审计人员首先在市工商局搜集新开农家乐情况，主要核对开业日期、经营地点与注册资金，以及现在是否还在存续，而水产方面则与村集体、市水产局核对水产新设情况，看面积承包年限、水产种类是否与镇政府所报材料相吻合，在市农业局审核新设种植业是否与镇政府所述相同，进而收集了充分的审计证据。

实地检查方面，由于农家乐数量较多，而且各个农家乐之间较为分散，要集中进行走访调查较为困难。审计人员首先联系工商局查验 2019 年新开业的 52 家农家乐是否正常经营，其中选择 2019 年年末的 9 家农家乐作为走访对象，之后审核农家乐的基本存款账户，看是否出现相应补助的流水记录。流水记录经过审查之后显示不存在异常。第二天，审计人员突击走访 7 家农家乐经营场所，与农家乐负责人进行核对，核实产业奖补是否发放到位，经过走访确认产业奖补的确是及时足额发放到位。座谈会上企业负责人表示 2019 年虽然生产规模有所扩大，但企业整体效益出现了下滑，柑橘销售出现了瓶颈，希望市政府在该方面提供相应政策，审计人员如实记录了企业负责人反映的情况。

在此审计过程中，由于贫困户的补助主要通过银行账户来进行划转，因此审计人员在此阶段主要通过检查政府的账目、银行流水和工作记录来查找政府工作存在的疑点，然后根据检查出的疑点结合实际情况与工作安排，尽可能地选取高效的审计方式来清除或者核实审计疑点，一般是选取大额的、距离较近的、影响范围较广的审计疑点进行实地走访，并通过鼓励匿名举报的方式来进行审计。

（二）扶贫项目工程建设的审计

审计组对 2019 年实施的五大扶贫工程项目逐一进行审计，重点关注项目建设所有环节的真实性、合法性、合理性、公开性。审计组成员检查了每个项目评估、申报、立项、招标、施工、验收等各关键环节的相关文件，以获取充分的书面证据。

检查项目立项前是否组织有关部门和专家进行评审、论证，是否有可行性研究报告，报告是否只是走形式；审阅项目申报有关的文件，检查申报前期工作质量；检查施工合同和招投标文件，看是否存在施工在前、招标在后、事先指定中标人的违法行为；抽查工程材料采购的票据，检验票据是否真实、金额是否准确；检查委托方是否具备施工资质，是否实施了必要的施工步骤，是否按施工图样施工，是否保留原始影像资料，是否能准确提供工程数量，是否存在工程数量多报而虚增工程成本的现象；审阅工程验收文件，看验收单位是否重视验收工作，是否进行全面踏查，还是只是视察性地对部分工程进行抽验，是否出具验收意见，还是只是签字盖章，使项目验收流于形式；检查受益贫困村村集体固定资产和工程建设档案资料，看完工项目是否按规定及时入账、归档。

审计组还采用实地考察、访谈等方法到工程项目现场进行调查。审计人员由项目负责人陪同，到各个项目现场进行观察，实施这项审计程序有三个目的：一是视察项目进度，发现延误工期的问题；二是评价项目设计的合理性，如选址是否恰当等；三是现场勘查施工量，检查施工图样，确认有无偷工减料等问题。审计人员还对现场的负责人、工人和当地居民进行访谈，了解项目实施的具体情况和居民的收益情况。访谈主要采用开放性问题，以及现场临时想到的问题，这样能尽量保证回答的可信性。通过实地观察和访谈，审计人员能够亲身体会项目的真实情况。

在对 M 市下属 X 镇农村饮用水安全工程项目进行审计时，审计组主要从以下五个方面展开审计工作：一是项目资金的拨付是否及时；二是主管部门是否存在截留、挪用、浪费项目资金等行为；三是工程成本是否真实合理；四是饮水安全是否得到保障；五是评价饮水项目建成后管理和使用的效果。最终发现，饮用水安全工程项目存在如下问题：有些需要安装水质净化设施的地方没有安装，很多该进行水质监测的集中式饮水安全工程未进行水质监测，导致饮用水水质不达标；监理工作比较薄弱；管网故障率高、经常漏水停用等。

在对 Y 镇整村推进道路建设项目进行审计时，审计人员要求被审计单位提供投标文件、中标通知书、施工合同、工程验收资料、财务资料等，被审计单位提供了全面的资料，审计人员调查了资金支付对象，发现与合同相符，账目清晰。但审计组组长根据多年的工程审计经验，提出中标文件与工程验收资料里的造价完全一致的情况十分少见，经项目组成员讨论，怀疑这种情况有刻意"规范"的嫌疑。审计组随后展开针对性调查，得到以下三点信息：一是该项目未进行公开招投标，但项目负责人请示了招投标管理部门能否采取邀标的形式与建筑公司签订施工合同，得到了招投标管理部门的同意；二是该项目确实已经实施；三是工程款确实转入施工单位。审计人员决定从施工建筑公司入手，进一步调查核实。经查阅银行日记账以及对账单，发现扶贫办转入该公司的一笔工程款 14 万元，于次日全部转入村支书王某的个人账户。经进一步核实，发现该公司根本未承接此项目，只是帮忙制作了有关图样资料，并收取了 6000 元资料费。最后，审计组发现王某通过虚假招标套取工程资金的事实。

（三）财政扶贫资金管理和使用审计

在资金分配方面，扶贫资金目前分配导向是绩效奖励性分配，即每年对各个贫困地区进行绩效评价，对扶贫效果较好的地方在分配资金上进行适当倾斜，不好的地区只给予基本资金分配，而主要具体分配情况由市政府、扶贫办、财政局共同负责。

审计人员首先通过省审计厅拿到当年M市的扶贫资金拨付计划，确定2019年中央与地方财政对M市的拨付资金情况，之后要求市政府、扶贫办、财政局与镇政府提供当年的财政扶贫资金分配计划与银行流水记录，以及2018年扶贫考核结果。关于资金分配，M市采用分配计划的方法（见表14-3）。

表 14-3　M 市年度预算分配计划

| 计算公式：$N = W \times (A \times 30\% + B \times 10\% + C \times 10\% + D \times 10\% + E \times 10\% + F \times 20\% + G \times 10\%)$ | |
| --- | --- |
| 符号 | 含义或公式 |
| $N$ | 年度预算金额 |
| $W$ | 扶贫资金总额 |
| $A$ | 某县（市）农村贫困人口数÷全省扶贫开发工作重点县（市）农村贫困人口总数 |
| $B$ | （全省农民人均纯收入−某县（市）农民人均纯收入）÷∑（全省农民人均纯收入−各县（市）农民人均纯收入） |
| $C$ | 某县（市）农村贫困人口减少数÷∑全省扶贫开发工作重点县（市）贫困人口减少数 |
| $D$ | 某县（市）农民人均收入增长幅度÷∑全省扶贫开发工作重点县（市）农民人均收入增长幅度 |
| $E$ | （全省人均公共财政收入−某县（市）人均公共财政收入）÷∑（全省人均公共财政收入−各县（市）人均公共财政收入） |
| $F$ | 某县（市）财政专项扶贫资金绩效考评成绩÷∑全省扶贫开发重点县（市）财政专项扶贫资金绩效考评成绩 |
| $G$ | 某县（市）扶贫开发进村入户率÷∑全省扶贫开发工作重点县（市）扶贫开发进村入户率 |

审计人员根据计算公式重新执行分配过程，所得的结果与财政局提供的分配计划相比，确定财政局提供的资金分配方案不存在问题。

资金使用方面，M市审计人员总结了一套较好的审计方法，即跟紧资金流。审计人员首先根据《M市财政专项扶贫资金管理办法》明确不同类型扶贫资金的使用规范，包括账户设置、每种资金的流动方式、资金在账户上的停留时间规定、资金不能使用的范围规定等。然后，审计人员调取所涉及扶贫资金账户资金流动情况，以财政局拨款为起点，到贫困户，再以扶贫资金使用项目为终点，绘制扶贫资金流动示意图，检查资金在每个账户上的分配与停留时间，对照扶贫资金管理办法寻找其中异常的资金情况，进行追查，直到查清资金违规的原因。审计人员结合银行提供的流水与政府部门提供的财务会计资料绘制资金流程图，发现其中存在23 412.5元的资金滞留。审计人员通过与银行、政府部门财务人员进行沟通，查清了原因，是财务人员发出支付指令但银行没有及时进行转账导致的账实不符。

（四）审计结论及建议

从总体来看，2019年M市认真贯彻中央、自治区、市脱贫攻坚决策部署，以推进深度贫困地区脱贫攻坚为重点，紧紧围绕产业扶贫重点任务，制定了《M市财政专项扶贫资金管理办法》《M市财政专项扶贫资金管理细则》等系列规章制度，狠抓脱贫攻坚责任、政策及工作落实，支持贫困户发展特色产业，农村生产条件不断改善，农民收入稳步增加，增收渠道不断拓宽。但 M 市在脱贫攻坚产业扶贫资金分配管理使用、项目建设管理等方面还存在一些问题：①扶贫项目种类选择较少，未申报实施产业扶持项目；②建设项目选址不合理，浪费了扶贫资金，没有将有限的扶贫资金用在"刀刃"上；③个别申报并实施的产业项目未直接受益贫困户；④施工单位未按招标文件及图样施工，擅自偷工减料，将未完成工程量所结余资金用于合同外增项工程；⑤在资金管理方面，没有及时与银行联系，导致账实不符，需加强与金融机构的对接，确保账实相符。

审计机构也给出了相应建议：①政府相关部门应认真学习领会、贯彻落实各级政府关于精准扶贫和精准脱贫的各项决策部署，研究制定教育脱贫、医疗保险及医疗救助脱贫、金融扶贫等各项配套措施，明确部门任务，落实责任分工，做到有目标、有措施、有检查、有奖惩，促进精准扶贫、精准脱贫的各项决策部署落到实处。②扶贫资金使用过程中，应依据相关法律法规，严格执行扶贫资金项目管理制度，对工程项目从立项、招标、采购到项目施工、竣工验收实行全程监控，规范项目招投标、监理、施工等关键环节的管理，并加快扶贫资金拨付进度和项目实施进度，促进扶贫项目尽早、尽快地发挥脱贫带动效应。③应加强与金融机构的对接，确保账实相符。

## ▶▶ 四、反思及启示

### （一）反思

M 市审计局对 M 市开展财政专项扶贫资金审计时遵守了审计准则，基本掌握了 M 市的扶贫政策措施落实情况，本地扶贫措施制定、细化和落地情况，财政专项扶贫资金使用和管理的合法合规、绩效情况以及扶贫项目建设运营情况，并揭示了存在的问题，提出了相应的审计建议。此次财政专项扶贫资金审计促进了 M 市财政专项扶贫资金使用的规范性，加快了 M 市扶贫政策措施的贯彻落实，但审计本身仍存在需要完善的地方。

**1. 审计介入滞后**

财政专项扶贫资金审计是审计机关及时、持续地对扶贫政策、资金、项目开展事前、事中、事后各环节和全过程的审计。M 市审计局在 2020 年 2 月—3 月对 M 市进行了 2019 年度扶贫专项资金审计，属于事后审计，缺乏事前审计和事中审计。M 市审计局相关人员表示，M 市目前采用的财政专项扶贫资金审计方式一直是结项审计（事后审计）方式。此次 M 市审计局开展的财政专项扶贫资金审计主要对 C 县扶贫工作中的违规行为予以揭露，并提出了审计建议。国家审计的监督作用不只是查错纠弊，更重要的是及时介入扶贫过程并防范违规行为或者现象，制止其继续发展，以避免继续损害公众利益。此次审计未能充分发挥审计作为"免疫系统"的功能。

**2. 审计覆盖范围有限**

M 市审计局对 M 市进行 2019 年度扶贫专项资金审计时共抽查扶贫资金 14.82 亿元，占比 43.87%，涵盖了 105 个产业扶贫项目，占比 32%。一方面，党和国家对审计提出了审计全覆盖的要求；另一方面，抽查审计会留下潜在的审计风险。抽查的扶贫项目专项扶贫资金只占资金总量的一部分，可能无法发现 M 市管理、使用扶贫专项资金过程中存在的深层次违法违规行为，无法全面掌握 M 市的扶贫政策措施落实情况，本地扶贫措施制定、细化和落地情况，财政专项扶贫资金使用和管理的合法合规、绩效情况，以及扶贫项目建设运营情况，无法实现审计目标。即使 M 市审计局开展的扶贫专项资金审计发现了问题（事实上确实发现了问题），提出了审计建议，但是这些问题可能无法代表 M 市真正存在的大问题，很可能在深层埋着违法违规的重大问题或者阻碍扶贫政策贯彻落实的重大问题，使审计监督效果大打折扣。可以看出，此次 M 市财政专项扶贫资金审计在审计抽查占比上有很大的风险，没能做到审计全覆盖。

### 3. 绩效评价指标有待完善

M 市审计局开展的扶贫资金审计，基本上属于传统的财务合规性审计的范畴，针对扶贫资金绩效的审计程序少之又少，仅限于表面观察和简单推断，虽然设立了评价指标，但指标的制定不够科学，计算方法过于简单，作用效果微弱。例如，没有对各项指标设定权重，而且缺少信息公开情况和机制创新情况的评价指标。

### 4. 审计结果未公开

M 市扶贫资金审计的结果并未公告，可以说透明度为零。在省审计厅、市审计局和县人民政府等各级政府机构的网站并没有关于此次审计行动的任何公开信息。此外，市政府信息公开目录里也没有任何的审计结果公告。M 市政府也没有通过新闻等其他形式公布审计结果。贫困群众无法得知事关自身重大利益的扶贫工作的全貌，也不知道扶贫资金的管理、使用情况究竟如何，这损害了群众的知情权。可见，M 市政府和审计机关没有落实审计结果透明化的工作，容易滋生腐败，并且无法接受群众监督。

## （二）启示

### 1. 加强全过程审计

M 市审计局要加强对审计人员有关全过程审计的教育和培训，在意识上和方法上都要保证审计人员能够完成全过程审计。在财政专项扶贫资金使用前期，M 市审计人员要查看财政专项扶贫资金瞄准对象的精准性，以及筹备的扶贫项目是不是符合实际情况和科学的。在财政专项扶贫资金审计事中阶段，M 市审计人员要跟踪监督扶贫政策落实和项目推进情况，如果发现违法违规或者没有绩效的情况，要立即责令相关部门进行整改，并监督其整改的进程和效果。在财政专项扶贫资金后期检查阶段，不是检查扶贫对象瞄准的精不精准或者扶贫项目是不是符合实际情况和科学，而是 M 市审计人员要对财政专项扶贫资金、扶贫项目的真实情况和绩效情况进行检查。另外，M 市审计局可以通过招投标的方式将社会审计机构引入进来，把一部分审计工作交给社会审计机构，比如把事前决策审计、事中跟踪审计、事后检查审计中一个阶段的审计交给社会审计机构进行，如此一来，对提高审计质量和减轻审计机关压力是有很大帮助的。

### 2. 运用大数据技术审计方法

一方面，M 市审计局把涉及 M 市财政专项扶贫资金的数据信息化，整合到一个平台上，构建 M 市审计局数据库，并建立 M 市审计局扶贫审计分析模型。通过 M 市审计局构建的数据库，可以随时查看财政专项扶贫资金管理使用和扶贫项目建设运用情况，全方位实时监控扶贫资金去向以及运用效率，使 M 市财政专项扶贫资金审计更加高效。另一方面，M 市审计局要对现有审计人员进行计算机能力培训，使审计人员可以使用计算机进行数据分析，采取经验交流会等方式进行大数据审计思路交流。

### 3. 完善绩效审计评价指标

完善立足当地实际的产业扶贫资金绩效审计评价指标。产业扶贫资金绩效审计评价不仅要考虑扶贫资金拨付、管理和使用的情况，审查是否存在长期搁置、挪作他用等资金浪费问题，在扶贫项目的建设管理方面，更要兼顾产业扶贫项目实施后能让当地群众满意的社会效益，以及扶贫项目对促进生态保护、改善环境质量起到积极作用的生态效益。

产业扶贫资金的绩效审计要立足于实际项目，分析获取的相关数据，审核当年的重点产业扶贫项目，从项目资金的流向找线索，要对项目涉及的资金划拨、使用和管理的情况了解到位，做到心中有数，统筹考量资金投入效果及产生的经济、社会和生态效益，从而更好地评估该项目的辐射作用。

### 4. 完善审计结果公开制度

虽然审计法没有强制规定审计机关要公告审计结果，但是审计署鼓励公开审计结果的行为，在《"十三五"国家审计工作发展规划》中也明确强调"加大审计结果和信息公开力度"。习近平总书记指出，"要加强扶贫资金阳光化管理"，而审计结果公开化是使扶贫资金使用情况阳光化的一种有效方式。有关部门可以从以下两点完善审计结果公告制度：一是增加相关强制性的法律法规，强化审计公告的责任。在《审计法》中把"可以公开审计结果公告"完善为"应该公开审计结果公告"，使公开审计结果公告从审计人员的权力变为职责。二是使审计结果公告时间规范化，需要及时向公众反馈审计结果。及时向公众反馈审计结果可以使 M 市有关被审计单位趋向于更快速、更大力度地整改所存在的问题，树立 M 市审计机关对 M 市人民负责、与 M 市人民保持一致的良好形象。

# 第十五章

# 政府投资项目绩效审计案例——
# Y省航运发展专项资金审计

政府投资项目绩效审计是审计部门对政府投资项目运营状况、投资效果发表审计意见。根据政府绩效审计的"3E"（经济性、效率性、效果性）目标和审计署对绩效审计目标的界定，确定政府投资项目绩效审计评价的目标，即审计人员运用一定的审计方法，评价项目资金的筹集、管理和使用是否有效，以及项目建设和运营是否实现了经济性、效率性、效果性、社会效益和环境效益等。

## ▶ 一、案例背景介绍

从"十二五"时期发展长江内河航运到"十三五"时期"一带一路"建设的迫切需要，受国家对航运发展总体战略指导的影响，各省份也响应政策开始设立航运发展专项资金，航运业发展迎来新的转机。Y省抓住机遇，响应国家战略发展要求，为了促进航运业快速健康发展，Y省于2012年发布了《促进航运业发展若干意见实施办法的通知》，开始实施投入专项资金以鼓励港航企业发展、支持港航金融、促进航运运输业务发展，出台了《Y省财政支出绩效评价管理办法》《Y省人民政府关于印发加快港口发展行动纲要（2014—2018年）的通知》等政策，专项资金投入实施效果显著。

Y省从2015年起开始通过省级财政一般公共预算投入在航运发展专项上，重点用于集装箱运输业务的扶持和航线培育，包括进行港航企业补贴及提供相关港口建设资金需求等，符合条件的港航企业每年向各港口管理局申报一次，经审核评定后下发资金。这主要是为了促进水路运输业务发展，培育优质航线，推进港口资源有效整合，打破港口固有以行政区域划分的弊端，将港口建设结合自身优势条件向规模化、集约化发展，整合各地区优势、避免港口资源浪费、克服港口薄弱管理环节等，加速进行港口现代化水平发展。Y省航运发展专项资金项目相关方及其职责见表15-1。

表 15-1　Y省航运发展专项资金项目相关方及其职责

| 项目相关方 | 职能部门或单位 | 主 要 工 作 |
| --- | --- | --- |
| 项目制定方 | Y省财政厅 | 负责专项资金预算管理与资金拨付 |
| 项目执行方 | Y省交通厅及各港航管理局 | 负责专项资金项目管理，组织项目申报和审核 |
| 项目受益方 | 申请获批的各港航企业 | 开展集装箱业务并符合申请条件，促进航运运输业务发展 |

Y省航运发展专项投入是为了促进航运业发展专项用于支持省内集装箱业务快速发展，主要包括集装箱国际中转奖励、集装箱外贸内支线水中中转奖励、集装箱内贸水中中转奖励、集装箱海铁联运奖励等9项奖励补贴，见表15-2。符合条件的港航企业根据《Y

省港航发展专项资金暂行管理办法》的规定，填写表格并上交审核材料给各港口管理部门，逐级汇总至 Y 省交通运输厅。Y 省交通运输厅根据文件规定组织专业人员进行资料审核与评定，完成委托确定最终专项经费总额最后提交审核意见。公示无异议后 Y 省财政厅应依照文件规定及时拨付专项资金到项目负责单位。Y 省财政厅于 2015 年起，在每年年初批复省交通运输厅航运发展专项资金 2 亿元。截至 2019 年，Y 省财政厅累计拨付 4 个年度航运发展专项资金 74 004.3823 万元，Y 省下属港航管理局在接受相关企业申报材料，经过一系列项目真实性和有效性审核、企业标准评定、数据统计后，已累计下拨企业及相关单位 73 401.9433 元，其中专项投入项目实施以来所惠及的港航企业一共有 57 家。

表 15-2    2015—2018 年度省级航运发展专项投入安排        （单位：万元）

| 项　　目 | 2015 年 | 2016 年 | 2017 年 | 2018 年 |
|---|---|---|---|---|
| 新增集装箱国际航线奖励 | — | 50 | 38.75 | — |
| 新增船舶运力奖励 | 1210.00 | 830.00 | 2324.91 | 2145.28 |
| 集装箱国际中转奖励 | 1767.23 | 2771.59 | 3027.09 | 1836.11 |
| 集装箱外贸内支线水中中转奖励 | 1837.16 | 5230.84 | 3856.77 | 3442.53 |
| 集装箱内贸水中中转奖励 | 9130.21 | 10 770.52 | 10 146.9 | 11 517.17 |
| 集装箱海铁联运奖励 | 136.67 | 270.16 | 585.86 | 857.00 |
| 港口岸线收储开发项目建设贷款贴息 | — | — | 19.72 | 201.92 |
| 港口公共基础设施建设项目 | — | — | — | — |
| 新开通集装箱"五定"班列奖励 | — | — | — | — |
| 合计 | 14 081.28 | 19 923.11 | 19 999.99 | 20 000.00 |

数据来源：根据 Y 省 2016—2019 年航运发展专项投入公示文件整理。

## ▶▶ 二、审计的内容和流程

将政府投资项目审计内容划分为立项、分配、使用、管理、产出 5 个环节，针对航运发展专项资金绩效的审计目标具体开展，规划航运发展专项投入各环节的绩效审计内容。

### （一）确定审计内容

#### 1. 航运发展专项资金立项环节

航运发展专项资金是贯彻国家在特定时期航运补贴政策的特殊财政手段，在国家政策导向下，各地方政策响应程度、倾向不同，航运发展专项资金设立的缘由、政策依据、设立时间及奖励范围等前期立项大多取决于地方政策。

航运发展专项资金是为了促进地方航运业发展，所奖励的项目一般包括航线补贴、集装箱补贴、部分港口公共建设及防污防尘设备等，补贴直接与航运企业业务活动挂钩，所以在立项环节航运发展专项资金具体绩效审计内容包括：①航运发展专项资金的设立是否贯彻落实了地方航运补贴政策；②航运发展有关项目的业务量计划是否科学合理、切实可行；③航运发展专项资金前期预算编制是否按照部门预算管理要求与规定进行编制；④项目初期申报材料信息的真实性、交通运输部门申报程序的合规性；⑤项目奖励计划设置是否有效满足地区港航企业发展需要。

**2. 航运发展专项资金分配环节**

航运发展专项资金分配环节是专项资金后续效益有效发挥的重要一环,资金分配的真实性、效率性直接影响航运发展专项资金的最终产出效益。财政专项资金在分配过程中存在分配环节复杂导致分配效率低、分配标准设置不科学造成分配混乱等问题。就航运发展专项资金而言,重点围绕专项资金分配环节,将航运发展专项资金作为补贴奖励分配给地区内各港航企业,如何公平分配航运发展专项资金至各个补贴项目,如何确定各港航企业申请资格,如何实现航运发展专项资金分配程序合理、分配标准科学与分配过程公开透明等,这些问题将会影响航运发展专项资金有效执行、落实。航运发展专项资金由地方财政部门拨付资金,交通部门收集所有申请的港航企业材料并审核后将分配方案提交给财政部门,财政部门审核无误后将资金划拨至交通部门,专项资金到达各港口管理局,由港口管理局直接发放给港航企业,资金流向相关部门较为清晰且分配对象明确。

因此,在航运发展专项资金分配环节主要围绕分配流程、分配方式、分配时间,具体绩效审计内容包括:①航运发展专项资金分配环节中各级部门单位的分配效率;②对集装箱业务奖补的分配方法是否合理;③针对港航企业的分配标准设置是否科学;④对航运发展专项资金分配过程是否公开透明;⑤航运发展专项资金拨付流程是否做到合法、及时、公正。

**3. 航运发展专项资金使用环节**

航运发展专项资金的使用是完成航运补贴政策目标的关键环节,决定航运发展专项资金使用效益发挥的程度。财政专项资金使用环节中常见的问题是专项资金挤占、冒领、相互调剂、资金出现浪费或违法违规现象而导致资金效益无法达成,影响政策预期目标的实现等。一般来说,航运发展专项资金的使用是为了刺激提升港航企业业务活动水平,推动港口资源有效整合,吸引港航企业入驻,促进港口集约化发展,充分利用港口资源。

因此,航运发展专项资金使用环节应重点关注专项资金是否及时合规使用在恰当领域,具体绩效审计内容包括:①审查各级管理单位是否严格执行立项规定,合规使用航运发展专项资金;②是否存在随意分派资金,使用过程中挪用、截留航运发展专项资金;③在航运发展专项资金的使用符合有关法律法规的先决条件下,审查航运发展专项资金拨付的效率,以及航运发展专项资金使用后是否达到预定目标。

**4. 航运发展投资项目管理环节**

航运发展投资项目管理环节主要围绕资金管理主体的管理工作进行绩效审计,在财政专项资金管理中主要存在的管理问题包括:①在单位管理层面,单位缺乏资金管理制度规定,人员职责分配不清,无有效追责机制等;②在资金管理层面,不同类型的财政专项资金管理程序、管理内容的不同造成管理要求差异,单位无针对每项专项资金的规范,造成资金管理混乱,影响资金管理工作。

对航运发展投资项目来说,由于企业补贴审核工作是由省交通厅负责,审核资料与审核流程要有严格的制度规定,要有单位人员职责分配制度的保障,以保持审核人员相对港航企业的独立性,因此,在航运发展专项资金管理环节的绩效审计具体内容包括:①航运发展专项资金管理单位是否制定相应的专项资金管理细则;②是否按照专款专用相关规定对资金进行使用;③对其专项资金会计处理是否符合会计规定;④对违法违规行为是否建立有效惩罚机制；⑤有关航运发展专项资金的制度管理规定是否得到切实执行。

**5. 航运发展专项资金产出环节**

航运发展专项资金产出环节重点关注专项资金的预期产出及未来持续性效益。航运发展专项资金所投入项目如集装箱业务、航线数量增长，都可以在短期内产生明显的效益产出，因此主要通过水路运输业务产出反映港口综合运输体系的发展。另外，航运发展专项资金区别于其他各类与民生发展关系紧密的专项资金，航运业更多服务于港口地区产业壮大与企业扶持，从而带动经济发展，长期为地区发展带来社会效益和环境效益，所以航运发展专项资金不能仅仅依靠短期效益，而要放眼长远可持续经济效益和社会效益。这要求航运发展专项资金绩效审计不能局限于获得短期效益，而要充分重视长期效益的审查活动。

因此，在航运发展专项资金产出环节选择增加可持续发展能力的绩效审计内容，审查航运发展专项资金使用是否提高航运未来可持续发展的能力。

**（二）确定审计依据与方法**

开展的财政专项资金绩效审计考虑到投资项目自身复杂性和多样性，针对不同审计对象选择适当的审计方法，如文件核对、访查、观察、走访、统计分析等。

航运发展专项资金的绩效审计选择以下几种方法：

一是访问法。访问法可以使审计人员快速直观地收集简单事实性数据，深入单位一线了解有关航运发展专项资金安排及管理工作开展情况，直接与省港航管理局、省交通运输局等项目相关人员进行沟通交流，审计人员可以在访问过程中询问航运发展专项资金项目实施与管理的相关情况，同时直接现场核查被访问者的回答内容是否真实、正确。

二是审阅法。审阅法适合于航运发展专项资金绩效审计工作初始数据整合处理阶段，审计人员通过网络、报纸、相关单位等多种渠道获取航运发展专项资金的立项资料、相关制度文件、预算批复表等材料，审查资料的完整、真实性，对资料内容进行归纳整理，形成实物佐证材料。

三是实地观察法。审计人员对省内各港口进行实地调研，拍照取证，以便为后续进行港口相关建设的结果评估获取有效信息，还可以对被审计单位航运发展专项资金使用、项目管理、内部控制实施情况进行现场勘查和核实。

四是问卷调查法。审计人员通过问卷调查法对港航企业满意度及航运发展专项资金现实问题进行调查，调查港航企业对航运发展专项资金的制度制定合理性、申报程序、管理部门的指导与服务情况是否满意，从港航企业角度评价航运发展专项资金在政策制定、单位管理、资金使用中所存在的问题。

五是统计分析法。审计人员通过对航运发展专项资金各项数据的收集和统计，利用数学模型进行指标权重与评分的计算，保证结果的科学性、合理性。采用统计分析法将行业专家的意见进行汇总，计算得出科学的指标权重，基于审计证据和专家研判，利用综合模糊评价的方法对航运发展专项资金项目进行综合评价。

**（三）构建政府投资项目审计指标**

**1. 经济性评价指标**

经济性是指政府投资项目是否以尽可能少的资源耗费达到一定目标，强调经济成本节约和投入资源减少，即降低成本。根据投入—产出模型，经济性指标审查重点应在资金的管理与资金的使用。资金管理的指标包括管理制度健全性、制度执行的有效性、资金分配的公平性；资金使用的指标包括预算完成率、资金到位率、单位集装箱成本支出。

1）管理制度健全性。这一指标只能从定性的角度判断制度的完善程度。例如，从项目本身出发，是否制定了一套较为完善的项目资金使用管理制度，通过各部门设置制度的内容多少和修改及调整次数来判断。

2）制度执行的有效性。它主要从制度执行的过程来判断，除了建立健全制度外，还应关注制度实际执行情况，通过调查制度的执行情况、员工培训情况、业务流程符合度、采购审批等，统计违反制度的次数来判断完善程度。

3）资金分配的公平性。资金分配是否公平合理取决于项目本身的合理性，该指标主要通过评价项目的政策依据是否充分，项目设立是否进行了科学的可行性论证。资金分配公平合理，说明资金没有浪费，用在恰当的地方。

4）预算完成率。它反映了项目资金实际执行预算的进度，据此判断资金结余情况。它的计算公式为

$$预算完成率 = \frac{实际应用于项目的资金}{项目预算资金} \times 100\%$$

这一指标可以结合资金结余率来分析：

$$资金结余率 = \frac{项目预算资金 - 实际使用项目资金}{项目预算资金} \times 100\%$$

5）资金到位率。它反映了项目资金落实到位的速度。该指标数值越大，说明项目资金到位所需时间越短，速度越快。它的计算公式为

$$资金到位率 = \frac{实际拨付到位的项目资金}{按批复应到位的项目资金} \times 100\%$$

6）单位集装箱成本支出。它反映了集装箱成本费用实际金额发生的合理性，即

$$单位集装箱成本支出 = \frac{成本费用实际金额}{集装箱总数}$$

该指标数值越小，说明单位耗费越低，成本越节约。但该指标数值是否越小越好，需要结合历年数据或预算数据综合判断项目投资成本的合理性和经济性。

经济性还包括其他指标，如人力资源利用情况以及项目成本降低率。

7）人力资源利用情况。它主要通过评价投入的人力成本是否在合理的预算范围内，如果是，说明没有超支，项目的经济性好。

8）项目成本降低率。它反映的是完工时项目成本的节约程度。该指标数值越小，说明成本控制越好，经济性也越好。它的计算公式为

$$项目成本降低率 = \frac{项目实际总成本 - 项目计划成本}{项目计划成本} \times 100\%$$

**2. 效率性评价指标**

效率性是指以最小的投入获得最大的产出，强调的是政府投资项目的最终结果与资源利用之间的关系。该指标主要评价内容有两个方面：一是资金落实效率；二是项目落实效率。资金落实效率包括专项资金违规使用率、专项资金到位及时率、专项资金信息公开程

度。项目落实效率主要包括项目覆盖率、受资企业增长率。

1）专项资金违规使用率。它是从合法合规性层面判断资金使用状况，如果专项资金违规使用率越小，说明违规使用资金越少，项目资金使用效率越高，在政府投资项目绩效审计中因资金存在问题的可能性就越小。它的计算公式为

$$专项资金违规使用率 = \frac{违规使用项目资金}{实际拨付到位的项目资金} \times 100\%$$

2）专项资金到位及时率。它主要评价有关部门专款安排的时间与项目实施的时间是否相差甚远，影响了项目实施的进度，是否存在使项目难以发挥如期效益的状况。例如，有些上一年度的专项资金在下一年度才拨付，专项资金未能及时下拨，结余过大，也会影响专项资金在当年发挥作用。它的计算公式为

$$专项资金到位及时率 = \frac{拨付时间}{预算时间} \times 100\%$$

3）专项资金信息公开程度。它是指专项资金使用情况可通过企业门户网站或预算主管部门门户网站，也可采取电子政务平台、文件通报、政务微信公众号等渠道公开。它的计算公式为

$$专项资金信息公开程度 = \frac{信息辐射范围}{项目受益范围}$$

4）项目覆盖率。它是指在一定范围内，项目受资企业数量与某集团内或某地域范围内企业数量总和的比较，反映专项资金惠及的企业范围。它的计算公式为

$$项目覆盖率 = \frac{受资企业数量}{某地域（某集团）范围内企业数量总和}$$

5）受资企业增长率。该指标衡量专项项目资金所拨付企业增长的比例，评价资金惠及企业数量的增长幅度。它的计算公式为

$$受资企业增长率 = \frac{本次受资企业数量 - 上次受资企业数量}{上次受资企业数量}$$

效率性还包括其他指标，如资金损失浪费率、成本效益率等。

6）资金损失浪费率。它反映的是资金使用中是否存在浪费情况。该指标数值越小，说明资金浪费越少，资金的使用效率越高，资金得到合理利用。它的计算公式为

$$资金损失浪费率 = \frac{损失浪费的项目金额}{实际拨付到位的项目资金总额} \times 100\%$$

7）成本收益率。它是指通过成本获取利润的能力。该指标数值越大，说明该项目投入的产出水平越高，项目运营效率也越高。它的计算公式为

$$成本收益率 = \frac{项目总收益}{项目总成本} \times 100\%$$

### 3. 效果性评价指标

根据绩效评价投入—产出模型，不仅需要考虑投入，还应该关注产出和结果。效果性主要反映审计对象预期目标的完成情况，判断计划目标是否实现以及差异程度。航运运输业务发展作为项目实施期的直接产出，选择水路运输活动对航运发展进行评价，水路运输业务越蓬勃，说明专项资金实现效益越好。效果性指标主要有水路运输发展指标与区域经

济效益指标两大类。其中，水路运输发展指标包括航线培育、船舶平均吨位增长率、集装箱国际中转率、内贸集装箱吞吐量增长率、海铁联运省外集装箱增长率等；区域经济效益主要包括固定资产投入增长率、GDP 增长率、港航企业满意程度。

1）航线培育。航线培育指标是指在专项资金驱动下，每年新培育的航线数量增长。新航线数量增长越多，说明资金投入所产出的效果越好。

2）船舶平均吨位增长率。为了进一步提高航运服务能力，船舶大型化是航运发展大势所趋，该指标主要考察项目实施后航运发展对航运业船舶大型化的促进程度。它的计算公式为

$$船舶平均吨位 = \frac{净载重吨位}{水上运输船舶艘数}$$

$$船舶平均吨位增长率 = \frac{上年船舶平均吨位 - 本年船舶平均吨位}{上年船舶平均吨位}$$

3）集装箱国际中转率。集装箱国际中转率是反映现代航运国际化聚集能力的重要标志，通过数据收集全省沿海港口集装箱国际中转量占全部集装箱运量的比重来计算，也可以用港口集装箱国际中转量同比增长率作为补充指标，来评价项目实施期间港口国际枢纽能力，这一指标数值越大，表示现代航运国际化聚集能力越强。它的计算公式为

$$集装箱国际中转率 = \frac{集装箱国际中转量}{全部集装箱运量} \times 100\%$$

4）内贸集装箱吞吐量增长率。内贸集装箱吞吐量增长率是指某港口一段时间内进口和出口集装箱数量的总和与基期数量增长幅度，该指标可以用来衡量一个港口所在城市内部贸易市场需求量的增长程度。它的计算公式为

$$内贸集装箱吞吐量增长率 = \frac{报告期进出口集装箱数量总和 - 基期进出口集装箱数量总和}{基期进出口集装箱数量总和} \times 100\%$$

5）海铁联运省外集装箱增长率。海铁联运集装箱是多式联运的一种，是指以集装箱为运输单元，依托海运和铁路等运输方式的有效衔接，将集装箱运输由传统的单一运输模式，转向不同的运输方式连接起来向省外运送集装箱的方式。该指标与内贸集装箱吞吐量增长率计算原理与思路相同，它的计算公式为

$$海铁联运省外集装箱增长率 =$$
$$\frac{报告期海铁联运省外集装箱数量总和 - 基期海铁联运省外集装箱数量总和}{基期海铁联运省外集装箱数量总和} \times 100\%$$

6）固定资产投入增长率。它是指项目实施期间某地区水运年度固定资产投入增加量与上年度水运固定资产投入量的比率，反映专项资金运行为水运带来固定资产投资的经济效益，为港口规模化、集约化提供的引导与条件，促进港口产业集群形成的影响程度。

7）GDP 增长率。通过专项资金促进港口业务活动增长从而带动航运发展，进而对 GDP 产生贡献，该指标主要评价港口物流经济对腹地 GDP 的贡献程度。它的计算公式为

$$GDP 增长率 = \frac{本年度 GDP 增长量}{上年度 GDP} \times 100\%$$

8）港航企业满意程度。通过对项目涉及的港航企业公司采取问卷调查方式，评价满意、基本满意、不满意，判断港航企业对项目的满意程度。

**4. 可持续发展评价指标**

从"十三五"现代综合交通运输体系发展规划开始，绿色航运发展就一直被持续关注。可持续发展评价最终目的是要使航运业获得可持续发展能力。基于可持续发展理论，以支撑航运未来可持续发展为导向，紧跟政策引导，促进航运绿色健康发展。审计应注重对航运未来可持续发展的条件创造，从生产环境安全、生态环境保护及理念宣传与影响进行审查，让可持续理念贯穿整个航运发展专项资金实施过程。可持续发展指标主要关注航运业在社会可持续和环境可持续两方面的发展成效。

（1）社会可持续

1）绿色低碳宣传培训程度。绿色低碳宣传培训程度指标需由专家依据实际活动开展情况进行评定，主要反映在绿色航运发展背景下，项目实施后是否积极采取措施以提高港航企业绿色航运发展观念，提高港航企业对港口资源环境的重视，以达到港口的资源利用最大化。该指标的分值越高，代表港航企业绿色观念越深入，资金的使用对港口未来环境资源影响程度越大，越有利于后续港口生态环境保护工作。

2）政策影响程度。通过评价各市对航运补贴政策的响应程度，反映政策总体的影响程度。政策落地见效程度可以充分反映政府部门治理能力水平。地方政府的号召能力不仅影响港航企业对航运发展的重视程度，还影响政策有效实施。审计人员主要审查省政府资金投入是否引导相关地市制定相应配套的扶持政策并且产生持续影响，充分调动各地参与的积极性，提高港航企业生产意识，促进航运发展专项资金长期发挥效益。

3）新增从业人员增长率。该指标反映项目实施期间对促进就业增长的影响。通过获奖企业从业人员年均增长率进行评定，主要表明项目实施范围内港航企业发展最终为地区带来就业岗位的增长，项目最终带来的社会效益，为航运可持续发展增加动力。

（2）环境可持续

1）污染防治程度。根据2020年交通运输部发布的《绿色港口等级评价指南》，对环境污染防治的具体审查内容包括岸电供应能力、船舶污染物接收能力等多方面评价污染防治工作。该指标主要通过实地调查港口防污设备建设情况，审查航运发展专项资金实施期间，港口是否采取污染处理相关措施，项目实施是否有利于保护港口生态环境。

2）水上生产安全程度。水上生产安全是保障航运运输环境可持续发展的重要因素，港口安全管理存在薄弱环节。该指标主要审查政策实施期间水上生产安全事故发生是否有所减少，是否有保证水上生产建设安全的完善的管理制度，港口安全管理水平是否得到提高。港口安全管理水平越高，越有利于未来航运事业的发展。

本章选取一部分有代表性的指标构建指标体系（见表15-3）。

表15-3 航运发展专项资金绩效审计评价指标体系

| 一级指标 | 二级指标 | 三级指标 |
|---|---|---|
| A1 经济性 | B1 资金管理 | C1 管理制度健全性 |
| | | C2 制度执行的有效性 |
| | | C3 资金分配的公平性 |

（续）

| 一级指标 | 二级指标 | 三级指标 |
|---|---|---|
| A1 经济性 | B2 资金使用 | C4 预算完成率 |
| | | C5 资金到位率 |
| | | C6 单位集装箱成本支出 |
| A2 效率性 | B3 资金落实效率 | C7 专项资金违规使用率 |
| | | C8 专项资金到位及时率 |
| | | C9 专项资金信息公开程度 |
| | B4 项目落实效率 | C10 项目覆盖率 |
| | | C11 受资企业增长率 |
| A3 效果性 | B5 水路运输发展 | C12 航线培育 |
| | | C13 船舶平均吨位增长率 |
| | | C14 集装箱国际中转率 |
| | | C15 内支线集装箱吞吐量增长率 |
| | | C16 内贸集装箱吞吐量增长率 |
| | | C17 海铁联运省外集装箱增长率 |
| | B6 区域经济效益 | C18 固定资产投入增长率 |
| | | C19 GDP 增长率 |
| | | C20 港航企业满意程度 |
| A4 可持续发展 | B7 社会可持续 | C21 绿色低碳宣传培训程度 |
| | | C22 政策影响程度 |
| | | C23 新增就业人员增长率 |
| | B8 环境可持续 | C24 污染防治程度 |
| | | C25 水上生产安全程度 |
| | | C26 港口大型化程度 |

## 三、案例分析

### （一）综合模糊评价法

#### 1. 模糊评价步骤

模糊数学是用数学方法研究和处理具有"模糊性"（指客观事物差异的中间过渡界线的"不清楚性"）现象的数学，对受多种因素影响的边界不清、不易定量事物或现象做出综合性评价，基本评价步骤如下：

1）确定评价对象的综合模糊评价集，如 $U = [u_1, u_2, \cdots, u_n]$。

2）划分评价等级，建立评价集，如 $S = [s_1, s_2, \cdots, s_n]$。

3）通过调查统计专家评价，进行综合隶属度计算，建立模糊矩阵，如

$$R = \begin{bmatrix} r_{11} & r_{12} & \cdots & r_{1m} \\ r_{21} & r_{22} & \cdots & r_{2m} \\ \vdots & \vdots & & \vdots \\ r_{p1} & r_{p2} & \cdots & r_{pm} \end{bmatrix}$$

4）通过层次分析法所计算的三级指标综合权重 $W_i = [w_1, w_2, \cdots, w_n]$，合成综合模糊评价矩阵，计算结果根据所划分评价集完成具体分值计算，得到最终绩效审计评价分数，即

$$V = [w_1, w_2, \cdots, w_n] \begin{bmatrix} r_{11} & r_{12} & \cdots & r_{1m} \\ r_{21} & r_{22} & \cdots & r_{2m} \\ \vdots & \vdots & & \vdots \\ r_{p1} & r_{p2} & \cdots & r_{pm} \end{bmatrix}$$

**2. 绩效审计评价指标权重的确定**

根据所构建指标设计专家问卷调查表，对 10 名专家发放问卷，专家由审计机关人员、港航管理局专项资金负责人、高校教授组成，通过邮箱、电话访谈或询问形式收集问卷调查数据，由专家们凭借专业知识以及丰富的实践经验就指标体系内一个指标相较另一指标的重要程度进行研判并填写到所设计的问卷调查表上。

**（二）确定一级指标权重**

统计 10 名专家问卷调查数据并进行指标重要性判断，将各指标两两比较的数据输入 yaahp<sup></sup>，所构造的判断矩阵见表 15-4。

表 15-4　绩效目标层判断矩阵 A

|      | A1  | A2  | A3  | A4  |
| ---- | --- | --- | --- | --- |
| A1   | 1   | 2   | 1/4 | 1/3 |
| A2   | 1/2 | 1   | 1/3 | 1/2 |
| A3   | 4   | 3   | 1   | 1/3 |
| A4   | 3   | 2   | 3   | 1   |

首先计算出判断矩阵的最大特征值为 4.1155，接着进行一致性检验，计算一致性指标 CI = 0.0385，CR = 0.0428，由于 CR 小于 0.1，因此可以认为判断矩阵的构造是合理的，数据具有可信度，标准化计算出一级指标的权重 $W$ =（0.1373　0.1153　0.3043　0.4431）。

**（三）计算二级指标权重**

同理，仍采用层次分析法对二级指标进行权重计算，先统计各专家对二级指标评价，根据评价结果判断重要性，构造判断矩阵，利用 yaahp 计算最大特征值并进行一致性检验，汇总结果得到合理权重。所构造的二级指标判断矩阵见表 15-5～表 15-8。

---

     ⊖  yaahp 是以层次分析法和模糊综合评价法为基础的综合评价辅助软件，为利用层次分析法和模糊综合评价法的决策过程提供模型构造、计算和分析等方面的帮助。

| 表 15-5 | 判断矩阵 A1-B | |
|---|---|---|
| A1 | B1 | B2 |
| B1 | 1 | 1/2 |
| B2 | 2 | 1 |

| 表 15-6 | 判断矩阵 A2-B | |
|---|---|---|
| A2 | B3 | B4 |
| B3 | 1 | 1/3 |
| B4 | 3 | 1 |

经计算，表 15-5 判断矩阵的最大特征值 $\lambda_{max} = 2.0000$，此时 CR = 0<0.1，通过一致性检验，计算出经济性指标的权重 $W$ = （0.3333　0.6667）。

经计算，表 15-6 判断矩阵的最大特征值 $\lambda_{max} = 2.0000$，此时 CR = 0<0.1，通过一致性检验，计算出效率性指标的权重 $W$ = （0.2500　0.7500）。

| 表 15-7 | 判断矩阵 A3-B | |
|---|---|---|
| A3 | B5 | B6 |
| B5 | 1 | 3 |
| B6 | 1/3 | 1 |

| 表 15-8 | 判断矩阵 A4-B | |
|---|---|---|
| A4 | B7 | B8 |
| B7 | 1 | 1/2 |
| B8 | 2 | 1 |

经计算，表 15-7 判断矩阵的最大特征值 $\lambda_{max} = 2.0000$，此时 CR = 0<0.1，通过一致性检验，计算出效果性指标的权重 $W$ = （0.7500　0.2500）。

经计算，表 15-8 判断矩阵的最大特征值 $\lambda_{max} = 2.0000$，此时 CR = 0<0.1，通过一致性检验，计算出可持续发展性指标的权重 $W$ = （0.3333　0.6667）。

## （四）确定三级指标权重

重复上面的计算步骤，综合各专家对三级指标的重要性判断，在 yaahp 软件上构建三级指标判断矩阵，见表 15-9~表 15-16。

表 15-9　判断矩阵 B1-C

| B1 | C1 | C2 | C3 |
|---|---|---|---|
| C1 | 1 | 1 | 5 |
| C2 | 1 | 1 | 3 |
| C3 | 1/5 | 1/3 | 1 |

经计算，判断矩阵的最大特征值 $\lambda_{max} = 3.0291$，此时 CR = 0.0251<0.1，通过一致性检验，计算出资金管理指标的权重 $W$ = （0.5312　0.4481　0.0207）。

表 15-10　判断矩阵 B2-C

| B2 | C4 | C5 | C6 |
|---|---|---|---|
| C4 | 1 | 1/3 | 1/5 |
| C5 | 3 | 1 | 1/2 |
| C6 | 5 | 2 | 1 |

经计算，判断矩阵的最大特征值 $\lambda_{max} = 3.0037$，此时 CR = 0.0032<0.1，通过一致性检验，计算出资金使用指标的权重 $W$ = （0.1095　0.3090　0.5815）。

表 15-11　判断矩阵 B3-C

| B3 | C7 | C8 | C9 |
|---|---|---|---|
| C7 | 1 | 1/2 | 3 |
| C8 | 2 | 1 | 3 |
| C9 | 1/3 | 1/3 | 1 |

经计算，判断矩阵的最大特征值 $\lambda_{max} = 3.0037$，此时 CR = 0.0032<0.1，通过一致性检验，计算出资金落实效率指标的权重 $W$ = （0.2721　0.6858　0.0421）。

表 15-12　判断矩阵 B4-C

| B4 | C10 | C11 |
|---|---|---|
| C10 | 1 | 1/2 |
| C11 | 2 | 1 |

经计算，判断矩阵的最大特征值 $\lambda_{max} = 2.0000$，此时 CR = 0<0.1，通过一致性检验，计算出项目落实效率指标的权重 $W$ = （0.3333　0.6667）。

表 15-13　判断矩阵 B5-C

| B5 | C12 | C13 | C14 | C15 | C16 | C17 |
|---|---|---|---|---|---|---|
| C12 | 1 | 3 | 3 | 1 | 1 | 1/3 |
| C13 | 1/3 | 1 | 1/2 | 1/3 | 1 | 5 |
| C14 | 1/3 | 2 | 1 | 1/2 | 7 | 1/5 |
| C15 | 1 | 3 | 2 | 1 | 1/3 | 1/3 |
| C16 | 1 | 1/3 | 1/7 | 3 | 1 | 3 |
| C17 | 3 | 1/5 | 5 | 3 | 1/3 | 1 |

经计算，判断矩阵的最大特征值 $\lambda_{max} = 5.0687$，此时 CR = 0.0072<0.1，通过一致性检验，计算出水路运输发展指标的权重 $W$ = （0.2340　0.1574　0.1716　0.0729　0.1692　0.1949）。

表 15-14　判断矩阵 B6-C

| B6 | C18 | C19 | C20 |
|---|---|---|---|
| C18 | 1 | 2 | 3 |
| C19 | 1/2 | 1 | 2 |
| C20 | 1/3 | 1/2 | 1 |

经计算，判断矩阵的最大特征值 $\lambda_{max} = 3.0536$，此时 CR = 0.0046<0.1，通过一致性检验，计算出区域经济效益指标的权重 $W$ = （0.5396　0.2970　0.1634）。

表 15-15　判断矩阵 B7-C

| B7 | C21 | C22 | C23 |
|---|---|---|---|
| C21 | 1 | 1 | 1/3 |
| C22 | 1 | 1 | 1/3 |
| C23 | 3 | 3 | 1 |

经计算，判断矩阵的最大特征值 $\lambda_{max}=2.8013$，此时 $CR=0.0039<0.1$，通过一致性检验，计算出社会可持续指标的权重 $W=$（0.1999　0.1999　0.6002）。

表 15-16　判断矩阵 B8-C

| B8 | C24 | C25 | C26 |
|---|---|---|---|
| C24 | 1 | 3 | 1/3 |
| C25 | 1/3 | 1 | 1/5 |
| C26 | 3 | 5 | 1 |

经计算，判断矩阵的最大特征值 $\lambda_{max}=2.5904$，此时 $CR=0.0047<0.1$，通过一致性检验，计算出环境可持续指标的权重 $W=$（0.2521　0.1261　0.6218）。

结合专家意见不断修正，最终汇总各项指标权重数据，得到 Y 省航运发展专项资金绩效审计评价指标体系综合权重，见表 15-17。

表 15-17　Y 省航运发展专项资金绩效审计评价指标体系综合权重

| 一级指标 | 二级指标 | 三级指标 | 权　重 |
|---|---|---|---|
| A1 经济性<br>（0.1373） | B1 资金管理<br>（0.3333） | C1 管理制度健全性 | 0.5312 |
| | | C2 制度执行的有效性 | 0.4481 |
| | | C3 资金分配的公平性 | 0.0207 |
| | B2 资金使用<br>（0.6667） | C4 预算完成率 | 0.1095 |
| | | C5 资金到位率 | 0.3090 |
| | | C6 单位集装箱成本支出 | 0.5815 |
| A2 效率性<br>（0.1153） | B3 资金落实效率<br>（0.2500） | C7 专项资金违规使用率 | 0.2721 |
| | | C8 专项资金到位及时率 | 0.6858 |
| | | C9 专项资金信息公开程度 | 0.0421 |
| | B4 项目落实效率<br>（0.7500） | C10 项目覆盖率 | 0.3333 |
| | | C11 受资企业增长率 | 0.6667 |
| A3 效果性<br>（0.3043） | B5 水路运输发展<br>（0.7500） | C12 航线培育 | 0.2340 |
| | | C13 船舶平均吨位增长率 | 0.1574 |
| | | C14 集装箱国际中转率 | 0.1716 |
| | | C15 内支线集装箱吞吐量增长率 | 0.0729 |
| | | C16 内贸集装箱吞吐量增长率 | 0.1692 |
| | | C17 海铁联运省外集装箱增长率 | 0.1949 |
| | B6 区域经济效益<br>（0.2500） | C18 固定资产投入增长率 | 0.5396 |
| | | C19 GDP 增长率 | 0.2970 |
| | | C20 港航企业满意程度 | 0.1634 |

（续）

| 一 级 指 标 | 二 级 指 标 | 三 级 指 标 | 权 重 |
|---|---|---|---|
| A4 可持续<br>发展<br>（0.4431） | B7 社会可持续<br>（0.3333） | C21 绿色低碳宣传培训程度 | 0.1999 |
| | | C22 政策影响程度 | 0.1999 |
| | | C23 新增就业人员增长率 | 0.6002 |
| | B8 环境可持续<br>（0.6667） | C24 污染防治程度 | 0.2521 |
| | | C25 水上生产安全程度 | 0.1261 |
| | | C26 港口大型化程度 | 0.6218 |

**（五）航运发展专项资金绩效审计评分标准**

由于地域差异、指标体系不成熟等，现阶段我国绩效审计评价指标尚未有统一的评价标准。目前，绩效审计实践中指标的评价标准一般可参考以下几种：

**1. 共性标准**

《中华人民共和国预算法》《关于推进预算绩效管理的指导意见》《中央部门预算支出绩效考评管理办法（试行）》等；2020 年交通运输部发布的《内河航运发展纲要》《绿色港口等级评价指南》，以及 Y 省发布的《Y 省省级财政专项资金管理办法》《Y 省人民政府办公厅转发省财政厅关于全面推进预算绩效管理意见的通知》《Y 省财政厅关于印发〈Y 省财政支出绩效评价管理办法〉的通知》《Y 省财政支出绩效评价操作指南》。根据 Y 省财政厅所发布的文件了解相关要求，进一步筛选 Y 省财政厅所发布的绩效评价指标体系及评判标准等要求。

**2. 计划标准**

计划标准具有较强的目标性，主要是指根据地方政策制定的专项资金绩效目标，如 Y 省政府出台的《关于促进航运业发展的若干意见》、Y 省交通运输厅印发的《关于促进航运业发展的若干意见实施办法的通知》《关于加快港口发展的行动纲要（2014—2018 年）的通知》等，获悉航运发展专项资金特色与总体目标，根据专项资金绩效目标及文件包含的航运企业奖励，以及港口建设资金补贴相关评价标准，选取个性指标，最终构建航运发展专项资金绩效审计评价体系来进行项目评价。

**3. 历史标准**

历史标准是以过去年度数据为基准，比较以后年度实际发生值的变化，实务数据能够清楚地反映指标的变化幅度，从而作为评价标准进行对比评价。

**4. 行业标准**

行业标准是以航运业的相关指标数据为样本，运用数据统计方法进行计算，进而制定指标评价标准。行业标准可运用国内沿海历年港口吞吐量平均值、运力规模增长的平均值等。在进行项目评价时，可通过项目实施期间的数据与行业标准进行横向与纵向的数据对比，来判断项目实施后应达到的经济效果。

**5. 经验标准**

经验标准主要是以第三方的经验总结为标准进行参考，包括航运行业专家意见、工作人员问询、第三方专业机构经验意见、实地调研取证等，可以作为指标体系内部分定性指标评价标准。本案例由审计人员建议、专家评议，综合分析并确定航运发展专项资金绩效审计各指标的评价标准，最终具体评价标准见表 15-18。

表 15-18　专项资金绩效审计评价标准

| 三级指标 | 评价标准 | | |
|---|---|---|---|
| | 60 分以下 | 60~80 分 | 80 分以上 |
| C1 管理制度健全性 | 未建立管理制度或管理制度不健全 | 管理制度基本健全 | 管理制度健全 |
| C2 制度执行的有效性 | 制度执行不到位或执行无效 | 制度基本有效执行 | 制度有效执行 |
| C3 资金分配的公平性 | 资金分配不公平或具有倾向性 | 资金分配基本公平 | 资金分配公平 |
| C4 预算完成率 | $A<75\%$ | $75\%\leqslant A<88\%$ | $A\geqslant88\%$ |
| C5 资金到位率 | $A<75\%$ | $75\%\leqslant A<88\%$ | $A\geqslant88\%$ |
| C6 单位集装箱成本支出 | $A>200$ 元 | $100$ 元$<A\leqslant200$ 元 | $A<100$ 元 |
| C7 专项资金违规使用率 | $A<90\%$ | $90\%\leqslant A<95\%$ | $A\geqslant95\%$ |
| C8 专项资金到位及时率 | $A<75\%$ | $75\%\leqslant A<88\%$ | $A\geqslant88\%$ |
| C9 专项资金信息公开程度 | 未公布专项资金项目相关资料、未定期进行网络公示 | 公布专项资金项目相关资料、未定期进行网络公示 | 公布专项资金项目相关资料、定期进行网络公示 |
| C10 项目覆盖率 | $A<55\%$ | $55\%\leqslant A<80\%$ | $A\geqslant80\%$ |
| C11 受资企业增长率 | $A<5\%$ | $5\%\leqslant A<20\%$ | $A\geqslant20\%$ |
| C12 航线培育 | $A<250$ | $250\leqslant A<326$ | $A\geqslant326$ |
| C13 船舶平均吨位增长率 | $A<30\%$ | $30\%\leqslant A<50\%$ | $A\geqslant50\%$ |
| C14 集装箱国际中转率 | $A<20\%$ | $20\%\leqslant A<50\%$ | $A\geqslant50\%$ |
| C15 内支线集装箱吞吐量增长率 | $A<15\%$ | $15\%\leqslant A<40\%$ | $A\geqslant40\%$ |
| C16 内贸集装箱吞吐量增长率 | $A<5\%$ | $5\%\leqslant A<12.5\%$ | $A\geqslant12.5\%$ |
| C17 海铁联运省外集装箱增长率 | $A<20\%$ | $20\%\leqslant A<50\%$ | $A\geqslant50\%$ |
| C18 固定资产投入增长率 | $A<0.5\%$ | $0.5\%\leqslant A<1.5\%$ | $A\geqslant1.5\%$ |
| C19 GDP 增长率 | $A<5\%$ | $5\%\leqslant A<6.5\%$ | $A\geqslant6.5\%$ |
| C20 港航企业满意程度 | $A<60\%$ | $60\%\leqslant A<85\%$ | $A\geqslant85\%$ |
| C21 绿色低碳宣传培训程度 | 无宣传或宣传不到位 | 宣传基本到位 | 宣传到位 |

（续）

| 三级指标 | 评价标准 | | |
|---|---|---|---|
| | 60 分以下 | 60~80 分 | 80 分以上 |
| C22 政策影响程度 | 无明显政策影响或无政策影响 | 政策影响程度一般 | 政策影响程度较高 |
| C23 新增就业人员增长率 | A<2% | 2%≤A<3% | A≥3% |
| C24 污染防治程度 | 防治不到位或无防治措施 | 防治措施基本到位 | 完全到位 |
| C25 水上生产安全程度 | 环境危险或发生严重安全事故 | 环境较为安全或无较大安全事故 | 安全或无事故 |
| C26 港口大型化程度 | A<1% | 1%≤A<3.1% | A≥3.1% |

注：A 表示比率的实际值。

**（六）Y 省航运发展专项资金绩效审计的综合评价**

根据所确定的评价指标权重进行指标评价的问卷调查设计，在对案例数据充分调研的基础上，利用综合模糊评价法对案例进行评价。

1）建立综合模糊评价因素集。根据各层级建立评价因素集，首先是一级指标 A =（A1，A2，A3，A4），A1 为经济性指标，A2 为效率性指标，A3 为效果性指标，A4 为可持续发展指标。以此类推，建立二级指标因素集 A1 =（B1，B2，B3，B4，B5，B6，B7，B8），三级指标因素集 B1 =（C1，C2，C3），B2 =（C4，C5，C6），B3 =（C7，C8，C9），B4 =（C10，C11），B5 =（C12，C13，C14，C15，C16，C17），B6 =（C18，C19，C20），B7 =（C21，C22，C23），B8 =（C24，C25，C26）。

2）将每个指标的评价结果划分为 5 个等级，评价等级划分为优（91~100 分）、良（81~90 分）、中（71~80 分）、低（61~70 分）、差（60 分以下），建立评价集 S =（优，良，中，低，差），并且将每个评价赋值为 S =（100，90，80，70，60）。

3）根据问卷调查结果进行判断矩阵构建。为防止主观因素影响评分结果，分别邀请了 Y 省政府审计机关人员、专项资金管理单位人员、第三方会计机构专业审计人员等 20 名专业人员进行问卷调查，对数据资料进行充分收集，基于充分证据和专家研判，进行指标绩效审计评价，运用综合模糊评价法减少专家评分主观影响因素。最终发放调查问卷 20 份，收回 20 份。问卷调查对象通过对项目的了解，与审计人员提供的信息相结合，再对照评价标准进行等级打分，审计人员将打分结果进行最终汇总，见表 15-19。

表 15-19　Y 省航运发展专项资金绩效审计评价评分表

| 三级指标 | 优 | 良 | 中 | 低 | 差 |
|---|---|---|---|---|---|
| C1 管理制度健全性 | 3 | 8 | 7 | 2 | 0 |
| C2 制度执行的有效性 | 10 | 6 | 4 | 0 | 0 |
| C3 资金分配的公平性 | 4 | 7 | 5 | 2 | 2 |
| C4 预算完成率 | 7 | 10 | 3 | 0 | 0 |
| C5 资金到位率 | 13 | 5 | 1 | 1 | 0 |

（续）

| 三 级 指 标 | 优 | 良 | 中 | 低 | 差 |
|---|---|---|---|---|---|
| C6 单位集装箱成本支出 | 0 | 1 | 5 | 7 | 7 |
| C7 专项资金违规使用率 | 19 | 1 | 0 | 0 | 0 |
| C8 专项资金到位及时率 | 1 | 3 | 5 | 6 | 5 |
| C9 专项资金信息公开程度 | 5 | 4 | 5 | 3 | 3 |
| C10 项目覆盖率 | 3 | 7 | 5 | 4 | 1 |
| C11 受资企业增长率 | 1 | 5 | 8 | 3 | 3 |
| C12 航线培育 | 3 | 6 | 5 | 6 | 0 |
| C13 船舶平均吨位增长率 | 6 | 7 | 6 | 1 | 0 |
| C14 集装箱国际中转率 | 2 | 5 | 5 | 4 | 4 |
| C15 内支线集装箱吞吐量增长率 | 16 | 4 | 0 | 0 | 0 |
| C16 内贸集装箱吞吐量增长率 | 15 | 5 | 0 | 0 | 0 |
| C17 海铁联运省外集装箱增长率 | 17 | 3 | 0 | 0 | 0 |
| C18 固定资产投入增长率 | 5 | 9 | 4 | 2 | 0 |
| C19 GDP 增长率 | 10 | 7 | 2 | 1 | 0 |
| C20 港航企业满意程度 | 8 | 7 | 4 | 1 | 0 |
| C21 绿色低碳宣传培训程度 | 1 | 4 | 6 | 5 | 4 |
| C22 政策影响程度 | 7 | 3 | 5 | 3 | 2 |
| C23 新增就业人员增长率 | 13 | 4 | 3 | 0 | 0 |
| C24 污染防治程度 | 6 | 5 | 4 | 5 | 0 |
| C25 水上生产安全程度 | 6 | 5 | 5 | 4 | 0 |
| C26 港口大型化程度 | 10 | 7 | 3 | 0 | 0 |

由于指标的模糊性，可以综合每个人对该指标的打分次数，得出该指标属于某个评价等级的隶属度，运用专家评价集比重为隶属度赋值（见表 15-20），从而建立单因素模糊综合评判矩阵。

表 15-20　综合评价隶属度赋值表

| 三 级 指 标 | 优 | 良 | 中 | 低 | 差 |
|---|---|---|---|---|---|
| C1 管理制度健全性 | 0.15 | 0.40 | 0.35 | 0.10 | 0 |
| C2 制度执行的有效性 | 0.50 | 0.30 | 0.20 | 0 | 0 |
| C3 资金分配的公平性 | 0.20 | 0.35 | 0.25 | 0.10 | 0.10 |
| C4 预算完成率 | 0.35 | 0.50 | 0.15 | 0 | 0 |
| C5 资金到位率 | 0.65 | 0.25 | 0.05 | 0.05 | 0 |
| C6 单位集装箱成本支出 | 0 | 0.05 | 0.25 | 0.35 | 0.35 |
| C7 专项资金违规使用率 | 0.95 | 0.05 | 0 | 0 | 0 |
| C8 专项资金到位及时率 | 0.05 | 0.15 | 0.25 | 0.30 | 0.25 |
| C9 专项资金信息公开程度 | 0.25 | 0.20 | 0.25 | 0.15 | 0.15 |

（续）

| 三级指标 | 优 | 良 | 中 | 低 | 差 |
|---|---|---|---|---|---|
| C10 项目覆盖率 | 0.15 | 0.35 | 0.25 | 0.20 | 0.05 |
| C11 受资企业增长率 | 0.05 | 0.25 | 0.40 | 0.15 | 0.15 |
| C12 航线培育 | 0.15 | 0.30 | 0.25 | 0.30 | 0 |
| C13 船舶平均吨位增长率 | 0.30 | 0.35 | 0.30 | 0.05 | 0 |
| C14 集装箱国际中转率 | 0.10 | 0.25 | 0.25 | 0.20 | 0.20 |
| C15 内支线集装箱吞吐量增长率 | 0.80 | 0.20 | 0 | 0 | 0 |
| C16 内贸集装箱吞吐量增长率 | 0.90 | 0.10 | 0 | 0 | 0 |
| C17 海铁联运省外集装箱增长率 | 0.85 | 0.15 | 0 | 0 | 0 |
| C18 固定资产投入增长率 | 0.25 | 0.45 | 0.20 | 0.10 | 0 |
| C19 GDP 增长率 | 0.50 | 0.35 | 0.10 | 0.05 | 0 |
| C20 港航企业满意程度 | 0.40 | 0.35 | 0.20 | 0.05 | 0 |
| C21 绿色低碳宣传培训程度 | 0.05 | 0.20 | 0.30 | 0.25 | 0.20 |
| C22 政策影响程度 | 0.35 | 0.15 | 0.25 | 0.15 | 0.10 |
| C23 新增就业人员增长率 | 0.65 | 0.20 | 0.15 | 0 | 0 |
| C24 污染防治程度 | 0.30 | 0.25 | 0.20 | 0.25 | 0 |
| C25 水上生产安全程度 | 0.30 | 0.25 | 0.25 | 0.20 | 0 |
| C26 港口大型化程度 | 0.50 | 0.35 | 0.15 | 0 | 0 |

4）对二级指标评价向量进行计算。

① 资金管理 B1 绩效审计评价向量计算如下：

$$V_{B1} = \begin{bmatrix} 0.5312 & 0.4481 & 0.0207 \end{bmatrix} \begin{bmatrix} 0.15 & 0.40 & 0.35 & 0.10 & 0 \\ 0.50 & 0.30 & 0.20 & 0 & 0 \\ 0.20 & 0.30 & 0.25 & 0.10 & 0.10 \end{bmatrix}$$

$$= \begin{bmatrix} 0.3079 & 0.3531 & 0.2818 & 0.0552 & 0.0021 \end{bmatrix}$$

② 资金使用 B2 绩效审计评价向量用同样的方法计算，结果为 $\begin{bmatrix} 0.2392 & 0.1611 & 0.1773 & 0.2190 & 0.2035 \end{bmatrix}$。

③ 资金落实效率 B3 绩效审计评价向量计算结果为 $\begin{bmatrix} 0.3033 & 0.1249 & 0.1820 & 0.2121 & 0.1778 \end{bmatrix}$。

④ 项目落实效率 B4 绩效审计评价向量计算结果为 $\begin{bmatrix} 0.0833 & 0.2833 & 0.3500 & 0.1667 & 0.1167 \end{bmatrix}$。

⑤ 水路运输发展 B5 绩效审计评价向量计算结果为 $\begin{bmatrix} 0.4757 & 0.2289 & 0.1486 & 0.1124 & 0.0343 \end{bmatrix}$。

⑥ 区域经济效益 B6 绩效审计评价向量计算结果为 $\begin{bmatrix} 0.3488 & 0.4040 & 0.1703 & 0.0770 & 0 \end{bmatrix}$。

⑦ 社会可持续 B7 绩效审计评价向量计算结果为 $\begin{bmatrix} 0.4700 & 0.1900 & 0.2000 & 0.0800 & 0.0600 \end{bmatrix}$。

⑧ 环境可持续 B8 绩效审计评价向量计算结果为 $\begin{bmatrix} 0.4244 & 0.3122 & 0.1752 & 0.0882 & 0 \end{bmatrix}$。

5）通过二级指标评价向量对一级指标评价向量进行计算。

① 经济性 A1 绩效审计评价向量计算如下：

$$V_{A1} = \begin{bmatrix} 0.3333 & 0.6667 \end{bmatrix} \begin{bmatrix} 0.3079 & 0.3531 & 0.2818 & 0.0552 & 0.0021 \\ 0.2392 & 0.1611 & 0.1773 & 0.2190 & 0.2035 \end{bmatrix}$$

$$= \begin{bmatrix} 0.2621 & 0.2251 & 0.2121 & 0.1644 & 0.1364 \end{bmatrix}$$

② 效率性 A2 绩效审计评价向量计算方法相同，结果为 $\begin{bmatrix} 0.1382 & 0.2437 & 0.3080 & 0.1781 & 0.1320 \end{bmatrix}$。

③ 效果性 A3 绩效审计评价向量计算结果为 $\begin{bmatrix} 0.4440 & 0.2727 & 0.1540 & 0.1036 & 0.0257 \end{bmatrix}$。

④ 可持续发展 A4 绩效审计评价向量计算结果为 $\begin{bmatrix} 0.4396 & 0.2715 & 0.1835 & 0.0854 & 0.0200 \end{bmatrix}$。

根据一级评级向量，综合计算整体向量：

$$V = \begin{bmatrix} 0.1373 & 0.1153 & 0.3043 & 0.4431 \end{bmatrix} \begin{bmatrix} 0.2621 & 0.2251 & 0.2121 & 0.1644 & 0.1364 \\ 0.1382 & 0.2437 & 0.3080 & 0.1781 & 0.1320 \\ 0.4440 & 0.2727 & 0.1540 & 0.1036 & 0.0257 \\ 0.4396 & 0.2715 & 0.1835 & 0.0854 & 0.0200 \end{bmatrix}$$

$$= \begin{bmatrix} 0.3818 & 0.2623 & 0.1928 & 0.1125 & 0.0506 \end{bmatrix}$$

根据整体向量，结合所建立的评价集进行整体评分值计算：

$$F = SV = \begin{bmatrix} 100 & 90 & 80 & 70 & 60 \end{bmatrix} \begin{bmatrix} 0.3818 \\ 0.2623 \\ 0.1928 \\ 0.1125 \\ 0.0506 \end{bmatrix} = 88.12$$

根据所划分的评分等级，航运发展专项资金项目整体评分值为 88.12，该项综合绩效为良好。

**1. 经济性**

在经济性指标中，根据最大隶属度原则，资金管理水平和资金使用水平处于"优"等级。从资金管理方面来看，Y 省航运发展专项资金立项所依据文件健全、内容合规，专门制定《港航发展专项资金暂行管理办法》用于专项资金管理，文件内容明确规定了资金管理使用的范围、资金管理部门，具体划分了奖补资金审核标准，制度内容完整且符合国家财务会计规定。对专项资金的申报流程和申报时限都有明确要求，资金管理部门根据审核程序分配材料受理部门以及手续办理人员。对于材料审核，首先是通过各级港口部门进行行业层面把关，对材料真实性、完整性进行审核，然后将材料委托给第三方审计机构进行材料审核，由第三方审计机构根据文件规定进行全面审核后，核定最终奖补资金总额。针对航运发展专项资金管理，Y 省港航管理局成立了航运发展专项资金实施领导小组，加强对专项资金的管理及监督，每年组织绩效评估工作。但是，对于航运发展专项资金违纪违法行为，没有明确的惩罚机制，无法有效约束部门违法违纪行为。

从资金使用方面来看，根据相关航运发展专项资金预算计划，2015—2018 年每年年初批复省交通运输厅港航发展专项资金2亿元，4年预算金额8亿元，截至2019年已经完成2015—2018年的资金拨付工作，合计74 004.3823万元。统计Y省航运发展专项资金各地区具体资金安排，见表15-21，2015—2018年预算完成率为92.5%。2017年度专项资金审定奖励金额总额超过2亿元，资金总额限制政策导致企业实际得到的奖励金额不是审定金额，即折扣发放奖励资金，核发比例约为77.5%。2018年度第三方审计机构审定的奖励资金总额也超过了2亿元，按2亿元总额进行核减发放，但Y省港航管理局没有对航运发展专项资金涉及的9个奖项进行分项目资金预算，这不利于进一步对专项资金的使用效益进行评价，这也说明专项资金在预算编制方面存在不足。项目每年计划2亿元资金悉数投入港航发展使用，资金到位率为100%，每年港航发展的专项资金足额到位，但对于这种折扣发放奖励资金的情况，容易降低受奖励企业的积极性。

表15-21　2015—2018年Y省航运发展专项资金各地区安排　　（单位：万元）

| 港口管理局 | 2015年 | 2016年 | 2017年 | 2018年 |
| --- | --- | --- | --- | --- |
| B市 | 9657.4385 | 13 358.0864 | 14 582.2698 | 14 672.1932 |
| C市 | 3269.0475 | 4005.1390 | 3623.5513 | 3787.1518 |
| D市 | 1154.7900 | 2417.1598 | 1674.3707 | 1420.4238 |
| E市 | — | 142.7230 | 119.8081 | 120.2312 |
| 合计 | 14 081.2760 | 19 923.1082 | 19 999.9999 | 20 000.0000 |

结合Y省港口集装箱吞吐量及资金安排（见表15-22），可以计算得出2015—2018年单位集装箱成本支出分别为151.28元/TEU、260.22元/TEU、160.85元/TEU、235.94元/TEU。单位集装箱成本支出不稳定，甚至比项目实施当年所花费的资金更高。可见，资金促进效应在降低，资金投入方面的成本把控不到位且成效不高。

表15-22　Y省港口集装箱吞吐量及资金安排

| 项　　目 | 2015年 | 2016年 | 2017年 | 2018年 |
| --- | --- | --- | --- | --- |
| 集装箱奖励资金投入（万元） | 14 081.14 | 19 873.00 | 19 941.81 | 19 797.73 |
| 本年度相比上年度集装箱吞吐量变化量（万TEU） | 93.08 | 76.37 | 123.97 | 83.91 |
| 单位集装箱成本支出（元/TEU） | 151.28 | 260.22 | 160.86 | 235.94 |

**2. 效率性**

在效率性指标中，根据最大隶属度原则，资金落实效率水平处于"优"等级，项目落实效率水平处于"中"等级。从资金落实效率来看，资金违规使用率为0，无违规使用资金行为。但在对航运发展专项资金进行绩效审计评价过程中，发现专项资金申报审核不及时、审核周期较长等问题。根据Y省对航运发展专项资金的相关管理办法等文件规定，企业于每年1月31日前提交申报材料，专项资金审核部门在5月30日前进行资金审核。审计人员通过走访了解到2015年度、2016年度分别是2016年、2017年12月底发放，2017年度、2018年度分别是2018年、2019年9月进行发放，项目实施期间资金发放全部超过规定时限。由于航运发展专项资金涉及的奖励种类丰富、奖励范围较广，导致申报材料数量较多，审核部门效率下降。截至 2019 年，Y 省财政厅财政拨付额总计 74 004.3823 万元，省港航管理局已累计下拨 73 401.9433 万元，资金到位及时率为 99.19%。据调查了解，资金到位不及时的原因是 2017 年某受奖励企业出现负债官司，Y 省港航管理局暂缓发放奖励资金 602.4390 万元，从而形成资金空闲。这也反映了管理部门对于受奖励企业的资格审核需要进一步加强，应强化对参评企业的资格管理工作。另外，专项资金公开程度较高，Y 省财政厅对航运发展专项资金支出遵循文件规定的程序，并从 2014 年起每年于 Y 省交通运输厅进行专项资金公示，公示内容包括项目单位名称、审定数量基数及审核奖励资金，并及时收集处理企业反馈意见。从项目落实效率来看，根据调研数据统计，项目实施期间航运发展专项资金项目奖励实施情况见表 15-23。资金相关文件规定共有 9 项项目奖励，计算可得项目覆盖率为 77.78%，所开展项目多集中于集装箱业务，是短期内容易获得效益的部分，而未对港口建设这种长期效益项目进行充分重视。

表 15-23　2015—2018 年 Y 省专项资金项目奖励实施情况

| 项　　目 | 2015 年 | 2016 年 | 2017 年 | 2018 年 |
|---|---|---|---|---|
| 新增集装箱国际航线奖励 | — | √ | √ | — |
| 新增船舶运力奖励 | √ | √ | √ | √ |
| 集装箱国际中转奖励 | √ | √ | √ | √ |
| 集装箱外贸内支线水中中转奖励 | √ | √ | √ | √ |
| 集装箱内贸水中中转奖励 | √ | √ | √ | √ |
| 集装箱海铁联运奖励 | √ | √ | √ | √ |
| 港口岸线收储开发项目建设贷款贴息 | — | — | √ | √ |
| 港口公共基础设施建设项目 | — | — | — | — |
| 新开通集装箱"五定"班列奖励 | — | — | — | — |

　　Y 省航运发展专项资金是为了实现促进航运业发展专项用于支持省内集装箱业务快速发展，主要包括集装箱国际中转奖励、集装箱外贸内支线水中中转奖励、集装箱内贸水中中转奖励、集装箱海铁联运等 9 项奖励补贴，见表 15-23。符合条件的港航企业根据《Y 省港航发展专项资金暂行管理办法》的规定，填写表格并上交审核材料给各港口管理部门，逐级汇总至 Y 省交通运输厅。Y 省交通运输厅根据文件规定组织专业人员进行资料审核与评定，确定最终专项经费总额，最后提交审核意见。公示无异议后，Y 省财政厅应依照文件规定及时拨付专项资金到项目负责单位。Y 省财政厅于 2015 年起，在每年年初批复省交通运输厅航运发展专项资金 2 亿元。截至 2019 年，Y 省财政厅累计拨付 4 个年度航运发展专项资金 74 004.3823 万元，Y 省下属港航管理局在接受相关企业申报材料，经过一系列项目真实性和有效性审核、企业标准评定、数据统计后，已累计下拨企业及相关单位 73 401.9433 万元，其中专项资金项目实施以来所惠及的港航企业一共有 57 家。

　　查阅 Y 省交通运输厅官网公示的文件，2015—2018 年 Y 省航运发展专项资金实际奖励企业数为 34 家、46 家、38 家、34 家。年平均受资企业增长率为 11.76%，除 2016 年受惠企业数增长以外，其余年份均下降，资金奖励范围缩小。

　　**3. 效果性**

　　在效果性指标中，根据最大隶属度原则，水路运输发展水平处于"优"等级，区域经济效益水平处于"良"等级。从水路运输方面来看，2014 年年底 Y 省全省沿海港口集装箱航线数、国际航线数分别为 326 条、129 条，而 2018 年年底的集装箱航线数、国际航线数分别为 277 条、127 条，分别减少了 49 条、2 条，航线数的减少得益于港口资源重整，船舶运载量的增加使得单条航线所承载的货运量增加，使航线资源得以进一步有效利用。根据 Y 省交通运输厅发布的《交通运输行业发展与统计公报》，船舶载重吨位变化统计见表 15-24。

表 15-24　Y 省船舶载重吨位变化统计

| 项　　目 | 2014 年 | 2015 年 | 2016 年 | 2017 年 | 2018 年 |
|---|---|---|---|---|---|
| 净载重吨位/万 t | 851.24 | 893.69 | 931.41 | 972.17 | 1087.69 |
| 水上运输船舶（艘） | 2094 | 1959 | 1940 | 1762 | 1800 |
| 船舶平均吨位（万 t/艘） | 0.4065 | 0.4562 | 0.4801 | 0.5517 | 0.6043 |
| 船舶平均吨位增长率 | — | 12.23% | 5.24% | 14.91% | 9.53% |

船舶平均吨位从 2014 年逐步提升，船舶平均吨位增长率变化波动较大，但总体仍呈增长趋势，船舶大型化程度明显，航运发展专项资金实现良好的产出效益。

通过 Y 省海事局发布的港口数据（见表 15-25），对比分析 2014—2018 年 Y 省港口变化量。

表 15-25　Y 省 2014—2018 年港口集装箱吞吐量及货物吞吐量统计

| 时　　间 | 集装箱吞吐量（万 TEU） | 货运吞吐量/万 t |
|---|---|---|
| 2014 年 | 1270.71 | 49 200 |
| 2015 年 | 1363.79 | 50 300 |
| 2016 年 | 1440.16 | 50 800 |
| 2017 年 | 1564.13 | 52 000 |
| 2018 年 | 1647.03 | 55 800 |

通过政府信息公开及电话访谈获取数据，统计集装箱吞吐量相关数据，见表 15-26。项目实施期间，2018 年全省沿海港口集装箱国际中转量比 2014 年增长了 139.36%，2018 年集装箱外贸内支线吞吐量比 2014 年增长了 59.31%，2018 年内贸集装箱吞吐量比 2014 年增长了 38.21%，2018 年海铁联运外省集装箱吞吐量比 2014 年增长了 120.17%，资金产出效益成果显著。

表 15-26　Y 省各类集装箱吞吐量统计　　　　　（单位：万 TEU）

| 集装箱项目 | 2014 年 | 2015 年 | 2016 年 | 2017 年 | 2018 年 |
|---|---|---|---|---|---|
| 集装箱国际中转量 | 25.94 | 32.79 | 40.00 | 72.36 | 62.09 |
| 集装箱外贸内支线吞吐量 | 117.12 | 135.18 | 148.70 | 171.71 | 186.59 |
| 内贸集装箱吞吐量 | 521.49 | 517.27 | 569 | 632.59 | 720.73 |
| 海铁联运外省集装箱吞吐量 | 1.19 | 1.34 | 1.62 | 2.61 | 2.62 |

从区域经济效益方面来看，根据《Y省统计年鉴》及交通运输部发布的历年《交通运输行业发展统计公报》年度数据统计，2014—2018年完成全省水运建设固定资产投资增长率为1.5%，其中对Y省53个贫困县完成水运建设固定资产投入从2014年的0.54亿元增长至2018年的31.04亿元，项目实施后水运建设固定资产投入增加效果明显。

根据我国港口发展指标体系，除港口货物吞吐量为法定统计指标外，还可以用港口增加值和就业的规模、结构及比重等来评价港口的经济贡献。由于港口发展所带动行业领域分布较广，各港口实际增加值、就业率等尚未有明确且直接的统计数据，因此采取朱双吉（2020）提出的运用港口集装箱吞吐量、货物吞吐量、货运量从直接、间接、诱发经济贡献三方面进行港口实际经济贡献的科学测算。2014—2018年Y省港口经济贡献测算见表15-27。

表15-27　经济贡献测算

| 年　份 | Y省港口发展增加值（万元） | Y省航运从业新增人数（人） |
| --- | --- | --- |
| 2014 | 1151.8208 | 262 567 |
| 2015 | 1255.4275 | 268 455 |
| 2016 | 1368.3293 | 271 042 |
| 2017 | 1461.9322 | 277 508 |
| 2018 | 1581.2544 | 297 494 |

测算数据显示，Y省沿海港口发展所带来的GDP增加值逐年上升。另外，对30家港航企业进行问卷调查，收回26家企业问卷调查表，问卷回收率为86.67%，企业对专项资金从公平性、合理性、作用等方面的总体满意度为97.7%，大部分企业所反映的问题在于奖补资金不能够足额兑付，在一定程度上降低了港航企业的动力；其次是奖补资金兑付不及时；最后是少数企业希望项目对奖补对象及奖补范围能有所侧重。

**4. 可持续发展**

在可持续发展指标中，根据最大隶属度原则，社会和环境可持续发展水平都处于"优"等级。从社会可持续方面来看，Y省海事局、各港口管理局以港口生态环境为核心开展绿色转型，项目实施开始各港口管理部门每年组织当地港航企业进行绿色宣传培训，绿色低碳宣传基本到位，但培训活动不定期，活动内容不全面，没有运用其他网络、报纸宣传形式，绿色宣传培训在航运企业内部普及程度较低。Y省7个港口主要城市中有5个城市相应地出台了配套措施，有2个城市并未制定相应的配套政策，政策影响程度一般。根据测算结果与查阅Y省就业信息资料，Y省港口年均新增就业人员增长率维持在2.2%，政策积极性较高，港航企业获得发展的同时也进一步影响了省内就业人数的增加。

从环境可持续方面来看，从2020年交通运输部发布的《绿色港口等级评价指南》可以了解到，航运污染防治主要体现在岸电供应能力、可接收船舶污染物能力、低硫燃油供应能力、船用液化天然气供应能力、污水处理措施、固体废料处理、应急管理预案、配备应急设备及器材等8项内容。通过收集Y省港口资料及实地调研，Y省省内各港口有序开展船舶岸电设施建成运行工作，且与省消防队有效开展港口安全整治行动，沿海各港口完成港口船舶污染物接收、转运、处置能力评估，逐步有序开展绿色港口建设项目，港口污染防治措施基本到位。2015—2019 年水上交通未发生事故，水上生产环境安全，无较大水上安全事故发生。Y 省内 2014—2018 年万吨级以上泊位数量变化统计见表 15-28。

表 15-28　Y 省内 2014—2018 年万吨级以上泊位数量变化统计　　　（单位：个）

| 万吨级以上泊位 | 2014 年 | 2015 年 | 2016 年 | 2017 年 | 2018 年 |
|---|---|---|---|---|---|
| | 154 | 162 | 168 | 171 | 181 |
| 专业化泊位 | 83 | 87 | 90 | 91 | 94 |
| 通用散货泊位 | 31 | 34 | 36 | 38 | 43 |
| 通用件杂货泊位 | 17 | 17 | 17 | 17 | 17 |
| 客货泊位 | 1 | 1 | 1 | 1 | 1 |
| 多用途泊位 | 22 | 23 | 24 | 24 | 26 |

可见，Y 省港口大型化趋势逐年提升，万吨级以上泊位年平均增长率为 3.9%，同期全国万吨级以上泊位年平均增长率为 3.1%，港口大型化速度相对高于全国港口大型化平均增长率，但 Y 省港口大型化数量增长趋势不明显。在航运补贴政策的指引下，Y 省航运发展专项资金管理基本到位，合理规划资金配置计划，科学制定专项资金分配、使用、管理等相关规定，严格按照资金管理办法落实资金审核、拨付工作，航运业发展取得了明显成效，获得了较高的港航企业满意度。通过对 Y 省航运发展专项资金实施绩效审计评价，结合实际调研发现航运发展专项资金在使用中仍存在一些突出问题。通过对三级指标的分析可知，Y 省的航运发展专项资金所包含的奖励项目开展程度一般，奖补资金集中于业务活动项目，忽视港口基础设施项目建设，资金流向能够在短期内实现效益的项目，过分重视港口短期集装箱业务活动量的提高，从而影响航运未来长期可持续发展。另外，国际中转业务不升反降，在船舶大型化和航运联盟化的背景下，省内港口资源在项目实施期间的整合程度一般，根本在于地方分割问题未能有效解决，整体上 Y 省航运业竞争力不断提升，港口与对外辐射能力不断增强，但由于 Y 省省内各地出台了相应的地方配套政策，地区政策差异导致省内出现同质化港口间笼络航运企业的竞争行为，造成航运企业在省内不同地区流动，省内运力迁移频现，地方政府主导作用令省内港口横向一体化的资源配置失效，使得港口资源整体整合效果受影响，不利于各地区优势资源有效发挥，港口管理模式地区分化造成全省港口的规模化、集约化发展步伐受限，奖励项目申报资料要求及审核程序过于烦琐，导致部门资金下拨效率过低，同时影响资金的使用效率，也在一定程度上造成航运企业不满，降低航运企业积极性，政策倾斜引导与服务能力不足，间接导致航运企业一味追求业务发展，在后期缺乏内生动力，无法达到可持续发展的效果。

结合指标评价得分以及过程判断，2015—2018 年 Y 省航运发展专项资金总体运行良好，资金的管理与使用都符合相关规定，专项资金投入在提高集装箱业务、航线培育等方面获得了一定的成效，但航运发展专项资金使用效益有待进一步提高。

## 四、结论及启示

### （一）结论

随着交通运输行业供给侧结构性改革持续深化，航运业始终是交通运输业发展必不可少的部分，各地逐渐加大对航运发展专项资金的投入，对于航运发展专项资金的绩效审计工作也应引起重视。

通过对航运发展专项资金绩效审计要素进行分析，确定航运发展专项资金绩效审计主体、客体、绩效审计目标与内容，并从经济性（投入与管理）、效率性（活动）、效果性（短期结果）、可持续发展（中期结果与长期结果）4个方面进行Y省航运发展专项资金绩效审计评价指标设计，综合反映航运发展专项资金使用效益，将所构建的航运发展专项资金绩效审计评价指标体系应用于Y省航运发展专项资金项目绩效审计工作。

Y省现阶段航运发展专项资金落地见效快，总体运行良好，资金的管理与使用都符合相关规定，专项资金投入在提高集装箱业务、航线培育等方面获得了一定的成效，但航运发展专项资金使用效益有待进一步提高，专项资金从投入到产出的阶段仍存在不足，如预算编制出现偏差、港口资源整合程度一般、资金下拨不够及时等，应不断优化航运发展专项资金的审批流程，明确资金管理权责分配；统筹兼顾省市资金，整合协调港口资源；重视港口污染防治，引导航运绿色发展；加强航运发展专项资金绩效审计工作，完善整改问题反馈机制。

### （二）启示

#### 1. 建立评价指标项目库，完善特殊指标体系

政府投资项目绩效评价的真正作用是其评价成果是否得到有效的使用和借鉴。对于政府投资项目，一般是从根据地区规划建立的项目库中选取，因此，对于进行绩效评价已经运营的项目，也应该形成项目库，以便于省内乃至国内同类项目评价信息的汇总，以及制定该类项目的特殊指标体系。数据短缺是制约政府投资项目绩效审计顺利实施的一大因素，在审计过程中，要确定指标体系评价标准及详细数据，在被审计单位的配合下搜集相关数据，保证数据被全面、完整地录入数据库。这样在开展绩效审计时可以对同一类型的不同项目之间的相关数据进行对比分析，评判项目的优劣度，为绩效审计提供数据支撑。此外，绩效评价的数据成果也可以应用于政府绩效考核，以及追究决策失误责任。

#### 2. 规范信息公开制度，形成全过程动态绩效评价的专家库

信息公开的及时性以及公开程度是政府投资项目绩效评价的一个重点。目前各地区积极展开了信息公开实践，但我国政府部门在这方面还未形成统一的规章制度。政府部门应规范信息公开制度，拓宽信息公开渠道，丰富信息公开内容，提高社会公众监督意识。与此同时，还应形成全过程动态绩效评价的专家库，以便于开展绩效审计评价工作，进一步及时公布绩效评价结果。根据全过程动态绩效评价的要求，需要建立能够支持各阶段绩效评价的专家库，以便于绩效审计评价工作的顺利进行以及不断完善。

#### 3. 优化审批手续

在党的十八大召开之后，相关部门提出优化行政审批程序，不需要审批的不审批，以及许多流程审批的权力下放。地方政府应当响应国务院的要求，尽早将优化政府投资项目审批流程提上工作议程，缩减不必要的程序，加快审批步伐，从而为项目实施以及绩效审计的优化与审核工作提供更宽松的时间。这样可以动态且系统地审查投资项目，在对投资项目提出建议后能有充裕的时间与实施方进行沟通，双方只有在充分沟通与博弈后，才能

确定投资项目实用、经济的方案，从而节约政府资金，提高政府投资项目的效用。

### 4. 加强项目全过程管理与监督

政府投资项目要严格进行项目计划管理，抓好源头控制，在制订投资计划之前，要结合地方实际，深入开展现场调研与评估，合理安排项目计划及资金投入。在项目前期，要重点抓好设计环节及采购的招投标管理，在项目过程中要监督制度的遵循情况，全面核实工程量与财务预算，确保成本费用列支的真实性。

### 5. 提高非利益群体的满意度

作为政府投资项目，不仅要考虑利益相关者的满意度，还要考虑当地居民等非利益相关者的态度。因此，需要将项目资金投资与地区的发展规划、产业结构、生态环境以及居民生活水平的提高等因素结合起来，构建政府项目与其他产业协同发展思路。一方面，调节当地的产业结构，降低当地居民的生活成本；另一方面，对政府投资项目资金的合理使用要进行相应的披露与信息公开。

# 参考文献

[1]《中华人民共和国现行审计法规与审计准则及政策解读》编委会. 中华人民共和国现行审计法规与审计准则及政策解读：2021 年版［M］. 上海：立信会计出版社，2021.

[2] 中国注册会计师协会. 中国注册会计师执业准则应用指南［M］. 上海：立信会计出版社，2020.

[3] 中华人民共和国财政部. 中国注册会计师执业准则［M］. 上海：立信会计出版社，2020.

[4] 秦荣生，卢春泉. 审计学［M］. 10 版. 北京：中国人民大学出版社，2019.

[5] 郑艳秋，蒲春燕. 审计学［M］. 北京：北京理工大学出版社，2018.

[6] 陈希晖. 审计法规与准则［M］. 2 版. 大连：东北财经大学出版社，2019.

[7] 比斯利，巴克利斯，格洛弗，等. 审计案例：交互式学习方法　第 7 版［M］. 张立民，等译. 北京：北京大学出版社，2022.

[8] 中国注册会计师协会. 审计［M］. 北京：中国财政经济出版社，2021.

[9] 中天恒管理审计编写组. 管理审计操作案例分析［M］. 北京：中国市场出版社，2015.

[10] 王学龙. 经济效益审计［M］. 大连：东北财经大学出版社，2012.

[11] 中天恒建设项目审计编写组. 建设项目审计操作案例分析［M］. 北京：中国市场出版社，2015.

[12] 陈以哲. 现金流自体循环式财务舞弊及其审计应对：以万福生科为例［D］. 昆明：云南财经大学，2014.

[13] 董文秀. C 县财政专项扶贫资金审计案例研究［D］. 北京：中国财政科学研究院，2021.

[14] 高翔宇. 獐子岛公司存货审计案例研究［D］. 长春：吉林财经大学，2019.

[15] 江皓天. C 县财政扶贫资金审计案例研究［D］. 北京：中国财政科学研究院，2021.

[16] 李康平. M 县产业扶贫资金审计案例研究［D］. 北京：中国财政科学研究院，2021.

[17] 刘姝君. N 市扶贫资金审计问题研究［D］. 天津：天津财经大学，2021.

[18] 彭中. 瑞华会计师事务所审计质量控制改进研究［D］. 兰州：兰州大学，2019.

[19] 瞿旭婷. 瑞华会计师事务所审计质量控制研究［D］. 南昌：华东交通大学，2020

[20] 任晓博. 中磊会计师事务所审计失败原因及后果研究［D］. 上海：东华大学，2018.

[21] 苏子涵. 农业类企业审计风险研究［D］. 昆明：云南财经大学，2021.

[22] 田麒筠. 獐子岛存货审计案例研究［D］. 北京：中国财政科学研究院，2022.

[23] 王思伟. 新零售模式下企业审计风险研究［D］. 长春：吉林财经大学，2021.

[24] 王婷. 新零售商业模式对审计风险的影响研究［D］. 北京：北京交通大学，2021.

[25] 吴环宇. 獐子岛公司的生物资产审计问题改进研究［D］. 长沙：湖南大学，2020.

[26] 张爽. ZH 事务所基于风险导向对 A 公司的审计策略研究［D］. 沈阳：沈阳工业大学，2017.

[27] 张洋. W 会计师事务所年报审计策略的研究［D］. 长春：吉林财经大学，2017.

[28] 朱叶. 互联网新零售企业的审计风险应对［D］. 北京：北京交通大学，2021.

[29] 王凯. COSO-ERM（2017）视角下辉山乳业内部控制体系优化研究［D］. 济南：山东大学，2018.

[30] 吕雪. 辉山乳业财务舞弊审计风险识别与应对研究［D］. 长春：吉林财经大学，2019.

[31] 李娜. 辉山乳业审计失败成因及对策研究［D］. 大连：东北财经大学，2018.

[32] 王灏. 注册会计师审计失败的研究［D］. 上海：上海交通大学，2017.

[33] 刘姝婧. GH 公司人力资源审计实施情况调查研究［D］. 哈尔滨：东北农业大学，2020.

[34] 尹佳慧. GW 人力资源管理审计研究［D］. 长沙：长沙理工大学，2020.

[35] 李实. 电网企业人力资本审计评价指标体系的设计与应用［D］. 北京：首都经济贸易大学，2018.

[36] 潘彤桐. 基于天坛模型的企业人力资源管理审计研究［D］. 南京：南京审计大学，2019.

[37] 胡壮丽. 配电网设备利用效率评价体系研究 [D]. 长沙：湖南大学，2016.

[38] 李丽. 铁路集装箱站设备利用效率评价研究 [D]. 长沙：中南大学，2010.

[39] 余梦轩. 基于风险导向的国企合同管理审计研究 [D]. 南京：南京审计大学，2019.

[40] 孙嘉. M公司合同管理内部控制案例研究 [D]. 北京：中国财政科学研究院，2018.

[41] 孙娜. A公司工程项目全过程跟踪审计优化研究 [D]. 福州：福建农林大学，2017.

[42] 刘逸. L公司工程项目内部审计研究 [D]. 镇江：江苏大学，2018.

[43] 张小亿. 工程项目全过程跟踪审计优化研究 [D]. 长春：吉林财经大学，2021.

[44] 程劲. 全过程跟踪审计在Z工程项目审计中的应用研究 [D]. 蚌埠：安徽财经大学，2017.

[45] 胡洪政. A精密设备项目投资可行性分析 [D]. 厦门：厦门大学，2017.

[46] 李月鹏. CQ市JBL地产项目投资财务可行性研究 [D]. 济南：山东财经大学，2018.

[47] 王鹏华. XR公司汽车电器项目投资的财务可行性研究 [D]. 郑州：郑州大学，2019.

[48] 颜源. 关于A项目投资可行性分析研究 [D]. 北京：对外经济贸易大学，2006.

[49] 丁迎秋. D公司试验风电场项目财务可行性分析 [D]. 南京：南京航空航天大学，2020.

[50] 邢娜. 九好集团借壳上市财务造假问题及防范对策研究 [D]. 天津：天津财经大学，2018.

[51] 王圆. 九好集团借壳重组财务造假案例研究 [D]. 长春：吉林财经大学，2018.

[52] 许沁灵. 九好集团重组财务造假手段与识别方法分析 [D]. 上海：东华大学，2018.

[53] 陈思敏. 审计师在并购重组审计中应关注的要点 [D]. 蚌埠：安徽财经大学，2018.

[54] 徐金明. 借壳上市企业的财务舞弊研究 [D]. 大连：东北财经大学，2019.

[55] 许佳佳. 现代风险导向审计下N高校经济责任审计的案例研究 [D]. 长春：吉林财经大学，2021.

[56] 杜吉羽. 财政预算执行审计探究：以W区为例 [D]. 南昌：江西财经大学，2020.

[57] 蔡悦爽. 财政预算执行审计研究 [D]. 天津：天津财经大学，2020.

[58] 李雪晴. K行政单位部门预算执行审计案例研究 [D]. 北京：中国财政科学研究院，2019.

[59] 庄子行. C市财政扶贫资金绩效审计评价体系研究 [D]. 南昌：南昌大学，2021.

[60] 赵燕玲. A省航运发展专项资金绩效审计评价指标体系研究 [D]. 厦门：集美大学，2021.

[61] 李颖. 政府投资项目绩效审计评价体系研究 [D]. 长春：吉林大学，2017.

[62] 周华. 政府投资项目绩效评价指标体系及评价方法研究 [D]. 石家庄：石家庄铁道大学，2017.

[63] 赵晨曦. 政府投资项目绩效评价研究 [D]. 天津：天津大学，2013.

[64] 余颖. 公共投资项目绩效评价指标体系研究 [D]. 大连：东北财经大学，2016.

[65] 赵际喆，张妍. 会计师事务所质量管理准则重点内容解读 [J]. 中国注册会计师，2021（2）：30-36.

[66] 杨从印，刘琴. 基于经济责任审计的高校廉政探讨：以A高校为例 [J]. 财会通讯，2016（9）：116-117.